기업의 천재들

Entrepreneurial Genius

기업의

진 랜드럼 지음 | 조혜진 옮김

천재들

말·글빛냄

추천의 글

위기를 위협으로 받아들이지 않고, 훗날의 명성과 행운을 얻게 될
기회로 받아들인 전 세계의 모든 기업가들에게 이 책을 추천한다.

어떤 사람은 있는 그대로를 바라보고 왜 그런지를 묻는다.
또 다른 어떤 사람들은 누구도 시도하지 않았던 도전을 꿈꾸며 왜 안 되는지를 묻는다.

– 조지 버나드 쇼 *George Bernard Show* –

▼

들어가는 말

▲

"미지의 땅을 개척하라"

이 책은 이론과 기발한 신상품들의 출시를 도와주는 기업가와 관련된 일을 하고 있는 내 일생의 과업이었다. 1970년대 초에 나는 첫 휴대용 계산기가 100달러 이하에 판매되도록 하기 위해, 이 놀라운 기능을 가진 기계를 10달러도 안 되는 가격에 판매하려고 내놓았다. 하지만 이 기기를 학교에 판매하려고 했을 때 많은 반발에 부딪쳤다. 대부분의 교사들은 계산기로 계산을 쉽게 하면 더 높은 수준의 문제 해결에 열중할 수 있다는 장점을 몰랐기 때문이다. 그러나 결국 20여 년 동안의 수학적 연구 끝에 계산기의 장점들이 인정받게 되었다. 이렇게 해서 미국 전역에서 수업 시간에 계산기의 사용이 의무화되었다.

1977년에 나는 척이치즈Chuck E. Cheese의 본점을 신축하면서 레스토랑 안에 공으로 가득 찬 방을 만들었다. 그러자 기존의 레스토랑 사장들은 아연실색했다. 많은 사람들이 어린이 놀이 공간을 레스토랑 안에 만드는 것은 효율적이지 못하고 말도 안 된다며 말렸다. 또 어떤 사람들은 시끄러운 소리가 사람들이 레스토랑에서 기대하는 편안한 대화를 방해할 것이라고 했다. 또 그런 아케이드 형태로 된 시설 때문에 레스토랑이 마약 중독자나 문제가 있는 사람들의 소굴이 될 수도 있다는 이유로 반대하는 사람도 있었다. 바로 이런 것들이 현실적인 것에만 익숙해져 있는 세상에 새로운 아이디어를 내놓기 어려운 걸림돌이 된다.

새로운 아이디어를 받아들일 것 |

새로운 미지의 땅을 개척하는 기업가는 의욕을 북돋우면서도 실망스러운, 신이 나면서도 화나게 하는, 급진전시키다가도 무력화시키는 여러 가지 상황들에 직면하게 된다. 지금으로부터 약 150년 전 쇼펜하우어는 새로운 아이디어의 탄생에서부터 그것이 수용되기까지의 과정을 세 단계로 나누어 설명했다.

첫 번째 단계에서, 그 아이디어는 1%를 제외한 모든 사람들에게 비웃음을 당한다. 두 번째 단계로 가면, 그 아이디어는 2%의 지지층을 확보하지만, 나머지 98%의 사람들의 심한 반대에 부딪친다. 마지막 세 번째 단계에서는 그 새로운 아이디어가 일반적으로 수용되어 더 이상 새로운 아이디어가 아닌 것이 된다.

기업가들은 반드시 이런 첫 번째와 두 번째 단계에 대비해야 한다. 샘 월튼의 표현을 빌자면 "흐름을 거슬러 갈 준비"가 되어 있어야 하는 것이다. 기업가들에게 기회란 단지 처음 두 단계에서만 존재할 뿐이다. 아이디어가 한 번 수용되면 기회는 끝이 나는 셈이다. 그렇기 때문에 참신한 아이디어를 가진 모험가들은 초창기에, 심지어 친구와 가족들에게까지도 비웃음을 당할 준비가 되어 있어야 한다. 이런 도전만이 기존의 패러다임을 변화시킬 수 있다.

이 책은 단순히 유명 인사들의 일대기를 요약해 놓은 책이 아니다. 천재적인 기업가들을 특징짓는 열의와 개성을 분석한 정신분석적 전기에 가깝다. 따라서 기업가의 성공에 관한 책이라기보다는 남다른 능력으로 한계를 극복한 사람들이 어떻게 최고까지 올라갈 수 있었는지에 관한 책이다. 포드, 샤넬, 월튼, 베조스, 델과 같은 비교적 평범한 사람들이 그토록 놀라운 성공을 일궈낼 수 있었던 전략적 사고 과정은 무엇일까? 이 책은 그들이 성공을 이룬 방법과 강력하고, 부유하고, 유명한 엘리트 집단이 될 수 있도록 해 준 핵심적인 내면의 동기와 열정에 관해 들려준다.

당신이 만약 야심 찬 기업가라면, 이들 천재 기업가들이 이룬 세세한 업적보다는 그들의 동기와 과정을 이해하는 편이 훨씬 더 중요하다. 이 책의 목적은 과정을 분석하고, 환경적인 영향을 짚어보고, 그들이 최고가 되기까지의 과정에서 중요하게 작용했던 그들의 삶과 사랑, 열망을 살펴보기 위한 것이다.

그들은 왜 기업의 천재인가 |

이 책에서 말하는 '기업의 천재' 혹은 '천재 기업가'라는 표현은, 그 사람의 비전이 기존의 사고를 뛰어넘어 사회에 상당한 이득을 가져온 혁신이나 창조를 이끌어 낸 사람을 말한다. 그런 의미에서 이 책에 소개된 10명의 훌륭한 기업가들은 모두 천재 기업가들이다. 그들 중의 몇몇은 높은 IQ를 갖고 있을 수도 있지만, 그들의 천재성은 대부분 그들의 성공에 큰 이바지를 한 다른 자질에 있다. 하버드 대학의 하워드 가드너Howard Gardner는 〈틀에 박힌 지능Intelligence Framed〉(1998)에서 다음과 같이 말했다.

> "유전자의 조합만으로 창조적인 사람이 만들어지기는 어렵다. 아주 창조적인 사람들은 얄팍한 지식의 힘보다는 오히려 개성적인 면에서 남다른 경우가 많다. 그들은 포부나 자신감 그리고 일에 대한 열정에 있어서도 다른 사람들과 확연히 다른 면을 갖고 있다."

랜드럼 박사의 '천재 기업가 법칙' |

이 책에 소개된 10명의 유명한 천재들의 삶을 토대로 성공의 핵심 요소가 된 선견지명의 원리를 모았다. 그와 더불어 12가지의 원칙들을 '천재 기업가의 12가지 성공 법칙'이라는 이름으로 소개했다. 각각의 법칙은 그 법칙을 가장 잘 적용한 모델이 되는 천재 기업가를 소개한 장에서 살펴본다.

이 책을 위해 공인된 전기(傳記)와 공인되지 않은 전기, 자서전, 정기간행물, 인터넷 검색 자료, A&E 네트워크 사의 '전기 프로그램'

등을 비롯한 여러 가지 자료들을 활용했다. 나아가 특정 주제에 대한 서로 다른 자료들을 이용하는 방법을 통해 본질적으로 편견이 포함될 수 있는 자서전적 자료들의 정보 오류를 수정했다. 그리하여 이 책에는 기업가로서 성공의 토대가 된 중요한 심리적 요인이 모두 담겨 있다.

나는 이런 요소들을 소개함으로써 "우리의 성공은 우리 자신의 결정에 의한 것"이라는 점을 강조하고 싶다. 이 책을 통해 당신이 기업가로서의 꿈과 그것의 실현 사이에 존재하는, 당신 스스로가 만든 굴레를 극복하는 데 도움이 된다면, 더 이상 바랄 게 없다.

▼

머리말

▲

지식은 한정되어 있다. 상상만이 세계를 지배할 수 있다.

– 알베르트 아인슈타인

기업가들은 반드시 에메랄드 시티를 방문해야 한다

오즈의 마법사가 용기, 자부심, 지혜와 같은 자질을 나누어주는 '에메랄드 시티'야말로 우리가 내면의 힘을 발견할 수 있는 곳이다. 오즈의 마법사는 이런 자질을 물리적인 상징물로 수여한다. 하지만 진정한 자질은 받을 수 있는 것도, 누구에게 줄 수도 있는 것이 아니며 반드시 노력해서 얻어지는 것이다. 과학자, 예술가, 기업가들의 훌륭한 업적은 처음에는 상상에 뿌리를 둔 비전이나 꿈에서 시작하고, 그 다음 과정의 원동력이 되는 열정에 불을 붙인다. 안톤 윌슨Anton Wilson은 그의 책 〈프로메테우스의 부활Prometheus Rising〉(1997)에서 이렇게 말했다.

"미래는 처음엔 상상 속에 존재하고, 그 다음엔 의지 속에 존재하며, 그리고 나서야 현실이 된다."

상상은 그 사람의 타고난 능력도 초월하고, 더 많은 지식을 갖고 있는 사람도 능가한다. 그 이유는 더 많은 지식을 가진 사람이 계획을 세우기 이전에 이미 상상의 나래를 펼쳤기 때문이다. 상상은 모든 성공에 있어서 필수적인 요소다. 상상은 우리를 관습에서 벗어나게 하고 속박에서 자유롭게 하여 우리 안에 있는 어린 시절의 상상력을 끄집어낸다. 이 상상력이야말로 창조적인 발상에 있어 매우 중요한 요소가 된다. 이런 상상의 나래는 우리가 스스로 고정관념의 굴레에서 벗어나, 있을 수 있는 세상에 대해 잠깐이라도 생각할 때에만 가능하다.

우리는 이제 세계 최고가 된 천재 기업가 열 명을 만나게 된다. 그들의 이야기를 통해 우리는 스스로가 정한 굴레에서 벗어나 자신의 목표를 이룰 수 있도록 우리 자신을 강화하는 통찰력을 얻을 것이다.

앞서가는 사람과 뒤따르는 사람 |

인류에 대한 대중적인 해석은 사람들을 세 부류로 나눈다. 변화를 일으키는 사람과 변화를 지켜보는 사람 그리고 변화에 이의를 제기하는 사람이다. 세 번째 그룹의 사람들을 통틀어 '잃어버린 영혼들'이라고 부르기도 한다. 이 부류의 사람들은 관습적인 것에 안주하고 익숙한 것의 변화를 두려워하며 늘 변화에 반발한다. 잃어버린 영혼들은 자신을 담보로 삼고 움직이기 때문에 무당, 정치가, 광신도, 종교적 교주의 교리에 현혹되기 쉽다.

'변화를 지켜보는 그룹'에 속하는 사람들은 '잠정적 수용자'라고도 할 수 있다. 그 이유는 그들이 가능한 것과 적당한 것을 분별하여 받아들이는 데 충실함으로써 현상을 관리하기 때문이다. 예절, 복장, 태도, 신념 등에 있어 유행을 따름으로써 배척과 실패 또는 수치심 등을 피하거나 줄이는 것이다. 모호하거나 그들의 신념 체계를 위협하는 것을 접하게 되면 잠정적 수용자들은 불쾌감을 느껴 변화(특히 극단적인 변화)에 저항한다. 이런 특성들은 사회가 대다수의 순응을 요구하지 않고도 변화를 서서히 받아들여 나가도록 하는 안정성에 기여한다. 이런 이유 때문에 잠정적 수용자들은 사회의 중추 역할을 하며, 그 사회의 관습과 평균적인 시민들의 수호자라고 할 수 있다.

'변화를 일으키는 그룹'은 정상적인 궤도와는 매우 동떨어진 궤도를 달리는 매우 유별난 사람들의 집합체이다. 하지만 이런 차이에도 불구하고 집단 전체의 구성원들은 공통적인 특징을 갖고 있다. 모든 위대한 성공자들이 실제로 공통적으로 갖고 있는 이런 특별한 성향들이 바로 이 책이 초점을 맞추고자 하는 바이다. 〈인간과 초인 *Mans and Superman*〉(1903)에서 버나드 쇼는 이렇게 썼다.

"상식적인 사람들은 스스로를 세상에 적응시키지만, 상식을 벗어난 사람들은 세상을 자기 자신에게 적응시키려고 한다. 그렇기 때문에 모든 진보는 상식을 벗어나려는 사람들에게 달려 있다."

다음에 소개할 장들에서 우리는, 이렇게 상식을 벗어난 사람들의 삶과 개인적인 성향을 살펴보고 심리적 원인들에 대해 분석한다. 이런 고려와 분석을 통해 제11장에서 소개되는 몇 가지 일반적인 법칙들을 이끌어낼 수 있었다. 그렇지만 왜 기업가적인 성향이 21세기에 중요하게 부각되고 있는지에 대해 생각해야 한다.

기업가의 시대 |

정보화 시대에 새로운 경제는 엄청난 속도로 움직이고 있다. 이는 마음이 여리고 나약한 사람들이나 안전을 찾는 사람들에게는 받아들이기가 쉽지 않은 일이다. 그러나 이 세상은 자신의 꿈을 위해 기꺼이 스스로의 명성과 미래를 거는 기업가들에게 보상을 해 준다.

조지 길더George Gilder는 그의 획기적인 저서 〈텔레코즘Telecosm〉에서 미래를 '기업가들의 시대' 로 예견했다.

"네트워크가 제 기능을 발휘하지 못할수록 점점 더 영리한 기업가들을 필요로 한다."

또 그는 이렇게 예견했다.

"텔레코즘Telecosm 시대에 기업가적인 에너지는 많은 사람들이 삶의 의미로 여기는 여가 활용보다 더 도덕적으로 교화될 것이다."

최근의 자료에 따르면 화이트 컬러 인력의 축소로 특히 40세 이상의 사람들이 기업가의 길을 걷게 되었다. 밥슨 칼리지의 연구에 따르면, 1990년에서 1991년 사이의 불경기에 일자리를 잃은 사람들 중의 25%가 기업가로 전향했다고 한다. 이 기간에 새로운 벤처사업을 시작한 사람의 수는 246,000명으로 조사되었다. 2001년에 로체스터 공과대학 교수인 로버트 바르바토는 〈USA 투데이〉에 기고한 글을 통해 닷컴의 붕괴와 2001년 불황으로부터 이어진 대규모의 실업으로 "우리는 기업가 혁명의 한가운데에 있다"고 주장했다. 새로운 일자리의 75%는 중소기업이 만들어내기 때문에 기업가들이 침체로부터 사회를 이끌어가는 데 중요한 역할을 한다는 것이다. 밥슨 칼리지의 제프리 티몬스도 "기업가들이 경기 회복 과정에 있어서 가장 중요한 역할을 한다"고 말했다.

이 책을 변하지 않는 열정과 끈기로 자신의 꿈을 추구할 준비가 되어 있는 야심 찬 기업가들을 위해 바친다. 그 과정에는 역경과 희생, 노력이 필요하겠지만 상상했던 목적 그 이상의 보상을 받을 것이다.

1장

헨리 포드

Henry Ford

성공보다는 실패에서 더 많은 것을 배운다

"당신이 할 수 있다고 생각하든 할 수 없다고 생각하든 당신이 옳다!"

출생 | 1863년 7월 30일 마이애미 주 디얼본

사망 | 1947년 4월 7일 마이애미 주 패어레인

자신에 대한 설명 | "나는 불가능이 존재한다는 사실을 알고 싶지 않다."

좌우명 | "모든 과거는 쓸데없는 소리에 불과하다."

"우리는 성공에서보다 실패에서 더 많은 것을 배운다."

"큰 문제는 없다. 단지 여러 가지의 작은 문제들이 있을 뿐이다."

"전문가란 새로운 아이디어가 실현되기 어려운 수많은 이유를 알고 있는 사람이다."

혁신 | 수직 실린더, 1905년 이동식 조립라인, 1913년 일당 5달러의 급료, 1918년 V-8 엔진, 1932년 리버 루지(River Rouge)에 세계에서 가장 큰 공단을 설립.

남다른 자질 | 단순화시키려고 하는 열정을 가진 공상가적 완벽주의자.

목표 | "내가 살아있는 한 자동차 산업에서 가장 높은 임금을 주고 싶다."

순자산 | 창업 이래 10년 만에 억만장자.

명예 | 포드를 대통령으로 만들자는 움직임.

　상원의원에 출마, 낙선.

교육 수준 | 15세에 학교를 그만 두고 도제 기계공이 됨.

성격 | 직관적이고 공상적이며 '지배광(주변 일에 일일이 간섭하는 사람)'.

취미 | 초기에는 자동차 레이싱, 후에는 조류 감상.

정치적 성향 | 우파 중심의 민주주의자로, 히틀러의 〈나의 투쟁 *Mein Kampf*〉에 이름이 거명된 유일한 미국인. 리 아이아코카의 말을 빌면 "포드는 20세기 미국 산업계와 미국 중산 계급의 아버지."

종교 | 청교도적으로 양육되었으며 평생 감독교회 신도였음.

형제 관계 | 8남매 중 장남, 아일랜드 계 농민 집안 출신.

가족 | 부인 클라라와 아들 에드셀.

성공보다는 실패에서
더 많은 것을 배운다

○━━━━━━

실패는 그것을 다시, 더 지적으로 구축할 수 있는 기회이다.

헨리 포드는 누구인가

20세기 초반, 미국은 실질적으로 부유층과 빈민층이라는 두 계급으로 나누어진 사회였다. 부유층은 대개 기업 경영이나 타고난 부를 통해 특권을 즐기던 소수의 사람들이었다. 하지만 대부분의 미국인들은 노동자 계급에 속해 농업이나 어업, 광업에서 공장일이나 이동 노역까지의 다양한 업종에 종사하고 있었다. 이 다양한 노동 계층에 속한 사람들은 대부분 여가나 사치를 누릴 여유라고는 찾아볼 수 없는 시간과 임금 때문에 생존 전쟁을 치루고 있었다. 그때 헨리 포드라는 한 남자가 미국의 중산층 계급이 탄생할 수 있는 기반을 만들어냈다. 크라이슬러의 전임 CEO인 리 아이아코카Lee Iacocca는 거의 한 세기가 지난 후 〈타임〉에서 이렇게 말했다.

> "헨리 포드가 아니었더라면 오늘날 미국의 중산층 계급은 존재하지 않았을 것이다."

헨리 포드는 랄프 왈도 에머슨Ralph Waldo Emerson의 이데올로기의 영향을 받아 보통 사람들이 자동차에 대한 경제적인 접근이 가능하도록 함으로써 자동차를 대중화한 선구적인 인물이다. 노동자 계급을 위해 고안한 그의 국민차(모델 T)는 전문가들이 "자동차 산업은 대중적이지 않은 부류"의 시장이라고 믿었던 당시의 멀기만 했던 목표를 상징했다. 부유한 사람들만이 자동차를 구입하고 이용할 여유가 있었던 반면, 노동자 계급의 사람들은 1주일 중에 6일을, 하루 9시간 동안 일에 묶여 살면서도 수입은 변변치 못했다.

포드가 살던 당시에는 이데올로기를 사업 계획에 반영하는 일이 드물었기 때문에 여러 면에서 반대에 부딪쳤다. 〈월 스트리트 저널〉과 〈뉴욕 타임즈〉는 초기에는 포드의 낮은 임금과 조립 라인에 대해 비판했고 나중에는 그의 저가 판매 정책을 비난했다. 포드의 이데올로기에 동의하지 않던 주주들도 포드가 비전을 실현하지 못하도록 많은 소송을 걸기도 했다. 그러나 포드는 이데올로기와 사업 원칙을 별개의 것으로 생각하던 당시의 풍조에 정면으로 맞섰다.

포드는 자동차를 적당한 가격에 맞추려면 생산 효율을 높여 원가를 낮춰야 한다는 사실을 알고 있었다. 이를 달성하기 위해 포드는 이동식 조립 라인을 마련했고, 노동자들은 일정한 속도로 움직이는 차체에 자동차의 각 부분을 조립해야 했다. 이 이동식 조립 라인은 생산 방법에 일대 혁명을 가져왔고, 대량 생산의 새로운 장이 열렸다. 하지만 이 이동식 조립 라인이 생산 효율을 크게 높였음에도 불구하고, 찰리 채플린의 영화「하드 타임즈Hard Times」에서 풍자된 것처럼 노동자들의 일하는 속도를 재촉했다. 결국 노동자들은 새로운 업무 환경에 염증을 냈고 이직률은 높아만 갔다.

　포드 역시 노동자 계급 출신이었기 때문에 노동자들의 입장을 잘 알고 있었다. 그래서 다른 비숙련공들보다 더 많은 시급을 주었다. 또한 포드는 평균 주당 노동 시간보다 일하는 시간을 줄여줌으로써, 일하는 사람들에게 휴식과 여가를 위한 시간을 주었다. 포드가 자동차의 가격을 종전의 가격보다 낮추었을 때 최고재무책임자는 사표를 내고 신문에 포드가 미쳤다고 발표하며 소송을 제기했다. 그는 포드의 방법은 자신의 이익만 도모하고 주주들의 이득과는 정반대라고 주장했다. 하지만 포드에게는 더 높은 이상과 장기적인 목표가 있었다. 그는 장기적인 이익을 위해 단기간의 손실을 예상하고 있었던 것이다. 포드는 자동차의 가격을 내려 모든 사람들이 자동차를 구입할 수 있도록 했다. 동시에 종업원들의 임금을 올려줌으로써 자동차 시장에 일종의 투자를 하고 있었다.

　포드의 혁신 효과는 차츰 눈에 띄기 시작했다. 1903년에 명목자본 100,000달러로 시작했던 '포드자동차'는 1927년에 7억 달러의 흑자를 기록하는 거대 회사로 성장하면서 성공을 증명했다. 1908년에서 1927년 사이의 20년간, 정확히 15,458,781대의 모델 T 자동차가 포드의 조립 라인에서 만들어졌으며, 모델 T는 대중을 위한 자동차로 자리를 잡았다. 이 과정에서 포드는 근대적 대량 생산의 아버지이자 자동차 제조공업의 창시자로 명성을 얻었다. 더 중요한 것은 포드가 자동차를 대중화시킨 업적이 중산 계급의 탄생을 가져옴으로써 미국 사회 구조에 큰 역사적 의미를 갖게 되었다는 점이다.

성장기

| 어린 시절의 교육과 그 효과 |

1863년 7월 30일, 미국은 남북전쟁의 진통을 겪고 있었다. 몇 주전에 있었던 게티즈버그 전투 이후로 대세는 연합군 쪽으로 기울었다. 동시에 북부의 상공업이 세력을 확장하기 시작했다. 바로 이 시점에, 이 분쟁 지역에서 몇 백 마일 정도 떨어진 곳에서 헨리 포드가 태어났다. 포드는 아버지 윌리엄 포드와 어머니 메리 리티고로 이루어진 아일랜드계 부모 사이의 8남매 중 장남으로 태어났다. 그의 삶에 중요한 영향을 미친 어머니는 포드가 12살이었을 때 동생을 분만하던 중 세상을 떠났다. 헨리는 망연자실한 채로, 보살핌도 없는 세상에서 홀로서기를 배울 수밖에 없었다. 나중에 그는 어머니에 대해 이렇게 썼다. "어머니는 나에게 인내심과 자제력을 가르쳐 주셨다." 또 그는 어린 시절에 어머니가 들려 준 조언들을 다음과 같이 회상했다

> "어머니는 늘 우리에게 인생에는 즐거움만 있는 것은 아니라고 말
> 씀하셨다. 어머니는 '너희들은 즐길 수 있는 권리를 가져야 한다.
> 그러나 최고의 즐거움은 의무를 다한 뒤에 따라오는 법이란다.'"

훗날 포드는 어머니에 대한 존경의 표시로 페어 래인에 있는 거대한 공장 부지에 어머니의 고향인 아일랜드의 코르크 지방의 지명을 붙였다.

헨리의 아버지는 평생 농업에 종사했고 헨리가 그 일을 이어 받기

를 기대했다. 하지만 헨리의 타고난 성향이 농업과는 맞지 않았고, 결국 헨리는 위대한 기업가로 성공했다.

어머니가 세상을 떠난 지 몇 달 후, 헨리는 인생을 바꾼 두 가지의 사건을 겪게 된다. 아버지가 헨리의 생일선물로 시계를 준 것이 첫 번째 사건이었다. 헨리는 시계를 분해해서 다시 조립하기를 반복했다. 그 후에도 기계적인 것들에 대한 그의 집착은 계속되었다. 두 번째 사건은 아버지와 함께 가족 마차를 타고 가다가 말 없는 마차(증기로 가는)가 기계를 돌려 지나가는 것을 본 것이다. 헨리는 자동 추진식 마차를 보고 너무 놀란 나머지 마차에서 뛰어내렸다. 그로부터 47년 후에 그 사건에 대해 헨리는 이렇게 회고했다.

"나는 그 엔진이 마치 어제 본 것처럼 생생히 기억난다."

포드는 15세까지 미시건 주의 디얼본에 있는 한 학급짜리 학교에 다니다가 도제 기계공이 되기 위해 학교를 그만두었다. 호기심 많은 10대였던 헨리는 자신의 첫 증기엔진을 만들고, 시계 제조 사업을 본격적으로 시작했다. 그는 제임스 플라워 앤 컴퍼니라는 회사와 디트로이트에 있는 드라이독 엔진 공장에 도제공으로 취업해 실력을 키워나갔다. 그 때문인지 그는 늘 고학력자를 멸시했고, 포드자동차의 최고경영자로 재임하던 기간 내내 대학 교육을 받은 인재들의 고용을 달가워하지 않았다. 한 예로, 그가 고용 전략에 관한 질문을 받았을 때 이렇게 대답했다.

"우리는 사람을 고용하는 것이지 그 사람의 경력을 고용하는 게 아
닙니다. 그 사람이 하버드 출신이든, 형무소 출신이든 나에겐 다 똑
같은 사람입니다."

헨리가 22세가 되던 무렵, 파티에 참석했다가 클라라 제인 브라이
언트라는 18세의 아름다운 아가씨를 만나게 된다. 클라라 역시 농부
집안 출신으로 10남매 중 장녀였다. 서로에게 반한 두 사람은 클라
라가 22세가 되던 생일에 결혼식을 올렸다. 헨리와 클라라는 그들의
농장이 있던 디얼본에서 신혼생활을 시작했다. 그리고 1891년, 헨리
가 에디슨조명회사에 취직했을 때 디트로이트로 이사했다. 그 후 헨
리는 서른 살이 될 무렵에 월급 100달러의 수석 엔지니어 자리에까
지 오르게 된다. 헨리와 클라라의 외동아들인 에드셀은 1893년 11월
6일에 태어났다.

| 성공의 시작 |

성공에의 첫 걸음은 1896년 초 어느 날, 엔진을 만드는 법에 관한
〈아메리칸 머쉬니스트*The American Machinist*〉의 기사를 읽으면서 시
작되었다. 기사는 헨리의 열정과 성취욕을 자극했고, 헨리는 자신만
의 엔진을 만들어 그것을 '말 없는 마차'에 달기로 결심했다. 그는
일이 끝난 저녁이면 집 옆에 딸린 창고에서 그것을 만드느라 수없이
많은 시간을 보냈다. 그의 친구들은 호기심으로 헨리의 창고를 엿보
았고, 그의 물불을 가리지 않는 집념이 신경쇠약을 일으키는 것은
아닌지 걱정을 했다. 하지만 1896년 6월 4일 새벽 3시쯤, 헨리는 마

침내 그의 역작을 완성해 냈다. 헨리가 "4륜차"라고 부르던 이 새로운 차는 모터가 있는 바퀴 네 개짜리의 자전거였다. 하지만 문제가 있었다. 4륜차는 문을 통과하기에 너무 컸던 것이다. 헨리는 4륜차를 완성시킨 기쁨에 겨워 도끼를 집어 들고 창고 문을 내리쳐 산산 조각을 냈다. 벽돌과 시멘트 조각만이 그가 지나간 길에 남았다.

4륜차는 곧 성공작임이 증명되었다. 그것은 또 헨리가 상당한 정도의 장거리 주행이 가능한 가스 추진식의 자동차를 만들어 낼 수 있다는 사실을 증명하는 것이기도 했다. 그때부터 그는 디자인과 기능을 개선하는데 주력하기 시작했다. 이때부터 헨리는 종업원이 아닌 기업가로서의 자세를 갖게 되었다. 이때가 그의 나이 33세 무렵이었다.

▋정상을 향하여

| 실패를 통한 배움 |

헨리 포드는 30대 중반까지 새로운 물건을 만드는 일과 생계를 이어가는 일 사이에서 왔다갔다했다. 생계를 이어가는 일은 늘 자신의 우선순위에서 새로운 물건을 만들어 내는 일보다 앞에 서지 못했다. 그러나 포드는 40세가 되기 전에 두 번의 큰 실패를 경험하게 된다.

4륜차의 성능과 안정성에 깊은 인상을 받은 가족과 친구들은 물론 디트로이트의 시장 윌리엄 메이버리도 헨리의 성공을 위해 경제적으로 지원했다. 헨리는 그 돈과 4륜차를 판매한 돈 200달러를 더 나은 형태와 좋은 성능을 가진 가스 추진식의 말 없는 마차를 만드는데 투자했다. 1898년 전국을 돌아다니며 각 주의 자동차 발전 기술을 평가하던 뛰어난 공학자인 해닝턴이 포드의 4륜차를 검토하고 〈레이시〉 지에 이렇게 기고했다.

"모터의 디자인은 뛰어나며, 스프링필드의 듀리에Duryea의 마차 모터와 비슷하다. 하지만 점화기는 더 뛰어나다. 냉각기는 독창성과 구상력을 잘 보여 준다. 듀리에 형제의 마차에는 냉각을 위한 별도의 장치가 없었다. 기화기 또한 잘 만들어졌다. 측정 장치들도 완전하고 정교했다. 전체적인 디자인도 매우 완전해 보이고, 세세한 모든 부분에까지 신경을 쓴 것 같다. 우리나라에서 만들어졌던 어떤 마차와 비교해도 뒤떨어질 게 없어 보인다."

헨리 포드가 디트로이트의 또 다른 영향력 있는 투자가 윌리엄 머피를 그의 새로운 차 시승에 참석시켰을 때 머피는 신이 나서 외쳤다.

"자, 우리 당장 회사 하나 차립시다."

1899년 디트로이트의 첫 번째 자동차 회사인 디트로이트자동차 회사Detroit Automobile Company가 포드의 예전 후원자였던 윌리엄 메이버리를 포함한 열두 명의 투자자들에 의해 설립되었다. 투자자들은 헨리 포드에게 약간의 주식을 떼어주며 그를 텐 프로덕션 카 건물을 감독하는 관리인으로 임명했다. 당시 헨리는 가스 엔진에 대한 연구를 단념하는 조건으로 에디슨조명회사의 총감독을 맡고 있었다. 포드는 고용된 사람으로서 확실하고 안정적인 직업을 유지하느냐, 아니면 모든 위험 부담을 안고 열정을 발휘하느냐의 선택에 직면하게 되었다. 포드는 기업가다운 정신으로 후자를 선택했다. 이렇게 헨리 포드는 인생의 중대한 결정을 내리게 된다.

1901년 6월, 맥킨리McKinley 대통령이 암살당했다. 애도 기간 중에 헨리는 유난히 감상적이 되었고, 그의 친구 올리버 바텔과 함께 삶과 죽음, 존재에 대해 많은 이야기를 나누었다. 바텔은 헨리에게 올랜도 제이 스미스Orlando Jay Smith의 철학적 에세이집인 〈중대한 문제들에 대한 짧은 단상A Short View of Great Questions〉이라는 책을 권했다. 이 책은 헨리가 영웅적 잠재력을 발휘할 수 있도록 해 준 자극제 역할을 했다. 헨리는 후에 〈레이시〉 지와의 인터뷰에서 그 책을 읽은 것이 인생의 큰 전환점이 되었다고 말했다.

그는 대중을 위한 자동차를 만들기로 한 결심을 더욱 굳혔다. 하지만 디트로이트자동차회사의 텐 프로덕트 카의 생산 구조에서는 새로운 경주용 자동차를 디자인하는 데 모든 시간을 쏟아 부어야 했기 때문에 정작 그가 하고 싶은 일을 시작할 수 없었다. 헨리는 단기간의 이익만을 위해 특정한 모형을 약간 고치거나 복제하는 것보다는 자동차를 완전히 새롭게 만들고 싶어 했다. 전기 작가 레이시는 포드가 당시 자신의 일을 추진하지 못했던 이유는 자동차 제조에 관한 노하우가 부족했기 때문일 수도 있다고 말한다.

"(자동차 발전 초기에는) 효율적이고 경제적인 제조 과정이 이익을 내느냐 못내느냐를 좌우하는 요인이었다. 헨리는 그가 일하던 새로운 분야에 아직 적응하지 못하고 있었다."

헨리는 내셔널 레이스에서 우승을 하면 투자자들이 자신이 원하는 자동차를 만들 수 있도록 후원해 줄 것이라고 생각했다. 투자자들은 헨리가 경주용 차량 개조보다는 경주용 자동차를 제작하는 것에 더 관심이 있다는 사실을 깨닫고는 실망하게 되었다. 그리고 회사는 2년이 되지 않아 파산하고 말았다. 당시의 미국 스피드 경주 챔피언은 자동차 제작자인 알렉산더 윈튼이었다. 하지만 1901년 미시건의 그로스 포인트에서 열린 경주에서 포드가 보기 좋게 물리치자 디트로이트자동차회사의 예전 직원들을 비롯한 투자자들은 포드의 집 앞에 줄을 서기 시작했다.

그리하여 그로스 포인트에서 포드가 우승한지 단 7주만에, 헨리 포드사Henry Ford Company가 설립되었다. 헨리는 수석 엔지니어로 채용되었고 회사 지분으로 10,000달러를 받았다. 하지만 넉 달이 채 못되어 헨리는 '만들기로 계약한 자동차'가 아닌 '그가 만들고 싶어 하는' 차를 만든다는 이유로 경영위원회에 의해 해고되고 말았다. 헨리는 그동안의 노력에 대한 대가로 900달러를 받고 그곳에서 나왔다. 주주들은 헨리 릴랜드를 고용하고 회사 이름을 캐딜락Cadillac으로 바꾸어 다시 자동차를 생산하기 시작했다. 캐딜락은 후에 제너럴 모터스로 알려진 거대 기업의 본사가 된다. 불굴의 포드는 좌절하지 않고 새로운 투자자들과 탐 쿠퍼Tom Cooper라는 레이서와 함께 또 다른 경주용 자동차를 만들기 시작했다.

20세기 초의 10년 동안, 자동차 제조업은 20세기 말의 컴퓨터 산업과 유사한 영세산업이었다. 초기에는 500개가 넘는 회사들이 자동차를 제조했지만 1917년까지 23개의 회사만이 생존했다. 뛰어난 품질의 자동차를 생산할 수 있는 회사들만이 살아남은 것이다. 포드는 세상에서 가장 멋지고 가장 빠른 자동차인 레이서 999(999 racer)를 만들기 위해 모든 시간과 정열을 투자했다. 차가 너무 빠른 나머지 탐 쿠퍼조차도 차에 올라타기를 두려워했다. 포드는 물불을 가리지 않는 바니 올드필드를 기용하여 레이서 999로 내셔널 챔피언에 도전했다. 포드는 자동차의 미관을 위한 부품들을 과감히 빼고 기능적인 부분들로만 구성하여 디자인을 심플하게 했다. 당연히 포드의 차는 우승을 차지했다. 레이서 999는 속도보다 안정성이라는 측면에서 이길 수 있었던 것이다. 물론 속도도 매우 뛰어났다.

헨리의 레이서 999의 성공은 곧 알렉스 말콤슨이라는 투자가의 투자를 가져왔고, 포드앤말콤슨Ford & Malcomson이라는 회사를 차리게 되었다. 말콤슨이 회장을 맡고 포드는 수석 엔지니어를 맡았다. 포드는 자신이 하고 싶은 일에 매진할 수 있었고, 말콤슨은 이익을 챙겼다. 이 회사가 자본화 과정을 거쳐 포드자동차The Ford Motor Company가 된다. 투자자들 중에는 엔진 부문의 주요 공급자였던 닷지Dodge 형제도 있었다.

포드가 엔지니어로서 대혁신을 이루어 낸 것이 바로 이 시점이었다. 그는 모델 A의 실린더들을 수평 방향이 아닌 수직 방향으로 바꾸었다. 포드의 첫 번째 자동차는 1904년 1월에 탄생되었다. 같은 해에 바니 올드필드가 포드의 시험용 차량을 운전하여 세계 신기록을 세웠다.

| 홀로서기 |

여기까지는 헨리가 40세가 될 때까지의 과정이다. 시작부터 위태로웠던 헨리와 말콤슨의 관계는 두 사람이 상류층을 위한 자동차를 만들 것인지 대중을 위한 자동차를 만들 것인지에 대해 의견 일치를 보지 못하면서 무너졌다. 헨리는 말콤슨을 압박하기 위해 포드제조공업사Ford Manufacturing Company라는 경쟁사를 차렸다. 헨리의 전략은 적중했다. 1905년 12월 6일, 말콤슨은 사임했고 42세의 헨리 포드는 회장직을 맡았다. 그 이후 포드는 어느 누구의 밑에서도 일하지 않았다.

포드는 세상이 필요로 했던 것들에 대한 선견지명을 갖고 있었다. 그는 자신의 직감에 귀를 기울였고 그의 직감은 정확했다. 가격을 떠나 모든 대중적 소비품들은 특별한 상품에서 출발하지만 곧 일상적인 제품으로 자리를 잡아간다. 말하자면 높은 곳에 있는 열매를 따기 전에 낮은 곳에 있는 열매부터 따야 하는 것이다. 대중적인 시장은 얻기 쉬운 열매라고 볼 수 있다. 헨리는 이를 직감으로 깨달았던 것이다. 1907년에 설계되어 1908년에 판매를 시작한 그의 모델 T는 1909년까지 10,000대를 판매했다. 포드가 1905년에 예견했던 바와 같이, 10년이 되지 않아 세계 자동차 시장에서 손꼽히는 자동차가 된 것이다.

헨리 포드는 대량 생산이 비용 절감 측면에서 크게 이익이 된다는 사실을 알고 있었다. 또 그렇게 하기 위해 그는 1909년 미시건 주에 있는 하일랜드 파크에 세계에서 가장 자동화된 공장을 세웠다. 그 시대의 다른 공장들과는 비교할 수 없이 큰 규모였다. 포드는 1910년에 18,864대, 1911년에 34,528대, 1912년에 78,440대의 자동차를 생산했다. 1913년에는 처음으로 이동식 조립 라인을 개발하여 자동차 몸체의 제작 시간을 5시간 50분에서 1시간 30분으로 단축시켰다.

이 기간 동안 포드는 여러 도시에 자동차 판매와 수리를 위한 대리점를 세우는 마케팅에서의 혁신을 꾀했다. 프랜차이즈 식의 가맹점 개념을 실제로 만들어낸 것이다. 레이 크락이 맥도널드 체인점을 시작하기 훨씬 이전에 헨리 포드는 소형 승용차 '틴 리지스Tin Lizzies' 모델을 판매하고 수리하기 위한 체인점들을 만들었던 것이다. 1912년까지 포드는 미국 전역에 700개의 체인점을 세웠다. 또 점차 늘어나는 자동차들을 위해 주요 도로에 주유소를 설치하는 일에서도 개척자 역할을 했다.

| 대중을 위한 자동차 |

포드의 성공을 위한 마지막 도약은 1913년, 그가 랄프 왈도 에머슨과 윌리엄 버로우의 글을 읽으면서 시작되었다. 두 저자 모두 비논리적으로 보이던 헨리의 잠재된 내면의 열정에 방아쇠를 당기는 역할을 했다. 그 무렵 모델 T는 국민차로 널리 환영을 받았지만 판매가는 500달러였다. 평범한 공장 노동자들은 하루에 2.34달러를 벌었기 때문에 자동차를 살 형편이 되지 못했다. 게다가 포드는 그때 막 혁명적인 이동식 조립라인을 내놓았다. 너무 빠르게 돌아가는 새로운 대량생산 속도에 불만을 품은 노동자들은 헨리가 미처 다른 종업원을 구할 틈도 없이 공장을 그만 두고 있었다.

에머슨의 〈자신감 *Self Reliance*〉을 읽고 자극을 받은 헨리는 공장 노동자들도 살 수 있는 자동차를 만들겠다는 큰 결심을 하게 되었다. "위대해진다는 것은 오해받게 되어 있다"는 인상 깊은 구절을 읽고, 그는 반대하는 사람들 속에서도 뜻을 굽히지 않았다. 1905년 초에 헨리는 언론에 자동차 가격을 내려 누구나 살 수 있도록 하겠다고 발표했다. 〈디트로이트 저널〉을 통해 "한 달에 10,000대를 400달러에 판매하겠다"고 약속한 것이다. 모든 사람이 그 말을 믿은 것은 아니었지만 그의 말에 귀를 기울였다. 그리고 8년 후인 1913년에 포드는 자신의 약속을 실현했다.

또한 헨리는 세상을 바꿀 또 하나의 중대한 결심을 했다. 하루 5달러의 임금을 보장하고, 일일 노동시간을 9시간에서 8시간으로 단축한 것이다. 나아가 모델 T의 가격을 400달러에서 340달러로 인하했다. 이는 경제사적으로 가장 획기적인 사건들 중의 하나로 기록된다. 포드의 경쟁사들은 제대로 정신이 붙어 있는 사람이라면 어떻게 자동차의 가격을 그렇게 내릴 수 있는지 이해하지 못했다. 1908년에서 1916년까지 헨리는 주주들의 소송에 맞서가며 가격을 58%나 인하했다. 몇 년 뒤에 그는 전 세계 자동차 시장의 2분의 1을 점유했다.

포드의 첫 번째 해외 지점은 1908년 프랑스에서 문을 열었고, 그 다음으로는 1911년 영국에 제조공장을 세웠다. 모델 T에 대한 세계적 수요가 너무 많아서 포드는 리버 루즈에 세계에서 가장 큰 제조

공장을 세울 수밖에 없었다.

| 쇠퇴기 |

1919년, 헨리 포드가 56세 되던 해, 26살이던 그의 아들 에드셀이 포드자동차의 회장이 되었다. 헨리는 더 이상 회장은 아니었지만 성격상 여전히 주도권을 쥐고 에드셀의 리더십을 방해했다. 1927년까지는 모델 T의 두드러진 성공을 등에 업은 나날들이었다. 모델 T는 1500만대 이상이 팔렸지만 시장은 점차 포드에서 제너럴 모터스(GM)로 옮겨가고 있었다. 줄어드는 시장을 되찾기 위해 포드자동차는 모델 T의 생산라인을 개조하여 모델 A를 생산하는 것으로 전략을 바꾸었다.

헨리 포드의 마지막 중대한 업적은 1932년에 V-8 엔진을 내놓은 것이다. 이 혁신적이고 새롭게 디자인된 모델 A의 총판매량은 4백만대를 넘기는 대성공을 거두었다. 하지만 포드의 수익성은 그 후 10년 동안 점차 줄어들었다. 테들로는 〈거인 기업가들 *Giant of Enterprise*〉에서 이렇게 말했다.

> "1927년부터 1937년까지, 제너럴 모터스가 19억 달러를 벌어들인
> 반면 포드는 9500만 달러의 손실을 입었다. 회사는 천천히, 아무도
> 모르게 침몰해 가고 있었다."

포드자동차의 설립자가 65세를 맞이하면서, 그는 신체적으로나 정신적으로나 쇠약해져 갔다. 몸과 마음의 쇠약은 혁신적인 기업가

에서 권위적인 회사 경영자로 점차 변해 가는 모습에서도 확연히 드러났다. 그는 폭력배를 고용하여 노조를 탄압했고, 독일 재건에 관하여 나치의 유능함을 찬양하기도 했다. 무한한 권력과 막대한 부가 자신을 성공하게 해 주었던 통찰력과 가치관을 흐려놓은 것이다.

1938년 75세의 포드는 가벼운 발작 증세를 겪었다. 1941년에는 환각 증상을 수반한 좀더 심한 발작이 들이닥쳤다. 그리고 불행히도 1943년, 아들 에드셀이 49세의 나이로 "위암과 오르내리는 고열, 실의에 의한 만성 합병증"으로 갑자기 세상을 떠나고 말았다. 포드는 80세의 나이에 다시 회장직을 맡았다. 포드자동차는 에드셀의 장남인 헨리 포드 2세가 25세의 나이에 회장에 취임하여 최고경영자가 되기 전까지 2년 동안 방향타를 잃은 배처럼 쇠락해 갔다. 자신이 창립한 회사의 경영권을 손자에게 넘겨준 뒤 포드는 쓸쓸한 은둔자의 생활을 했다. 그로부터 2년 후인 1947년 4월 7일, 헨리 포드는 83세에 뇌출혈로 세상을 떠났다.

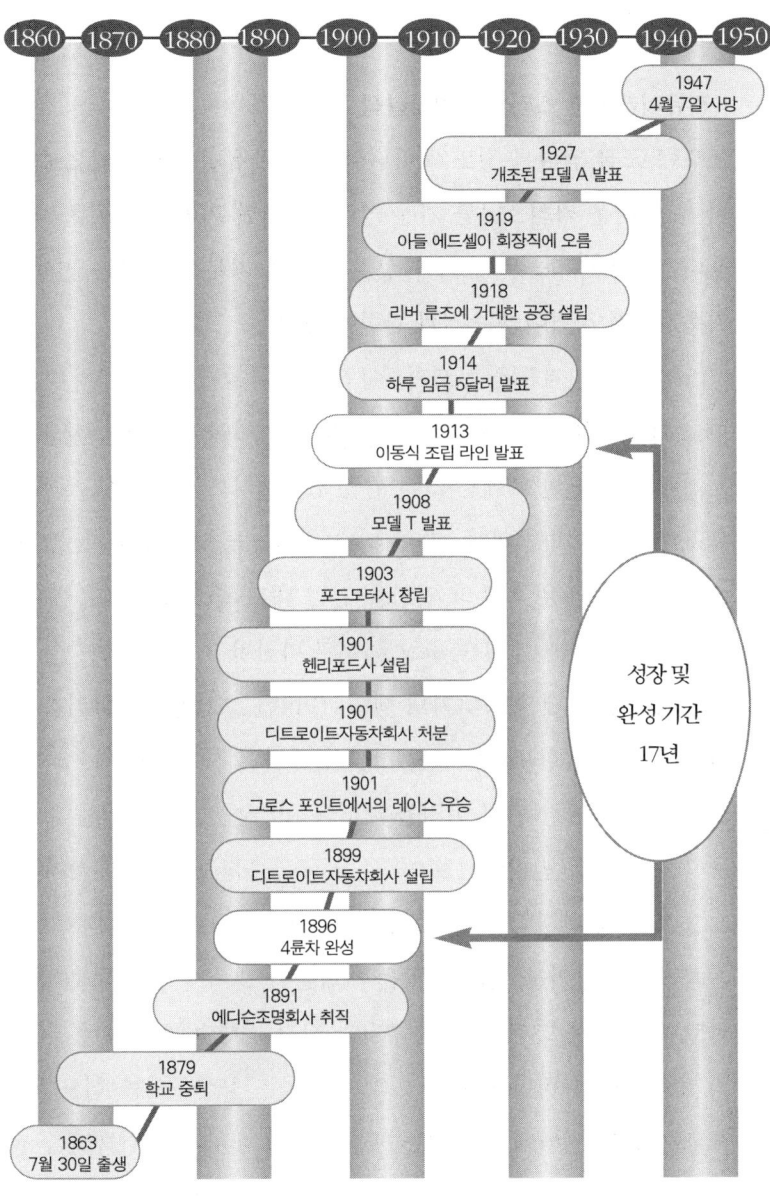

성격 분석

| 커뮤니케이션 스타일 : 비타협적 |

포드는 조금 남다른 정도가 아니라 정말로 유별난 성격의 소유자였다. 부드러운 카리스마를 가진 성격이었지만 거만할 정도로 고집이 셌다. 이런 특징들은 포드가 성취를 통해 자부심을 갖는 전형적인 자수성가형 성격이라는 점과 관련이 깊다.

초기의 투자자들은 포드가 "사람을 끌어들이는 매력"을 갖고 있다고 특징지었다. 그는 사람을 끌어들이는 힘이 있었고 목적을 달성하기 위해 필요할 때에는 그런 힘을 활용했다. 그는 공학도였음에도 불구하고 효율적인 의사소통에 타고난 재능을 갖고 있었다. 그의 이런 탁월한 감각은 대중의 인심을 얻는 데도 중요하게 작용했다. 그의 친구인 토마스 에디슨Thomas Edison과 마찬가지로 그는 대중들을 제품을 홍보하는 데 활용하기도 했다. 1914년 그가 일당 5달러를 보장한다는 발표를 한 직후, 그는 자신의 사적인 사실들을 퍼뜨리기 위해 언론에 특별한 접근 방법을 취했다. 1918년 그는 자신을 위한 신문사인 〈디얼본 인디펜던트Dearborn Independent〉를 매입한 것이다.

포드는 세상 사람들에게 많은 혜택을 주었지만, 반유대주의와 광신적인 애국주의를 이유로 많은 사람들이 그에게 등을 돌렸다. 〈시카고 트리뷴〉은 그를 '무정부주의자'라고 칭했고, 다른 언론들은 나치 추종자라고 비난했다. 포드의 주주들은 공산주의를 혐오했으며 포드는 유럽 전역에 확산되는 공산주의에 대항하여 히틀러를 잠재적인 대책으로 생각한 것이다. 이로 인해 히틀러는 그의 책 〈나의 투쟁*Mein Kampf*〉에서 미국인으로는 유일하게 호의적인 인물로 헨리 포드를 꼽았다.

또 1923년 포드는 〈레이디스 홈 저널*Ladies Home Journal*〉과의 인터뷰에서 이렇게 말했다.

> "나는 산업에 있어 여성들을 단지 임시적인 요소라고 밖에 생각하지 않는다. 그들이 인생에 있어 진정 해야 할 일은 결혼해서, 가정을 꾸리고, 가족들을 보살피는 것이다."

1920년대 초에도 여성에 대한 이런 태도는 많은 사람들의 공격 대상이 되었다. 오랜 기간 그의 오른팔 역할을 했던 해리 베넷이나 다른 동료들에 따르면 포드는 높은 성욕과 공격성을 가진 남자였다고 한다. 그리고 포드의 그런 독재적이고 폭군으로서의 이미지는 〈디얼본 인디펜던트〉를 사들이면서 더욱 강화되었다. 그는 이 매체를 자신의 생각을 알리는 수단으로 이용했다. 하지만 신문을 통한 그의 말장난은 7년 동안 500만 달러라는 거액의 손실을 가져왔다. 더 중요한 사실은, 그로 인해 그가 수백만 명의 적을 만들었으며 고위 관리직을 임용할 때에도 악영향을 미쳤다는 것이다.

| 직관적인 스타일 : 독창적 |

포드는 미쳤다는 소리를 들으면서도 옳다고 생각하는 일을 광적일 정도로 과감히 추진했다. 그는 결정을 내릴 때에도 노동자의 고민을 고려했고, 틀에 박힌 관념들을 무시했다. 헨리는 큰 숲을 보되 나무들도 신경을 쓰는 그런 사람이었다. 마이어 브릭스(MBTI)의 성격 유형에 따르면 헨리는 '직관적인 사고' 형으로, 심리학자들이 프로메시안Promethean이라고 은유적으로 부르는 유형이었다. 프로메시안들은 작은 것을 희생시키는 대신 기회와 가능성을 쫓는 경향이 있다. 헨리가 바로 그런 사람이었다.

포드는 눈에 보이는 수량이나 수익에는 관심이 없었고 시각적이고 공간적인 기술을 자랑스럽게 여겼다. 비용이나 세부적인 사항은 그에게 중요하지 않았다.

| 창의성 : 위기에 대한 혁신적인 대응 |

포드의 창의성은 역경에 처했을 때 가장 빛을 발했다. 한때 그의 혁신적인 이동식 조립 라인은 공장 근로자들을 몰아붙여 그만두게 만들었다. 하일랜드 파크에 있는 공장의 이직률은 1913년 말까지 380%라는 천문학적인 숫자에 이르렀다. 이 때문에 공장 운영 자체가 어려움을 겪었다. 이때 포드는 몇 가지 극단적인 변화에 미리 대처할 수 있는 새로운 경영 체제를 갖추었다. 즉, 공장 노동자들의 임금을 두 배로 올려주고 노동시간을 줄임으로써 큰 성공을 이끌어낸 것이다. 한 달 이내에 노동자들의 이직률이 크게 줄었음은 물론, 일자리를 구하려는 사람들이 공장 밖에 줄을 섰다. 그 결과 판매량은 4배로 증가했고 경쟁사들이 무슨 일이 벌어졌는지 미처 알아내기도 전에 포드는 자동차 산업의 일인자가 되었다.

하지만 1916년, 소액주주인 존 닷지와 호레이스 닷지가 포드에게 포드자동차의 이익을 더 많이 배당하라고 소송을 걸었다. 〈월 스트리트 저널〉조차 포드의 혁신이 갖고 있는 참뜻을 이해하지 못하고 다음과 같이 보도했다.

"포드는 조직적인 사회뿐만 아니라 자기 자신과 자신이 몸담고 있는 산업에조차 곧 악영향을 끼치게 될 경제 범죄를 저질렀다."

하지만 제대로 교육도 받지 못한 농장 출신 포드는 이런 주제에 대해 전문가보다 더 잘 알고 있었다. 그는 이렇게 썼다.

"우리의 방침은 가격을 내리고 사업을 확장한 뒤에 제품의 품질을 개선하는 것이다. 가격을 내리는 것이 첫 번째 과제임을 누구나 알 수 있을 것이다. 우리는 어떤 고정가격도 고려한 적이 없다. 그렇기 때문에, 우리는 판매량이 늘어날 것이라고 믿는다. 우리는 단가를 걱정하지 않는다. 새롭게 정해지는 가격을 통해 단가를 낮출 수 있다."

결과적으로 이 선견지명의 견해가 옳은 것으로 밝혀졌으며, 이는 이후의 제조업과 가격 정책을 바꾸어 놓았다. 그럼에도 불구하고 포드는 닷지 형제가 건 소송에서 패하여 주주들에게 배당금을 올려 줄 수밖에 없었다. 하지만 포드의 반대 세력들이 깨닫지 못했던 사실이 있다. 포드가 소개했던 이동식 조립 라인과 1일 3교대제가 아니었다면 포드가 당시 5달러의 임금으로 생산하던 양에 상응하는 생산품을 얻기 위해서는 하루에 20달러의 비용이 들었을 것이다. 하루 8시간

씩으로 하는 3교대 제도는 미국의 노동시간을 재정의하게 했고, 주당 노동시간도 40시간으로 단축시켰다. 이는 노동자들이 가족과 함께 할 수 있는 시간을 늘려줌으로써 노동자들을 행복하게 하는 데 크게 기여했다.

| 위험성에 대한 성향 |

포드가 얻은 대부분의 성과는 큰 위험을 감수한 후에 얻은 것들이었다. 그는 경제적으로 안정을 찾은 후에도 큰 규모의 투자를 계속했다. 그는 철도회사, 광석 공장, 항공사 등을 사들였다. 또 혁신적인 새로운 항공기, 고무 농장 등에 자본을 투자했다. 변화의 최일선을 이끌어가지 않으면 결코 만족할 수 없었던 포드는 겁없는 경쟁상대이자 반대 세력이 더 큰 압력을 행사할 때에도 물러서는 일이 없었다. 포드의 동시대인들은 젊은 시절의 그를 "싸움꾼 포드"라고 불렀고, 세월이 흘러도 그를 무너뜨리지 못했다.

| 자아상 : 구세주의 복합체 |

포드의 성공 비결 중의 하나는 자신에 대한 무조건적인 신뢰였다. 대부분의 훌륭한 기업가들이 그러하듯이 포드 또한 자신은 옳고 특별하다고 믿었다. 그는 틀렸을 때조차도 뒤로 물러서는 일이 거의 없었다. 그는 회고록에서 "나는 늘 내 안과 밖의 보이지 않는 힘의 압력을 받았다"라고 썼다. 한 번은 그의 눈밖에 난 사람을 해고하라고 아들 에드셀에게 말했다. 에드셀이 "그가 떠나야 한다면 저도 나가겠습니다"라고 말하자 헨리는 "그렇다면 내 눈앞에서 보이지 않도록 하라"

고 지시했다. 30대 후반의 포드자동차 회장인 에드셀로 하여금 유능한 경영자를 웨스트 코스트로 전근시키도록 강요한 것이다.

| 비판적인 사고방식: 실수에서 배우는 교훈 |

헨리 포드는 실패를 스스로 배울 수 있는 기회로 활용했다. 그는 농부로서 실패한 경험을 갖고 있었다. 또 첫 번째와 두 번째의 자동차 벤처회사에서도 실패를 경험했다. '대중을 위한 자동차'를 만들려고 시도하던 때에는 자신의 회사이기도 했던 헨리포드사에서 해고를 당했다. 끈기가 없는 사람이라면 모든 걸 그만두고 아내와 아들을 부양하기 위한 직업을 찾았을 것이다. 하지만 헨리는 실패에서 교훈을 얻었고, 그런 역경을 다시는 되풀이하지 않기 위한 실수로 생각했다.

많은 훌륭한 기업가들이 그렇듯, 포드도 초기 질서의 타파론자였다. 관습이나 전통은 포드자동차에서는 결코 통하지 않았다. 오늘날의 심리학자들이 "재탄생을 위한 파괴"라고 묘사하는 그것이 바로 헨리 포드의 정수였다. 정상까지 오르는 과정에서 헨리는 여러 번의 위기를 겪었지만 마케팅, 가격 정책, 노동자 임금, 생산성 등에 관한 모든 규정들을 과감히 타파하고 새로운 경영 패러다임을 만들어냄으로써 위기를 극복했던 것이다.

| 독창성 : 지배를 위한 끊임없는 탐구 정신 |

포드는 흔한 말로 '지배광'이라고 할 수 있다. 포드는 평범한 것을 거부했고 자신의 방식대로 세상을 바라보지 않는 사람들에 대해 참을 수 없어 했다. 이런 점들 때문에 포드는 업계에서 많은 적을 만들었다. 회사에서는 그의 관점만이 허용되었고, 에드셀이 포드자동차의 회장이 된 이후까지도 그의 결정이 우선권을 갖고 있었다. 어떤 전기 작가들은 포드가 아들 에드셀의 이른 사망에도 어느 정도의 책임이 있다고 말하기도 한다.

노동조합 결성에 직면했을 때, 지독히도 독재적이던 포드는 종업원들에게 이렇게 말했다.

"단체는 악한 목적을 이루지만, 독립된 개인은 좋은 목적을 이룬다."

이 발언이 이기적이기는 하지만 포드는 이 말을 굳게 신봉했다. 노동자들의 임금을 두 배로 인상한 것은 노동조합이 아니라 포드 자신이었기 때문이다. 포드는 노조를 단지 종업원들이 회사의 지배권을 쥐기 위해 공모하는 것이라고 생각했다.

지배하고 싶어 하는 헨리의 만족할 줄 모르는 욕구는 그가 1919년에 에드셀에게 경영권을 넘겨주며 회사를 그만두고 캘리포니아로 갔을 때 분명하게 드러났다. 경영을 양도한 것이지 꿈을 넘겨주는 것이 아니라는 생각대로, 그는 다시 자동차를 만들고 팔 수 있는 권한을 얻기 위해 법적 싸움도 불사했다. 그는 포드와 경쟁할 새로운 자동차 회사를 만들 생각으로 캘리포니아에 땅을 구입했다. 또 캘리포니아의 신문에 "가장 혁신적인 자동차를 생산하기 위해 이곳에 왔노라"고 말했다. 그러나 포드는 소송에서 졌다. 패배에 격노한 포드는 결국 1억 580만 달러에 회사를 사들여 다시 한 번 회사를 지배하게 된다.

| 포드의 천재성과 모순된 성격 |

남성 호르몬의 과다 분비는 조울증과 관련이 있다. 포드 역시 조울증의 여러 증상을 보였다. 기분이 좋을 때는 조증을 나타냈고 기분이 안 좋아지면 한없이 가라앉았다. 포드는 특이한 사람이었다. 포드자동차의 초창기 투자자였던 올리버 바텔은 이렇게 썼다.

"포드는 이중적인 성향을 갖고 있었던 것 같다. 그중의 하나는 내가 아주 좋아했고 친구가 되고 싶었던 측면이다. 다른 하나의 성향에는 도저히 견딜 수가 없었다. 너무 괴로웠다."

사무엘 마르케스 목사는 오랫동안 헨리의 담당 목사였다. 제1차 세계대전에 미국이 참가하기 얼마 전, 헨리가 리버 루즈에 공장을 세울 무렵 목사와 헨리는 가까운 사이였다. 마르케스는 하루가 다르게 헨리의 내면에서 일어나는 놀라운 변화에 대해 이렇게 말했다.

"헨리에게는 어린아이처럼 행복하고, 천재적이고 이상적인 감성으로 충만한 날도 있다. 상냥하고 온화하고 친절하고 실수에 관대한 사람이었다. 하지만 바로 다음날 그는 정반대의 사람이 된다. 그의 몸은 힘없이 축 늘어지고 맥이 풀렸다."

헨리는 수줍음이 많았지만 거만했다. 또 내성적이었지만 모든 대화를 주도했고, 상원에 입후보했던 지배광이었다. 포드의 역설적인 점은 그가 거들떠보지도 않았던 사람들과 함께 대중을 위한 자동차를 만든 거만한 속물로 묘사되었다는 점이다. 하지만 그는 그들에게 높은 임금을 주었고, 그렇게 함으로써 미국의 중산층을 만드는데 큰 역할을 했다. 그는 모델 T를 소개하기 전날, 자신의 꿈을 향한 끊임없는 헌신을 이렇게 표현했다.

"나는 위대한 서민들을 위한 자동차를 만들 것이다. 많은 월급을 받지 못하는 사람들도 자동차를 사는 것이 가능하도록, 저렴한 가격으로 자동차를 생산할 것이다."

포드는 복잡한 감정을 가진 단순한 사람이었다. 그는 결코 부를 좋아하지도 부와 관련되지도 않았다. 그가 호감을 갖고 있었던 사람들은 그의 절친한 친구였던 토마스 에디슨, 하비 파이어스톤과 같은 기업가들이었다. 그는 농민 출신이라는 점 때문에 보통 사람들에 대해 경계심을 갖고 있었지만, 자신의 영역을 지켜나가기 위해서는 냉철하게 싸웠다. 또 그는 고객이 왕이라고 믿었다.

평화주의를 신봉하던 그는 1915년 유러피안 피스 쉽_{European Peace Ship}을 후원했고 1차 세계대전의 종결에 큰 역할을 했다. 하지만 B-24 폭격기를 생산하는 윌로우 공장을 지음으로써 2차 대전의 전투력을 뒷받침했다. 이 거대한 공장은 한 시간에 한 대 꼴로 전투기를 생산했고, 1942년 5월부터 2차 대전 종결 때까지 총 86,865대를 생산했다.

헨리는 특히 외동아들인 에드셀과의 관계에서 흥미로운 양단론을 갖고 있었다. 그는 아들을 애지중지하며 빨리 성장하길 바라면서도 자신만의 권위주의적 방법으로 성장을 억압했다. 에드셀은 8살이 되었을 때 -겨우 8살이었는데도- 자기 차로 운전하며 학교를 다녔다. 그리고 에드셀이 21살이 되던 해 포드는 그에게 1백만 달러의 용돈을 주었다. 그러나 포드는 결코 돈을 최고로 생각하지는 않았다. 그는 이렇게 말했다.

> "만약 돈이 당신의 자립을 위한 유일한 희망이라면 결코 가질 수 없을 것이다. 이 세상에서 사람이 유일하게 가질 수 있는 진정한 것은 지식과 경험 그리고 능력의 축적이다."

그가 무언가를 결정할 때 돈은 한 번도 중대한 요소로 작용한 적이 없었다. 그는 "오로지 돈만 버는 사업은 하찮은 사업이다"라고 말했다. 이런 생각 때문에 그는 주주, 동료 경영진들과 많은 갈등을 일으켰다. 포드의 영업책임자였던 제임스 쿠젠스도 여러 해를 같이 일했지만, 모델 T의 가격을 내려 모든 사람들이 탈 수 있도록 하겠다는 포드의 결정으로 다른 길을 가게 되었다. 포드는 후에 이렇게 말했다.

> "이 세상에는 두 부류의 바보들이 있다. 하나는 돈을 모음으로써 진짜 권력을 쟁취하는 것이라고 생각하는 백만장자들이고, 다른 부

류는 한 계층의 사람들에게서 돈을 벌어 다른 계층의 사람들에게 베풀면 세상의 모든 근심이 사라질 것이라고 생각하는 빈털터리 개혁가들이다."

쿠젠스는 종종 포드의 책상에 널려 있는 답신하지 않은 편지들과 지폐, 수표들을 발견하곤 했다. 포드의 아내 클라라는 양복 주머니에 쑤셔 넣은 75,000달러짜리 수표를 발견한 적도 있었다. 포드는 특별한 인생의 가능성을 쫓느라 너무 바빴다. 그의 전기를 쓴 작가 레이시는 "돈은 포드에게 결코 중요하지 않았다"고 썼다. 포드가 남긴 기록 중에서는 "돈은 모든 악의 근원이다"라는 말도 찾을 수 있다. 포드의 이러한 사고방식에 영향을 받아 돈은 경영진들에게 진정으로 중요한 측면이 아닌 것이 되어 버렸다.

그는 모든 업무에서 윤리 의식의 중요성을 강조했지만 정작 주주들과의 관계에서는 교활한 면도 보였다. 또 가정의 중요성에 대해 설교했지만 비서인 에반젤린 달린저와 오랜 기간 연애를 했다.

헨리 포드의 삶에 있어서 가장 극적인 패러독스는 패커드에 있는 묘지로 향하는 장례 행차에서였다. 포드는 장의용 차량으로 쓰일 만큼 고상한 자동차를 만든 적이 없었다. 그래서 그가 가는 마지막 길은 경쟁사가 만든 장의차를 탈 수밖에 없었다.

업적과 명예

| 위대한 성공 |

늦게 시작해서 포드만큼 큰 업적을 남긴 사람도 드물다. 나이 40에도 포드는 여전히 자신만의 영역을 탐구하는 중이었다. 이미 그는 많은 기계들을 발명했지만 그중 어느 것도 성공하지 못했다. 많은 사람들이 연구를 그만두고 다른 길을 찾아보라고 설득했으나 그는 굴하지 않았다.

포드자동차에서 만든 첫 번째 자동차인 모델 A는 소비자의 요구에 맞지 않았다. 그러나 혁명적인 자동차인 모델 T는 다른 모든 자동차들을 무용지물로 만들어 버렸다. 모델 T가 나온 지 5년 동안 50만 대가 판매되었고 1914년까지 매년 25만대씩 팔려나갔다. 1927년이 되자 모델 T는 권위 있는 위치에 올라섰으며 세계에서 가장 뛰어난 자동차였다. 저렴한 가격과 품질에 대한 포드의 만족할 줄 모르는 집착은 노력을 배신하지 않는 큰 성공을 가져왔고, 50세의 나이에 세계에서 가장 성공적인 자동차 회사를 만들었다.

60세가 되었을 때, 그는 업계의 거장이자 억만장자였으며 거물이었다. 1920년대까지 도로에서 굴러가는 자동차 중의 반은 포드 상표를 달고 있었다. 포드자동차는 수직 성장을 이루었고, 포드는 자동차 산업의 모든 것들을 통제한다고 일컬어질 정도였다. 그는 브라질에 고무농장을 비롯하여 자동차를 운송할 선단과 철도, 16개의 탄광, 수천 에이커에 달하는 땅, 미시건과 미네소타의 철광석 탄광 등을 소유했다. 그가 정상에 오르자 노동자 계급은 그를 너무 존경한 나머지 대통령이 되어 줄 것을 청원하기도 했다. 그러나 자신의 인습타파적인 측면과 지배에 대한 욕구는 대통령 역할에 부적합했기 때문에 그는 모든 정치적 포부를 단념했다.

포드자동차가 급진적 구상들을 실행하며 10년이 지나자 제너럴모터스의 시장점유율은 23%에서 8%로 급락했다. 반면에 포드자동차의 시장점유율은 60%까지 올라갔다. 포드의 성공 조짐은 제임스 쿠젠스의 여동생이 주식을 매입한 사례에서도 잘 드러났다. 교사였던 그녀는 1906년 오빠에게 100달러를 빌렸고, 이 돈으로 포드가 새로 설립한 포드모터에 투자했다. 1919년 포드가 소액주주들에게서 주식을 매입할 때, 그녀는 무려 262,036.67달러를 받았다.

| 명예 |

포드는 이동식 조립라인과 교환 가능한 부품들, 경제 학습곡선 이론, 생산성 향상을 위한 높은 임금, 적극적인 소매 가격 정책 등과 같은 혁신적인 아이디어들을 쏟아내 칭송을 받았다. 그가 내놓은 아이디어들은 세계의 거의 모든 제조업체들이 모방하고 있다.

직원들에게 넉넉한 임금을 지급하며, 누구든 포드 자동차를 살 수 있도록 한 포드의 신념은 자동차 시장의 지배로 입증되었다. 그의 새로운 전략에 대한 경제적 파장보다 더 중요한 것은 사회적 파장이었다. 종업원들에게 더 많은 임금과 여가시간을 제공함으로써 포드는 부자와 가난한 사람들 사이의 계급을 새롭게 창출하는 데 기여했다. 모델 T는 세상을 변화시켰다. 모델 T는 농민들의 도시 접근을 용이하게 했고, 도시 거주자들이 교외에서 휴식을 취할 수 있게 해 주었다. 또한 미국의 고속도로 발전에 다른 어떤 요인보다 많은 영향을 끼쳤다. 대중을 위한 자동차는 독일의 폭스바겐을 탄생시켰으며, 다른 나라에서도 무수한 모방 제품들이 쏟아져 나왔다.

어떤 잡지에서는 포드를 "20세기의 가장 위대한 기업가"로 꼽았으며, 또 다른 여론조사에서는 역사상 가장 위대한 인물에 예수나 나폴레옹과 나란히 이름을 올렸다. 1918년 포드는 미시건 주 상원의원 후보에 입후보했지만 낙선했다.

헨리 포드에게 쏟아졌던 무수한 영예와 찬사들 가운데 그의 업적에 대한 칭송을 가장 잘 보여준 사례는 1947년 그의 장례식에 경의를 표하기 위해 운집한 100,000명의 사람들이다.

헨리 포드에게서 얻는 교훈

| 가격 탄력성과 학습곡선 이론 |

포드는 제조업과 공학의 천재로 칭송받는다. 하지만 실제로는 마케팅의 천재였다. 다음의 '생산 공정도'는 포드가 구상한 산업 모델을 잘 보여준다.

헨리 포드의 생산공정모델은 소비재의 대량 생산을 위한 청사진이 되었다. 시간이 흐르면서 포드의 생각이 옳다는 것이 증명되었고, 모든 가격은 고정되어 있다기보다는 유동적이라는 것을 보여주었다. 포드는 더 많은 차량이 판매되면 생산단가가 줄어든다는 것을 알았다. 포드는 이를 직관적으로 깨달았고, 이것이 포드가 위대한

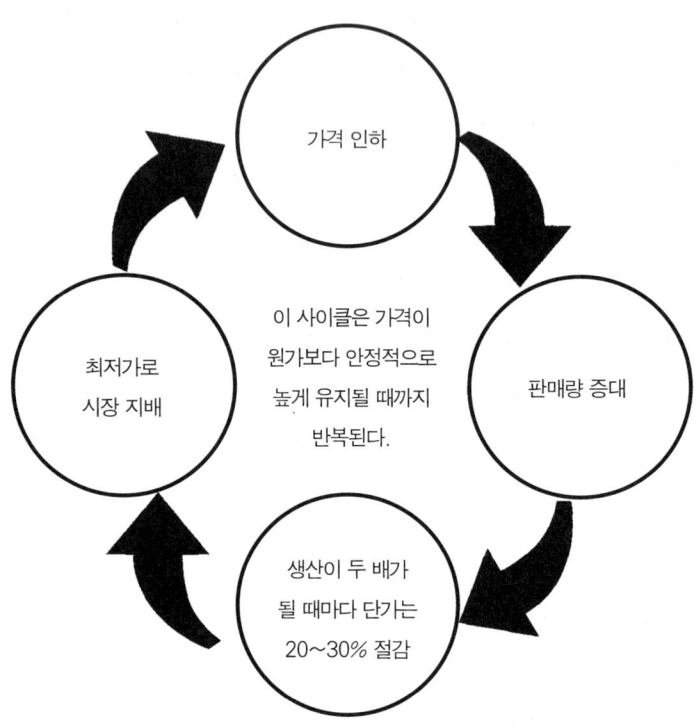

| 포드의 생산 공정 모델 |

가격 인하

판매량 증대

생산이 두 배가
될 때마다 단가는
20~30% 절감

최저가로
시장 지배

이 사이클은 가격이
원가보다 안정적으로
높게 유지될 때까지
반복된다.

기업가가 될 수 있었던 핵심적인 요소였다.

　가격에 대한 이런 생각은 오늘날 경제학의 하부 학문인 '가격탄
력성 이론price-elasticity theory'과 유사하다. 이 원리는, 제품의 가격을 내
리면 더 많은 판매를 할 수 있다는 것이다. 특히 대량 소비재의 경우
에는 더욱 그렇다. 포드가 이런 원리를 본격적으로 이야기한 적은
단 한 번도 없지만 그는 이 개념을 직관적으로 이해하고 강한 신념

으로 밀고 나갔다.

| 경영 방침 |

포드는 우리에게 "절대 평범한 사람에게 투자하지 마라"거나, "절대로 담보를 운에 맡기지 마라" 등의 경영 방침들을 물려주었다. 이 천재 기업가는 장기적인 번영을 위해 단기의 희생을 감수했다.

수십 년 뒤, 헨리 포드의 경영 방침을 가장 잘 이행한 사람들은 일본인들이었다. 1965년에서 1985년 사이, 미국의 전자제품 산업을 무너뜨린 일본 제조업의 대약진은 포드가 자동차 산업에서 이루었던 방법을 그대로 따라했던 것뿐이었다. 일본은 전자제품 시장의 세계제패를 겨냥한 장기적인 목표를 설정했다. 결과는 라디오, 스테레오, 계산기, TV, VCR을 비롯한 모든 소비제품에서 미국의 패배로 귀착되었다. 미국이 우주 프로그램과 달 착륙에 집중하고 있을 때 일본은 미국의 가정에 착륙하고 있었던 것이다.

| 실패는 성공을 위한 발판 |

세계적으로 위대한 사상가들의 대부분은 실수에서 배우는 기회가 더 많다고 말한다. 프랜시스 베이컨Francis Bacon은 "진실은 혼란보다는 실수에서 더 잘 알 수 있다"고 말했다. 몇 세기가 지난 뒤 혼다 소이치로Honda Soichiro는 이렇게 말했다.

"많은 사람들이 성공을 꿈꾸고 희망한다. 나에게 있어 성공이란 끊임없는 실패와 자기 성찰을 통해서만 달성되었다. 실제로 성공은 당신의 일에 있어서 99%의 실패에서 비롯된 단 1%를 말한다."

이는 헨리 포드가 훌륭하게 입증한 성공과 실패의 관계에서도 잘 나타난다. 포드의 삶은 실패가 어떻게 성공을 이끌어 낼 수 있는지를 잘 보여 주었다. 포드에게 실패는 정상에 오르는 동안 길에서 잠시 헤맨 것에 불과했다. 헨리가 자동차 제조회사를 설립하려고 했던 초기의 시도들이 실패하지 않았다면 틴 리지스는 만들어질 수 없었을 것이다.

그가 만약 다른 사람의 뜻에 굴복했다면 그는 대중들을 위한 자동차가 아닌 왕족을 위한 자동차를 만들었을지 모른다. 그가 전문가의 말을 들었더라면 자동차를 만들고 가격을 매길 때 좀더 보수적인 방법을 택했을 것이다. "우리는 성공보다는 실패에서 더 많은 것들을 배운다"는 헨리 포드의 말은 우리가 잊지 말아야할 충고이다. 그의 비즈니스와 삶을 들여다보면 그 말이 분명한 사실이라는 것을 알 수 있다.

2장

가브리엘 코코 샤넬

Gabrielle (Coco) Chanel

약점을 극복하고
내가 아닌 다른 사람이 되어라

"근시안적 시야로는 결코 살아남을 수 없다"

출생 | 1883년 8월 19일 프랑스 소뮈르

사망 | 1971년 1월 10일 프랑스 파리

자신에 대한 설명 | "내가 하는 모든 것에는 오만함이 깃들어 있다. 나의 몸짓, 나의 카랑카랑한 목소리, 내 한 줄기 눈빛의 시선, 그리고 내 몸 전체에."

좌우명 | "일 할 시간이 있고 사랑할 시간이 있다. 그러면 남는 시간은 없다."

혁신 내용 | 샤넬, 플래퍼 룩, 샤넬 No.5를 창조했다. 어떤 귀족이 말하기를 "여성은 더 이상 존재하지 않는다. 남겨진 것은 샤넬에 의해 창조된 남자들일 뿐이다."

남다른 자질 | 양성적 특권층을 만들었다. 시인 장 콕토는 이렇게 썼다. "그녀의 성적 취향은 남성적이다. 그녀는 남자처럼 정복 욕구를 갖고 있다."

목표 | "나는 훌륭한 사람이기보다는 존경받는 사람이 되고 싶다."

순자산 | 2000년에 샤넬의 사업은 연 10억 달러의 사업이었다. 그녀의 자산은 약 45억 달러로 추정된다.

명예 | "코코 샤넬은 피카소가 그리려 했던 것을 옷으로 재단하려고 했다."

    – 장 콕토

교육 수준 | 오바진느Aubazine 고아원에서 6년

성격 | 스타일과 세련미에 집착하는 내성적인 이단아.

취미 | 남자, 승마, 유혹, 룰렛 그리고 영화 관람.

정치적 성향 | 정치에 무관심, 하지만 공산주의를 싫어함.

종교 | 신비로운 성질의 실용적 로마 가톨릭.

형제 관계 | 문제 가정의 둘째 딸로 태어났다. 12살 때 버려지고 고아가 되었다.

가족 | 남편도 아이도 없었다.

약점을 극복하고
내가 아닌 다른 사람이 되어라

○━━━━━

대체할 수 없는 사람이 되려면 사람은 항상 달라야 한다.

코코 샤넬은 누구인가

영화 '타이타닉'(1997)에서 배우 글로리아 스튜어트는 값을 매기기 어려울 정도로 귀중한 하트 모양의 블루 다이아몬드를 바다에 던진다. 새로운 연인인 잭 도슨에 대한 사랑을 선언하고, 보석을 준 애인을 거부하기 위한 행동이다. 이 장면은 20세기의 위대한 여성 기업가 코코 샤넬의 생을 심미적으로 표현한 것이었다.

영국에서 가장 부유한 남자인 웨스트민스터Westmister 공작이 샤넬 여사에게 구애할 때였다. 그는 지중해로 선박 여행을 떠나기 위해 그녀를 자신의 화려한 요트인 '하늘을 나는 구름' 호로 데려갔다. 요트가 항구로 들어올 때, 샤넬은 공작의 객실에서 젊고 아름다운 여성을 발견했다. 그녀는 공작의 배신에 분노했다. 공작은 샤넬을 진정시키기 위해 값을 매기기 어려운 진주 목걸이를 선사했다. 그녀는 도도한 모습으로 요트 밖으로 손을 내밀어 스르르 바다 밑으로 그 목걸이를 떨어뜨렸다. 그리고 단호하게 말했다.

"코코 샤넬은 돈으로 살 수 없어요!"

　친구인 세르주 리파르에 의해 전해지는 이 일화는 꾸뛰르(디자인 스타일)의 여왕을 특징짓는 자유로운 영혼과 도도함을 잘 포착한 것이다.

　코코 샤넬은 독특한 사람이었다. 그녀는 이렇게 말한다. "변화한 것은 나였지 패션이 아니었다. 나 자체가 유행하는 사람이었다." 그리고 자기 반성의 순간에 그녀는 이렇게 고백했다. "대체할 수 없는 사람이 되려면 사람은 항상 달라야 한다." 고급 꾸뛰르의 여왕은 진정으로 달랐다! 그녀는 감각적인 여성과 의욕적인 남성의 흥미로운 혼합체였다. 사회적 관습에 대해 내면에서 끓어오르는 분노는 전통 스타일의 옷에 반항하도록 만들었다. 스타일과 연출 감각에서 코코는 정말 상상을 초월했다. 여성 패션의 영역에서 그녀는 진정한 혁명가였다.

　가브리엘 보뇌르 샤넬Gabrielle Bonheur Chanel은 1883년 8월 19일 프랑스 남부의 작은 마을에서 태어났다. 그녀는 12세의 나이에 버려져 고아가 되었고, 프랑스의 오바진느 고아원에서 수녀의 보살핌 속에 성장했다. 거기서 그녀는 읽고 쓰고 바느질하는 법을 배웠다. 21세 때 그녀는 에띠엔느 발잔이라는 남자를 만났는데 그는 샤넬의 애인이자 후원자가 되어 주었다. 에띠엔느가 그녀를 "작은 코코 little coco"라고 부르면서 그녀의 이름에는 코코가 들어가기 시작했다. 발잔은 형식적인 예절에 찌들지 않은 예쁜 시골 개구쟁이에게 홀딱 반하고 말았다. 그는 마법에 걸린 듯 로얄루에 있는 별장에 그녀를 초청했다.

로얄루에서 샤넬은 작은 고아원에서는 한 번도 알지 못했던 삶의 문화적 면모를 스펀지처럼 흠뻑 흡수하게 된다. 그녀는 팜므 파탈 (독한 여자, 나쁜 여자)이 되고 싶어 했고, 가장 학식 있고 품위 있는 유럽인들에게 동경을 받고 싶어 했다. 그러나 어린 시절에는 단지 초라한 방랑자일 뿐이었다. 그런 가망 없는 시작에도 불구하고 코코는 마침내 사람들이 모조 보석을 받아들이게 만들고, 기능적이기보다는 독특한 짧은 머리 스타일을 소개하고, 검은색을 애도의 색에서 현대적인 색으로 승화시키면서 여성의 패션을 간소화시켜 나갔다. 그녀는 이렇게 말했다.

"사람들은 내가 입는 방식을 비웃었지만 그것은 나의 성공 비밀이었다. 나는 다른 사람처럼 보이지 않았다. 나는 수선공의 블라우스와 도랑 파는 인부의 스카프, 그리고 여급의 흰 칼라와 소매에서 아이디어를 빌린다."

1911년 첫 여성 모자 상점을 오픈한지 얼마 되지 않아 그녀는 롤스로이스를 구입할 수 있었다. 그리고 운전수와 하인까지 고용했다. 이는 그녀가 미워하지만 필요로 하는 파리 출신 귀족들에게 가치 있는 사업으로 보이기 위한 적절한 조치였다. 롤스로이스는 엘리트 세계로 가는 마법의 양탄자였기 때문이다. 자동차에서 한 걸음 내릴 때면 그녀는 군림하는 여왕처럼 행동했다. 그녀가 방으로 걸어 들어갈 때에는 대화가 멈췄다. 그녀가 입을 열면 사람들은 경청했다.

일단 그녀가 사업에 추진력을 얻자 아무도 그녀를 막을 수 없었다. 그녀는 1920년대를 정의하는 '플래퍼 룩flapper Look'을 창조했고, 진짜 다이아몬드를 사기 위해 왕의 몸값처럼 비싼 큰돈을 감당할 수 없는 사람들을 위해 모조 보석을 만들었다. 그녀의 고도로 정교한 후각에서는 향수 샤넬 No.5가 창조되었다. 이런 그녀를 〈런던 타임스〉는 "그녀의 이전에 마케팅 여왕이 있었다 해도 그 사람은 가브리엘 샤넬을 뛰어넘지 못한다"라고 평했다.

별을 향해 던지는 그녀의 신념에 대한 직설적인 발언은 잠언이 되었다. "아무도 근시안적 시야를 갖고 살 수는 없다. 좁은 시야는 당신을 질식시킬 것이다." 유명인사로 최정상에 오른 후 그녀는 부유하고 유명한 사람들을 위해 운영하던 살롱이 있는 리츠 호텔의 사치스런 스위트룸에서 살았다.

그는 일에 사로잡혀 계속하여 구혼자들을 거절하면서도 여러 남성과 교제했고, 샤넬 하우스를 10억 달러의 기업으로 성장시켰다. 이론의 여지는 있지만 샤넬은 최초의 천재적 여성 기업가였고 그 후로도 최고로 불릴만하다. 그녀는 1971년 88세의 나이로 생을 마감하는 시점에 45억 달러로 추산되는 제국을 창조했다!

성장기

| 불행한 어린 시절 |

코코는 자신을 보살펴 준 수녀의 이름을 따 가브리엘 보뇌르라는 세례명을 받았다. 예쁘고 까무잡잡했던 아이는 아주 작은 것을 갖고 세상에 나왔지만 갈 때는 많은 것을 남겼다. 지참금 한 푼 없던 이 프랑스 소녀는 사실상 샤넬의 궁극적인 목적에 도달할 수 있는 아무런 기회도 주어지지 않았다. 그녀의 아버지 알베르는 오입쟁이 행상인이었다. 그녀의 어머니 잔느는 줄리라는 이름의 사생아를 출산한 농장 소녀였다. 샤넬의 어머니는 여섯 명의 아이를 출산했지만, 반복되는 출산에서 비롯된 육체적 부담으로 32세의 나이로 세상을 떴다. 아버지는 가족의 생계를 책임지기 싫어 행방이 묘연해졌고, 여섯 명의 아이들은 이곳저곳의 가정으로 흩어졌다. 가브리엘은 오바진느라는 고아원에 들어갔다.

고아원에서 가브리엘은 읽고 쓰고 재봉하는 법을 배웠다. 또 데코르첼 안 콜레뜨Decourcelle and Colette의 소설을 읽었는데 그 소설에 나오는 똑똑하고 대담한 영웅인 클라우딘과 자신을 동일시했다. 콜레뜨의 이야기에서, 재능은 있지만 세속적이지 않은 시골 소녀인 클라우딘은 파리로 진출할 방법을 찾는다. 자기 자신을 잊는 상상의 나래로의 탈출은 샤넬로 하여금 비참한 환경을 견디고 꿈을 꿀 수 있게 해 주었다. 수년 후 코코가 가장 좋아하는 작가인 콜레뜨를 만났을 때, 두 사람은 공통된 과거를 가졌다는 것을 발견하고 좋은 친구가 되었다.

정상을 향하여

| 귀족사회의 시선을 끌다 |

고아원을 떠나며 가브리엘과 그녀의 여동생 안토니에뜨는 마을의 비쉬 부티끄에서 일을 했다. 거기서 그녀는 모자 디자인 기법과 예술성을 배웠다. 1904년 가브리엘이 21세가 되었을 때, 경기병대의 몇몇 대원이 상점을 방문했다가 둘에게 데이트를 신청했다. 가브리엘의 데이트 상대는 폴로 경주를 위한 말을 기르는 좋은 가문의 26세 청년이자 쾌활한 에띠엔느 발잔이었다. 첫 데이트는 카바레에서 이루어졌다. 많은 와인을 마시고 노래를 한 뒤에 가브리엘은 '나의 가엾은 코코'라는 제목의 집 잃은 개에 대한 노래를 불렀다. 비록 많이 취했지만 그녀는 큰 인기를 끌었고 우레와 같은 박수를 받았다. 결국 코코라는 이름은 가난한 여인이 노력의 사다리를 타고 오르는 성공의 흔적으로 그녀의 영혼에 영원히 새겨졌다.

발잔과의 만남은 그녀에게 상류사회의 삶을 일깨워 준 계기가 되었다. 1910년 즈음 에띠엔느의 아파트에서 가브리엘은 처음으로 줄지어 선 상류 여인들을 위해 모자를 만들기 시작했다. 에띠엔느의 후원 하에 그녀는 부유층 남자를 사냥하려는 여자들의 엉큼한 수단을 배웠다. 폴로와 예술은 그녀의 옷에 대한 잠재적 구매층이 될 여자들을 만나는 근원이었다. 이런 환경에서 코코는 '남성의 기능성'과 '여성의 유혹하는 힘'을 결합시켜야 한다는 것을 깨달았다. 후에 그녀는 이를 "오만한 여성다움"이라고 묘사했다. 여우사냥 철에 코코는 프릴 장식의 여성성이 팽배하던 시대와 뚜렷이 대조되는 우아한 옷을 차려입고 다녔다. 그녀는 우아한 모습의 팜므 파탈의 이미지를 일깨워 준 것이다. 에띠엔느의 아파트에서 일한 6년 동안, 그녀는 평범하지 않은 출발에도 불구하고, 자신이 만든 '반 관습적'인 옷을 입으면서 상당한 지위를 쌓아나갔다.

1910년, 양성적 가정부이자 에띠엔느의 연인이었던 그녀는 피레네에서 여우를 사냥하던 세계적으로 유명한 영국 폴로 선수인 아서 카펠(보이로도 불림)을 운명적으로 만난다. 그리고 둘은 사랑에 빠진다. 카펠은 사교계의 귀염둥이로 대부분의 여자들이 저항하기 어려운 남자였다. 보이 카펠이 파리에 막 도착하려고 할 때, 친구인 에띠엔느는 브라질로 떠나려 하고 있었다. 남자들이 다 그렇듯 에띠엔느는 카펠이 코코와 "친구로" 지내는 조건으로 아파트를 쓰도록 허락했다. 에띠엔느가 파리를 떠나자 둘은 흠뻑 빠져버렸다.

| 상류사회로의 접근 |

당시 코코는 보이 카펠의 일시적인 에스코트로 사교계에 받아들여졌다. 갓 도착한 신상품처럼 그녀는 응접실 파티에 초대되었고, 신사인 척하는 카펠의 퇴물 친구들은 그녀를 달갑지 않게 여겼다. 그녀는 오래 걸리지 않을 것이라고 속으로 다짐했다. "저 인간들이 내 발 밑에서 기도록 하겠어!" 카펠은 계급, 스타일 그리고 돈을 갖고 있었다. 그의 이름은 금고도 열어 주었지만 안방으로 가는 문은 그녀에게 열려 있지 않았다. 이는 코코로서는 넘볼 수 없는 토지 소유주인 상류계급에 대한 증오를 낳게 했다. 그녀는 비록 그들의 옷을 만들어 주는 사람으로서는 접근이 허용되었지만, 그들에게 있어 여전히 미천한 여자일 뿐이었다. 최고의 아이러니는, 코코가 어느 날 젊은 나이에 벼락부자가 되었을 때, 그녀 스스로가 혐오하던 일들을 모두 실현했다는 점이다. 그녀는 그들 중에서 최악의 인간보다 더 불손한 오만함을 터득했다.

에띠엔느는 코코에게 위풍당당한 고상함의 세계를 소개했고, 한편으로 카펠은 그녀에게 도시 사교계를 소개했다. 카펠은 프랑스의 국무총리인 조르주 클레망소와 영국의 수상인 데이빗 로이드 조지의 친구였다. 성공적인 스포츠맨이자 국제적인 유명인사로서 카펠은 상류사회의 무도회에 초대되었고, 그는 코코를 데리고 다녔다. 바로 이 상황에서 호기심 강하고 관찰력이 예민한 코코는 귀족사회의 간계와 방식들을 배웠다.

| 샤넬 기업의 탄생 |

1910년 27세에, 코코는 카펠의 부유한 파리 출신 친구들을 위해 모자를 만들어 주는 사람으로 자리를 잡아갔다. 그녀는 엘리트들을 위해 재봉을 시작하고 창조물들을 직접 착용하며 선보였다. 여전히 기교를 쌓아가던 초창기였기에 그녀는 심플한 모자를 백화점에서 구입하여 자신의 기호에 맞는 스타일로 바꾸었다. 곧 그녀가 스타일리시할 뿐만 아니라 특색 있는 여성 룩을 만들어낸다는 소문이 퍼졌다. 코코는 여성적인 우아함을 어떻게 창조하는지를 알았고, 여성들은 그녀의 디자인에 수군거리기 시작했다.

카펠이 영국 별장으로 돌아갔을 때, 그녀는 모자를 만들고 단골 고객을 만들어 내며 바쁜 나날을 보냈다. 1911년 경, 사업은 아파트에서 운영하기에는 힘겨울 정도로 번창했다. 카펠은 파리의 캉봉 가에 여성 모자 상점을 차리도록 돈을 빌려 주었다. 코코는 동생 안토니에뜨를 불러 작업을 돕도록 했다. 최적의 상업 조건과 더불어 코코의 사업은 날로 번창해 나갔다. 그러나 그녀는 그런 명예에 만족하지 않았다. 1913년 카펠과 휴가를 함께 보내는 동안 영국의 도빌에 두 번째 상점을 열었다. 영국에서 휴일을 보내는 여성들의 쇼핑 욕구를 충족시키는 것이 훌륭한 사업 기회가 될 것이라는 사실을 이미 알고 있었던 것이다. 상점 정면에 가브리엘 샤넬이라 새긴 이 두 번째 상점도 눈부신 성공을 거듭했다.

| 제1차 세계대전의 도피 |

1915년 보이 카펠과 코코는 낭만적인 휴가를 보내기 위해 프랑스 남부의 비아리츠로 여행을 떠났다. 제1차 세계대전이 유럽에서 거세지고 있었고, 중립국인 스페인 국경 근처에 위치한 비아리츠는 전화의 먹구름을 피하려는 부유하고 유명한 사람들의 피난처가 되었다. 도빌의 상점과 같은 또 다른 대히트를 예감하고 코코와 카펠은 카지노 건너편의 빌라를 임대했다. 여기서 7월 15일에 비아리츠 최초의 패션 하우스인 '샤넬하우스'를 개장했다. 그녀의 다른 상점들보다 한층 더 웅장한 샤넬하우스는 유행을 결정하는 옷을 포함한 매우 다양한 의복들(현재 시가로 2,000달러 상당)을 만들었다. 1916년 경 코코가 33세가 되었을 때, 파리와 도빌 그리고 비아리츠에 있는 샤넬하우스에서 일하는 직원은 300명을 넘고 있었다.

1919년 어느 날, 코코를 만나러 가던 보이 카펠은 자동차 사고로 비극적인 죽음을 맞이했다. 코코는 망연자실한 채 연인이며 후원자였던 사람을 영원히 잊지 않을 것이라고 맹세했다. 그녀는 "보이 카펠을 위해 전 세계가 그를 애도하게 만들겠다"라고 썼다. 그녀는 언론에 "나는 전부를 잃었다. 그는 나의 형제였고, 나의 아버지였으며, 내 가족 전부였다"고 말했다. 생전의 보이 카펠이 좋아하던 검은 옷은 그가 죽은 후 코코가 입었고 이는 곧 표준이 되었다. 이 일 이전에 여성들은 상을 당했을 때에만 검은색의 드레스를 입었었다. 샤넬은 새로운 전례를 만들었고 검은색은 모든 경우에서 받아들일 수 있는 색상이 되었다.

| 양성적 샤넬 룩 |

전후 여러 해 동안, 젊은 여성들은 성장하는 독립심을 역설하면서 코르셋의 속박과 제한적인 의복의 한계를 벗어 던지기 시작했다. 여자다움의 척도로서 큰 사이즈의 룩은 착 달라붙는 세련된 룩에 자리를 내주고 있었다. 이 유행을 재빠르게 포착한 샤넬은 계속해서 더욱 타이트하고 단순한 디자인으로 짧은 옷들을 혁신적으로 만들어냈다. 그런 스타일에는 프릴과 레이스가 없었기 때문에 보수주의자들의 비난의 대상이 되었다. 영어를 사용하는 나라에서는 '플래퍼룩'이라 불렸고, 이른바 파리지엥(파리 출신)들은 이 스타일을 '가르송 룩'이라고 불렀다. 또 이런 스타일의 옷을 입는 여성들은 '플래퍼'라고 불렸다. 후에 코코 샤넬은 플래퍼를 창조해낸 사람은 자기뿐이라고 당당히 주장했다.

보이 카펠은 죽기 전에 코코를 친구이자 좋은 조언가이며 자신이

팬까지 된 예술가 미시아 서트에게 소개했다. 러시아의 지성인 서트는 곧 코코의 스타일과 독특한 멋에 매혹되었다. 코코를 만나자마자 미시아는 털어놓았다.

"한마디도 하지 않았지만 코코는 나를 뇌쇄시킬 만큼 매력을 뿜어냈다. 난 그녀가 완전히 매혹적인 여자라는 것을 즉시 깨달았다."

그들은 친구가 되었고 미시아는 예술과 남성 예술가들에게 통하는 문을 열어주었다. 미시아가 그녀의 독신 친구인 세르게이 디아길레프와 이고르 스트라빈스키 그리고 대공(大公) 드미트리를 소개해 준 것도 만난 지 오래 되지 않아서였다. 그들은 그녀가 파리지엥의 상류층에 접근하도록 도와 주면서, 보상으로 그녀에게 금전을 받으면서 코코의 애인이자 동반자가 되어 주었다. 이전에 러시아 왕족이었던 대공은 샤넬 하우스로 많은 부유층 여성들을 끌어들였고 그들에게 엄청난 배당금이 주어졌다. 미시아 서트조차도 코코가 디아길레프에게 20만 프랑을 지급했을 때는 충격을 받았다. 그러나 꾀가 많았던 코코는 그 다음에 어떻게 할 것인지, 돈은 단지 목표를 위한 수단에 불과하다는 것을 잘 알고 있었다.

| 옷 공장에서 향수까지 |

1923년 코코가 40세가 되었을 때, 그녀는 걸작 향수인 샤넬 No.5를 만들어 진정한 첫사랑이던 보이 카펠에게 바치기로 했다. 이 향기의 개발은 엄청난 실험과 테스트, 퇴짜와 재실험으로 이루어졌다. 결국 그녀는 8개의 샘플을 선정하게 되었다. 코코는 5번째 샘플을 골랐고, 그것을 '샤넬 No.5'라고 명명했다. 향수를 담는 용기로 쓰이는 단순한 직사각형의 병 또한 화려하게 장식하여 전형적인 향수 용기를 벗어난 것이었다. 샤넬 No.5가 세계 최고의 향기가 되자 코코는 미다스의 손을 가진 비전가라는 환호를 받았다.

사업은 일사천리로 뻗어나가 1923년에 코코는 샤넬하우스를 확장했고 직원은 3,000명으로 늘어났다. 게다가 전후시대의 프렌치 리베라French Riviera에서 다시금 일고 있는 유행은 샤넬로 하여금 칸느에 다른 상점을 내도록 재촉했다. 사업은 다시 한번 크게 성공했고 바야흐로 세계의 패션계는 새로운 유행을 맞이하고 있었다.

1925년 코코는 여성을 위한 샤넬 슈트를 선보였다. 그것은 칼라가 없는 길고 꽉 조이는 소매의 가디건 자켓이었다. 여기에 심플하고 기하학적인 라인과 함께 상대적으로 짧은 스커트도 함께 선보였다. 이 슈트는 샤넬룩을 창출하고 샤넬을 세계 패션의 거장으로 자리매김한 유행을 결정짓는 옷이 되었다. 샤넬하우스는 이제 모든 스포츠 의복을 비롯해 여성들을 위한 모든 종류의 옷을 제공할 수 있게 되었다. 여배우 글로리아 스완슨과 엘리자베스 보우스-라이언(Bowes-Luon: 후에 조지 4세의 아내가 됨) 등이 샤넬이 디자인한 옷을 입었다. 1927년에 샤넬은 런던에서 부티크를 열었다.

| 미국으로 간 샤넬 |

광란의 1920년대는 막바지에 이르렀고, 과도하게 열광적이던 10년은 1930년대의 암울한 비관주의에 길을 내주었다. 뉴욕의 주식시장은 붕괴되었고 대공황은 계속되었다. 부유한 미국인들은 프랑스를 떠났고 사치품 교역도 비틀거렸다. 샤넬은 가격을 반으로 내렸지만 수익을 증가시키는 데엔 아무런 소용이 없었다. 그때 유명한 미국 영화 프로듀서인 샘 골드윈이 그의 영화를 위한 의상 디자인에 대한 보수로 그녀에게 연간 100만 달러를 제시했다. 그리하여 그녀는 할리우드로 갔다. 코코는 상류층의 맨 위 리스트에 올랐고, 어떤 명사의 모임도 그녀에게 문을 닫는 법은 없었다.

그녀의 명성, 부와 더불어 이미지가 상승함에 따라 그녀는 점점 더 이유 없이 과거의 삶에 대해 병적으로 두려움을 느꼈다. 그녀는 가족들에게 비참했던 과거에 대해 숨길 것을 강요했지만 그녀가 진실을 감추면 감출수록 어려움은 더 커져 갔다. 그녀의 비밀은 그녀가 과거에 대해 환상을 지어낼 정도로 심각해졌다. 이런 환상 속에서 고아원의 수녀들은 코코의 고모들로 변경되었고, 그녀의 아버지는 부를 찾아 미국으로 이민을 간 뒤 재혼한 남자가 되었다.

| 노동운동 |

1936년 4월 26일, 프랑스 국민들은 좌파연합인 '프론트 포퓰라레Front Populaire'에 표를 던졌다. 공황의 절망적 분위기가 사회와 경제의 개혁을 추구하는 사람들의 운동에 힘을 더해 주었다. 미국의 노동운동에서 쓰였던 연좌 농성 파업은 프랑스의 연맹에서도 도입되고 있었다. 그들은 휴가 수당, 주 40시간 노동 그리고 더 많은 임금을 요구했다. 이런 파업들이 섬유산업을 휩쓸고 지나갔으며 파장은 불가피하게 샤넬하우스에도 미쳤다. 코코 샤넬이 어느 날 아침 그녀의 파리 상점에 도착하여 연좌 파업을 하는 재봉사들을 발견했을 때, 그녀는 격분했다.

> "내 옷들 위에서 파업이라니... 그들 뒤에 있는 여자들이여, 정말 지
> 긋지긋하다! 나에게 임금에 대해 말하지 마라. 나의 임금은 완벽하
> 게 적절하고, 휴일 수당도 지불했다!"

이후 그녀는 고용인 중 300명을 해고시키고자 했지만 종업원들은 일터를 떠나기를 거부했다. 그때 경쟁 디자이너인 스키아파렐리 Schiaparelli가 종업원들을 독려하며 가을, 겨울 컬렉션을 준비하고 있다는 소식이 전해지자 그녀는 항복했다.

| 전쟁과 후퇴 |

1930년대가 막을 내릴 무렵, 유럽에서 전쟁이 임박했다는 것이 명백해졌다. 1939년 3월, 히틀러는 체코슬로바키아로 진군했고 몇 달 후에는 폴란드까지 점령했다. 1939년 9월 2일, 프랑스와 영국은 독일에 선전포고를 했다. 1930년대가 막을 내리기 3개월 전, 코코는 직원들을 일시적으로 내보내고 샤넬하우스의 문을 닫았다. 1940년 6월, 독일군이 파리를 점령했고 2년이 채 되지 않아 프랑스 전체는 독일의 점령 하에 들어갔다.

제2차 세계대전 기간 동안, 샤넬의 활동에 대한 소문은 온갖 루머와 빈정대는 말로 얼룩져 뒤죽박죽이었다. '나치의 협력자다, 양심적인 반대파다, 쾌락주의자다'라는 말과 함께 정치적으로 무관심한

파티만 여는 향락 동물이라는 소문들이 번갈아 들려왔다. 어떻든 간에 그녀는 1953년까지는 패션업계에서 자진해서 추방된 형태로 있었다.

| 샤넬하우스의 부활 |

70세의 나이에 코코 샤넬은 오랜 배급업자였던 피에르 워더메르의 재정적 지원을 수락하고, 파리의 캉봉 가에 다시 샤넬하우스를 오픈했다. 그녀의 새로운 꾸뛰르 라인은 곧 부유하고 유명한 사람들의 지지를 받았다. 1950년대 중반까지 그녀의 단골손님 중에는 그레이스 켈리, 로렌 바콜, 잉그리드 버그만, 리타 헤이워드, 엘리자베스 테일러와 같은 유명인사들도 포함되어 있었다. 그렇지만 패션의 급하게 변하는 취향으로 수익은 줄어들고 있었다.

1954년 5월 24일 그녀는 샤넬의 이름을 단 모든 것들에 대한 권리와 그녀의 패션 하우스와 관련된 모든 것을 양도하는 등의 사후 권리를 피에르 워더메르에게 넘겼다. 그녀는 이후 다른 사업을 기웃거리지 않았고 패션 디자인에만 몰두했다. 1959년 경, 고급 꾸뛰르의 세계로 재입성한지 불과 5년 만에 그녀는 다시 정상에 올랐다. 〈보그Vogue〉지는 이렇게 보도했다.

> "패션이 여성에게 변화를 주었다면, 그 변화를 위한 원동력은 코코 샤넬에게서 비롯되었다는 것은 아무도 부인할 수 없을 것이다. 맹렬하고, 현명하며, 멋지고 자기 자신을 믿는 샤넬로부터 시작되었다는 것을..."

| 최후의 무대 |

1968년 코코가 85세가 되었을 때, 〈타임〉은 샤넬패션하우스의 수익과 향수 판매에서 비롯되는 로열티가 연간 약 1억 6천만 달러라고 추산했다. 하지만 그녀의 말년에, 돈은 관심 밖의 문제였다. 관절염이 그녀의 팔에 침투하기 시작하여, 모델 피팅과 핀을 꽂는 드레스 디자인 일을 방해했다. 외로움은 점점 스며들어 고통이 되어 갔다. 특히 그녀의 직원들이 퇴근한 후, 지독한 고독 속에 홀로 남겨지는 휴일이면 더욱 그랬다. 그녀는 한번은 조카 손자 가브리엘 라브뤼니에게 말했다.

"너는 남편과 아이들이 있지. 그런데 난 아무것도 없어. 난 내 수백만 명의 고객들 속에 홀로 있다구."

그녀가 88년의 생애를 마감하던 1971년 1월 10일 일요일, 가브리엘 보뇌르 '코코' 샤넬은 가정부를 불렀다. "숨을 쉴 수가 없어! 셀린느. 창문을 열어다오!" 셀린느가 창문을 열자 샤넬은 마지막 유언을 남겼다.

"결국 사람은 죽는구나."

| 샤넬의 연대기 |

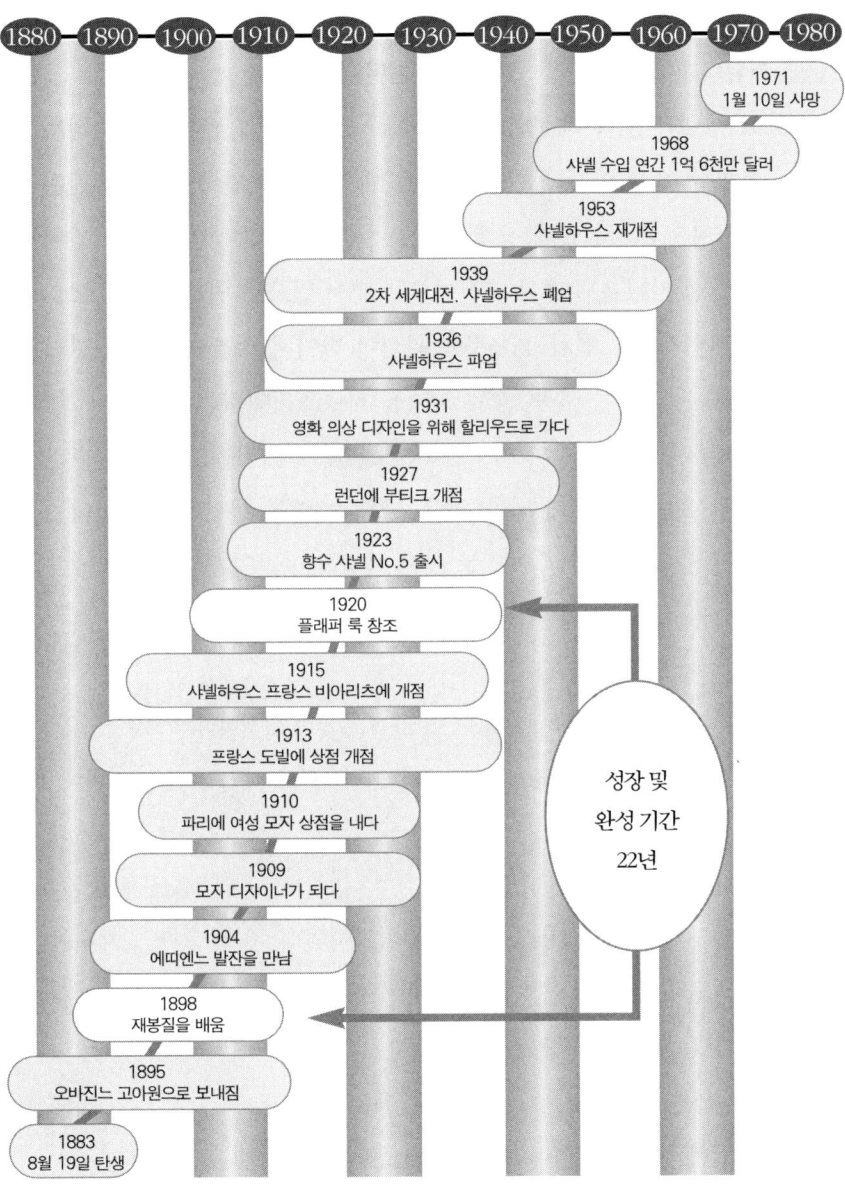

1880 · 1890 · 1900 · 1910 · 1920 · 1930 · 1940 · 1950 · 1960 · 1970 · 1980

1971
1월 10일 사망

1968
샤넬 수입 연간 1억 6천만 달러

1953
샤넬하우스 재개점

1939
2차 세계대전. 샤넬하우스 폐업

1936
샤넬하우스 파업

1931
영화 의상 디자인을 위해 할리우드로 가다

1927
런던에 부티크 개점

1923
향수 샤넬 No.5 출시

1920
플래퍼 룩 창조

1915
샤넬하우스 프랑스 비아리츠에 개점

1913
프랑스 도빌에 상점 개점

1910
파리에 여성 모자 상점을 내다

1909
모자 디자이너가 되다

1904
에띠엔느 발잔을 만남

1898
재봉질을 배움

1895
오바진느 고아원으로 보내짐

1883
8월 19일 탄생

성장 및
완성 기간
22년

성격 분석

| 커뮤니케이션 스타일 : 냉담하고 거만함 |

코코 샤넬은 고급 패션의 상징이다. 시골 소녀에 불과했던 그녀는 세계에서 가장 멋진 독신 남성들을 매료시킨 최면사로, 또 세련된 파리지엥으로 자신을 형성해 나갔다. 작은 마을과 가톨릭 고아원에서 살았던 가엾은 소녀는 자신이 꿈꾸던 사람으로 변모해갔다. 코코는 초자연적이고 신화적인 것에 관심이 있어서 하늘의 운명을 믿었다. 메디슨 거리도 솜씨 좋은 샤넬을 자랑스러워하는 듯했다. 그녀의 샤넬하우스는 맵시의 척도를 대표했다. 샤넬 마법의 일부는 무관심하게 또는 신비롭게 남아 있다. 그녀는 많은 사람들이 갈망하는 것은 항상 쉽게 도달할 수 있는 것이 아니라고 믿었기 때문이다.

코코는 이렇게 같이 썼다.

> "너 자신을 고객에게 보인다면 그 고객은 잃은 고객이다. 너 자신을
> 이용할 수 있게 만들어라. 그러면 매력이라는 대가를 얻을 것이
> 다."

이것이 그녀만의 카리스마적인 어필이었다. 상류층과 교제하는 것은 그들과 동등하게 되는 것이다. 따라서 그녀는 거리를 두고 닿을 수 없는 곳에 있기를 원했다.

어느 날 그녀는 오랜 연인이었던 웨스트민스터 공작의 딸이 사교계에 입문하는 무도회에 참석했다. 공작의 영국 별장에서 호화스러

운 저녁 식사를 한 후, 코코는 무도회를 위해 옷을 갈아입기 위해 자리를 비우더니 돌아오지 않았다. 걱정된 공작이 애인을 찾으러 하인을 보냈을 때, 그녀가 침대에서 쉬고 있는 것을 발견했다. 런던의 거만한 중년 귀부인들은 그날 밤 그녀가 모욕을 받을 것이라고 생각했지만 그녀는 나타나지 않음으로써 그녀들을 비웃었고, 그녀들이 자신의 품위를 떨어뜨릴 기회조차 주지 않았다. 그것이 그녀가 통제할 수 없는 것을 통제하는 그녀만의 방법이었다. 단지 나타나지 않는 것. 후에 그녀는 한 신문에 이렇게 말했다. "그날 밤 나타나지도 않은 내가 여왕이었다."

진정한 힘은 특별해지는 데서 나온다. 코코의 경우 '특별한' 이라는 말의 의미는 운전사가 딸린 롤스로이스에서 스타일리시함과 우아함을 합치는 것이었다. 이런 식으로 특권 계층을 모방하는 것이 그녀만의 방식이었고 이는 제대로 먹혀 들어갔다. 그녀의 냉담함과 겉으로 드러난 도도함은 그녀의 비참했던 어린 시절을 속이기 위한 결과였고, 그녀에 대한 진실을 상상조차 못하는 사람들에게 놀라움을 안겨주었다.

| 직관적인 스타일 |

대부분의 천재적 기업가들은 프로메테우스적인, 다시 말해 직관력이 뛰어난 사상가 경향이 있다. 이러한 인격 유형은 안전함보다는 기회를 추구한다. 그들의 특징은 집중할 수 있는 시간이 짧고, 같은 일은 좀처럼 두 번하고 싶어 하지 않는다. 이런 유형들이 완벽주의적 성향을 갖고 있을 때 그들의 성향은 더욱 극단적으로 나타난다.

코코와 같이 비전이 풍부한 사람은 처음에는 큰 그림을 먼저 본 후 분석적인 실행을 통해 실체를 부여한다.

샤넬은 여성으로서 이치에 맞는 모든 의복에 대해 매우 직관적이었다. 그것이 전통적인 패션에 저항했을 때조차도 마찬가지였다. 가까운 친구인 장 콕토는 그녀에 대한 평가에 가치 있는 통찰력을 보여주었다.

"그녀는 일종의 기적처럼, 음악가나 화가, 시인들에게나 가치 있는 것처럼 보이는 규칙에 따라 패션을 리드해 나갔다."

그녀 자신의 말로는 "패션의 목적은 여성을 젊어 보이게 하는 것이다"라고 하면서, 변화 없이 지속되어 오던 마나님의 옷들을 파괴해 나갔다.

코코 샤넬이 한 번은 〈보그〉지에 이렇게 말했다. "난 사업가가 되지 않은 채 사업을 해 왔다." 이 말의 의미는 그녀를 독특하게 만든 것은 조직하거나 관리하는 어떤 능력이 아니라 직관적인 통찰력을 이해한다는 것을 뜻한다. 샤넬은 항상 자신의 장점은 여성으로서의 직관력을 갖고 있는 것이며, 이 때문에 여성적 어필에 대한 수요를 감지하고 남성 경쟁자들을 뛰어넘어 이익을 창출했다고 확신했다.

"패션은 단지 옷만의 문제가 아니다. 패션은 공기 중에 있고 바람을 타고 이동한다. 사람들은 그것을 직감한다. 패션은 하늘에도 있고 길에도 있다." 그녀의 변호사인 로베르트 차일레뜨는 그녀 안에 있는 양면성에 대해 이렇게 이야기했다. "그녀는 숫자에 대한 이해력은 하나도 없지만 돈을 버는 놀라운 감각을 갖고 있다." 이런 직관적인 통찰력이 그녀를 부로 이끌어간 천재적인 아이디어를 만들어낸 마법이었다. 그것은 다른 방법으로는 좀처럼 창조할 수 없다.

직감력은 코코를 사람들의 무리에서 차별화시켰다. 그것이 그녀를 만들었고 많은 경우 그녀를 파괴했다. 이는 샤넬 No.5의 배급 계약에서 극명히 드러난다. 그녀는 분배, 포장, 다른 필요조건들의 세부 사항에는 관심이 없었고, 모든 마케팅 권리를 수익의 2%만을 받고 피에르 워더메르에게 넘겨 버렸다. 그것은 기막힌 결정이기도 하면서 어리석은 것처럼 보이기도 했다.

그녀의 이런 계약은 피에르와 그의 형제들에게 엄청난 부를 안겨주었다. 물론 샤넬도 많은 돈을 벌었다. 이 계약으로 그녀의 이름은 세계적인 브랜드가 되었고, 샘 골드윈과 수백만 달러의 할리우드 계약을 맺게 해 준 것도 명백한 사실이었다. 이런 관점에서 그 계약은 천재의 번뜩이는 영감으로도 볼 수 있다. 한편 이 계약으로 끝도 없는 법적 분쟁이 일어난 것도 사실이다. 그녀가 1953년에 컴백하기 위해 재정 지원이 필요했을 때, 그 돈의 절반을 대 준 사람도 다름 아닌 피에르 워더메르였다. 결과적으로 모진 운명의 이 두 사람은 조심스러운 협력자가 되었다.

| 창의성 |

샤넬의 접근법은 조셉 슘페터Joseph Schumpeter가 정의한 '창조적 파괴'에도 부합된다. 이단자가 왕년의 룩을 파괴한 것이다. 그녀는 단순복잡한 것을 만들었고 그것은 팔렸다. 그녀가 디자인한 모든 것은

"끔찍하게도 감각적"이었다. 전기 작가인 매드슨의 말을 빌면 "코코는 어느 때라도 블랙을 패셔너블하게 만들었다." 1920년대 즈음, 샤넬이라는 이름은 패션의 상징이 되었고 60년 동안이나 명성이 지속되었다.

| 집중력 |

대부분의 천재적 기업가들처럼 코코는 긴박함 속에서 살았다. 1957년 〈뉴요커〉지는 "그녀는 자신이 속한 모든 범위에서 더 일하고, 더 파티를 열었으며, 더 생각하고 더 영리했다"고 썼다. 또 "코코는 20세의 질풍노도와 같은 생명력을 갖고 있었다"고 썼다. 그때 그녀는 74세였다. 비록 항상 일을 하느라 바쁘게 지냈지만 그녀는 디자인을 서둘러서 마무리한 적은 없었다. 이 고전적이고 A형의 성질을 가진 여성은 샤넬하우스의 상품을 창조하는 것이라면 어느 누구보다 꼼꼼하고 조직적으로 일했다. 대부분의 A형의 사람들처럼 코코 샤넬도 목표를 달성하지 못하면 심한 자책감을 느꼈다.

샤넬처럼 예상한 것 이상의 성과를 올리는 사람들은 휴가 중에도 쉬지 않는다. 그들은 떠맡은 모든 일에 완전히 빠지지 않으면 죄책감을 느낀다. 샤넬하우스에서 코코는 작업의 모든 세세한 부분에 완전히 개입하지 않으면 안되었다. 그녀의 부티크 중 두 개는 도빌과 비아리츠에서 여름휴가 중에 있을 때 개업했고, 세 번째 부티크는 런던에서 웨스트민스터 공작과의 휴가 중에 개점했다. 부를 얻은 이후에도 그녀는 드레스에 핀을 꽂고 있는 모습으로, 또는 디자인에 완전히 심취한 모습으로 사람들 앞에 나타났다. 샤넬하우스에서는 아침 10시 쯤에 사장이 나타나기 전까지는 아무 일도 일어나지 않았다. 〈보그〉지에 따르면 "그녀의 업무 습관은 항상 일관성이 있었다. 그녀의 창조물들은 어지러운 속도로 연이어 창조되었고, 샤넬은 패션계에서 어느 누구보다도 더 빨랐다."

또한 스타일과 힘이 그녀를 정의한다. "향수를 뿌리지 않는 여자는 미래가 없다"고 그녀는 단골 고객에게 단호히 말했다. 정말 그랬을까? 물론 아니다. 하지만 그녀는 그것을 알았다. 그것은 그녀가 전달하고자 하는 이미지에 딱 맞았다. 순수한 의지의 힘은 그녀의 영혼에 충만했다. 그것은 그녀를 독특하게 만들었고 그녀를 성공하게 만들었다.

> "하느님은 내가 사랑을 원했다는 것을 안다, 하지만 내가 사랑하는
> 남자와 나의 옷들 사이에서 선택을 해야 했을 때, 난 옷을 택했다.
> 일은 항상 나에게 일종의 마약과 같았다. 비록 나도 때로는 내 삶에
> 서 남자가 없었다면 '샤넬'이 어땠을지 궁금하긴 했지만…"

샤넬의 가장 유명한 인용구 중 하나는 삶에서 그녀의 우선순위에 대한 분석이었다. "일할 시간이 있고 사랑할 시간이 있다. 이것을 빼면 남는 시간은 없다."

| 자아상 |

코코는 세계가 그녀를 믿기 훨씬 전부터 자신을 믿었다. 강한 자부심과 함께 코코는 에너지의 화신이었다. 그녀의 조용한 결의 아래에

는 자신의 비천했던 어린 시절로 절대 돌아가지 않으려 하는 여인이
있었다.

> "도도함은 내가 하는 모든 행위 속에 있다. 그것은 나의 몸짓과 카랑
> 카랑한 목소리와 타오르는 듯한 눈빛과 나의 힘줄과 고뇌하는 얼
> 굴과 나라는 전체적인 인간 속에 있다."

대부분의 다른 위대한 기업가들처럼 코코는 구세주적 광채 속에
빛나는 자신을 보았다. 자끄 카조뜨Jacque Chazot가 그녀를 1969년 8월
에 인터뷰했을 때, 그녀가 여성들로 하여금 머리카락을 자르도록 함
으로써 여성 혁명을 시작했다는 것을 알았다. 코코 샤넬은 간결하게
대답했다.

> "다르게 행동해야 했기에 난 나의 머리카락을 잘랐다. 사람들은 내
> 가 매력적으로 보였기에 그들도 머리카락을 잘랐다. 변화한 것은
> 나였지 패션이 아니었다. 나는 패셔너블했던 사람이었을 뿐이다."

| 모순된 삶의 연속 |

코코 샤넬의 삶은 모순의 연속이었다. 그녀는 디킨스 애호가들의 표
현을 빌자면 인색한 상사였지만, 소송을 제기한 가치 없는 인간들에
게는 순순히 수백만 달러를 줘버렸다. 반면 성실히 오랜 기간 일한
한 사원이 월급 인상을 요구했다가 바로 해고되었다. 그녀의 재봉사
들이 파업에 들어가자 코코는 발끈하며 분노로 응답했다.

"월급을 올려달라니, 당신들이 제정신인가?"

그리고 1936년 좌파운동이 한창일 때, 그녀는 자신이 관리할 수 있고 디자이너로 일할 수 있다면 사업장을 공동관리회사에 위탁하는 것도 좋다고 동의했다. 이 관리회사의 사장이 약물 남용과 예술가적 기질을 가진 사람들의 음모에 자금을 대주고, 혈통 좋은 스트라빈스키, 드미트리 공작, 베라 바트, 시인 피에르 르베르디, 미시아 서트, 나치인 한스 폰 딩크라게Hans Von Dincklage와 같은 속물들에게 자금을 대 준 인물이었다.

한마디로 그녀는 자신이 경멸한 자기 고집만을 내세우는 메마른 속물이 된 것이다. 이처럼 그녀는 돈을 목적으로 하는 인간관계를 증오하면서도 정기적으로 그런 관계에 참여하고 어울린 여자였다.

업적과 명예

| 위대한 성공 |

살바도르 달리는 한 언론에 "그녀는 세계에서 최고로 잘 차려입은 육체와 영혼을 가졌다"라고 말함으로써 코코의 재산에 확실한 정당성을 부여해 주었다. 또 〈보그〉 지는 그녀가 만든 작품의 고급스러움과 경이로움을 찬양했다. "그녀가 만드는 모든 것은 뉴스다"라며.

그녀를 위대하게 만든 특징으로 '끈기'와 '기백'을 들 수 있지만, 남성을 곡해함으로써 관능적인 여성이 되려 했던 그녀의 능력만큼 크게 기여한 것은 없었다. 코코는 있는 그대로의 모습과 갖지 못한 모습 둘 중에서 어떤 역할도 희생시키지 않고 성공을 위해 통합하는 방법을 알고 있었다.

위대한 인물들의 부는 종종 그들이 파티에 무엇을 가져 왔느냐와 무엇을 남겼느냐에 따라 측정된다. 당연히 코코는 그녀가 세상에서 가져간 것보다 더 많은 것을 남겼다. 샤넬 No.5는 역사상 가장 성공적인 향기가 되었다. 창조, 그것에 관하여 말할 수 있는 사람이 얼마나 있을까? 코코는 "돈을 가진 자와 부유한 자가 있다"고 말하곤 했다. 핵심은 그녀가 돈을 갖기 훨씬 이전부터 부유했다는 것이다. 코코는 여자들이 원하는 것을 감지했고 다른 어떤 곳에서도 찾아볼 수 없는 패션을 그녀들에게 제시했다. 그녀는 "여성 시장에서 생계를 유지하려면 여성을 알아야 한다"고 말하곤 했다. 이는 진부하게 들릴 수도 있지만, 현실은 여성이 자신들의 지시에 따를 것이라고 믿는 거드름 피우는 디자이너들에 의해 종종 잊혀지곤 한다.

샤넬의 성공의 증거는 샤넬하우스가 여전히 2000년에도 10억 달러의 매출을 기록하고 있다는 점이다. 그녀가 자신의 첫 부티크를 열고 무려 90년이 흐른 시간이고 동시에 그녀의 사후 30년이 지난 시점인 것이다. 가족도 없던 작은 소녀가 샤넬이라는 제국을 건설한 것이다. 교육도 받지 못하고 삶 자체가 위태위태했던 여성이 다른 여성들에게 안정을 느끼게 해 준 대가로 거부를 벌어들인 것이다. 그녀는 때로 저절로 유행하던 주류 밖에서 멋지게 패션을 제안함으로써 성공했다. 그것이 그녀가 고급 꾸뛰르 패션에 기여한 가장 위대한 업적이었다.

샤넬은 무엇이 자신을 기업가로 이끌었는지에 대해 정의를 내리라는 압박을 종종 받았다. 분명 돈은 아니었다. 돈은 열어준 문과 그녀가 가도록 허락해 준 장소들을 제외하고는 전혀 중요하지 않았다. 그녀는 종종 말했다 "내가 관심 있었던 것은 돈을 위한 돈이 아니라 성공의 상징으로서의 돈이다." 돈은 그녀에게 그녀가 바라는 대로 디자인하고, 인습을 타파하며 살고, 결혼할 필요가 없다고 말하고, 관습을 무시해도 될 자유를 주었을 뿐이었다. 샤넬은 자주 그녀가 혐오하는 여자들에게 매우 비싼 옷들을 줘버렸다. 그러나 그 드레스들은 선물이 아니었다. 비록 받은 사람은 그 미묘한 뉘앙스를 깨닫지 못했을지라도 그것은 마케팅 판촉 상품이었다. 그 여인들을 불쾌하게 여겼지만 그녀는 그녀들에게 베풀었고, 그들은 샤넬에게 부와 명성을 안겨주었다.

꿈을 추구한다는 것은 대가를 치르게 마련이다. 마지막 질문은 항상 이것이다. "그 가격에 가치가 있는 여행이었나?" 코코는 정상으로 가는 자신의 길고 힘든 여행 도중에 자신의 선택에 의문을 품지 않았고, 샤넬하우스는 그녀의 생애 중에서 가장 끈기를 요하고 가장 심미적인 사건이었지만 그녀의 유일한 유산이었다.

| 명예 |

20세기 초 파리는 중간 계층이 없었다. 가진 자와 못 가진 자, 박식한 자와 무식한 자, 좋은 가문에서 자란 자와 그렇지 못한 자, 귀족, 부유층과 하층민이 있었다. 높은 장벽은 더욱더 격차를 줄이지 못하게 하면서 이 집단들을 분리시켰다. 고아원에서 길러진 한 여자가

이 장벽을 넘을 수 있었다는 것은 주목할 만하다. 이 꾸뛰르의 여왕이 가난한 집에서 펜트하우스로 갈 수 있다는 것을 입증했기 때문이다. 변화는 산고의 고통과 가슴의 번민 없이 이루어지지 않는다.

프랑스 작가 앙드레 말로Andre Malraux는 코코의 눈부신 공헌에 대해 이렇게 말했다. "이 세기 이후로 세 사람의 이름이 남을 것이다. 드골, 피카소 그리고 샤넬"이라고. 1957년 댈러스의 소매상인 네이만 마커스는 그녀를 "지난 50년 동안에 가장 의미 있는 디자이너"라고 칭송했다. 〈보그〉지는 그녀의 작품을 두드러지게 노출시켰고, 더 나은 30년을 위해 그녀를 인용했다. 어떤 작가는 이렇게 썼다. "코코 샤넬을 인용하여 옷을 입는 것은 멋진 일이다." 또 혹자는 말했다. "샤넬은 여자를 복잡한 의복에서 해방시켰고 그들이 인습을 잊도록 한 사람이었다. 또 끊임없이 변화하는 파리에서 코코는 가장 부유한 재봉사가 되었고, 아마도 역사상 가장 성공적인 자수성가한 여성일 것이다." 〈클레머Glamor〉지는 이렇게 보도했다. "그녀는 너무 관능적이다." 영화배우 마릴린 먼로가 "내가 잘 때 입는 것은 샤넬 No.5 뿐이다"라고 만족스럽게 말하자, 샤넬의 향수 사업은 폭발적으로 번창했다.

샤넬에게서 얻는 교훈

| 당신 본연의 모습뿐만 아니라 당신이 갖지 못한 면도 누려라 |
위대한 예술가, 작가 그리고 지도자들을 연구한 사람들은 그들 안에서 반대되는 행동적 특징 사이에서 급전환하는 경향을 발견한다. 외향적인 성격이라면 필요한 때에는 반대로 내성적으로 될 수 있다. 또 합리주의자들은 감성적일 수 있고, 통제적인 성격은 위임해 버리는 성격이 될 수 있다. 소심한 사람은 필요하면 중대한 위험을 감수할 수도 있다. 다시 말해, 그들은 고도로 적응적이다.

당신이 원래 가진 것뿐만 아니라 갖지 못한 것까지 누리고자 하지 않는다면 당신은 현재의 모습 이상이 될 수 없다. 이는 우리가 주어진 시간에 할 수 있는 것이 충분히 잠재력을 개발하는 것이라면, 우리가 될 수 있는 것의 일부는 될 수 있다는 점을 강조하는 것이다.

예를 들어 샤넬은 프랑스 남부의 외딴 동네의 고아원에서 자란 허약하고 집 없는 아이였다. 그녀는 정규 교육도 받지 못했고 귀족사회의 예절도 몰랐다. 그러나 10년이 채 지나지 않아 그녀는 프랑스, 세계 그리고 귀족들을 위한 패션과 우아함의 표준을 창조해냈다. 그녀가 만들었던 환상은 그녀의 현실이 되었다. 코코 샤넬은 에이스도 없고, 킹 카드 하나 없이, 무기로 쓸만한 패는 단 하나도 없이 카드를 배분 받았다. 그러나 의지의 힘만으로 어떻게 승리할 수 있는지를 우리에게 보여주었다.

| 양성적 균형을 위한 노력 |

'syzygy(연접)'라는 용어는 분석심리학자 칼 융Carl Jung이 무의식 속에서 남성과 여성을 결합시킬 때 사용한 단어이다. 이는 남자다운 남자가 그들의 여성적인 측면에 통제권을 부여하는 곳에, 또 여성적인 여성이 그들의 남성성을 표현하려 하는 곳에 있다. 우리의 성격

중에서 남성적인 측면과 여성적인 측면의 통합은 우리의 현재 모습과 우리가 현재 갖지 못한 모습이 자리잡고 있는 곳이다. 나다니엘 브랜든Nathaniel Brandon은 이에 대해 '자존감의 6가지 기둥Six Pillars of Self Esteem'이라고 표현하며 다음과 같이 말했다.

> "가장 창조적인 개인들은 인격에 있어서 남성성과 여성성의 두 면모를 통합할 수 있는 사람이다."

그는 무엇을 말하고자 했을까? 남자다운 남자는 상황에 따라 더 민감하게 반응함으로써 보다 효율적일 수 있다. 자녀를 양육하는 여성은 보호하고자 하는 천성적인 본능을 억제함으로써 감정적인 상황에서 더 합리적으로 대응할 수 있는 것이다.

샤넬은 한 사람 속에 있는 연접으로 들어가려는 본보기를 보여주었다. 여성성의 전형으로서 샤넬은 남자처럼 머리를 했고 남자처럼 말을 탔다. 또 빈번하게 남자 속옷을 토대로 여성의 속옷을 디자인했다. 친한 친구인 장 콕토에 따르면 코코는 매우 양성적이었다. 그는 이렇게 말했다. "코코는 성인 남자와 같은 취향을 갖고 있었다." 이는 그녀가 남성친구들을 선호한 것과 일치한다.

전기 작가들은 코코를 "도전적인 여성성" 안에서 옷을 입는 여인으로 묘사했다. 코코의 도전은 멈추지 않았다. 한 번은 그녀가 허심탄회하게 말했다. "내가 혼자인 것은 우연한 일이 아니다. 남자가 엄청 강하지 않고서 나랑 함께 산다는 것은 그 사람에게 불행일 뿐이다."

코코는 자신의 본연의 모습을 보여줄 수 있었다. 하지만 그녀는 자신이 아닌 모습이 될 수 있다는 것도 보여주었다. 그녀가 그 둘을 결합했을 때 그녀는 정말 강력했다. 그녀가 자신의 여성성을 유지하면서 남성성을 일깨우는 능력을 합쳐 시너지를 발휘했다는 사실은 곳곳에서 입증되었다. 칼 융이 언급한 "모든 여성의 무의식 속에는 남성적 인격이 숨겨져 있다"는 말은 이런 측면을 종합적으로 의미한 것이었다.

코코는 나무랄 데 없는 품격과 패션에 대한 깊은 눈, 오만함과 불굴의 의지를 갖고 있었다. 하지만 가장 중요한 것은 고도의 양성적 인격을 가졌다는 점이다. 이 강인한 여인의 깊은 곳에 사람들이 도전하려고 하지 않았던 무모한 이단아적 영혼이 깃들어 있었던 것이다. 코코는 내면의 자아와 싸우기 위해 무장한 채로 모든 교섭에 응했다. 이렇게 비즈니스에서나 봉재에서나, 그녀는 여성적 우아함과 남성적 단순함을 통합할 수 있었다.

최근의 연구에서도 우리가 가진 두 가지의 상반되는 인격은 시너지 효과를 얻기 위한 마법과도 같은 통찰력을 제공해 준다. 시카고 대학의 저명한 심리학자인 미하일 칙센트미하이Csikszentmihalyi는 자신의 저서 〈창조성Creativity〉에서 다음과 같이 말했다.

"창조적인 개인들은 고정되고 전형적인 성 역할에서 탈피하려 하고, 양성적인 경향을 드러내며, 외향성과 내향성 사이의 연속체 속에서 상반되는 경향을 갖고 있다."

3장

샘 무어 월튼

Sam Moore Walton

깨지지 않았다면 부숴버려라!

"관습적 지식을 무시하라"

출생 ｜ 1918년 3월 29일. 오클라호마 주 킹피셔.

사망 ｜ 1992년 4월 5일. 아칸소 주 리틀 락.

자신에 대한 설명 ｜ "나는 하인이고 지도자이며 이단아다."

좌우명 ｜ "모든 사람들이 당신의 다음 책략이 무엇일지에 대해 생각하게 하라."
"최고의 아이디어는 점원과 재고담당 직원들에게서 나온다."

혁신 내용 ｜ 2001년에 2천 2백억 달러의 매출을 올린 할인 소매업 제국을 건설
함. 2002년 세계에서 가장 매출 규모가 큰 회사. 이 목표를 달성하기 위해
모든 기능을 갖추되 가격은 저렴하고 신속하게 책정.
비법=싸 보이지 않으면서도 저렴한 가격.

남다른 자질 ｜ 성공을 향한 무한한 정열을 가진 미국 남부인 특유의 유머 감각.

목표 ｜ "당신의 수익을 모든 협력사와 공유하라. 그리고 그들을 협력자로서 대하
라."

순자산 ｜ 1992년 그가 세상을 떠날 시점에 250억 달러. 가족 재산은 1,000억 달
러 이상으로 추산(〈포브스〉지, 2002).

명예 | 1984년 호레이쇼 앨저 상Horatio Alger Award 수상.

〈포브스〉지 선정 미국에서 가장 재산이 많은 사람.

1992년 대통령 자유 메달 수상

교육 수준 | 1940년 미주리 대학 경제학 학사.

성격 | 규율을 타파하려는 강인한 성향을 지녔으며, 직관력이 뛰어난 비전 지향

적. 자신을 절대 엄숙하게 몰아가지 않음.

취미 | 낚시, 경쟁적인 테니스, 자가 비행기 운전.

정치적 성향 | 정치에 무관심. 그러나 공화당에 투표.

종교 | 개신교. 주일학교에서 설교함.

형제 관계 | 2남 중 장남. 남동생으로 버드Bud가 있음.

가족 | 아내 헬렌과 자녀 넷.

깨지지 않았다면
부숴버려라!

○━━━━┳

나는 항상 체제를 뛰어넘을 정도로 열중했다.

▌샘 월튼은 누구인가

샘 월튼Sam Walton의 이야기와 남부 아칸소에서 가족이 경영하던 소규
모의 잡화점에서 출발한 월마트Wal-Mart의 탄생은 미국의 기업 전설에
서도 가장 매혹적인 이야기 중의 하나이다. 대공황이 한창이던 시
절, 더스트 보울에서 초라한 소년으로 자란 어린 시절, 타오를 듯한
추진력을 소유하고 검소함과 고집, 끈기, 청렴함의 대명사였던 샘
월튼은 소매점 마케팅에 일대 혁명을 불러온 월마트라는 대제국을
창조했다. 40년에 걸친 다윗과 골리앗의 싸움에서 월튼은 거인 소매
상인 K마트, 타깃, 시어스에 도전장을 내밀었다. 그 결과는 그들 모
두를 추월했다. 월마트는 가장 큰 소매상이 되었을 뿐만 아니라 제
너럴 모터스를 제치고 미국에서 가장 큰 기업이 되었다.

소매상의 세계 최고봉으로 오르는 여행은 월마트로서는 쉽지 않
은 일이었다. 엄청난 고통 없이는 이루어지지도 않을 뿐 아니라 전
통적인 룰을 깨뜨려야만 쟁취할 수 있는 것이었다. 그는 회고록에서

제2차 세계대전 후에 설립하여 5~10센트 가게(10센트 숍)에서부터 시작한 길고 험난한 여정에 대해 이렇게 말했다. "월마트는 1945년 이래로 우리가 해온 모든 것의 소산이다." 그는 많은 할인상점을 열었지만 무엇이 효과를 보고 무엇이 효과를 보지 못했는지 깨달은 후, 1962년까지 월마트의 문을 열지 않았다.

가장 위대한 돌파구는 일반적으로 받아들여지는 관례에서 탄생한다. 월튼은 버트란드 러셀Bertrand Russell에게서 배운 교훈인 "지금 용인되고 있는 모든 아이디어는 한때 별난 것으로 간주되던 것들이다"의 살아있는 증거라고 할 수 있다. 백화점은 인구밀도가 높은 지역에서만 살아남을 수 있다고 거대 소매상인 울워스, 크레스지(후에 K마트), 시어스와 그 밖의 소매상들은 믿고 있었다. 이때 샘은 그런 상점들도 확실히 싼 가격을 제시하기만 하면 인구가 밀집되어 있지 않은 지역에서도 성공할 수 있다는 것을 깨달았다. 그는 잡화점을 운영하던 초기의 경험을 살려 점차 인구밀도가 높은 지역으로 상권을 확대하고, 현지의 거대 상인들에게 도전장을 내밀 수 있도록 저렴한 상점 체인을 만들었다.

월튼은 저가를 유지하면서 '고객 중심'의 조직을 실현함으로써 최고가 되었다. 반대로 그의 경쟁자는 전통적인 상거래 절차를 충성스럽게 지켰고, 가격을 조정하는 것에 별로 열정적이지 않았다. K마트의 경영진들은 값비싼 개인 제트기를 타고 온 나라를 오락가락하며 "지출을 최소화하는 일은 알아서 하겠지"라는 태평스러운 태도였다. 그런데 월마트의 조직망에서도 상점들 사이를 여행하는 것이 필요하게 되자 샘은 전쟁 때 사용한 비행기를 구입해 목적지로 스스로 날아다녔다. 샘은 조종사 자격증을 갖고 있었다.

월마트가 판매 전쟁에서 승리하기까지는 1962년에서 1991년까지 30년이 걸렸다. 그때는 월마트가 326억 달러의 수익으로 K마트의 297억 달러를 제치고, 시어스마저 능가하여 미국에서 가장 큰 소매상이 된 때였다. 30년의 마지막 즈음에 판매 전쟁은 샘의 승리로 막을 내렸다. K마트는 2002년에 파산법 제11조 '회사 갱생법'에 따른 파산 절차를 밟았다. 반면 월마트는 1,910억 달러의 매출로 그 자신이 2000년 말까지 1,000억 달러의 매출을 올릴 것이라던 예상의 거의 두 배의 금액을 달성해냈다.

소매상이 전 세계의 판매 혁명을 일으키고 1백만 명의 고용을 창출하는 과정에서 그는 엄청난 거부를 축적할 수 있었다. 1985년 〈포춘〉지는 그에게 미국에서 가장 부유한 사람이라는 칭호를 붙여주었다. 월튼의 드라마틱한 성공을 지지하는 요소들은 그의 선견지명적인 통찰력의 강력한 조화에서 비롯된다. 그는 회고록 〈메이드 인 아메리카 Made in America〉에서 월마트 스토리의 의미심장함을 이렇게 말했다.

"지난날을 되돌아 볼 때... 나는 우리의 이야기가 미국을 위대하게 만든 전통적인 원칙과 관련된 최초의 이야기라고 생각한다... 또 당신의 아이디어를 다른 사람들이 믿어주지 않을지라도 끝까지 밀고 나가야 한다는 것, 그리고 당신만의 무기를 갖고 끝까지 물고 늘어져야 한다는 이야기다."

성장기

| 가난에 대한 기억 |

샘 월튼은 1918년 3월 29일 오클라호마 주의 킹피셔에서 아버지 탐 월튼과 어머니 낸 월튼 사이에서 태어났다. 제1차 세계대전이 끝난 직후라 유럽의 정세는 어지러웠고, 농장에서 살아간다는 것은 육체적 경제적으로 큰 고난을 의미했다. 이 고난들은 전쟁이 끝난 후에도 1920년대와 1930년대 초까지 계속되었다.

비록 샘의 아버지는 농사를 짓지는 않았지만 형제인 제시에게 돈을 빌려주면서 고리대금업을 했다. 이는 대공황 중에 채무를 이행하지 않은 사람의 농장을 빼앗아오기도 했다는 것을 의미한다. 수년 후, 샘은 아버지의 일에 대한 감상을 이렇게 술회했다.

> "1929년에서 1931년 사이에, 아버지는 수백 개의 농장을 뺏어와야 했다. 나도 아버지와 함께 다녀보았지만 그것은 정말 비극적인 일이었다. 이 모든 것이 아이인 나에게는 강인한 인상으로 남겨졌다. 비록 내가 '난 절대로 가난해지지 않을 테야'와 같은 말을 했는지 기억나지는 않지만...."

샘은 삶의 이른 시기에 삶에 대처하는 법을 배웠다. 월튼의 가족은 샘이 고등학교에 입학하기 전까지 다섯 번이나 이사한 단기 체류객이었다. 아버지 탐 월튼은 미주리 주의 마르셀로 이사했고, 그 다음에는 셀비나, 그리고 마지막으로 1933년 컬럼비아로 옮겼고, 그곳에서 샘은 고등학교를 다녔다. 이런 잦은 이사는 종종 아이들에게 나쁘게 작용하지만 어떤 면에서는 그 반대가 진실인 경우가 많다. 그의 아내 헬렌 월튼은 샘의 외향적인 성격이 이런 초기의 경험 속에서, 친구를 사귀든 홀로 남든 둘 중의 하나를 선택하는 것을 통해 형성되었다고 말한다. 사실상 샘은 사회적 상호작용 속에서 성장했는데, 1931년 13세 때에는 미주리 주 역사상 가장 어린 이글 스카우트Eagle Scout가 되었다.

| 고군분투의 어린 시절 |

일곱 살 때부터 샘 월튼은 신문배달을 했는데 이 일은 대학시절까지 이어졌다. 대공황기에 그의 가족들은 고군분투했다. 어머니는 음식을 살 돈을 벌기 위해 우유를 내다 팔았다. 그녀의 첫 아들인 샘은 영업사원이었고 배달원이었다. 이 고되고 모험적인 사업이 끝난 뒤에도 그는 다시 많은 일들을 했다. 1938년에는 많은 사람들이 빵을 사려고 길게 줄을 서 있는 곳에 가서 신문을 팔아 주목할 만한 금액인 4,000달러(오늘날 45,000달러 상당)를 벌어들였다.

　샘이 고교 진학할 나이가 되자 가족은 정착했고, 그 이후로 그는 딱 한 번만 고교를 옮겼다. 그는 공부를 하면서 돈벌이를 했고 또 주 선수권대회에서 축구와 농구선수로 활약했다. 승리는 그의 삶의 한 방식이었고 이후로 결코 그의 곁을 떠나지 않았다. 이글 스카우트의 표어인 "나는 모든 일에 최선을 다할 것이다"는 그가 품고 살아갈 삶의 방식이 되었다.

| 정규 교육 |

샘은 고교를 마치자마자 미주리 대학에 들어가 경영학을 전공했다. 그리고 4학년 때는 회장으로 선출되었다. 남학생사교클럽에서는 그의 근면함과 경쟁적인 성격을 칭찬해 "활동가 월튼"이라고 불렀다. 대학 생활 동안 빚지지 않고 살기 위해 열광적으로 기대 이상의 성적을 올린 샘은 신문을 돌리고, 테이블 서빙을 하고, 구조원으로 일했다. 그리고 1940년에 미주리 대학에서 경제학 학사 학위를 받고 학교를 졸업했다.

| 초기 성공의 흔적 |

샘은 대학 졸업 후 아이오와 주의 디모인에 있는 제이 씨 페니J. C. Penney 사에 들어갔다. 그는 월급으로 75달러를 받았고, 훗날 그를 멋지게 뒷받침해 줄 경영기법을 이곳에서 배웠다.

미국이 제2차 세계대전에 합류했을 때 샘은 군에 지원했다. 하지만 불규칙한 심장박동 때문에 입대를 거부당하고 말았다. 군대에서 제한적인 복무를 하는 동안, 그는 급성장하는 석유사업을 조사하기 위해 털사Tulsa로 여행을 떠났다. 샘은 오클라호마 주의 클레어모어 근처에 머물렀다. 볼링을 하며 시간을 때우던 중에 헬렌 롭슨이라는 아름다운 소녀를 만났고, 그녀는 아내이자 삶의 동반자가 되었다. 그녀의 아버지 릴랜드 롭슨도 샘의 목표와 가치에 깊은 영향을 끼쳤다. 릴랜드는 매우 성공적인 법조인으로 모험적인 사업을 하여 부와 존경을 한 몸에 받는 사업가였다.

샘은 거의 반세기가 지나 24세가 되던 해인 1942년을 회상하면서 릴랜드가 자신의 사고에 미친 영향에 대해 이렇게 말했다.

> "릴랜드 롭슨의 이야기를 듣는 것은 그 자체가 교육이었다. 그는 나에게 엄청난 영향을 미쳤다. 그는 내가 여태껏 만난 설득력 있는 사람들 중에서도 가장 위대한 세일즈맨이었다."

샘과 헬렌은 1943년에 결혼했고, 1944년 그들의 첫째 아이 샘 롭슨 월튼이 태어났다. 1945년 가을에 이들은 아칸소 주의 뉴포트로 이사를 갔다. 벤 프랭클린 잡화점 체인의 하나였던 상점을 샘 월튼이 임대하기 위해서였다. 그 프렌차이즈의 임대 선불금은 25,000달러(현재 시세로 약 280,000달러)였다. 샘과 헬렌은 저축에서 5,000달러, 그리고 헬렌의 아버지에게서 20,000달러를 빌려 자금을 마련했다.

정상을 향하여

| 시작은 작게, 생각은 크게 |

1945년 9월 1일, 샘 월튼은 5,000명이 사는 아칸소 주의 작은 마을 뉴포트에서 5,000평방피트의 벤 프랭클린 잡화점을 개업하면서 소매상으로서의 경력을 시작했다. 그는 27세의 나이에 자신의 삶을 결정지을 소매와 관련된 많은 목표 중에서 최초의 목표를 확립했다.

> "난 항상 목표를 믿었기 때문에 하나의 목표를 세웠다. 내 작은 뉴포

트 상점이 최고가 되고, 5년 내에 아칸소에서 가장 많은 수익을 내는 잡화점이 되기를 바랐다."

당시에 샘은 전 소유자가 이 가게에서 손실을 입고 있었다는 사실을 몰랐다. 계약서에 서명하고 난 후에야, 상점을 임대한 대가로 지불해야 할 매출의 5%라는 로열티는 당시의 일반적인 비율보다 훨씬 높다는 사실을 깨달았다. 그렇다면 어떻게 해서 샘은 이런 터무니없는 지불 계약에도 불구하고 상점을 성공으로 이끌었을까? 테들로우는 다음과 같이 말한다.

"위대한 상인 샘은 이 시작에서 비롯되었다. 그는 처음에는 모든 규칙들을 배웠다. 그리고 나서 그가 전혀 받아들일 수 없던 관습, 즉 거의 말도 안 되는 규칙들을 모두 깨버렸다. 단지 과거의 관습에 불과했기 때문이다. 샘 월튼은 천재(비록 질문할 필요도 없이 그는 똑똑하고, 빈틈없고 눈치가 빠르다)라서 억만장자가 된 것이 아니다. 그의 성공은 확신을 밀고 나갈 용기를 갖고 있었다는 데 있다."

벤 프랭클린 프랜차이즈 총판권을 승인하는 사람인 버틀러 브라더스는 총판권을 받는 사람이 따라야 할 고도의 규칙 목록을 갖고 있었다. 이것들 중에는 총판권을 허가받는 사람은 상품의 80%를 버틀러 브라더스(이들은 이미 상당히 가격을 인상했다)를 통해서만 구입해야 한다는 사항도 들어 있었다. 이런 관행은 점주들이 할인된 가격으로 상품을 팔 수 없도록 했다. 이것 또한 샘이 깨뜨린 많은 관행

중에서 첫 번째가 되었다. 월튼은 자신이 직접 저렴하게 상품을 파는 공급자를 찾았고, 그가 책정한 가격 덕분에 그의 고객들도 많은 돈을 벌 수 있었다. 그는 줄어든 수익은 늘어난 매출로 보상받는 것 이상을 의미한다고 믿었다.

버틀러 브라더스는 샘에게 제재를 가하지 않았다. 왜냐하면 샘의 정책은 상점의 엄청난 성공을 가져왔기 때문이었다. 1945년에서 1950년까지 샘은 250,000달러의 매출과 약 35,000달러의 이익을 남겼다. 샘은 아칸소 주에서 가장 수익을 많이 내는 잡화점의 운영자가 됨으로써 5년으로 잡았던 자신의 목표를 달성했다.

그러나 4년 후 샘이 운영하는 상점의 수익성을 목격하자 상점의 지주인 P. K. 홈즈는 자신의 아들에게 샘의 상점을 운영하도록 맡겼다. 그리고 샘과의 임대기간을 연장하지 않았다. 결국 샘은 상점을 잃었다. 망연자실했지만 그는 결코 무너지지 않았다. 수년 후, 샘은 이 사건을 자신의 비즈니스 인생에서 가장 힘들었던 시기라고 말했다.

다시 장인의 도움을 받아 샘은 아칸소의 벤톤빌이라는 작은 마을에 99년 동안 임대하기로 계약하고 새로운 상점을 냈다. 비록 이것도 벤 프랭클린 체인의 일부였지만 그는 '월튼의 5&10'이라고 상호를 붙였다. 샘은 다시 작게 시작했지만 크게 생각하고 있었다. 이 상점의 매출은 1952년까지 단기간에 3배로 성장했고, 샘은 두 번째 상점을 아칸소의 페이여테빌에 열었다. 그 후 두 상점에 필요한 계산원의 수를 줄이기 위해 셀프서비스 시스템을 도입했다. 그는 더 큰 이익을 보기 시작했다.

이듬해 월튼의 잡화점은 작은 마을에서 출발해 나라를 가로질러 버섯처럼 퍼져나가기 시작했다. 1960년에 샘 월튼은 연매출 1,400만 달러와 15개의 점포를 가진 미국 최대의 잡화점 경영자가 되었다. 그는 또 대륙을 횡단하여 강한 변화의 바람이 불어오는 것을 깨달았다. 할인마트는 소매에서 새로운 유행이 되고 있는 중이었다. 1962년 울워스는 회사의 할인마트 울코를 설립했고, S. S. 크레스지는 K마트를, 베이튼 허드슨은 타깃을 탄생시켰다. 이 세 개의 회사들은 모두 변화의 바람을 따랐고 소매상 전쟁은 본격적으로 시작되었다.

샘은 상품 가격을 할인해서 팔려고 결심했을 때, 자신이 K마트에 대항한 최초의 사람이라는 것을 알았다. 그의 경쟁자는 노련한 관리자들, 유통 전문가 그리고 거대한 자금이라는 유리함을 갖고 있었다. 샘은 면밀히 검토한 후에 거인 K마트, 울코 그리고 타깃과의 맞대결을 피하기로 했다. 당시 K마트는 50,000명 이하인 시장에서는 결코 상점을 열지 않았고, 남부에 기반을 둔 깁슨 상점들도 12,000명 이하의 상권에서는 개점하지 않았다. 따라서 큰 도시에서는 이들이 칼자루를 잡고 있었기 때문에 샘은 외곽으로 빠졌다. 여러 해 동안 그는 외곽을 겨냥한 유일한 상점이었다. 그러면서 어떻게 하면 많은 수익을 내는 소매점을 확장하고 경영할 수 있는지를 배웠다.

샘이 최대 라이벌인 K마트와 직접적으로 경쟁하기 위해 오픈한 첫 번째 상점은 아칸소의 로저스에 위치했다. 이 상점은 샘 월튼이 월마트의 제국을 건설하고 소매산업에 대한 연구의 전초기지가 될 터전이었다.

| 성장이냐 몰락이냐 |

그러나 월마트의 고속 기어로의 변속은 초기 단계에서 중대한 문제를 일으켰다. 벤 프랭클린의 체인 관리인이 큰 할인상점을 짓자는 샘의 계획을 거절한 것이다. 그러나 샘은 스스로 그것을 실천하기로 결심했다. 그는 프로메테우스적인 타입으로 성이라도 지을 사람이었다. 하지만 들어가서 살기보다는 다른 것을 또 지으려고 옮겨가는 타입이었다. 1962년, 그가 세운 새로운 성이 바로 월마트였다. 그 이후로 8년 동안 그는 30개의 월마트를 더 열었다.

빠른 성장은 회사를 재정적으로 거의 질식할 상태로 몰아갔다. 몇년 동안은 거의 지불 불능 상태에 육박했다. 샘은 이 시기 동안 "새로운 시도, 개혁 그리고 확장"이라는 표어로 살았다. 그는 확장에 필요한 자금을 대기 위해, 새로운 것을 매입하기 위해 현재 있는 자산을 이용하는 레버리지(leverage: 차입자본)를 이용했다. 이것이 효과가 있다면 부채 자산을 활용하기 때문에 빠르게 성장할 것이다. 그러나 레버리지는 극단적으로 긍정적이거나 부정적인 영향을 끼친다. 즉 아주 빠르게 성장하게 하거나 아주 빠르게 몰락하게 만들 수 있다. 샘은 다음과 같이 허심탄회하게 말했다.

> "…헬렌과 나는 또 머리끝까지 빚이 쌓였다. 모든 사람들이 각서를 이행하라고 요구했다면… 난 계속 생각했다. 우리는 망할 거라고. 아마도 그건 대공황 때나 일어나던 일일 테지만, 난 정말로 빚에서 벗어나고 싶었다."

월마트의 엄청난 빚은 많은 잠재적 투자 은행가들과 프루덴셜과 같이 전통적으로 신용해 주던 곳조차도 놀라게 만들었다. 사람들이 더 이상 그에게 돈을 빌려주지 않자 그는 아칸소의 로저스에 있는 내셔널 뱅크National Bank를 2,900만 달러의 보증금을 내고 매입했다. 그리고 나서 그의 급성장을 감당하기 어려울 때까지 그 재원을 활용했다.

1970년 초에, 월튼은 포화 상태가 된 남부 시장을 떠나 전국적으로 확장할 방법을 모색하기 시작했다. 성장 전략이 거대해짐에 따라 더 먼 곳의 시장들이 필요해진 것이다. 이는 아칸소, 미주리, 오클라호마에 걸쳐 단지 32개의 상점만을 갖고 있다는 것만으로는 경쟁자들과 경쟁할 수 없다는 결론이었다. 그는 이 시기가 바로 공격적으로 확장할 때라는 것을 감지하고 실행에 옮겼다. 1970년 10월 1일 샘은 확장을 위한 자본을 마련하기 위해 월마트를 주식시장에 상장하기로 했다. 이를 통해 1971년 말까지 월마트 상점은 51개로 늘어났다.

| 전술적 마케팅 전략 |

1972년 전에, 월마트는 단지 5개 주에 걸쳐 있는 체인점이었고, 그중에서 어떤 상점도 K마트의 세력권에는 상점이 없었다. 1972년 마침내 샘 월튼은 거인과 맞대결을 하기로 마음먹었다. 그는 핫 스프링스에 있는 K마트 상점들을 살펴보았고, 아칸소는 지역적 경쟁력이 취약한 것을 반영이라도 하듯 상품의 가격이 높았다. K마트에 대한 소매 전쟁을 처음 시작했을 때, 샘은 핫 스프링스에 52번째의 월마

트 상점을 열기 위해 필 그린Phil Green을 보냈다.

뛰어난 군함 K마트에 첫 발사를 하기 위해 필은 피엔지 사에 대량의 타이드 세제를 주문했다. 그 주문량은 피엔지 사에서도 여태껏 한 번도 받아본 적이 없는 주문이었다. 이 주문은 미국 전체의 모든 지점에서 팔린 세제의 양을 초과하는 3,500통이라는 경이로운 숫자였다! 그런 거대한 양의 구매는 K마트가 같은 제품을 한 박스에 3.97 달러에 팔고 있는 것에 반해, 샘은 1.99달러에 팔 수 있도록 해 주었다. 월마트는 이제 가격을 선도하는 상점이 되었고, 이후 그 자리를 내주지 않았다.

이 최초의 한판승부 후에 월마트는 눈부시게 성장하기 시작했다. 그러나 여전히 K마트는 500개 지점에 30억 달러의 매출을 달성하여 10배나 규모가 컸다. 그럼에도 불구하고 52개의 상점과 7,800만 달러의 매출 규모로 그는 더욱 저돌적으로 덤벼들었다. 그리고 샘은 싸움에서 절대 후퇴하지 않았다.

샘은 늘어만 가는 많은 지점들을 충당하기 위해 수많은 거대 물류 센터들을 세웠다. 1971년 월마트의 매출은 전년도에 비해 77%나 증가했다. 이는 월가의 이목을 집중시켰고 1972년 16.50달러이던 월마트의 주식 한 주는 2000년 3월에는 116,736달러로 상승했다. 이는 투자금에 대한 수익률이 700,000%에 달하는 것이었다. 아이러니컬하게도 월마트의 주식을 소유했던 대부분의 사람들은 통찰력 있다던 월가 투자자들이 아니었다. 오히려 무슨 일이 일어날 것인지를 즉시 예견했던 월마트의 지점장들과 가족 그리고 그들의 친구들이었다.

1974년까지 샘은 월마트 제국을 건립하는 데 거의 30년의 노력과 에너지를 쏟아부었다. 사업에 몰두하지 않을 때는 테니스와 메추라기 사냥으로 여가를 보냈다. 테니스는 그의 완강한 경쟁 정신을 자극했고, 사냥은 그의 사냥견들과의 협동적인 일이었다. 1974년 당시 56세의 나이로 그는 여가를 즐기고 더 젊은 사람들의 손에 월마트의 일상적인 관리를 넘길 때라고 결심했다. 이를 위해 샘은 론 메이어를 월마트의 CEO 겸 회장으로, 그리고 어렌드 페롤드를 사장으로 임명했다. 샘은 회사의 운명을 장기적으로 계속 통제할 생각으로 경영위원회의 의장 자리는 계속 유지했다. 그러나 30개월만에 은퇴를 번복하고 월마트의 CEO 겸 회장으로 다시 복귀했다. 복귀 후 그는 이렇게 말했다.

"나는 내가 시도했던 것 중에서 가장 나빴던 은퇴에 실패했다. 사실 난 회장직을 사임한 직후에 실수였다는 것을 깨달았다... 불행히도 난 거기서 물러나 있을 수 없었다."

메이어가 월마트의 CEO로 재직한 30개월 동안, 그는 많은 새로운 중역들을 고용했고, 다른 연배 있는 많은 관리자들의 충성을 받아왔었다. 하지만 샘이 회사를 이끌려고 복귀했을 때, 론 메이어는 월마트를 떠나면서 자신에게 충성했던 대부분의 고위 관리자들을 데려갔다.

다음 몇 해 동안 샘은 경영진을 재건했다. 동시에 K마트는 핫 스프링스, 아칸소에서 월마트 수하에 있던 네 개의 도시에 지점을 오픈함으로써 월마트의 도전에 응수했다. 1976년까지 1,000개의 지점을 보유한 K마트와 150개 지점을 가진 월마트 사이의 소매상 전쟁은 실로 보이지 않는 전쟁이었다. 생존을 건 치열한 전쟁 중에 있다는 사실을 깨닫고 샘은 할인마트를 평가해 줄 리서치 그룹을 고용했다. 컨설턴트의 최종 보고서는 월마트 지점들의 디스플레이, 가격 책정, 주가 지수 그리고 직원 관리를 포함한 모든 면을 평가했다.

리서치 그룹에 의한 이 지독한 월마트의 자기평가에 대해 후에 샘 월튼은 "우리 사업의 전환점"이라고 묘사했다. 즉시 월마트는 3개의 핵심 영역에 대한 정책을 총체적으로 점검할 목적으로 새로운 비즈니스 플랜을 만들었다. 즉 판촉과 판매, 상품화, 인력자원이었다. 이 계획에 따라 무법에 가깝던 판촉에 있어서 보다 현란한 접근법과 상품의 이윤을 줄이는 공격적인 상품화 규칙이 실현되었다. 이중에서 가장 중요한 개발 중의 하나는 피고용인들을 파트너로서, 그리고 비즈니스 협력자로 새롭게 정의하는 것이었다. 이런 새로운 자각은 직원들의 위상을 단지 임금노동자에서 월마트의 성공에 있어 이익을 공유하는 동반자로서 우대하고 격상시키는 한편 전문가 직원의 개발까지 포함되었다.

1979년까지 월마트는 매출 10억 달러에 230개 지점으로 확장했다. 2년 후 월마트는 다음 확장 단계로 미시시피 강의 동쪽에 있던 쿤즈 빅 케이마트를 인수했다. 그 후 월마트는 초팽창 모드로 진입하는데, 매년 100개 이상의 지점을 추가해 나갔다. 1983년, 샘 월튼의 나이 65세에, 소모적 확장에 돌입한지 4년이 채 지나지 않았을 때, 그는 백혈병이라는 진단을 받았다. 그는 실험 약품인 인터페론의 사용에 서명했고, 짧은 시간 동안은 백혈병이 진정된 것처럼 보였다.

〈포브스〉지가 샘 월튼을 1985년 미국에서 가장 부유한 사람 목록에 올렸을 때, 그의 삶은 영원히 바뀌어버렸다. 인터뷰하는 사람들과 기자들은 소형 오픈 트럭을 모는 억만장자에게 매료되었다. 돈이 샘에게는 결코 중요하지 않았다는 사실이 그들의 흥미를 끌었던 것이다. 그는 자신의 검소한 생활 방식에 대해 질문을 받으면 이렇게 대답했다. "내가 어떻게 하기를 바라오? 롤스로이스에 강아지를 태우고 다니길 바라나요?"

샘이 70세가 되자 다발성 골수종이라고 알려진 일종의 뼈 암에 걸린 것으로 진단이 내려졌다. 샘은 회고록 〈메이드 오브 아메리카 *Made of America*〉(1992)를 쓰는 것에 동의했다.

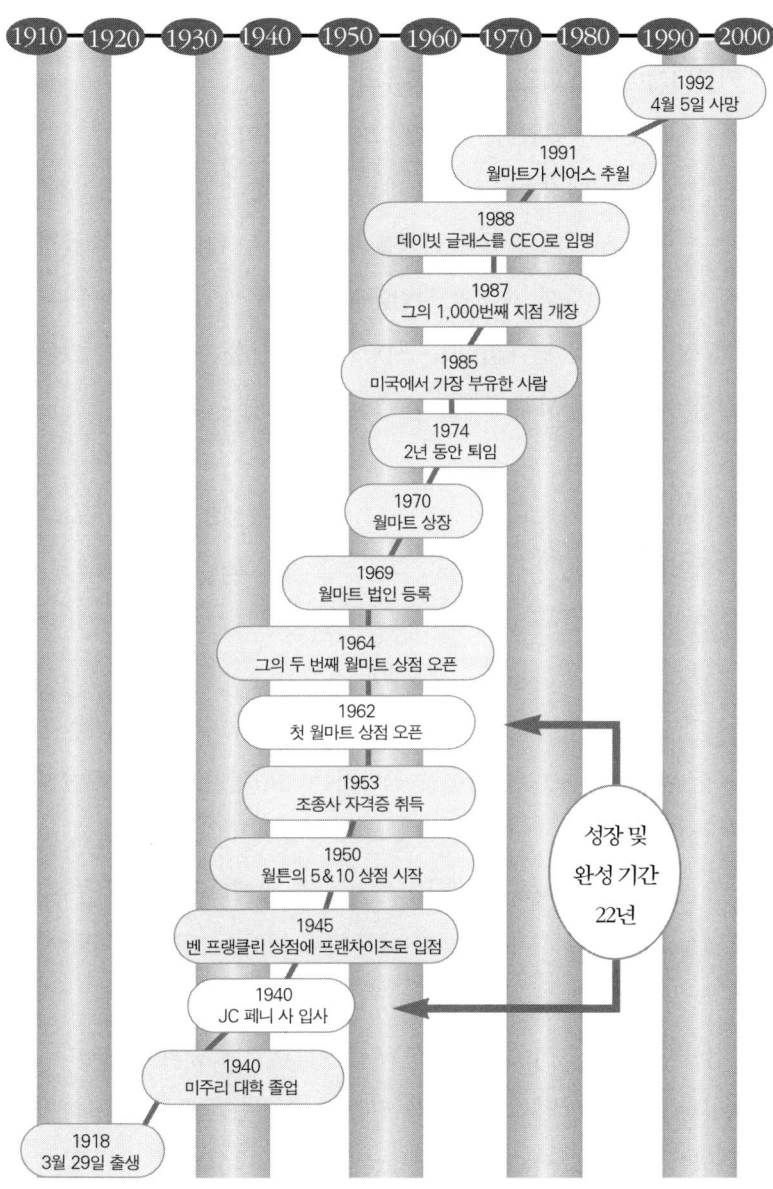

1910　1920　1930　1940　1950　1960　1970　1980　1990　2000

1992
4월 5일 사망

1991
월마트가 시어스 추월

1988
데이빗 글래스를 CEO로 임명

1987
그의 1,000번째 지점 개장

1985
미국에서 가장 부유한 사람

1974
2년 동안 퇴임

1970
월마트 상장

1969
월마트 법인 등록

1964
그의 두 번째 월마트 상점 오픈

1962
첫 월마트 상점 오픈

1953
조종사 자격증 취득

1950
월튼의 5&10 상점 시작

1945
벤 프랭클린 상점에 프랜차이즈로 입점

1940
JC 페니 사 입사

1940
미주리 대학 졸업

1918
3월 29일 출생

성장 및
완성 기간
22년

성격 분석

| 커뮤니케이션 스타일 : 남부 특유의 소박함 |

샘은 카리스마가 있었다. 하지만 그것은 가까이 하기 쉽고 주제넘지 않게 처신하는 매력적인 카리스마로 일컬어진다. 그는 높은 교육을 받은 세련된 사람의 품위나 허세를 발산하지는 않았지만, 노골적인 수준으로 모든 사회 계층의 사람들과 관계를 맺었다. 이런 처세는 그를 월마트의 각 단계의 모든 사람들의 환심을 사게 했고, 그들은 샘 월튼의 관대한 성격에 단호한 충성으로 보답했다.

> "나는 엄숙히 약속하고 선언한다. 고객이 내 사정권 10피트 안으로 들어오면, 나는 미소를 짓고, 그의 눈을 바라보고, 인사를 함으로써, 그렇게 나를 돕는 샘이 되겠다고."

누가 이런 인사말에 긍정적으로 답하지 않을 수 있겠는가? 심리학자들은 판매의 80%가 당신을 좋아하는 사람들을 통해 이루어진다고 말한다. 실제로 사람들은 샘을 좋아했다. 월마트의 첫 번째 바이어 중의 하나인 클라우드 해리스는 이렇게 말했다. "샘은 아주 설득력 있는 사람입니다. 그는 새도 나무에서 내려오도록 유혹할 수 있죠!"

커뮤니케이션은 샘을 성공으로 이끌어 준 열쇠 중의 하나였다. 그는 전염성 있는 방법으로 열정을 전달할 줄 아는 독특한 치어리더였다. 샘이 자신의 전설적인 소형 오픈 트럭을 타고 지점으로 달려가면 모두 놀라고 흥분했다. 회장이 친구가 되어주었기 때문에 사원들 중에서 어느 누구도 계급에서 동떨어져 있다는 느낌을 받지 않았다.

판촉은 샘의 특기였다. 판촉은 기상천외하고 훌륭할수록 더 좋다. 아칸소의 뉴포트에 처음 벤 프랭클린 상점을 열었을 때, 그는 길거리에 아이스크림 판매대를 설치했다. 사람들은 공짜 아이스크림을 받으려고 길게 줄을 서서 기다리곤 했다. 또 어떤 때는 팝콘으로 판촉하기도 했다. 팝콘 냄새가 중심가까지 퍼지면서 샘은 판촉의 왕으로 알려지게 되었다. 그의 경쟁자들이 "케케묵은 속임수 판촉"이라고 비난하던 이 방법은 사실 고도로 효과적인 마케팅 기술로 판명되었다. 손님들은 그저 그들이 어떤 큰 세일이나 특가품을 놓치고 있지는 않은지 확인하기 위해 온다는 것이다.

한 번은 트럭 한 대 분량의 수박을 사서 사람들을 끌어들이기 위해 아무렇지 않게 당나귀와 함께 쌓아두었다. 월마트의 CEO였던 데이빗 글래스는 1964년에 이 불가사의한 판촉을 목격했다.

"그곳은 내가 본 소매점 중 최악의 소매점이었다. 샘은 수박을 트럭에 가득 싣고 와서 인도 옆의 주차장에 쌓아두었다. 그리고 당나귀 한 마리를 끌고 왔다. 온도는 거의 45도나 되었고, 당나귀는 마구 돌아다니며 수박을 밟기 시작했다. 수박들이 터지자 곧 사람들이 몰려들어 주차장 구석구석에서 뒤섞여 난장판이 되었다. 이 난장판은 온 바닥을 이리저리 돌며 계속되었다."

| 직관적인 스타일 : 프로메테우스적인 스타일 |

직관력은 보통 장기적인 관찰이 내면화되어 발휘된다. 샘은 재빠른 관찰자였다. 그는 형식적으로 지켜보거나 컴퓨터가 결정한 마케팅 전략을 받아보기보다는 스스로 상점뿐 아니라 다른 상점들을 면밀히 조사했다. 회고록에서 그는 "당신의 귀를 땅에다 계속 댈 것"을 강조했다.

> "컴퓨터는 당신의 상점에서 얻어지는 것과 무슨 일이 일어나는지를 알려 줄 대용품이 아니며 그렇게 될 리도 없다. 다시 말해 컴퓨터는 당신이 판매한 것의 10센트 단위까지 알려줄 수는 있지만 당신이 얼마나 판매할 수 있는가는 결코 알려 주지 못한다."

샘의 동료 찰리 바움은 '정찰한 바를 수익으로 전환시키는' 샘의 재능에 대한 일화를 이렇게 들려 준다.

> "샘이 뉴포트에서 벤톤빌로 가게를 옮기자마자 그는 멋진 대 할인 세일을 시작했고, 층의 구석구석마다 많은 상품들을 쌓아놓았다. 나이 지긋한 여성들이 들어오더니 허리를 굽히고 그 상품들을 바라보았다. 난 이 광경을 절대 잊지 못할 것이다. 샘은 이 광경을 보고 얼굴을 조금 찡그리며 말했다. '우리가 해야 할 일이 하나 있네, 찰리. 우린 란제리에 강해져야 하네.' 당시는 어려운 시절이었고 소위 '속에 입는 옷(속옷)'들은 매우 초라했었다."

수십 년 후에 샘은 1991년 딱 1년 동안, 월마트가 미국의 모든 사람들이 입기에 충분한 양의 속옷과 양말을 팔았다고 발표했다. 오직 샘 월튼만이 이런 탁월한 감각으로 "미국에서 가장 위대한, 아래를 평정한 인물"로 호칭될 수 있다.

| 창의력 : 과감히 달라지려 하는 것 |

샘 월튼과 같은 위대한 기업가들은 대부분 우리들과 좀 다르다. 그들은 과감한데다 전통적인 경영자들은 생각조차도 하기 싫어 하는 것들을 시도하기 때문에 큰 성공을 거둔다. 기업가는 다른 사람들이 가기를 망설이거나 꺼려하는 곳을 공략함으로써 엄청난 이익을 얻는다. 샘 월튼과 같은 기업가적 기질이 있는 상사가 현장으로 들어가 개혁을 추진할 때는 둘 중 하나의 일이 일어난다. 창의력을 촉진하거나 혼돈을 일으키거나.

이는 대부분의 창의적인 돌파구가 왜 사회의 별난 주변 언저리에서 비롯되는지에 대한 정확한 이유가 된다. 샘의 경우도 모험적인 월마트 사업을 세계에서 가장 거대한 소매상으로 성장시킬 수 있었던 이유가 될 것이다. 그는 가격 체계를 파괴했을 뿐만 아니라 또 경쟁 방식에 있어서 모든 관습적인 방식을 버렸다.

| 위험 부담 : 위험을 받아들이려는 경향이 높음 |

대부분의 위대한 기업가들처럼 샘은 기회가 오기를 마냥 기다리고 있지 않았고, 남들보다 위험에 대해 더 많은 용기를 가졌다. 회사를 운영하면서 그는 개인적으로 18대의 비행기를 소유했다. 그는 조종사를 고용할 돈이 충분히 있었지만 손수 비행기를 몰았다. 그는 가끔 법이 허용한 고도보다 낮게 운행하기도 했다. 샘의 아들 롭은 〈A&E 바이오그라피〉에서 아버지에 대해 이렇게 말했다.

"아버지는 부동산을 거래할 곳을 찾기 위해 비행기를 운행하는 걸 좋아하셨습니다. 어느 날 보험회사가 무전을 걸어와 이렇게 말했죠. '그렇게 낮은 고도로 비행기를 운행해서는 안 됩니다!' 그러면 아버지는 더 낮게 운항하며 무전을 꺼버리곤 했습니다."

월마트 초창기에, 샘의 딸 앨리스는 반 친구에게 털어놓았다. "우리 아빠는 돈을 너무 많이 갖고 있어. 아빠는 지점을 내는 일을 중단하지 않을 거야." 아무것도 그를 위협할 수 없다는 것을 어린 딸마저 알고 있었던 것이다.

| 집중력 : 결과에 대한 열정적인 갈망 |

월마트 초창기에, 결과에 대한 샘의 열정적이고 조급한 욕구는 회사와 그 지점들이 광적인 속도로 나아가게 했다. 그러나 그의 태평스러운 태도는 성공으로 이끈 정력적인 집중력과는 모순된다. 샘은 어떤 비용을 치르더라도 K마트를 이기고 말겠다는 욕구를 회사에 성공적으로 전달했다. 이 사명은 회사의 핵심이었고 월마트 직원들의 일상적인 행동에도 의식적으로 스며들었다. 샘은 이렇게 말한다.

"몇몇 사람은 강박관념이라고 하겠지만 난 항상 순수한 열정으로 관심을 갖고 있던 모든 일을 추진해 왔다. 승리하기 위해."

샘이 성공적인 사람이 되자 미디어는 어떻게 시골 소년이 거대 기업들을 이길 수 있었는지 알고 싶어 했다. 샘은 "부딪치는 열정" 덕분이라고 했다. 그는 부정적인 경쟁심보다는 긍정적인 정신을 길렀다. 그의 말에 따르면 "우린 정말로 경쟁 그 자체나, 상대방이 무엇을 잘못하고 있는지에 대해서는 관심이 없었다. 우리는 그들이 무엇을 제대로 하고 있는지에 관심이 있었다." 그는 열정에는 전염성이 있다고 강조했다. "당신이 그것을 사랑한다면 열정을 보이는 것은 쉽다."

샘 월튼은 스피드 경영을 선호했기 때문에 일이 지연되는 것을 참지 못했다. 그는 자주 충동적인 결정을 내렸는데, 결과적으로 그것은 다른 세계를 정복할 수 있도록 발걸음을 옮기게 해 주었다. 그에게는 속도가 핵심이었다. 더 빨라지고 더 나아지는 것은 그의 슬로건이었다. 당장 그걸 해치우라는 것이 그의 스타일이었다. 25년 동안 비서를 했던 로레타 보스 파커는 이렇게 말했다.

"그의 마음은 다른 사람의 마음보다 10배는 더 빨랐다. 내 말은, 샘은 마음에 품은 것을 행동으로 옮기는 데 무척 민첩했다는 뜻이다."

샘의 열정은 1992년 의사들이 그에게 죽어가고 있다고 말했을 때 더욱 분명해졌다. 이 충격적인 소식을 들은 지 2주도 되지 않아 그는 단 하루만에 35개의 월마트 지점을 개점했다. 그 무엇도 심지어 삶과 죽음의 문제들조차도 그가 새로운 비전을 갖고 움직이는 것에 제동을 걸지 못했다.

| 자아상 : 구제불능의 낙관주의자 |

당신이 어떤 꿈을 믿는다면 당신의 꿈은 전염될 수 있다. 한 고교 급우는 월튼을 "항상 낙관적인 운동선수"로 기억했다. 월튼도 그런 견해에 동의했다. "난 한 번도 패배에 대해 곰곰이 생각해 보지 않았다. 우린 그저 열심히 꿈을 쫓았고 그것을 오래 지속했다."

샘이 동생 버드를 불러 지방의 한 공항에서 만나자고 했던 날의 대화는 그의 실행력이 어떠한지를 잘 보여주는 사례이다. 버드가 도착했을 때 샘은 작은 비행기를 살지 말지 고민하고 있었다. 어리둥절한 동생은 샘에게 분명한 사실 하나를 일깨워주었다. "형은 비행기를 조종하지 못하잖아!" 그러자 샘은 특유의 자신감으로 말했다. "하지만 난 자동차 운전은 할 줄 알아. 그러니까 비행기 조종법도 배울 수 있어!" 샘은 그 자리에서 비행기를 사기로 결정했다.

얼마나 많은 사람들이 비행기를 조종할 수 있다거나, 조종사 학교에 들어가 자격증을 딸 것이라는 전망도 없이 비행기를 살 수 있겠는가? 이런 긍정적인 자세는 천재적 기업가들의 삶의 원동력이다.

| 비판적인 사고와 인습 타파 |

큰 꿈을 이룬 사람들의 인물 소개는, 평범한 사람은 평범하게 성공했고 예외적인 사람들은 비상하게 성공하거나 비상하게 성공하지 못한다는 것을 보여준다. 그들은 남다른 자신감, 남다른 비전, 남다른 정열, 남다른 성실함, 남다른 끈기 그리고 남다른 위험을 감수하는 성향이 있다. 그들은 현상을 그대로 유지하는 것에 거부감을 느끼고 도전하고 법칙들을 깨뜨리는 천성적인 성향을 보인다.

월튼은 이런 특징들에 있어서 범상치 않은 인물상에 부합된다. 그는 무엇인가 부드럽게 진행되는 것에 대해서는 관심이 없었다. 어떤 새로운 판촉이 수입을 향상시킬 수 있다면 그는 그것을 추진했다. 그것이 그의 천재적 기업가의 특성이었다. 샘 월튼은 지점장들이 창조적으로 사고하고 더 높은 이익으로 이끈다면 관례를 깨도록 격려했다. 실수는 샘에게 있어서 게임의 일부분일 뿐이었다. 월마트에서는 인간은 실수하게 되어 있지만 잘못을 숨기려 하는 것은 죄요, 아무것도 안 하는 것은 더 큰 죄였다.

| 샘 월튼의 검소함 |

평생 동안 돈을 경멸한 샘 월튼이 역사상 누구보다도 많은 부를 축적했다는 사실은 모순적이다. 샘은 말했다. "돈은 절대 나에게 그렇게 의미가 크지 않다. 숫자를 기록한다는 의미에서도."

현재 빌 게이츠가 세계에서 가장 부유한 사람이지만, 월튼의 일가 역시 1천억 달러가 넘는 순자산을 보유하고 있다. 샘의 용기와 자신감을 믿고 부인과 자식들은 월마트에 전부를 투자했다. 우리는 부를 쌓기 위해 샘 월튼에게서 무엇을 배울 수 있을까? 아주 쉽게 말해 "돈을 쫓지 마라. 꿈을 추구하고 그것을 집요하게 쫓아라"이다.

샘은 웅장한 타이틀의 일, 호화스런 사무실, 운전사, 요트, 골프장 그리고 경쟁사의 CEO들이 과시하는 모든 장식물들을 경멸했다. 월마트는 소매업 산업에서 가장 낮은 경비를 연일 기록하고 있다. 샘이 지점장들에게 회의에 참석하거나 산업박람회에 갈 때 호텔 방에 두 명 이상씩 머무르라고 명했을 때 직원들은 샘의 검소함이 지나치다고 불만이었다. 월튼도 인정했다. "난 매우 보수적인 사람이지만 쓸모없는 관습은 버릴 줄도 아는 사람이다."

업적과 명예

| 위대한 성공 |

월마트의 믿기지 않는 성공을 감히 예상하거나 평가하는 것은 어렵다. 한 가지 방법은 '월튼이 좋아하지 않았던' 숫자를 이용해 현재를 살피는 것이다. 밀레니엄의 막바지 경, 월마트는 세계에서 가장 큰 소매상이었다. 그들은 2002년을 4,000개의 할인매장과 함께 시작했다. 현재 미국에서만 1,800개의 월마트 상점, 약 1,000개의 대형 쇼핑센터, 500개에 이르는 샘 클럽과 네이버후드마켓이 있고 해외에 1,000개의 마켓이 있다. 매출은 약 3,000억 달러인데 물론 계속 신장되고 있다. 매일 아르헨티나, 브라질, 캐나다, 중국, 독일, 멕시코, 푸에르토리코, 영국과 같이 다양한 시장에서 새로운 상점들이 열린다.

한때 작은 도시의 소매상이 지금은 1백만 명이 넘는 사원을 데리고 있다. 2001년 9월 월마트는 단 이틀 동안에 미국의 국기를 미국의 역사보다 더 많이 팔았다고 자랑스럽게 발표했다. 월마트의 성장은 미국 소매업의 연대기에 전례 없는 일이었다.

월마트의 상점, 영업 그리고 이익의 성장 (1960~2001)						
	1960	1970	1980	1990	2000	2002
지점 수	9	32	276	1528	3000	4000
매출	140만	3,100만	12억	260억	1,910억	3,000억
수익	11만 2천	120만	4,100만	10억	63억	70억

* 달러 | ** 1960년 수치는 '5&10센트 상점'을 나타냄.

| 명예 |

K마트의 창립자 해리 커닝햄도 샘에 대해 이렇게 말했다. "월튼은 금세기 최고의 위대한 비즈니스맨이다." 1984년 샘은 '기업가를 위한 호레이쇼 앨저 어워드' 상을 받았다. 그해에 그는 〈포브스〉지 선정 가장 부유한 사람의 목록에 올랐다. 1989년 〈파이낸셜 월드〉는 그를 '10년 간의 최고 CEO'로 뽑았다. 그리고 2000년에 월마트는 20세기의 가장 위대한 비즈니스 1위에 올랐다. 찰스 쿠럴트는 TV 특집에서 '20세기 후반 50년 동안 가장 위대한 상인'이라고 샘에게 찬사를 바쳤다.

1992년 3월 17일, 조지 부시 대통령과 영부인은 휠체어에 앉아 본연의 카리스마를 내뿜지 못하는 샘에 대한 존경의 표시로 벤톤빌로 여행을 갔다. 그리고 샘은 미국에서 가장 높은 시민의 영예인 '자유의 메달Medal of Freedom'을 받았다. 거기에는 이렇게 새겨져 있다.

"겸손함이 근본인 이 사람은 자신의 능력을 결코 의심하지 않았지만, 또한 성공을 결코 과시하지도 않았다. 그는 소매상들 중에 가장 뛰어난 인물이다."

샘은 후에 이 명예를 "우리 월마트의 모든 커리어의 하이라이트"라고 말했다. 1992년 74세로 세상을 떠난 샘에 대해 〈USA 투데이〉지의 헤드라인은 "소매업의 얼굴을 바꾸어놓은 선구자"라고 대서특필했다. 또 경영학의 대가인 톰 피터스는 이렇게 말했다.

"헨리 포드를 제외하면 샘 월튼은 금세기의 최고의 사업가이다."

샘 월튼에게서 얻는 교훈

샘 월튼은 어떻게 가족 경영의 소규모 소매상을 세계에서 가장 큰 소매점으로 키워낼 수 있었을까? 샘은 회고록에서 성공을 가져온 10가지의 법칙들을 약술했다.

법칙 1	자신의 사업에 전념하라. 다른 어떤 사람보다 그것을 믿어라.
법칙 2	당신의 이익을 모든 협력자들과 공유하라. 그리고 그들을 파트너로 대하라.
법칙 3	당신의 파트너들에게 동기를 부여하라. 돈과 자부심만으로는 충분하지 않다.

법칙 4	가능한 모든 것을 파트너에게 직접 전달해라.
법칙 5	비즈니스를 위해 당신의 동업자들이 하는 모든 것에 감사하라.
법칙 6	당신의 성공을 축하하고 당신의 실패에서 유머를 찾아라.
법칙 7	당신 회사의 모든 사람의 말을 경청하라.
법칙 8	고객들의 예상을 능가하라.
법칙 9	경쟁사보다 지출 경비를 더 줄여라.
법칙 10	상류에서 헤엄쳐라. 다른 길로 가라. 케케묵은 지식은 무시하라.

이 법칙은 다음의 다섯 개의 선견지명적 원칙들로 통합될 수 있다.

| 장기 번영을 위한 계획 |

샘의 첫 잡화점 개점과 그의 첫 월마트 지점 사이에는 17년이라는 간격이 있었다. 이는 그의 장기적 계획에 대한 관점의 증거이다. 샘은 처음부터 헨리 포드가 다른 사람보다 몇 십 년 더 빨리 무엇을 발견했는지 알았다. 이익을 줄이는 것은 더 큰 판매량과 더 많은 수익을 가져온다. 샘의 표현대로 "가격 부담을 덜어주고 양에 변화를 주는" 것이다.

최저비용을 가진, 따라서 최저가를 가진 할인 체인점을 건설하겠다던 샘의 추구는 효율성을 높일 수 있다면 그 어떤 수순이나 절차도 실행하도록 이끌었다. 예를 들어, 그는 우세한 지점에 유통시키라는 '스포크 앤 휠spoke and wheel' 시스템을 구축함으로써 소매유통에 혁명을 일으켰다. 그리고 가장 낮은 원가가 드는 소매상이 되었다. 그는 자신이 목표한 시장의 중심부에 거대한 창고를 지어 효율성을 높였다. 그리고 나서 그는 신중하게 계획한 뒤 지점을 확장해 나갔다. 그는 이를 10억 달러 상당의 가치가 있는 사업이라고 이해할 만큼 굉장히 눈치가 빨랐다. 효율적인 유통 시스템은 상품당 몇 푼씩 아낄 수 있었고, 이는 수백만 개씩 팔릴 때 거대한 이익을 창출할 수 있다는 것을 의미한다.

| 선점 전략 |

샘은 적은 인구를 가진 중간 크기의 도시들은 월마트 크기의 상점 하나를 지탱할 수 있다는 것을 깨달았다. 하지만 그런 크기로 두 지점이 공존하기는 어려웠다. 그래서 그런 상점을 제일 먼저 지음으로써 경쟁자들을 배제시켰다. '퍼스트 무버 어드벤티지first mover advantage'로 알려진 이 전략은 컴퓨터 분야에도 널리 적용되고 있다. 컴퓨터 분야에서 특정 소프트웨어나 하드웨어가 빠른 브랜드 충성도를 이끌어내 시장에서 우위를 확보하면 이는 다른 것으로 대체되기 힘들다.

| 소유권 공유와 개혁 장려 |

월마트를 세계에서 가장 큰 조직이 되도록 이끈 또 다른 혁신적인 전략은 관리자들을 부분적인 소유권자로 만든 그의 결단이다. 새로운 관리자가 투자할 돈을 갖고 있지 않다면, 샘은 그 돈을 그에게 빌려주었다. 새로운 급진적인 판촉을 시도하고 싶어 하는 관리자는 누군가의 허락을 얻지 않고 시도할 수 있었다. 하지만 K마트에서는 이것이 불가능했다.

관리자의 어깨에 자유로운 책임감을 부여하는 것은 많은 혁신적인 쇼핑 판촉들을 이끈 성공적인 전략이었다. 이것들 중에는 'Made in USA를 사라'라는 슬로건, '만족 못하면 교환 보장'이라는 정책, '쇼핑 카트 빙고Shopping Cart Bingo', 여전히 인기 있는 '인사만 하는 직원' 등을 들 수 있다. 월튼은 무슨 일을 하든 전통적인 방법에 얽매이지 않았다.

그리고 더 중요한 것은 샘은 관리자들이나 경쟁자들에게 배우는 데 절대 거만하지 않았다. 샘이 지점장들의 즉흥적인 행동을 신뢰할 수 있었던 이유 중의 하나는 그들이 소유주다운 지성을 갖춘 사람들이었다는 점이다.

| 카리스마 리더십은 최고의 동기부여 |

많은 첫째 아이들이 리더가 된다. 몇몇 심리학자들은 형제관계 속에서 지도자 역할을 하는 아이가 나중에 태어난 아이들보다 리드하는 것을 좋아하도록 고취시킨다고 추측한다. 맏이였던 샘도 예외가 아니었다. 어떤 상황에서도 샘은 책임감을 중요시했고, 그 분야를 전쟁으로 이끌었다. 그렇지만 그의 개인적 리더십 스타일은 형식적이지 않았고, 성공으로 이끌어 준 열쇠 중의 하나인 그의 인격은 남부 시골 소년의 인격이었다.

샘 월튼은 성공을 가져온 많은 재능들을 갖고 있었지만 다른 사람들에게 동기를 유발시키는 자신의 능력을 두드러진 재능으로 보았다.

> "난 내가 단지 완전히 경쟁적인 성격의 소유자였다고 생각한다... 그리고 나의 주된 재능은 아마도 소매업자로서의 내 최고의 재능과 같을 것이다. 난 좋은 동기 유발자였다."

늘어가는 부와 힘에도 불구하고 샘은 거만을 떨지 않았고 아주 다가가기 쉬운 사람으로 남았다. 월마트 지점에 들어서자마자 그가 취하는 첫 번째 동작 중의 하나는 마이크를 잡고 직원들 앞에서 이야기하는 것이었다. 그런 다음 그 역할을 치어리더에게 건네면서 마이크에 대고 외친다. "나에게 W를 다오!... 나에게 A를 다오!..." 이렇게 열정적으로 철자가 W-A-L-M-A-R-T(월마트)가 될 때까지 외치곤 했다.

회사가 1984년 8%라는 전례 없는 수익을 달성했을 때, 그 수익률을 달성하면 월스트리트에서 훌라춤을 추겠노라고 했던 약속을 그는 지켜야 했다. 그가 약속할 당시에는, 전형적으로 소매업 시장이 판매에서 약 3%의 수익을 산출하고 있었기 때문에 춤을 출 일은 없을 것이라고 생각했던 것이다. 월스트리트는 그의 현란한 성공에 찬사를 보냈고, 훌라 치마를 입고 하와이 화환으로 치장한 채 춤을 추는 66세의 월튼에게 아낌없는 갈채를 보냈다.

| 상류로 헤엄쳐라 : 룰을 깨라 |

샘 월튼이 열렬한 기독교 신자이고 모범적인 가정을 이룬 사람이었지만, 그는 또한 과격하고 도전적이었다. 개인적 삶에서 그는 보수적이었고 하느님을 두려워했다. 그러나 비즈니스에서는 정반대였다. 비즈니스에서 월튼의 방식은 관습을 잊고 모든 관례를 깨뜨리는 것이었다. 샘은 고객들에게 유명 상표의 상품들을 최저 가격에 제공하는 것 외에는 아무것도 신성시하지 않았다. 이는 소매업에 대한 그의 큰 공로라고 할 수 있다.

> "나는 사업장을 잘 떠나지 않았다. 그리고 사실 난 현상유지에 대해
> 계속 간섭하고 참견한 것이 월마트의 성공에 큰 기여를 했다고 생
> 각한다."

K마트와 프라이스 클럽과 같은 경쟁자들의 강점에서 아이디어를 얻기 위해 샘은 자신의 트럭에 올라 경쟁사의 지점을 방문하곤 했다. 종종 그는 검은 선글라스를 끼고 남들이 알아보지 못하게 변장한 채 발견되었다. 때때로 그는 손과 발로 기어다니는 채로, 그리고 계산대 아래에서 자세히 감시하는 모습으로 발견되기도 했다. 이런 정탐은 -당연히 불법이 아니다 새로운 효과적인 판촉 방법을 발견하는 하나의 수단이다. 정보 수집 여행 중 한번은 프라이스 클럽의 경비에게 붙잡혀 비디오 녹화기를 압수 당하고 불법침입자로 사무실에 끌려가기도 했다.

그는 무언가를 잘하는 경쟁자를 발견하면 그들을 모방했다. 또 자

신보다 더 싸게 물건을 파는 곳을 발견하면 가격을 더 낮추었다. 끝이 없는 개혁에 대한 노력은 그를 더욱 특별하게 만들었다.

그의 좌우명은 항상 "싸게 사라, 싸게 팔아라, 그리고 남는 부분은 고객에게 돌려라"였다. 고객이 지불을 최소화함으로써 이윤을 최대화하려는 아이디어는, 대부분의 마케팅 관리자들이 수익을 극대화하기 위해 취하는 소매업계의 전형을 탈피한 것이었다. 그는 성공을 향한 10가지 법칙을 소개하면서 마지막 열 번째 법칙인 '상류로 헤엄쳐라!'에 특별히 주목하라고 권했다.

"상류로 헤엄쳐라. 다른 길로 가라. 진부한 지식은 무시하라. 다른 모든 사람들이 하나의 방식으로 하고 있다면, 정확히 그 반대쪽으로 감으로써 새로운 틈새를 찾을 수 있을 것이다... 난 다른 모든 사람의 관례를 깨는 것이 항상 즐거웠다. 그리고 난 항상 나의 법칙에 도전하는 이단자들을 좋아했다."

4장

휴 마스튼 헤프너

Hugh Marston Hefner

현실이든 환상이든 답을 얻는 것에서 시작하라

"나는 쾌락을 통한 건강을 믿는다"

출생 | 1926년 4월 9일. 일리노이 주 시카고.

자신에 대한 설명 | "나는 결코 혁명적인 존재가 되려고 한 것이 아니다. 내 목적은 성(性)을 다루는 주류 잡지를 만드는 것이었다."

좌우명 | "돈이 생기자마자 샹그릴라 플레이보이 저택을 샀는데 그 집에서 나는 내 잡지에 나오는 플레이보이가 되었다."

혁신 내용 | 〈플레이보이〉 발행을 위해 1953년 6백 달러 은행 대출과 8천 달러 자기자본으로 설립한 HMH 출판사. 1953년 '플레이보이 엔터프라이즈'로 명칭 변경.

남다른 자질 | 플레이보이의 철학인 쾌락주의는 광란으로 묘사된다. 돈은 단지 헤프너만의 호화로운 생활에 필요한 수단일 뿐이다.

목표 | "도시 남성들을 위해 미국 청교도 전통의 억압적인 반(反)성행위, 반유희, 반쾌락적인 면에 대항하는 잡지를 만드는 것이다."

순자산 | 약 2억 달러(여러가지 수입원으로부터).

명예 | 1998년 잡지 명예의 전당.

교육 수준 | 1950년 일리노이 대학 심리학 학사, 사회학과 대학원 1학기 수료.

성격 | 지배광이자 완벽주의자. 플레이보이 제국의 세부 사항 하나하나를 직접 승인함. 직관력이 뛰어난 내성적 성격. 성충동이 강한 공상가. 열정적인 인생을 삶.

취미 | 성적 장난감과 영화 감상. 모노폴리, 백개먼, 핀볼 등의 게임을 즐김.

정치적 성향 | 자유론자 – 남에게 피해만 주지 않으면 모두 좋다는 주의.

종교 | 청교도적 환경에서 성장했지만 어린 시절부터 불가지론자(不可知論者)였음.

형제 관계 | 2남 중 장남. 남동생으로 키이스Keith가 있음.

가족 | 두 명의 부인과 네 명의 자녀(각각의 부인으로부터 두 명씩).

현실이든 환상이든
답을 얻는 것에서 시작하라

나는 결코 혁명적 존재가 되려고 한 것은 아니다.

휴 헤프너는 누구인가

위대한 기업가들은 혜안을 가지고 시작하여 자신의 꿈이 현실이 되도록 열정을 다해 일한다. 휴 헤프너가 바로 그러한 기업가의 상징이다. 헤프너는 시장의 필요를 눈치 채고 반대 의견을 뿌리치며 그 필요를 충족시켰다. 그의 무모한 도전이 부와 명예를 가져다 준 것이다. 많은 위대한 기업가들이 이와 같은 길을 걸었다.

모든 혁명은 최고의 아이디어에서 시작하고, 아이디어는 이를 이루고자 하는 열정이 동반되어야 한다. 마찬가지로 모든 혁신적인 제품들은 비전에서 시작하고 이를 실천에 옮기기 위해 싸우는 사람을 통해 현실이 된다. 이것이 바로 플레이보이 제국 창조 뒤에 숨은 마술이다. 휴 헤프너는 단순히 나체 여성들을 보여주며 남성들의 입맛을 자극시키기보다는 철학적 가치를 보여주고자 했다. 헤프너의 비전은 숨막히게 틀에 박힌 세상의 관습을 바꾸는 데 초점을 둔 고품질의 지적인 잡지를 만들어내는 것이었다.

처음 만들 당시부터 헤프너는 단지 돈 때문에 〈플레이보이〉를 만든 것이 아니라고 주장했다. 그의 잡지는 청교도 가정에서 성장한 헤프너가 어린 시절부터 느껴야 했던 마음속 깊은 죄의식을 완화시키는 수단이었다. 플레이보이 철학은, 성적 환상은 남에게 해를 끼치지 않는 한은 전혀 사악한 것이 아니라는데 있다. 본질적으로 남성의 성적 환상을 충족시켜 주는 잡지라는 그의 생각은 "청교도 전통의 반성행위, 반유희, 반쾌락적 측면"에 저항하는 것이었다. 헤프너는 가족의 가치나 보통의 낭만에 대해서는 반대하지 않았지만 개인의 선택의 권리를 위해서는 맹렬히 싸웠다. 〈플레이보이〉는 이러한 철학을 표현하기 위한 수단이었던 것이다. 물론 헤프너의 도전은 놀라운 수익도 거둬들였다. 이는 쾌락을 탐닉하기 원했던 시장의 문을 그가 열었기 때문이었다. 휴 헤프너의 순자산은 약 1억 달러에서 2억 달러에 이른다. 벌거벗은 진실을 향한 탐구의 대가치고 꽤 근사하지 않은가!

헤프너는 어떻게 그런 성공적인 성적 혁명을 시작했을까? 헤프너의 천재성은 그가 완벽한 때를 골랐을 뿐 아니라 뛰어난 예술적 감각을 가진 데에서도 입증된다. 〈플레이보이〉가 특별한 이유는 나체 여성들의 사진이, 세련된 젊은 남성들이 수치심을 느끼지 않고 즐겨야 하는 많은 기쁨 중의 하나일 뿐이라는 헤프너의 아이디어 때문이다. 이러한 분위기를 자아내기 위해 〈플레이보이〉는 반짝거리는 코팅지에 수준 높은 명사들의 인터뷰와 저명한 기고가들의 글도 실었다. 이렇게 품질을 끌어올린 〈플레이보이〉는 누렇게 바랜 신문지 종이에 외설스러운 모델들을 적나라하게 드러내며 독자들로 하여금 무언가 '더러운' 짓을 하고 있다고 생각하게 하는 다른 싸구려 누드 잡지들과 차별화할 수 있었다.

1953년 12월 창간호를 발행한 후 〈플레이보이〉는 새로운 시대를 여는 아이디어였음이 증명되었다. 휴 헤프너는 그의 잡지에서 보여준 환상처럼 살기 시작했다. 그것은 최고급 스포츠카를 몰며 시카고의 한 빅토리안 저택에서 부유하고 만족스러운 인생을 사는 것이었다. 1960년 헤프너는 "나는 사무실 책상 뒤에서 일하다가 내 잡지에 등장하는 플레이보이가 되었다. 비단 가운을 입고 파이프를 입에 물고 내 잡지 안에서 보여주던 환상의 모델이 된 것이다"라고 말했다.

1960년대에서 70년대까지 플레이보이 제국은 미국 및 전 세계에 엔터테인먼트 클럽을 확장시키며 번창했다. 그러나 1980년대와 90년대 들어서는 사회적 분위기에도 변화가 일어났다. 그리하여 현란한 쾌락의 삶은 더 이상 새롭지 않았고 플레이보이 제국은 서서히 저물어갔다. 그러나 2000년 말 플레이보이 창립자의 나이가 75세가 가까워지며 플레이보이 제국은 재기에 전념하게 된다.

2001년 말 휴 헤프너는 뉴욕에서 75세 생일을 축하했다. 플레이보이의 현신인 헤프너는 예닐곱 명의 이십대 금발 미녀를 양팔에 끼고 나타났다. 축하연은 큰 성공을 거두었고 모든 플레이보이의 아버지인 헤프너는 익살스럽게 "앉은 채로 이렇게 즐거웠던 적이 있었는지 기억도 안 난다"고 말했다.

성장기

| 그림을 좋아하던 어린 시절 |

휴 마스튼 헤프너는 1926년 4월 9일 시카고 근교에서 태어났다. 아버지 글렌은 알루미늄 회사에서 일하는 회계사였고 집에 있는 일이 드물었다. 그의 부모는 서먹하고 냉담한 편이었지만 어머니 그레이스 스원슨은 그의 유년기에 큰 영향을 미쳤다. 남동생 키이스는 헤프너보다 두 살이 어렸다. 키이스는 후에 플레이보이 클럽에서 교육 부장으로 일하게 된다. 두 형제 모두 부모의 보호 아래 평범한 유년 시절을 보내며 풍부한 지적 자유를 누렸지만 도덕적 자유는 얻지 못했다. 헤프너는 이에 대해 다음과 같이 말한다.

> "나는 환상으로 숨어들었다. 그리고 온갖 종류의 나비와 동물 표본을 수집했다. 후에는 글을 쓰고 그림을 그리며 환상의 세계로 빠져들었다."

헤프너는 예술적 표현을 통해 자신을 표출하는 고독하고 내성적인 성격으로 성장했다. 헤프너의 4학년 담임교사는 어느 날 그의 어머니를 불러 "그림만 그린다"며 불만을 토로했다. 열두 살이 되자 휴는 그가 그린 수많은 만화에 대사를 넣기 시작했다. 열두 살에서 열네 살 사이 헤프너는 각기 다른 4컷 만화를 70여 편 이상 그렸고 이들을 모두 꼼꼼하게 묶어 언젠가는 출판을 하겠노라고 생각했다. 초기에는 자신의 분신으로 크라넷이라는 주인공을 만들어냈다.

십대 시절 헤프너는 초자연 현상을 주제로 한 45가지 단편 및 중편소설을 썼다. 그의 글 대부분에 만화 주인공이 등장하는 삽화가 첨부되어 있었고 이들 만화 주인공들은 후에 그가 5센트를 받고 팔았던 잡지 〈셔더Shudder〉에 등장했다. 열여섯 살이 되자 〈만화 자서전Comic Biography〉이라고 이름 붙인 자서전을 쓰기 시작했다. 헤프너는 풍자만화 형식을 빌려 생존을 위해 싸워야 하는 절망에 빠진 남자를 그렸다. 그리고 이는 그의 일생 동안 반복해서 나타나는 주제였다.

10대 시절 헤프너는 아름다운 여자가 자신을 유혹하는 공상을 하곤 했지만 이러한 환상들이 현실로 이루어지는 일은 없었다. 너무 가난하고, 너무 소심한 미 중서부 출신의, 영리하지만 주체 못하는 성욕을 지닌 이 소년이 훗날 성적 관습을 변화시키는 인물이 되리라고는 아무도 생각하지 않았다. 당시 헤프너도 자신이 출판업계의 신화가 되리라고는 생각하지 않았을 것이다.

그가 플레이보이로 변신하기까지는 오랜 세월이 흘러야 했다. 헤프너는 서른세 살이 넘어서야 최고급 스포츠카에 말쑥한 아이비리그 스타일 정장을 입고 섹시한 금발 미녀를 양팔에 두르고 활보하게 되는 것이다. 〈세터데이 이브닝 포스트Saturday Evening Post〉와의 인터뷰에서 헤프너는 이렇게 말하기도 했다.

"나는 내 모든 것을 걸고 플레이보이 사업을 시작했고 내 평생 처음으로 자유를 느꼈다. 나를 속박하는 모든 구속들을 비웃을 잡지를 출판하는 것이 나의 사명과도 같았다."

| 삶에 영향을 끼친 두 권의 책 |

휴 헤프너가 초등학교를 다니는 동안 그의 담임교사들은 그가 뛰어난 재능을 가진 학생이라는 것을 알았고 그 재능을 평가하는 테스트도 했다. 헤프너의 아이큐는 150 이상이었다. 고등학교 시절에는 학교 신문에 기고를 하고 수많은 4컷 만화를 그렸다. 1944년 헤프너는 학생회장으로 탁월한 능력을 과시한 스타인메츠 고등학교를 212명의 졸업생 중 45등으로 졸업했다. 또한 '학급 최고 유머 작가', '최고 웅변가', '최고 예술가', '최고 성공 가능성 보유자', '최고 인기 학생'으로 뽑혔다.

고교 졸업 후 헤프너는 군에 입대했다. 군 복무 동안 왕성한 독서욕을 보인 헤프너는 항상 주머니에 책을 넣어 가지고 다녔다. 그가 가장 좋아하는 책은 피츠제럴드의 〈위대한 개츠비*The Great Gatsby*〉였다. 헤프너는 주인공 제이 개츠비의 호화로운 생활에 사로잡혔고 수년 간 주인공의 생활을 환상 속에 그렸다. 그러나 헤프너가 성공한 후의 생활은 그토록 흠모하던 소설 속 주인공의 생활을 초라하게 만들 정도였다.

1946년 군 제대 후 헤프너는 일리노이 대학에 심리학 전공으로 입학했다. 대학을 다니는 동안 '남성의 성적 행동양식'이라는 주제의 〈킨제이 보고서〉를 접하게 된다. 이 책을 읽으며 그는 교회와 부모 그리고 미국 사회가 인간의 선천적 본능인 성적 충동을 느끼는 것에 죄의식을 갖도록 오도했다고 생각했다.

1949년 헤프너는 일리노이 대학을 학사로 졸업하고, 같은 해에 대학 시절의 연인인 밀리 윌리엄스와 결혼했다. 첫 직장에서는 편협

한 회사 분위기에 염증을 느끼고 몇 달 못 가 그만두었다. 뒤이어 사회의 의미를 찾기 위해 이번스튼의 노스웨스턴 대학 대학원에 입학했다. '성과 미국 법률'이라는 제목의 그의 첫 연구보고서는 B-의 성적을 받았다. 내용 때문이 아니라 담당 교수의 의견에 반하는 자유로운 결론 때문이었다. 이에 분노한 헤프너는 대학원을 자퇴하고 카슨, 피리, 스캇 백화점의 광고 카피라이터로 취직했다.

정상을 향하여

| 꿈으로부터 시작하다 |

카슨, 피리, 스캇에서 휴는 리로이 니먼과 같은 여러 재능 있는 청년들과 함께 지내게 된다. 그가 시카고에 대한 풍자만화를 시작하자 동료들은 용기를 북돋아 주었다. 만화가 천직이라고 생각한 헤프너는 인정받기 위해서는 출판을 해야 한다고 느꼈다. 그는 〈토들린 마을 *The Toddlin' Town*〉이라는 제목의 책을 썼다. 지칠 줄 모르는 작가였던 헤프너는 수많은 출판사로부터 거절당한 후에 가족과 친구들로부터 천 달러를 빌렸다. 그리고 인쇄기를 찾아내 페이퍼백 5천부를 직접 출판했다. 이 첫 출발이 그에게 중요한 교훈을 주었는데, 글쓰기가 아니라 출판이야말로 그의 업이라는 사실을 깨닫게 해준 것이다.

헤프너의 책에 대해 〈시카고 트리뷴*Chicago Tribune*〉은 '불손한 풍자'라는 리뷰를 실었다. 진정한 사업가답게 헤프너는 시카고 주변의 모든 서점들을 돌아다니며 책을 팔았고 재고가 모두 팔릴 때까지 권당 1달러를 받고 우편주문으로 직접 팔았다. 그러나 책을 팔기 위해 너무나 많은 시간을 할애하여 정작 그의 본업이었던 카슨, 피리, 스 캇에서는 5주만에 해고당하고 말았다. 그 직후 헤프너는 〈에스콰이어Esquire〉의 판촉 카피라이터로 취직했다. 그러나 전형적인 사무직일 뿐 화려한 생활과는 거리가 멀었다. 1951년 에스콰이어 본사가 뉴욕으로 옮겨가자 시카고에 그대로 남기로 결정한 헤프너는 다시 무직 상태가 되었다.

잠시 휴식 기간을 가진 후 헤프너는 출판업자개발회사(PDC)에서 주당 80달러를 받는 판촉 매니저로 취직했다. PDC는 누드 핀업 사진들을 싣는 싸구려 누드 잡지라고 할 만한 책들을 출판했지만 PDC 는 '예술' 혹은 '자연주의' 간행물이라는 그럴듯한 가면으로 외설 비난을 피하고 있었다. PDC에서 일하는 동안 휴는 잡지 발행인이 되리라는 목표를 구체화하기 시작했다. 꿈을 현실로 이루기 위해 에스콰이어에서 함께 일하던 동료 두 명에게 연락을 취해 함께 '펄스Pulse'라고 이름 붙인 누드 잡지 기획안을 짰다. 그러나 펄스를 창간할 자금을 끌어오지 못해 결국 이 새로운 사업 계획은 열매를 맺지도 못한 채 시들었다. 이즈음 휴 헤프너의 인생은 밑바닥을 친 듯 보였다.

헤프너가 그의 꿈을 쫓느라 몸부림치는 동안 부인 밀리는 점점 줄어만 가는 가정 재정에 조금이라도 보태고자 힘겹게 교사직을 이어가고 있었다. 1952년 밀리는 딸 크리스티 앤 헤프너를 낳았다. 아버지가 되어 기뻤지만 헤프너는 여전히 세련된 누드 잡지를 출판하겠다는 꿈을 이룰 방법을 찾아다녔다. 헤프너는 그때(1953년)의 마음을 이렇게 적었다.

"도시의 유쾌하고 세련된 남성들을 위한 엔터테인먼트 잡지를 만들
고 싶다. 처음에는 나체 사진들이 판매를 보장해 주겠지만 결국 잡
지의 품질을 높여야 한다."

| 꿈의 발사 |

1953년 헤프너는 〈어린이 활동Children's Activity〉이라는 잡지의 발행
부장으로 일하고 있었다. 업무가 끝나면 헤프너와 그의 오랜 친구
엘던 셀러스는 잡지에 대한 이야기를 나누곤 했다. 헤프너가 마음속
에 그리던 잡지의 대략적인 레이아웃을 만들었는데 제목은 '스태그
파티Stag Party'로 짓자고 계획했다.

그러나 헤프너는 여전히 가진 돈이 없었고 담보로 내놓을 물건도
전혀 없었기 때문에 새로 산 가구를 저당 잡혀 4백 달러를 대출 받아
야 했다. 1953년 여름, 레이크 쇼어Lake Shore 은행이 그에게 2백 달러
를 빌려주었고, 헤프너는 보수적인 그의 부모에게 천 달러를 투자해
달라고 설득했다. 동생 키이스가 5백 달러를 투자했고 친구 엘던 셀
러스가 2천 달러 어치의 주식을 샀다. 이렇게 마련한 돈도 스태그 파
티의 창간호를 발행하기에는 부족했다.

비록 자금은 부족했지만 1953년 7월 헤프너와 밀리 그리고 엘튼
은 HMH출판사법인을 설립했다. 헤프너와 셀러스의 친구들, 친척들
이 HMH의 주식을 사면서 스태그 파티의 창간호를 발행할 수 있는
충분한 돈이 모아졌다. 대략 1만 달러가 되었는데 이는 헤프너가 성

공을 장담하며 끌어 모은 돈이었다. 만약 창간호가 실패한다면 헤프너는 완전히 파산하여 영원히 재기불가능하게 될지도 몰랐다.

돈이 손에 쥐어지자 헤프너는 새로운 잡지에 있어 가장 중요한, 사람들의 눈을 사로잡을 무언가를 찾기 시작했다. 잡지에서 사람들의 눈을 사로잡는 것은 표지 기사와 사진이었다. 이를 찾는 동안 헤프너는 마릴린 먼로가 스타가 되기 전 찍은 누드 사진 달력의 저작권을 가지고 있는 시카고의 한 회사를 알게 되었다. 사진 중 일부는 한 번도 공개되지 않은 것이었다. 헤프너는 새로이 탄생할 잡지를 위해 사진을 사들이기로 결심하고 5백 달러에 흥정하여 저작권을 살 수 있었다. 표지 삽화 작업, 취재, 인쇄, 배송과 급료 등도 해결해야 했던 상황에서 5백 달러는 어마어마한 액수였고 다른 일들은 어떻게 해결해야 할 지 막막하기만 했다. 그러나 가장 큰 위험은 1953년 9월 11일 아내가 둘째 데이빗을 임신하고 딸 크리스티와 함께 집에서 그의 수입에만 의존해야 하는 상황에서 헤프너가 〈어린이 활동〉 잡지 일을 그만둔 것이었다.

스태그 파티의 창간을 11시간 앞두고 헤프너는 〈스태그_Stag_〉라는 사냥 관련 잡지사로부터 법적 통보를 받았다. 헤프너가 새로 창간하려는 누드 잡지의 제목 '스태그 파티' 가 시장 혼란을 일으킬 수 있으므로 제목에 반대한다는 내용이었다. 마감이 얼마 남지 않은 상황에서 난상토론이 벌어졌고 엘튼 셀러스가 '플레이보이' 라는 제목을 제안했다. 새 제목은 즉시 받아들여졌다.

1953년 10월 〈플레이보이〉 창간호가 발행된 후 일어난 일련의 사건들은 출판 역사에 있어 두고두고 회자되는 성공 신화가 되었다.

처음 가판에 진열될 때부터 이 잡지가 대성공을 거두리라는 것은 자명해 보였다. 헤프너는 3만 부를 팔아야 손익분기를 넘을 것이라고 계산했다. 그러나 창간호는 53,991부가 팔렸다.

헤프너는 〈플레이보이〉가 실패작이 될지도 모른다고 생각하고 손해를 보지 않기 위해 어느 정도의 안전장치를 마련해 두었다. 첫호는 10월에 발행되었지만 발행 날짜를 정하지 않기로 결정했고, 창간호가 참담한 실패작이 될 경우를 대비해 발행인란에도 자신의 이름을 넣지 않았다. 다행히 창간호의 성공으로 그러한 우려는 말끔히 씻을 수 있었다. 1956년 1월 〈플레이보이〉의 발행부수는 50만 부에 이르렀고 1959년에는 〈에스콰이어〉를 뛰어넘어 백만 부에 이르렀다.

놀라운 것은 1953년까지만 해도 미국 남성 중 누구도 대중매체를 통해 컬러로 된 여성 누드 사진을 본 적이 없다는 사실이었다. 헤프너의 사명은 이를 원하는 남성이라면 누구나 수치심이나 거리낌없이 자신의 성적 흥미를 만족시킬 수 있도록 해주는 것이었다. 헤프너는 〈룩Look〉지에서 이렇게 말한 바 있다.

"내 잡지의 나체 여성들은 반항의 상징이자 성의 승리가 되었다. 플레이보이를 발행하는 것은 자유의 깃발을 흔들고 독재 국가 아래 저항의 목소리를 높이는 것과도 같다."

비아그라가 나오기 전인 이 시절, 헤프너는 (그의 표현에 의하면) "미국 남성들에게 약간의 웃음을 선사하고, 이 원자력 시대에 격정과 염려로부터 약간의 기분 전환을 주고 싶었다. '성공한다면' 우리의 존재 이유는 정당해지는 것이다." 전기 작가 러셀 밀러는 이를 다음과 같이 표현했다.

"플레이보이는 새로운 '멋진 인생'을 향한 안내서로 환영받았다. 플레이보이는 독자들에게 무엇을 입을지, 어떤 음식을 먹을 때 어떤 와인을 마실지, 어떤 음악을 들을지, 어떤 영화를 볼지 알려주었다. 무심코 넥타이를 잘못 매고, 칵테일을 잘못 만들지 않을까 걱정하는 독자들을 신뢰감 있는 어조로 안심시켜 주었다. 특히 플레이보이는 섹스를 죄의식 없는 건강하고 즐거운 활동으로 지지했다."

| 환상의 꽃, 플레이메이트 |

〈플레이보이〉 한가운데 들어가는 대형 전신 누드 사진은 '이 달의 플레이메이트'로 알려지게 되었다. 플레이메이트는 잡지의 중심이 되었고 젊은 남성 독자들의 환상에 불을 질렀다. 편집자들은 플레이메이트의 일상적 습관, 좋아하는 음식이나 싫어하는 음식, 스포츠, 영화, 이상형 등을 묘사하면서 '이웃집 소녀' 같은 이미지를 만들어 냈다.

플레이보이와 같은 성공적인 벤처 사업에서 볼 수 있듯 그의 사업은 처음 계획을 훨씬 뛰어넘을 정도로 성장했다. 헤프너는 지적인 기사와 세련된 삽화로 가득한 멋진 고급 잡지를 발행하기를 원했다. 그러나 〈플레이보이〉는 사회적 관습이 변화의 경계에 있던 시기에 발행되었다. 그때 엘비스 프레슬리가 독특한 방식으로 흑인 음악에 백인의 감성을 첨가하여 음악을 변화시켰다. 샌프란시스코 지역에서는 문학 분야에서 실존주의적 비트 운동이 유행했고 미국 전역에서 상영된 영화 「블랙보드 정글Blackboard Jungle」에서는 최초로 대중적 인기를 끈 로큰롤 음악인 빌 헤일리의 '락 어라운드 더 클락'이 흘러나왔다. 이른바 변화의 시대였고 〈플레이보이〉 또한 그 파도를 타고 있었다. HMH출판사는 여러 종류의 새로운 사업 계획을 통해 플레이보이의 기본 철학을 알릴 수 있는 다양한 새로운 사업들을 내놓기 시작했다.

| 플레이보이의 펜트하우스 |

이러한 자유롭고 낙관적인 상황 아래 휴 헤프너는 또 다른 잡지 〈트럼프Trump〉의 발행을 계획했다. 〈트럼프〉는 당시 엄청난 인기를 끌던 〈매드Mad〉와 유사하게 만든 컬러 만화 잡지였지만 스타일이나 세련미에 있어 〈매드〉를 뛰어넘을 것이라고 생각했다. 그러나 1957년 1월 〈트럼프〉의 창간호가 발행되었지만 크게 인기를 얻지는 못했다. 그리고 두 번째 호의 발행이 계속 연기되더니 결국 상당한 재정적 손실만 남기고 사라졌다.

1957년에는 그의 가정 상황도 우울해졌다. 1957년 여름 휴 헤프너는 그의 일기에 밀리와의 결혼생활이 그들이 떨어져 있던 시간으로 인해 상처를 입었다고 적었고, 별거를 시작한 후 결국 1959년 4월 이혼을 했다. 이제 이혼남에 성적으로 거리낄 것이 없는 휴 헤프너는 플레이보이 제국을 확장시킬 또 다른 사업을 구상했다.

두 명의 텔레비전 제작자의 제안으로 헤프너는 '플레이보이의 펜

트하우스Playboy's Penthouse' 라는 프로그램을 만들어 플레이보이 라이프
스타일을 TV에 방송하기로 결정한 것이다. 플레이보이 저택에서 수
많은 미녀들과 연예인들이 고품격의 멋진 인생을 즐기는 파티를 생
방송으로 내보내자는 생각이었다. 휴 헤프너는 파티의 주인공으로
아름답고 애교가 넘치는 젊은 여성들에게 둘러싸인 쾌활한 청년으
로 그려졌다.

이 프로그램은 평범하고 지루한 사교 생활을 하는 젊고 건강한 남
성들이 속박에서 벗어난 성적 자유와 무한한 환락을 부러워하며 흥
미를 가질 수 있도록 구상되었다. 1959년 10월 24일 '플레이보이의
펜트하우스'는 엘라 피츠제럴드와 냇 킹 콜과 같은 유명 연예인을
등장시키며 흑백 텔레비전으로 첫 방송을 탔다. 26주 간 방송 되었
지만 결과는 실패로 돌아왔다.

'플레이보이의 펜트하우스'가 TV 엔터테인먼트로 플레이보이 라
이프스타일을 보여주는 동안 헤프너와 그의 친구 빅터 로운즈 3세는
'플레이보이의 펜트하우스'의 실제 나이트클럽 버전을 구상하고 있
었다. 넘쳐나는 성욕을 주체 못하는 젊은 남자들이 '플레이보이의
펜트하우스'를 통해 호화로운 저택 속 미남 미녀들의 파티를 보며
대리만족할 수 있게 해주었다면, 새로운 플레이보이 클럽은 남성들
이 최고급 나이트클럽에 들어올 수 있는 멤버십을 구입하게 하여
'열쇠 소유 권리'를 가진 특별 회원들에게는 세련된 분위기를 제공
하는 클럽이었다. 이 클럽을 설립하면 〈플레이보이〉의 홍보 기회도
늘어나고 반대로 〈플레이보이〉는 이 클럽을 홍보할 수 있었다. 1959
년 말 '플레이보이 클럽 인터내셔널Playboy Club International'이 법인 회사

로 출발했다. 이후 설립되게 될 많은 클럽 중에서도 시카고의 클럽은 다른 클럽의 모형이었다.

| 플레이보이 바니의 탄생 |

플레이보이 클럽의 이미지에 관능적 감각을 더하기 위해 헤프너와 로운즈는 소위 '바니 의상'을 입은 아름다운 칵테일 웨이트리스를 직접 뽑자는 생각을 하기에 이르렀다. 토끼는 성과 번식의 상징으로 플레이보이의 로고로 채택되었기 때문에 웨이트리스들의 의상은 이러한 특징을 잘 살릴 수 있었다. 이 매혹적인 유니폼은 가슴이 깊숙이 파진 상의에 허벅지 위가 드러나는 꼭 맞는 하의로 되어 있다. 나비넥타이 깃과 소매는 바니가 단순한 토끼가 아님을 나타내는 품위를 상징하는 것이었다. 바니 의상의 마무리는 웨이트리스들의 머리 위에 쓰는 토끼 귀와 엉덩이 위 복슬거리는 작은 털뭉치, 바로 그 유명한 '바니 테일'이다.

플레이보니 바니는 결과적으로 남성의 성적 해방의 궁극적 상징이 되었고 이론의 여지없이 세계에서 가장 널리 알려진 로고 중 하나가 되었다. 이는 헤프너의 확고한 비전이었으며 종교계, 의회 도덕주의자 그리고 헤프너의 높은 이상을 따라오지 못하는 다른 경쟁 누드 잡지사들의 무자비한 공격에도 헤프너의 제국이 번창한 이유이다(토끼 로고가 그려진 플레이보이 사 전용기는 시카고 오헤어O' Hare 공항에 자주 드나든다).

1960년 1월 플레이보이 클럽 인터내셔널은 플레이보이 바니들을 모집하기 시작했다. 오디션이 진행되었고 합격한 지원자들은 바니로서 합당한 행동 양식을 배우기 위해 혹독한 훈련을 받았다. 엄격한 바니 행동 강령은 42쪽에 달하는 지침서로 되어 있는데 그중에는 "바니들이 가진 것 중 가장 자랑스러운 부분은 바니 테일이라는 사실을 반드시 기억할 것. 꼬리는 항상 희고 복슬거리도록 유지해야 한다"와 같은 조항도 있다. 바니들은 근무시간 외에 단골 고객과 사적으로 만나는 것이 금지되어 있었는데 이는 바니들의 품위를 유지하고, 매춘 가능성을 차단하기 위해서였다. 첫 플레이보이 클럽은 1960년 2월 29일에 문을 열었고 1961년 즈음 회원('키홀더스'라고 불림)은 106,000명에 이르렀다.

플레이보이 사업이 너무나 성공적인 데다 휴 헤프너는 거기에 완전히 빠져들어 그 스스로가 환상이 되어버렸다. 1959년 말 플레이보이는 시카고 시내에 있는 37만 달러에 달하는 우아한 저택을 사들였다. 추가로 3백만 달러를 들여 리모델링을 한 후 '플레이보이 저택'이라는 호화로운 궁전으로 탈바꿈시켰다. 저택에서 열리는 파티는 밤새도록 끊이지 않았고 휴 헤프너는 항상 한 명 이상의 미녀와 동반하는 파티의 주인공이었다. 34살의 헤프너는 그렇게 그가 꿈꾸던 인생을 살았고 그의 매혹적 환상의 세계는 끝이 없어 보였다. 한 전기 작가는 이렇게 말했다.

"1960년대 내내 헤프너는 플레이보이 저택에서 창문과 커튼을 모두 내리고, 밤낮도 잊고 계절이 바뀌는 것도 잊은 채 틀어박혀 지냈다. 때로 그는 몇 달 동안 햇빛을 보지 않고 지내기도 했다."

| 음모(陰毛) 전쟁 |

1960년대 말이 되면서 치열한 누드 잡지 시장의 경쟁이 위협적으로 다가왔다. 유럽에서 발행되던 〈플레이보이〉 모방 잡지인 〈펜트하우스Penthouse〉가 1969년 9월 미국으로의 시장 확대를 선언했다. 〈펜트하우스〉의 여성 나체 묘사는 〈플레이보이〉보다 대담했다. 영국 잡지였던 〈펜트하우스〉는 나체에 대해 미국인들보다 좀더 개방적인 유럽의 분위기를 타 미국 누드 잡지계에서는 그 당시까지만 해도 금기시 되어 왔던 음모를 고스란히 드러냈다. 시장점유율을 유지하기 위해 〈플레이보이〉는 외설죄로 고발당하는 위험을 무릅쓰고 〈펜트하우스〉의 뒤를 쫓았다. 이로 인해 헤프너가 장난스럽게 말하는 소위 '음모 전쟁Pubic War'이 시작된 것이다(고대 그리스의 포에니 전쟁 Punic War을 가지고 한 말장난이다).

많은 출판사들이 음모 전쟁에 뛰어드는 동안 누드 사진들은 더욱 유혹적으로 바뀌었고 더 많이 드러냈다. 〈허슬러Hustler〉라는 잡지가 등장하면서 산부인과 의사의 위치에서 여성을 바라본 듯한 노골적인 음란 사진들이 잡지를 뒤덮기 시작했다. 결국 〈플레이보이〉는 본래의 이상에서 멀어지고 있음을 깨닫고, 진흙탕 속 싸움은 다른 경쟁자들에게 맡기고 이전의 도도한 위치로 돌아갔다.

| 기울어가는 제국 |

1971년 플레이보이 엔터프라이즈는 뉴저지에 그레이트 고쥐Great Gorge 라는 호화 리조트 호텔을 짓고 있었다. 건설 비용은 이미 예상을 훌쩍 뛰어넘어 회사 전체 자금 흐름에 문제가 생겼다. 어쩔 수 없이 헤프너는 주식 모집을 통해 현금을 조달하기로 결정했다. 플레이보이 엔터프라이즈는 1971년 11월 3일 기업공개를 하면서 23.50달러에 주식상장을 했다. 헤프너의 회사 소유권은 80%에서 71.1%로 떨어졌으며 헤프너의 개인 순자산은 약1억5천7백만 달러에 달했다.

처음 20년간 〈플레이보이〉의 발행부수는 꾸준히 증가했다. 1974년 1월, 20주년 기념호가 나올 즈음 매달 발행부수는 최고 발행부수였던 7백만 부에 조금 못 미치는 6백만 부였다. 또한 전 세계에 걸쳐 23개의 플레이보이 클럽이 변화하는 세계에 플레이보이 철학을 전파하고 있었다. 청년들은 베트남 전쟁과 냉전으로 점철된 세계를 잊을 수 있는 환상의 탈출구가 필요했고 70년대 초, 헤프너는 청년들에게 세련된 모던 재즈와 함께 풍만한 가슴과 복슬거리는 꼬리를 단 바니를 선사했다.

그러나 1974년 9월이 되자 플레이보이 제국이 쇠퇴의 길로 접어들고 있음이 분명한 징후들이 나타났다. 1974년 연차보고는 전년 대비 이윤이 48% 감소했다고 밝혔다. 플레이보이 주식의 주가는 초기 23.50달러에서 2.87달러로 추락했다. 음모 전쟁의 대가였다. 그리고 주식상장으로 헤프너는 이사회로부터 책임 추궁을 당해야 했으며 그의 결정권은 더욱 제한되었다. 휴 헤프너는 20년 전 그가 세운 플레이보이 엔터프라이즈의 권리를 잃는 듯했다.

| 돌파구를 위한 재조정 |

1976년 10월 헤프너는 플레이보이의 계속되는 적자를 막기 위한 조치를 행동에 옮겼고 데릭 대니얼스를 플레이보이 엔터프라이즈의 사장 및 최고운영책임자로 고용했다. 대니얼즈는 즉시 쓸모 없는 비용을 줄였다. 1977년 말 대니얼즈는 임금을 10% 줄였고 플레이보이 레코드 사업을 매각했으며 플레이보이 영화관과 8개 플레이보이 클럽의 문을 닫았다. 또한 헤프너의 딸 크리스티를 플레이보이 엔터프라이즈의 부사장으로 임명했다. 크리스티는 1974년 브랜디스 대학을 최우등으로 졸업하고 대학 성적 우수자 모임인 파이 베타 카파Phi Beta Kappa에 선출된 바 있었다. 헤프너는 대니얼즈에게 딸을 미래 플레이보이 사의 CEO로 훈련시킬 것을 부탁했다.

대니얼즈의 경비 절감 조치는 런던의 플레이보이 카지노 호텔의 상당한 소득과 함께 손익을 어느 정도 회복시켰다. 70년대 말이 되자 플레이보이는 잡지 발행보다는 호텔 카지노 사업에 어마어마한 이윤 극대화의 가능성이 숨어있다는 것을 인식했다(이즈음 도널드 트럼프도 카지노의 높은 수익성을 인식하고 있었다. 9장 참조). 1979년 3월, 도박 면허를 통해 벌어들일 수익을 기대하며 플레이보이 엔터프라이즈는 1억 3500만 달러를 투자해 애틀랜틱에 호텔 카지노를 건설하기 시작했다. 그러나 이즈음 도박법 위반 혐의로 런던의 플레이보이 도박 면허는 갱신에 어려움을 겪고 있었다. 설상가상으로 고위 간부들 사이에 권력다툼이 벌어져 플레이보이는 외부 문제에 제대로 대처할 수 없었다. 결국 1981년 10월 5일 영국 내 도박 면허를 잃었고 플레이보이의 주식은 8.48달러에서 5.75달러로 추락했다. 그 다음달 플레이보이 엔터프라이즈는 영국 도박 운영권을 2480만 달러에 매각했다(당시 수익의 3분의 2에도 못 미치는 금액이다).

영국 도박 면허 손실의 가장 호된 결과는 아마도 애틀랜틱의 도박 면허 신청에 미친 영향일 것이다. 그전까지만 해도 면허 발행은 단순한 형식적 절차였지만 이제는 새로운 시각에서 재검토되었다. 1982년 4월 7일 애틀랜틱의 카지노관리위원회는 판결을 내렸다. 플레이보이 도박 면허는 플레이보이 엔터프라이즈가 휴 헤프너의 지휘 아래 있지 않는 조건 하에서만 허가될 수 있다는 것이었다. 이러한 최후통첩을 접한 플레이보이는 이를 받아들이지 않았고, 결국 애틀랜틱 도박 면허는 거부되어 플레이보이 사는 가장 높은 수익을 올릴 수 있었던 사업에서 제외되었다. 이는 플레이보이 제국 역사의 최악의 시기로 남았다.

| 플레이보이 제국의 새로운 시대 |

1982년 4월, 크리스티 헤프너는 29살의 나이로 플레이보이 엔터프라이즈의 사장이 되었다. 크리스티는 취임하자마자 간부급의 대규모 정리해고를 포함한 대대적인 비용 절감 조치를 실시했다. 위협적 상황에 처한 직원들은 이때를 '공포 정치 시대'라고 불렀다. 이러한 극단적인 조치에도 불구하고 플레이보이 엔터프라이즈는 1983 회계연도에 1,750만 달러의 적자를 냈다.

이후 크리스티의 지휘 아래 플레이보이 엔터프라이즈는 이윤이 저조한 사업들을 차례차례 처분했고, 마지막 플레이보이 클럽은 1991년 문을 닫았다. 2002년에는 〈플레이보이〉와 '플레이보이 채널'(1982년에 개국한 유료 채널)만이 이윤 창출 상품으로 남았다. 다행히 〈플레이보이〉의 발행부수는 4백만 부를 꾸준히 유지했다. 현재 플레이보이 채널 프로그램은 점차 성적 개방을 용인하는 사회 분위기에 따라 과감한 성적 표현을 하고 있다. 결과적으로 플레이보이 채널이 수익성 있는 사업으로 남은 것이다.

크리스티가 플레이보이 엔터프라이즈의 경영에 뛰어든 7년 후 휴 헤프너는 다시 한 번 가정을 꾸리기로 결심했다. 1989년 헤프너는 젊고 아름다운 킴 콘라드와 재혼했다. 결혼생활은 9년 동안 이어졌고 이혼으로 마감했다. 휴는 플레이보이 저택을 다시 열고 예전의 플레이보이 생활로 돌아갔다.

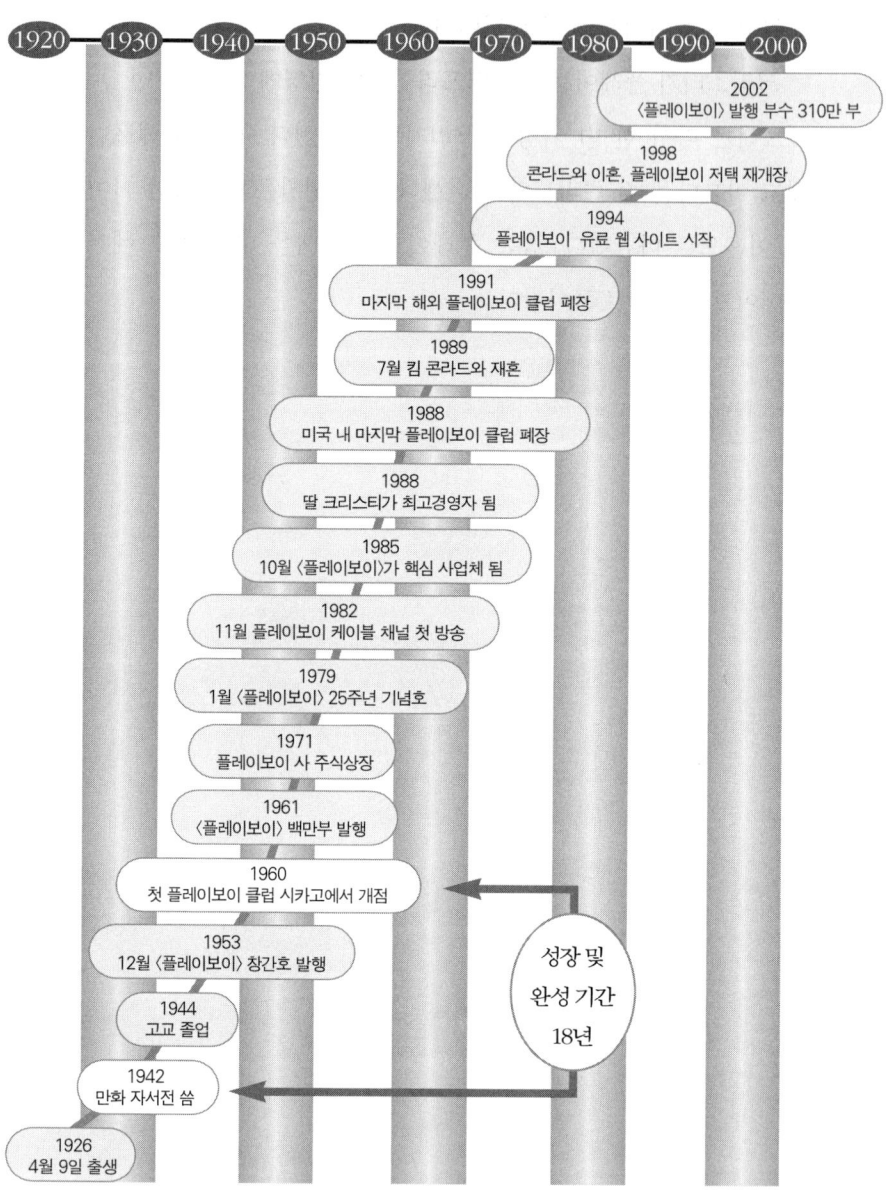

| 휴 헤프너의 연대기 |

1920　1930　1940　1950　1960　1970　1980　1990　2000

2002
〈플레이보이〉 발행 부수 310만 부

1998
콘라드와 이혼, 플레이보이 저택 재개장

1994
플레이보이 유료 웹 사이트 시작

1991
마지막 해외 플레이보이 클럽 폐장

1989
7월 킴 콘라드와 재혼

1988
미국 내 마지막 플레이보이 클럽 폐장

1988
딸 크리스티가 최고경영자 됨

1985
10월 〈플레이보이〉가 핵심 사업체 됨

1982
11월 플레이보이 케이블 채널 첫 방송

1979
1월 〈플레이보이〉 25주년 기념호

1971
플레이보이 사 주식상장

1961
〈플레이보이〉 백만부 발행

1960
첫 플레이보이 클럽 시카고에서 개점

1953
12월 〈플레이보이〉 창간호 발행

1944
고교 졸업

1942
만화 자서전 씀

1926
4월 9일 출생

성장 및
완성 기간
18년

성격 분석

| 커뮤니케이션 스타일 : 이미지 투영 |

헤프너의 세계는 성욕으로 충만한 젊은 남성들을 위한 호화로운 생활을 모델로 했다. 모던 재즈, 스포츠 카, 섹시한 여성 등. 이러한 이미지를 나타내는 것이라면 무엇이든 현실이 되었다. (동부와 서부에 있는) 플레이보이 저택은 〈플레이보이〉에 실린 호화로운 유명 연예인들의 외설스러운 파티 기사를 읽는 수백만 남성들의 환상을 충족시키는 타락의 소굴이었다. 이들 저택은 퇴폐의 상징이 되었고 "재미 볼 생각이 아니라면 들어오지 마라"라는 뜻으로 저택 입구에 새겨진 *"Si Non Oscillas Noli Tintinnare"*라는 라틴어 문구가 이를 잘 증명해준다.

헤프너의 물건들은 모두 그가 세상에 보여주고 싶어 하는 이미지를 더욱 널리 전파하는 데 목적이 있다. 시카고 저택에 있는 원형 침대야말로 그러한 상징성을 노골적으로 드러낸다. 이 침대는 헤프너의 쾌락의 궁전 한가운데 자리 잡고 있다. 침대 머리쪽에는 중앙 컨트롤 리모컨이 있는데 이를 통해 침대를 진동시키거나 360도 회전하고, 난롯가, 스테레오 시스템, 텔레비전, 전화, 음료 바 등 원하는 곳 어디서든 멈출 수 있다. 이러한 상상력을 통해 헤프너는 어린 시절 금지되었던 어떤 것이든 될 수 있었다. 많은 사람들이 헤프너를 사춘기에서 멈춰버린 남자로 보기도 한다.

이미지는 헤프너가 전하고자 하는 환상에서 너무나 중요하기 때문에 수백만 달러 가치의 입냄새 제거제, 무좀약, 여드름 약, 발모제 광고를 거절했다. 이러한 제품들은 진짜 플레이보이들이 사용하기에는 부적절한 제품들이기 때문이었다. 헤프너는 또한 여자들을 유혹하는 매력으로 자신만의 세련된 카리스마를 발산하고자 했다. 헤프너가 아름다운 바비 벤튼을 만났을 때 그는 43살이었고 그녀는 18살에 UCLA 신입생이었다. 헤프너는 바비 벤튼에게 함께 저녁을 먹을 생각이 있는지 물었고 그녀는 차분히 대답했다.

"전 스물 넷을 넘은 사람과는 만난 적이 없어요."

이 말을 듣자 헤프너는 즉시 멋쩍게 웃으며 "나도 그렇소"라고 말했다.

| 직관적인 스타일 |

휴 헤프너는 본능에 충실했고 그 본능에 따라 플레이보이 사업에 대한 많은 결정을 내렸다. 초기 〈플레이보이〉 편집자 리 거티브는 "실현 가능한지에 대한 조사를 한 적은 한 번도 없었고 무조건 끌리는 대로 사업을 추진하는 회사였다"고 말한다. 휴 헤프너는 수백만 젊은 남자들이, 성적 환상을 자극하고 성에 대한 지적이고 정확한 기사를 제공해 주는 잡지를 원한다는 것을 감지했다. 킨제이 보고서를 통해 헤프너는 여성도 성에 흥미를 가지고 있고, 간통과 혼전 성관계가 우리가 알고 있는 것보다 훨씬 더 일반적이라는 사실도 알았다.

| 위험성에 대한 성향 |

휴 헤프너가 위험도 불사하는 성향이 높다는 사실은 그가 플레이보이를 찾기 위해 육체와 영혼 모두를 걸었다는 사실에서 알 수 있다.

〈어린이 활동〉 잡지사의 안정적 직장을 포기하려 할 때 총지배인은 그에게 경고했다. "실패한다면 당신은 신발끈 하나 남아 있지 않을 거야!" 이런 경고를 들었음에도 헤프너는 안정된 직장을 버리고 그의 길을 개척해 갔다. 초기 몇 번의 실패를 경험하고 그의 부인 밀리가 교사직을 통해 생계를 이어가는 와중에도 그는 집요하게 그의 모든 것을 걸며 앞으로 나갔다.

| 격렬한 성격 |

헤프너의 첫 번째 부인 밀리는 헤프너를 "집착의 화신"이라고 부른다. 헤프너는 플레이보이 서적부 던 마이러스에게 소설책 분량에 가까운 38,000장의 메모를 쓰기도 했다. 헤프너에게는 어떤 세부 사항도 하찮은 것이 없었고 아주 사소한 차이점을 완벽하게 고치는 데 들어가는 어떤 시간도 아깝지 않았다. 완벽하게 만들기 위해서는 마감시간도 중요한 것이 아니었다.

한 번은 단 한 장의 사진을 고르기 위해 사진가 드와이트 후커가 찍은 '이 달의 플레이메이트' 브로마이드 사진 5백 장을 버리기도 했다. 또 한 번은 새로운 잡지를 레이아웃하면서 오랜 경력의 노련한 전문가였던 직원에게 '철자, 구두점, 콤마'의 미묘한 차이점에 대해 16쪽에 달하는 메모를 전하기도 했다.

헤프너의 강박적 성격은 특히 그의 무차별적 성행위에서도 드러난다. 이 쾌락의 왕자는 뒤늦게 시작한 자신의 성생활을 보상받으려는 듯 하루에도 몇 시간 동안 유혹의 기술에 몰두하며 시간을 보내는가 하면 몇 달 동안은 잠옷만 입고 생활하기도 했다. 70대인 오늘날에도 18살쯤 된 여자들을 끼고 남 프랑스를 활보하는 그를 만날 수 있다.

강박증 성향을 지닌 사람들의 대부분이 그렇듯 헤프너는 일중독자이다. 〈플레이보이〉 창간호가 성공을 거두자마자 헤프너는 즉시 그 다음 호 제작에 들어갔다. 그즈음 그의 결혼 생활은 회복 불가능할 정도로 황폐해졌다. 전기 작가 러셀 밀러는 다음과 같이 말했다.

"쉬지도 않고 일에만 몰두했던 헤프너는 사무실에 놓을 침대를 샀고 곧 사무실에서 밤을 지새웠다. 처음에 헤프너는 주말만이라도 가정으로 돌아가려고 애썼지만 그에게는 아내인 밀리도, 결혼 생활도 잡지만큼 흥미롭지 못했고 주말에 집으로 가는 횟수도 점차 줄어들었다."

헤프너는 매일 펩시콜라를 한 박스씩 마시며 기운을 유지했다. 나중에는 펩시에 각성제를 첨가하여 마셨다. 헤프너는 "나는 강박증에 사로잡혔고 플레이보이 사무실을 떠나는 일이 거의 없었다. 한 번 들어가면 몇 주씩 나오지 않는 때도 있었다"라고 했다. 한 전기 작가는 다음과 같이 쓰고 있다.

"그는 사무실에 갈아입을 옷을 두었고, 식사도 사무실에서 먹었고, 여자도 사무실로 들였으며 플레이보이 전설도 사무실에서 만들어 냈다."

헤프너는 깨어 있을 때는 정신이 없을 정도로 깨어 있었고 침체되어 있을 때는 땅으로 꺼져 들어가도록 침체되었다. 일중독자인 그는 밤새도록 깨어 있는 날이 많았고 플레이보이 저택으로 옮긴 후에는 오후 네 시가 되기 전에 사무실에 나타나는 일이 드물었다.

| 자아상 |

휴 헤프너는 자신을 구세주적 사명을 띠고 나타난 천재라고 본다. 그의 목적은 자신의 철학을 세상과 나누는 것이었다. 대신 학문적 시야는 좁았기 때문에 자신이 지닌 대부분의 철학적 아이디어가 전 세기에 이미 누군가에 의해 언급된 적이 있다는 사실은 잘 알지 못했다. 플레이보이 채널의 TV 쇼 '한밤의 플레이보이Playboy after Dark'에서 진행된 〈타임〉과의 인터뷰에서 헤프너는 자신의 재능에 대해 다소 자화자찬적이고 과장된 말투로 이렇게 말했다.

> "우리 쇼는 쟈니 카슨 쇼보다도 훨씬 낫고, 나는 에드 설리반보다도
> 진행을 잘 한다."

| 헤프너의 완벽주의와 개인적인 모순 |

헤프너는 모순으로 가득하다. 수영을 못하지만 그의 저택에는 근사한 수영장이 꾸며져 있다. 사교적 인사이지만 은둔을 좋아하고, 못 말리는 공상가이지만 모든 면에서 완벽을 추구하는 강박적 완벽주의자이다. 이러한 모순적 인격으로 그는 아동 잡지에서 일하는 동시에 시대의 성적 고정관념에 도전하는 잡지 〈플레이보이〉를 만들어낸

것이다. 인간 본성에 대한 열정과 대중이 어떤 것에 반응하는지에 대한 깊은 통찰을 가진 남자였지만 인재를 고르는데 있어서는 너무나 형편없는 결정을 내려 플레이보이 엔터프라이즈에는 쓸모 없고 무능력한 고위 간부들이 가득했다. 능력 있는 간부들은 때로 의심받거나 조롱당했고 통찰력이 부족한 측근들은 신뢰받으며 승진하기도 했다.

플레이보이 간부들은 헤프너를 "병적인 완벽주의자"라고도 하고 "세부사항 체크광"이라고도 하지만 헤프너는 자신이 중요하다고 생각하는 부분에만 시간을 쏟을 뿐이었고 중요한 재정적 문제는 다른 이들에게 맡겼다. 헤프너는 편집자에게 보내는 편지를 쓰느라 밤을 새기도 했지만 어떤 때는 거의 2년 가까이 사무실에 발도 들이지 않았다.

헤프너는 자신이 원대한 철학적 혜안을 가지고 있다고 믿었지만 다른 이들의 생각을 읽는 일은 거의 없었다. 전기 작가의 말을 빌려 보면 다음과 같다.

"철학자의 입장에서 봤을 때 헤프너의 관점은 혁명적이라고 보기 힘들고 특별히 독창적인 것도 아니다(철학자 존 스튜어트 밀John Stuart Mill은 백 년 전에 그의 저서 〈자유에 관하여On Liberty〉에서 그와 같은 생각을 말한 바 있다). 그러나 헤프너는 마치 이전에 알려지지 않은 놀라운 진실을 우연히 찾았다는 듯 감동적이리만치 자신 있는 어조로 내세웠다."

업적과 명예

| 위대한 성공 |

표현의 자유를 향한 문을 열고 '음모 전쟁'의 시작을 이끈 것 외에도 플레이보이는 꿈이 현실이 될 수 있다는 것을 보여주었다. 플레이보이 제국은 현재 웹, 음악, 출판, 텔레비전과 비디오 판매, 대여를 포함한 광범위한 엔터프라이즈이다. DVD 제작과 판매의 국제적 멀티미디어 운영, 플레이보이 온라인, 플레이보이 닷컴, 플레이보이 사이버 클럽, 사이버스파이스, 평론가 선택 비디오, 수집가 선택 음악 등도 함께 운영한다. 또한 〈플레이보이〉잡지의 소비제품들이 사용하는 플레이보이 로고 상표권과 스파이스 카탈로그, 네트워크를 통해서도 수입을 올리고 있다. 플레이보이 엔터프라이즈는 매년 4억 달러의 매출을 올리고 있으며 헤프너는 여전히 71%라는 상당한 지분을 가지고 있다.

헤프너를 신랄하게 비난하는 비판론자들도 〈플레이보이〉가 많은 단점들을 뛰어넘는 특질을 가지고 있다는 것을 인정한다. 전기 작가 러셀 밀러는 "플레이보이가 미국 저널리즘에게 준 가장 중요한 공헌은 플레이보이 인터뷰"라고 말한다. 세련된 글로 작성된 이 인터뷰의 유명인사로는 마틴 루터 킹, 버틀랜드 러셀, 아인 랜드, 쟝 폴 사르트르, 피델 카스트로, 알버트 슈바이처와 지미 카터 대통령이 있다. 유명한 기업가들과의 인터뷰로는 소니 회장 모리타 아키오 (1982), 도널드 트럼프(1990), 빌 게이츠(1991)와 테드 터너가 있다.

〈플레이보이〉는 오랜 세월 미국에서 가장 널리 읽히는 남성 잡지였다. 유일한 잡지로 출발했지만 곧 〈펜트하우스〉, 〈허슬러〉 외에도 여러 모방지가 등장했다. 긴 시간 동안 플레이보이는 언론 자유의 지적 전달 수단이었고 플레이보이 철학은 청교도적 교리에 대한 도전으로 나타났다. 1999년, 플레이보이 엔터프라이즈가 주식회사가 된 이후, 그들은 자신들이 밟아온 롤러코스터처럼 정신 없던 지난 29년을 축하했다. 주식상장 후 헤프너는 그가 꿈에도 상상하지 못할 정도의 금전적 가치를 지니게 됐다.

헤프너는 저항의 씨앗을 뿌리고자 했고 또 그렇게 했다. 또한 그의 등장은 완벽하게 시기적절했다. 1960년대 초부터 미국은 반항의 물결 속으로 들어가고 있었다. 10년 동안 미국은 전통과의 전면전을 치렀다. 젊은이들은 더 이상 자위를 하면 장님이 된다는 식의 미신은 믿지 않았다. 많은 이들이 헤프너의 철학을 이용해 기존 질서를 깨뜨렸다. 자동차 범퍼 스티커를 통해 성의 자유, 마약과 로큰롤을 찬양했다. 구속으로부터의 자유가 헤프너의 메시지였으며 젊은이들은 이에 열광했다. 10년 전 헤프너가 그랬듯 그들은 더 이상 거짓된 인생을 살지 않으려 했다.

| 명예 |

1968년 헤프너는 잡지 편집자의 '명예의 전당'에 들어갔으며 그는 이것을 크나큰 명예로 생각하고 있다. 자유로운 성 표현의 살아있는 아이콘인 그는 쾌락주의 완성의 상징이다. 그가 창조한 '바니'는 세계에서 가장 널리 알려진 로고 중 하나이며 자유로운 성 표현의 추구를 주창한다. 1979년 헤프너는 언론자유보장에 대한 헌법 수정 제

1조항을 위한 끊임없는 노력으로 '표현의 자유상Award of Free Expressions'을 수상했다.

휴 헤프너에게서 얻는 교훈

헤프너의 성공뿐만 아니라 그의 실패를 통해서도 우리는 많은 교훈을 배울 수 있다.

| 소비자의 심리를 두드리면 열리리라 |

성욕에 불타는 남성들로 하여금 그들이 특별하고, 그들의 말 한마디에 아름다운 여성들이 그들을 둘러쌀 수 있다고 믿게 하는 것이 플레이보이가 행한 마술이었다. 이것이 〈플레이보이〉의 사진과 광고, 잠재의식을 자극하는 그림들이 다양한 방식으로 전하고자 한 메시지였다. 모든 독자들이 멋진 스포츠 자켓에 스포츠카를 타고, 이에 찬사를 보내는 멋진 여성을 팔에 낀 근사한 남성으로 자신을 상상하게 만드는 것이 목표였다. 또 플레이보이 남성은 말쑥한 정장, 금발 미녀와 번쩍이는 스포츠카로 무장한 모습이었다. 이것이 바로 헤프너가 꾸민 비현실적 이미지였고, 이를 통해 멋진 차를 몰고 다니는 쿨한 남자들에게 데이트 상대를 빼앗긴 젊은 남성들을 위로해주는 것이다.

헤프너는 주체 못하는 성욕으로 불타는 자신의 내면의 영혼을 보았고 거기에서 '플레이보이'라는 상징적 단어를 찾을 수 있었다. 그의 마술은 평범한 젊은 남성들의 뜨거운 밑바닥을 파헤치고 거기에 언어와 그림을 집어넣은 것이었다. 헤프너는 젊은 남성들의 심리를 어떻게 두드리면 되는지 알고 있었고 두드리자, 열린 것이다(6장에서는 어떻게 마사 스튜어트가 자신이 원하는 대로 여성들의 심리를 열게 됐는지에 대해 다룬다).

| 항상 초심을 잃지 않는다 |

모든 성공 신화에는 어두운 면이 존재한다. 헤프너에게 있어서는 전혀 모르는 분야에서 능력에 맞지 않는 사업을 벌이며 플레이보이를 태어나게 만든 능력의 핵심을 잊은 것이었다. 헤프너는 영화에 손을 대거나 호텔 경영자가 되려고 하지 말았어야 했고, 카지노 사업에도 발을 담그지 말았어야 했다. 플레이보이 클럽은 그의 사업 제국의 한 부분이라는데 어느 정도 납득이 가는 사업이지만 클럽을 프랜차이즈화 하거나 다른 이에게 경영을 맡겼어야 했다. 그러나 이러한 사업체들을 양도한다는 것은 지배적 성향의 헤프너에게는 있을 수 없는 일이었고 그 결과의 대가는 컸다. 그가 고유 능력을 발휘하지 못하는 사업들은 모두 처참하게 실패했다.

1973년 플레이보이 엔터프라이즈는 카지노와 〈플레이보이〉를 제외한 성장 중인 다른 모든 사업체들이 적자를 냈음에도 2,200만 달러라는 놀라운 수익을 올렸다. 헤프너가 집중하는 일이라면 엄청난 성공을 거두는 것이다. 집중을 하지 않을 경우 실패는 참담했다. 이에 대한 좋은 예가 제네바 호수 리조트 호텔과 클럽이다. 운영비용에만 천 8백만 달러가 들었고 10년 동안 14명의 지배인이 바뀌었다.

뉴저지의 그레이트 고쿼는 더욱 심각했다. 단 한 번도 수익을 낸 적이 없었고 회사 손실은 3,300만 달러에 이르렀다.

교훈은 무엇이겠는가? 자신이 잘 하는 분야에서 일하고, 자신의 핵심적 능력에 집중하는 것이다. 능력 밖의 일을 벌일 때는 그 분야 전문가를 고용하여 그들이 잘 하는 분야를 하게 하는 것이다. 헤프너가 초심을 잃었을 때 그가 치른 대가는 쓰라렸다.

| 환상을 위한 시장을 절대 과소평가하지 말 것 |

헤프너의 플레이보이의 성공은 나체 사진보다는 이미지에 있다. 많은 사람들이 이 단순한 사실을 간과한다. 〈플레이보이〉는 남성들에게 자신감을 주었고 관음적 본능도 정상적인 것이라고 말해 주었다. 비주얼보다 더 중요한 것은 야자나무 아래 누워 이국적 음료를 대접받거나 요트에 앉아 있는 남자들이 나오는 근사한 스포츠카 광고에 숨겨져 있는 대리 만족적 커뮤니케이션이었다.

휴 헤프너는 순수한 환상으로 된 비현실적 배경에서 남성을 표현하는 기술에 능통했다. 그는 본능적으로 현실보다는 환상이 더 잘 팔릴 것이라는 것을 알았다. 바니 잡지가 창조한 마술적 신화는 남성의 생식력과 힘을 강조했다. 헤프너는 남성들로 하여금 남자다워지도록 독려했다. 그의 환상은 허세와 스타일로 전달되었지만 타이밍이야말로 성적 혁명을 가능하게 해 준 가장 강력한 요인이었다.

그는 평범한 사람이라면 꿈도 꾸지 못할 일을 해냈고 모든 기업가들이 배워야 하는 선구자가 되었다. 헤프너는 성적 환상을 이해했고 그 안에서 살았다. 그리고 그러한 환상을 필요로 하는 많은 다른 남성들과 공유해야 한다고 생각했다. 그것이 바로 그가 두드린 시장이었고, 그 결과는 환상적이었다.

5장

헨리 레이 로스 페로

Henry Ray (Ross) Perot

믿어라! 그러면 어디로 가든지
세상이 당신을 따라온다

"나는 당장 왕으로 출마할 수도 있다"

출생 | 1930년 6월 27일 텍사스 텍사카나

자신에 대한 설명 | "나는 내 비전을 통해 문제를 해결한다."

좌우명 | "비즈니스는 운동 경기를 할 때처럼 긍정적인 정신을 가지고 추구해야 한다."

혁신 내용 | "사람들은 컴퓨터를 원한 것이 아니다. 결과를 원한 것이다." EDS를 선두로 한 컴퓨터 임대 사업과 수십 억 달러에 달하는 새로운 산업의 기원.

남다른 자질 | '무엇이든' 할 수 있다는 자세의 오만한 자선가.

목표 | "어디에 있든지 최고가 될 수 있다."

순자산 | 30억 달러(2001년 7월 〈포브스〉 지).

명예 | 2년제 전문대학 학년 회장, 1998년 비즈니스 명예의 전당 해군사관학교 출신으로 선임됨.

교육 수준 | 1953년 미 해군 사관학교 졸업.

성격 | 오만한 지배광이자 직관적 사색가.

취미 | 제트 보트, 스키, 유람형 모터 보트 여행.

정치적 성향 | 공화당원이었으나 1992년 무소속으로 바꿈.
　　1996년 개혁당 대통령 후보.

종교 | 독실한 감리교도.

형제 관계 | 3남매 중 막내, 누나 베티와 사망한 형.

가족 | 부인 마거트, 자녀는 로스 주니어, 낸시, 수잔, 캐롤라인, 캐서린.

믿어라! 그러면 어디든
세상이 당신을 따라온다

○──▪━━▶

비즈니스는 운동 경기를 할 때처럼 긍정적인 정신을 가지고 추구해야 한다.

로스 페로는 누구인가

'일렉트로닉 데이터 시스템즈Electronic Data Systems(EDS)는 로스 페로의 자식이었다. 페로는 컴퓨터 코드를 한 자도 몰랐지만 산업 전반을 전산화했고, 그 산업 안에서 지배적 역할을 하도록 회사를 창조하고 키웠다. 50억 달러에 이르는 EDS의 연간 매출과 4만 8천 명의 직원들이 자신감 넘치는 페로의 마술을 증명하며 그의 기업가적 천재성을 입증하고 있다. 그의 성공이 의미하는 바는 무엇인가? 우선 한 가지를 보면 페로는 다른 이들이 믿지 않을 때에도 믿음을 지켰다. 이는 어떤 분야에서건 제국을 건설하기 위한 가장 중요한 요건이 된다. 그는 전문가의 조언을 무시했지만 바로 그것이 성공을 향해 올라서는데 도움이 되었다.

페로의 "무엇이든 할 수 있다"는 자세는 해결사로서의 그의 명성을 아는 사람들에게 자신감을 심어주었다. 1969년 베트남 전쟁이 한창이던 때 닉슨 행정부는 미국 전쟁포로의 인도적 처우를 보장하기 위해 페로의 도움을 요청했다. 이를 위해 페로는 자비를 들여 두 대의 제트기를 전세 내 1,420명으로 확인된 전쟁포로들을 위한 크리스마스 선물과 음식을 비행기에 가득 채웠다. 3톤에 가까운 화물을 실은 비행기는 북베트남 입국 허가를 요청하는 동안 라오스의 수도 비엔티엔으로 날아갔다. 북베트남이 입국을 거부하자 음식과 선물은 공중에서 베트남 남부 지역 고아들에게 뿌려졌다. 자신 뿐 아니라 가족의 위험을 무릅쓰고 페로는 1972년 전쟁이 종결될 때까지 4년 간 북부 베트남인들과 사이공의 베트콩 전쟁포로들을 방문하며 자신의 시간과 돈을 썼다. 페로의 이러한 행보가 이후 베트콩의 미국인 전쟁포로 처우 개선에 영향을 미쳤던 것으로 평가되었다.

1979년 EDS 직원 두 명이 이란 정부에 의해 인질로 붙잡혔을 때 페로는 극적인 인질 구출 작전을 성공적으로 이끌었고 이 작전은 〈독수리 날개 위에*On Wings of Eagles*>라는 책으로 소개되어 베스트셀러가 되었다. 이듬해 3년 간 연달아 두 명의 텍사스 주지사들이 주(州) 내의 문제 해결을 위해 그의 도움을 요청했다.

로스 페로는 1984년 자신의 창작품인 EDS를 제너럴 모터스에 25억 달러에 매각했다. 이로 인해 그는 GM의 대주주이자 이사회의 일원이 되었다. 그러나 GM 사장 로저 스미스의 경영 방식에 대한 페로의 불만으로 이 둘 사이의 불화는 언론을 통해 널리 알려졌다. 결국 GM은 페로를 내쫓기 위해 그의 주식을 7억4천만 달러에 사들였다. 협상을 진행하면서 양측은 협정 내용을 언론에 공개할 시에는 750만 달러의 벌금을 지불해야 하는 위약 조항을 만들었다. 그러나 페로는 며칠도 안돼 〈워드 오토 월드*Ward's Auto World*〉에 다음과 같은 신랄한 비난을 퍼부으며 계약을 위반했다.

> "최초의 EDS인으로서 나는 뱀이 회사를 집어 삼키는 모습을 지켜봐야 했다. 제너럴 모터스에서 제일 처음 하는 일은 뱀에 대한 위원회를 조직하는 일이다. 그리고 뱀에 대해 잘 아는 컨설턴트를 고용하고 그 뒤 일 년간 뱀에 대해 토론하는 것이다."

1988년 6월, GM 매수 협정 시 맺은 경쟁금지조약이 만기되자 로스는 EDS의 경쟁사인 페로 시스템즈*Perot Systems* 주식회사를 설립했다. 그리고 1992년 2월 20일 CNN의 래리 킹과의 인터뷰에서 페로는 1992년 미 대통령 선거에 출마할 생각이 있는지에 대한 질문을 받았다. 이는 이렇게 답변했다.

> "당신을 포함한 국민들이 50개 주에서 나를 대통령 후보로 등록시켜 준다면 지금부터 전당대회 동안 양당의 머리가 곤두설 일을 만들 것을 약속하겠소."

곧 페로의 지지자들은 50개 주 모두에서 그를 후보로 등록시켰고 몇 달 안 되어 그는 여론조사에서 부시 대통령(시니어)과 빌 클린턴을 앞섰다. 선거가 끝났을 때 페로는 자신의 돈 6천만 달러를 썼고 1,500만 표를 득표하며 19%라는 득표율을 얻었다. 이는 1912년 시어도어 루즈벨트 이래 어떤 무소속 후보가 얻은 득표율보다도 높았다. 그러나 현직인 조지 부시 대통령과 당선자 빌 클린턴에게는 크게 뒤지는 득표율이었다.

1995년 페로는 1996년 대통령 선거에서 공화당과 민주당에 맞서 개혁당을 창당했다. 그리고 1996년 개혁당의 당원으로서 두 번째로 미국 대통령 후보에 나섰다. 그러나 그가 공개석상에 자주 모습을 드러내자 그의 리더십 스타일은 나라가 필요로 하고 원하는 방식이 아니라는 인상을 국민들에게 주게 되었고 결국 8%의 득표율을 얻는데 그쳤다.

성장기

| 아버지의 영향을 받은 어린 시절 |

로스 페로는 헨리 레이Henry Ray라는 이름으로 세례를 받았고, 열두 살에 그의 아버지와 먼저 세상을 떠난 형의 이름을 기려 로스로 바꾸었다. 페로는 면 중개상이던 로스 시니어와 어머니 룰루 메이 레이의 유일한 아들이었다. 어릴 때부터 로스는 후에 지도자가 되리라는 기대를 받았다. 교사였던 룰루 메이는 아들에게 강한 기독교적 윤리를 심어주었다. 그의 아버지는 말을 길들이는 방법과 협상을 하는 기술을 가르쳤다. 로스는 아버지에게서 물건을 파는 기술, 물물 교환 방법과 강인함을 배웠다. 1992년 대통령 선거 운동 중 로스는 방송에서 "내 하버드 비즈니스 스쿨 교육은 아버지의 면 농장 사무실에서 이루어졌다"라고 말했다.

일을 하지 않을 때 페로는 호라시오 앨저Horatio Alger의 책에 빠져들어 깊은 영감을 받았다. 이러한 종류의 책을 통해 성공은 근면과 성실 그리고 공정한 거래에서 온다는 것을 배웠고 강렬한 영웅적 모험심도 얻었다. 그에게 있어 남자다움은 더 강한 적과 싸우고 이기는 것으로 정의되었다. 그의 이런 사고방식은 변덕스럽던 해군 복무 시절과 이란 구출 작전 수행 기간, GM의 로저 스미스와의 두뇌싸움 기간, 그리고 그가 미국 정치 체제를 송두리째 장악하고자 했던 대통령 선거 운동 당시에 그대로 나타났다. 로스 페로는 언제 그러한 만용과 오만을 얻은 것일까? 물론 앨저의 책을 읽은 덕분이기도 했지만 그의 배짱은 경제대공황 기에도 텍사스 농장을 회복시키는 데 결코 타협하는 법이 없었던 자그마한 체구의 아버지를 지켜보며 얻었다고 할 수 있다.

페로는 후에 그의 가족이 공황기 동안 어떻게 곤란을 이겨나갔고 그의 아버지가 가족들의 크리스마스 선물을 사기 위해 제일 좋아하던 말을 팔게 되었는지에 대해 떠올렸다. 십대 시절 텍사스와 오클라호마 주를 가로지르며 하던 히치하이크 도보 여행을 통해서도 많은 것을 배웠다. 용감무쌍했던 소년 시절 그는 멕시코까지 히치하이크로 여행하기도 했다.

7살이 되었을 때 로스는 크리스마스 카드, 말굴레와 안장 그리고 〈세터데이 이브닝 포스트Saturday Evening Post〉를 팔았다. 말을 길들이는 일은 어린 페로에게 잊을 수 없는 강한 인상을 남겼다. 이를 통해 그는 지배하지 않으면 지배당한다는 사실을 배웠다. 그리고 적을 만났을 때 우위를 지키는 것의 중요성을 배웠다. 싸울 수 있는 용기와 정면 대결을 피하지 않는 태도도 얻을 수 있었다. 첫 번째 대통령 선거 운동 기간 중 말 한 마리당 1달러를 받고 말을 길들였었다는 얘기를 한 적이 있다. 그의 누나 베티는 "로스의 코가 얼마나 많이 부러졌었는지 셀 수도 없었다"라고 증언했다. 로스는 그 경험을 다음과 같이 말했다.

> "체구는 작았지만 7살인 어린 나이에도 나는 말을 꽤 잘 탔다. 그 때문에 내 코가 이렇게 비뚤빼뚤한 것이다. 나는 언제나 바닥으로 내동댕이쳐졌다."

열두 살에 로스 페로는 보이스카우트의 하나인 클럽스카우트 멤버가 되었고 열세 달 안에 보이스카우트 중 최상위 단체인 이글스카우트의 멤버가 되었다. 열세 살이 되었을 때 로스는 신문배달 일을 지원했다. 빈자리가 없다는 말을 듣자 그는 이전까지 배달이 이루어지지 않았던 고향 텍사카나 시내의 우범지대 배달을 자청했다. 위험수당으로 기존 급료의 두 배를 받았으며 강도를 당할 가능성을 우려해 말이나 자전거를 타고 배달을 했다. 일찌감치 역경을 만났을 때 정면으로 부딪쳐 해결하는 능력을 보여준 것이다. 몇 년 후 배달 책임 지배인이 그가 받는 특별 임금을 깎으려고 했지만 페로는 신문사 상부에 항의서를 전하는 데 성공했고 임금은 계속 유지되었다.

| 정규 교육 |

로스와 누나 베티는 텍사카나의 사립초등학교 패티 힐 학교에 다녔다. 고등학교에서 로스는 돈을 버는 데는 뛰어났지만 성적은 평균이었다. 이글스카우트 지위를 따게 한 지도자적 성향으로 그는 세 번에 걸쳐 학생회장에 선출되었다.

1949년 텍사카나 전문대학을 졸업하면서 아버지와 아버지의 정계 친구의 도움으로 애너폴리스에 있는 미 해군사관학교에 입학했다. 졸업생 925명 중 543등으로 졸업했지만 동기생들은 그를 최고의 다재다능 생도와 평생 동문회장으로 뽑았다. 또한 그는 뛰어난 토론자로도 두각을 나타냈다. 해군사관학교 생도 시절 미래의 아내가 될 펜실베이니아 주 그린스버그 출신의 마거트 버밍햄을 만나 교제하게 된다.

1953년 해군사관학교 졸업과 동시에 4년의 의무 복무 기간이 주어졌다. 이를 피하고 싶었던 페로는 탄원서를 냈지만 기각됐고 결국 4년을 바다에서 보내게 된다. 페로는 한국전쟁이 끝나는 시점에 항공모함과 구축함에서 복무했고 26살이 되던 해 마거트와 결혼했다.

정상을 향하여

| IBM의 직원으로 |

1957년 로스 페로는 제대를 했다. 마거트와 함께 텍사스 주 댈러스로 옮겨 IBM의 데이터 프로세싱부 영업사원으로 취직했다. 곧 IBM에서 가장 성공적인 영업사원으로 두각을 나타냈고 IBM에서도 가장 수익성이 높으면서도 가장 까다로운 거래를 맡게 되었다. 사우스웨스턴생명보험사와 텍사스 블루크로스 건강보험 조합이었다. 사우스웨스턴 사는 당시 130만 달러를 주고 막 구입한 IBM 7070 컴퓨터의 용량이 필요 이상 크다고 생각하고 이를 IBM에 반송하려 하고 있었다. 사우스웨스턴이 7070을 그대로 보유하도록 설득하기 위해 페로는 사우스웨스턴의 7070 컴퓨터 여유분을 임대해 쓸 다른 회사를 찾았다. 이러한 활약으로 로스는 거대한 손실이 될 뻔했던 거래를 깨끗이 해결했다.

사우스웨스턴 거래 경험을 통해 페로는 소비자에게 컴퓨터를 파는 동시에 컴퓨터를 구입할 여유가 없는 다른 회사에 여유분을 빌려준다는 혁신적 아이디어를 생각해냈다. 그는 건의서를 작성하여 IBM의 상사에게 보여주었다. 상사가 계획이 부적합하다며 거절하자 로스는 좌절하고 낙담했다. 그러던 어느 날, 댈러스의 한 이발소에서 〈리더스 다이제스트Reader's Digest〉를 넘겨보던 페로는 작가 헨리 데이빗 소로Henry David Thoreau의 "대다수의 인간은 조용한 절망의 인생을 산다"라는 글을 읽게 된다. 소로의 글을 곰곰이 생각하던 로스는 자기 자신의 운명의 주인이 되겠다고 결심하고 1962년 6월, 32살이 되던 날 IBM을 떠났다.

퇴사 당시 그는 IBM의 최고 영업사원이었고 편안하게 높은 임금을 받으며 경력을 쌓을 수 있었다. 그러나 그것은 페로의 방식이 아니었다. 로스 페로의 IBM 퇴사 결정은 후에 EDS 탄생의 기원이 되었다. IBM을 떠나던 당시 결정에 대해 페로는 후에 이렇게 말했다.

"내가 IBM에 남았다면 나는 중견 간부쯤 되어 온갖 곤욕을 겪다가 일찌감치 정리 해고당했을 것이다."

| 인생을 건 새로운 임대 : EDS 창립 |

페로는 "EDS의 시작은 수개월에 걸친 공포였다. 우리는 돈이 전혀 없었고 무얼 하고 있는지도 몰랐기 때문이다"라고 말한다. 교사였던 아내 마거트에게서 빌린 천 달러짜리 수표 한 장을 가지고 로스는 컴퓨터 임대 사업 구축의 길로 나섰다. 두려움을 모르는 그는 고도의 정교한 소프트웨어를 제공하는 혁신 업체이기보다는 고품질의 서비스 제공 업체로 EDS를 만드는 데 자부심을 가졌다. 로스는 기업에 컴퓨터를 대여해 주고 기업 데이터 프로세싱 기능을 도와 준다는 구상을 세웠고, 이러한 서비스를 필요로 하는 시장이 존재한다는 데 자신의 일과 돈을 기꺼이 걸었다. 처음 EDS는 1인 기업이었다.

IBM 시절 텍사스블루크로스는 페로의 고객이었기 때문에 그는 텍사스블루크로스에게 연 2만 달러(오늘날의 가치로 약 10만 달러)에 데이터 프로세싱 컨설턴트로서 계속 서비스를 제공해 주겠다고 했다. 또한 블루크로스 댈러스 본사에 EDS를 운영할 사무실을 한 달에 백 달러라는 적은 월세를 내고 빌렸다. 페로는 이전 고객인 사우스 웨스턴생명보험사로부터 컴퓨터 타임을 임대하고 추가적인 컴퓨터 용량을 제공해 주기 위해 IBM 7070을 사용하는 100여 개 회사에 연락을 취했다.

점차 EDS는 역으로 임대하는 컴퓨터와 함께 소프트웨어도 취급했다. 이는 고객의 필요를 충족시키는 소프트웨어 맞춤화로 진화하게 된다. 로스는 컴퓨터 코드 작성이나 프로그래밍에 대한 지식이 없었기 때문에 이 업무를 수행할 직원들을 고용했다. 그는 세심한 주의를 기울여 강하고 긍정적인 낙천주의와 '무엇이든 할 수 있다'는 자세로 뭉친 직원들을 모집했다. 또한 남의 뒤를 쫓지 않고 혁신을 할 수 있는 독학 타입의 인물을 찾았다. 이를 위해 그는 "독수리는 떼 지어 날지 않는다"라는 슬로건을 내걸었다.

| 건실한 성장기 |

처음에 EDS의 고객은 중소기업들이었다. 그러나 EDS가 더욱 정교한 소프트웨어를 개발함에 따라 포테이토 칩 회사 프리토 레이와 같은 대기업과도 계약을 맺었다. 1964년 12월이 되자 EDS는 열 두어 명의 직원과 총수입 40만 달러에 순익 4,100 달러를 내는 회사가 되었다.

그 후 1965년 새로이 생긴 메디케어 노인의료보험제도와 메디케드 국민의료보조 프로그램은 의료비 청구 처리의 전산화가 필요했다. 사우스웨스트메디컬 사는 EDS가 메디케어 시스템을 자동화할 수 있다는 조건 하에 EDS와 계약을 맺었다. 1965년 말이 되자 EDS는 건강보험회사 블루크로스/블루쉴드의 가장 큰 하도급업체가 되어 있었다. 당시 EDS는 11개 주에서 메디케어와 메디케드의 청구서 발송 체제 전산화를 맡고 있었다. 1966년 EDS는 텍사스 블루크로스/블루쉴드에 컴퓨터 타임을 공급해 준다는 3년간의 수익성 높은 계약을 체결했다.

| EDS 주식 상장 |

로스 페로의 다음 행보는 그를 억만장자 클럽으로 쏘아 올렸다. 1968년 EDS는 전국 메디케어 시스템 공급자로서 타의 추종을 불허했고 그해 총수입 750만 달러에서 세금 공제 전의 순익 240만 달러를 벌어들였다. 하이테크 주식의 강세 시장으로 몰리던 투자자들은 이러한 경이로운 매출에 매료되었다. EDS의 주식상장의 최적기가 되었고 로스 페로가 이러한 기회를 놓칠 리 없었다. 대부분의 주식들이 연수입의 10배에서 20배 정도에 거래되었지만 놀라운 수익을 올리고 있던 EDS는 증권인수인에게 무려 118배에 해당하는 16.50달러에 주식을 발행하게 할 수 있었다(1990년대 말 폭풍의 시대까지 이는 거의 볼 수 없는 현상이었다).

1968년 9월 주식시장에 주식이 나오자 EDS의 성공을 사는 데 열을 올리던 투자자들은 EDS의 주가를 폐장 직전 23달러까지 끌어올렸다. 하루만에 로스 페로의 순자산은 2,300만 달러로 뛰어 올랐다. 1년 반이 지나자 주가는 162.50달러로 뛰어 올랐고 페로의 순자산은 15억 달러에 이르러 그는 '벼락' 억만장자가 되었다! 후에 〈포춘〉지는 이 성공적인 주식상장에 대해 "미국 금융 역사상 최고의 개인 성공"이라고 말했다.

| 부정한 동맹 |

로스 페로가 새로이 갑부 대열에 오르자 그는 대중과 업계 수장들의 관심을 받았다. 이들 중 펩시 회장 도널드 켄덜은 대통령 선거 운동에서 어떻게 컴퓨터를 활용할 수 있는지 자문을 구하던 야심 찬 정치가이자 공화당 대통령 후보였던 리처드 닉슨에게 페로를 소개했다. 이것은 페로와 닉슨 행정부 사이에 이루어지는 연합의 시작이었다. 1968년 말 로스 페로는 닉슨 선거 운동 진영에 7명의 EDS 직원과 상당액의 선거자금을 지원했다. 닉슨이 당선된 후 페로와 7명의 직원들은 취임식에 참석했다. 닉슨의 당선 후부터 퇴임까지 양측은 서로에게 이익이 되는 연합 관계를 유지했다.

1969년 닉슨 정부는 전쟁이 "명예로운 평화" 수행을 위한 결론임을 지지하는 여러 단체들을 연합하는 찬(贊)베트남전위원회를 구성하기 위해 페로의 도움을 요청했다. 페로는 위원회 일원으로 참여하는 것에 동의했지만 전쟁포로를 돕기 위한 독자적인 행동을 추진했다. 닉슨 행정부가 강하게 반대했으나 그는 고집스럽게 밀고 나갔다. 페로가 자기 방식대로 결심을 끝까지 밀고 나가는 모습을 보자 닉슨 정부는 페로를 경계하기 시작했다. 그러나 이 일을 통해 페로는 "무엇이든 할 수 있는" 사나이라는 대중 이미지를 만들어냈다. 그가 대권을 향해 나가는 데 있어 큰 몫을 차지하게 되는 이미지의 시작이었다.

| 황소의 뿔을 잡아라 |

1968년 EDS가 처음으로 주식에 상장될 무렵 주식시장이 급성장하자 중개업체들의 증권거래 처리 속도가 이를 따라 잡지 못할 지경이었다. 결국 뉴욕증권거래소는 중개업체들이 서류 작업을 마칠 수 있도록 수요일 하루를 휴장해야 했다. 페로는 증권거래 데이터 프로세싱을 자동화할 수 있는 전산시스템을 만들어 팔 수 있는 기회가 다가왔음을 깨달았다. 1969년에서 1970년, 강세 시장은 약세 시장으로 돌아섰다. 투자자들은 밀물처럼 시장을 빠져나갔고 많은 중개업체들은 수수료 수입이 가파르게 떨어지는 것을 지켜보며 파산 신청을 하거나 인수 합병을 했다. 당시 미국에서 세 번째로 큰 중개업체였던 프랜시스 I. 듀폰이 1969년 800만 달러의 손실을 이기지 못하고 파산에 직면했다. 기회를 잡은 페로는 이 회사를 380만 달러에 매입했다. 그리고 EDS는 듀폰과 8년간 연 800만 달러에 데이터 프로세싱 업무를 처리한다는 계약을 체결했다.

1969년 12월 페로는 듀폰이 150만 달러 추가 지불 능력을 회복하지 못할 경우 EDS가 듀폰 주식의 51%를 갖는다는 조건 하에 천만 달러를 빌려주었다. 1970년 5월 듀폰의 51% 지배지분은 EDS에게 돌아갔고 결국 EDS는 듀폰을 완전히 소유하게 됐다. 증권중개업에 대해 아는 바가 거의 없음에도 페로는 듀폰을 회생시킬 수 있으리라 생각했지만 구제 계획은 실패로 돌아갔다. 1974년 듀폰은 파산 보호 신청을 했다. 로스 페로는 그 과정에서 7천만 달러를 잃었고 이 일은 첫 번째 공개적 실패로 남게 됐다.

| 독수리 날개 위에서 이란으로 날아가다 |

로스 페로는 끊임없이 새로운 시장을 찾았고 미국보다 컴퓨터 사용이 뒤처진 유럽과 중동에서 데이터 프로세싱 전산화의 기회를 포착했다. 1976년 말 EDS는 사우디아라비아와 이란과 이익이 높은 계약을 체결했다. 수익성은 높았고 때도 무르익었다. 그런데 1978년 12월 28일 로스는 테헤란에 있는 두 명의 EDS 간부가 이란 국왕의 폐위를 이끈 이란혁명군에 의해 인질로 붙잡혔다는 다급한 전화를 받았다.

로스 페로는 처음에 인질 석방을 위해 미 정부의 도움을 요청했지만 정부는 로스만큼 상황의 급박함을 인식하지 못하는 듯했다. 페로는 즉시 비밀 구출 작전을 함께 할 자원자를 모집했고 7명의 EDS 직원들이 자원했다. 구출 작전은 북베트남 포로수용소를 급습해 미국 전쟁포로들을 구출했던 군 사령관인 은퇴한 불 사이먼스 대령이 지휘했다. '핫풋Hotfoot 작전(두 명의 친구를 구하자Help Our Two Friends)'이라고 명명한 구출작전은 납치 후 11일만인 1979년 1월 8일 예행연습이 이루어졌다.

그리고 페로는 자신의 전용기를 타고 NBC 방송국 기자로 위장한 뒤 대담하게 테헤란으로 날아갔다. 두 직원의 석방을 위해 마지막으로 협상을 시도하기 위해서였다. 협상도 소용없음이 자명해지자 페로는 가즈 감옥에 갇혀 있는 두 직원들을 찾아가 곧 도움의 손길이 올 것임을 확인시켰다. 그러나 삼엄한 감시와 철통같은 보안이 이루어지고 있는 감옥을 보자 페로와 사이먼스 대령은 그들이 계획했던 특공대 식 급습으로는 구출이 불가능하다는 것을 깨달았다.

결국 2월 11일 파리로 망명 갔던 호메이니가 이란으로 돌아오자 혁명이 일어났고 가즈 감옥은 프랑스 혁명 당시 바스티유 감옥처럼 폭도들이 난입했다. 두 명의 EDS 직원들을 포함한 죄수들이 석방되었고 EDS 직원들은 '핫풋 작전'에 따라 황급히 하얏트 호텔로 옮겨져 불 사이먼스 대령과 만났다. 거기서 자동차를 타고 육로를 통해 국경을 넘어 페로가 기다리고 있는 터키로 갔다. NBC 방송국은 오락적 요소를 극대화하긴 했지만 후에 이 사건을 미니시리즈로 제작해 방송했다. 페로의 대외적 이미지는 절정에 달했다.

| 두 번의 텍사스 전쟁 |

1979년 1월 로스 페로는 텍사스 주지사 당선자로부터 주내 불법 마약류 사용 급증을 막을 수 있도록 도와달라는 부탁을 받았다. '마약과의전쟁위원회' 회장이던 페로는 텍사스 젊은이들에게 마약의 위험성을 알리는데 자신을 바치겠다고 결심했다. 페로는 반 마약 메시지를 전파하는데 도움을 줄 지역사회 단체를 구성하고, 캠페인을 벌이는데 사비 200만 달러를 들였다. 또 그가 제창한 강력한 처벌이 담긴 법안은 텍사스 입법부에서 통과되었다.

1983년, 반마약운동이 있은 지 2년 만에 페로는 다시 한 번 공익을 위해 텍사스 정부의 부름을 받았다. 이번에는 주지사가 페로를 공교육특별위원회의 회장으로 추대했다. 텍사스 주 학생들의 학업성취도는 50개 주 중 44번째였고 교육개혁이 시급하다는 여론의 소리가 높았다. 페로는 이 개혁을 추진하고자 자신만의 과감한 추진력으로 일에 뛰어들었다. 교육 재원이 교육보다는 미식축구 쪽으로만 흘러 들어가는 것을 본 페로는 이렇게 말했다.

> "나는 미식축구 팀이 타월 건조대에 냉각 장치까지 딸린 생활을 하고 있는 학교 시스템을 보기 전까지는 내가 꽤 잘 살고 있다고 생각했다.... 당신은 성인오락을 원하는가, 아니면 아이들이 공부하기를 원하는가?"

학교 과외활동 재원을 학업 성취로 돌리기 위해 사람들의 관심을 불러일으키고자 한 페로의 노력은 텍사스의 수백만 충성스러운 미식축구 팬들의 분노를 샀다. 미식축구는 가축을 중요시 여기는 많은 텍사스의 작은 마을 사람들에게 신성한 소나 마찬가지였다. 그래서 페로가 "공부하지 않으면 게임도 없다"라는 슬로건을 외치고 다닌 것은 그들에게 있어 이단적 행위나 마찬가지였다. 다양한 분야의 사람들이 강한 반대를 했지만 페로는 최고의 로비스트를 고용하고 개혁안을 밀고 나갔다. 로스는 자신의 문제 해결 방식에 마키아벨리조차 감동했을 것이라고 털어놓았다.

"(우리는) 정말로 강하게 나가야 했다. 보기 좋게 진행되지는 않았지만 결국은 해냈다. 이곳 텍사스는 이런 방법이 통한다."

페로의 법안은 의회 결의안 72조로 텍사스 입법부를 통과했다. 법안에 반대해 반대표를 던졌던 상원의원 리딤은 이렇게 말했다.

"이 법안을 지지하지 않았던 의원들이 상당히 많았던 것으로 안다. 그러나 의원들은 페로의 힘에 기가 죽어 그에게 반하는 행동을 두려워했다. 페로는 모든 것을 경쟁으로 몰아간다. 그리고 사람들은 그의 반대편에 있다가는 가루가 되지 않을까 두려워한다."

페로의 '모든 것을 경쟁하게 만드는' 성향은 그가 여러 전쟁을 치르며 점점 더 대중 앞에 모습을 드러내면서 계속해서 표출되었다.

한 가지 주목할 사실은, 결의안을 통과시키고 8년이 지난 1992년 그가 대통령 선거에 출마했을 때 텍사스의 학업성취도는 50개 주에서 불과 한 계단 오른 43번째였다는 것이다.

| GM 매수 |

페로의 개인 자산은 1984년 EDS를 GM에 25억 달러에 팔면서 치솟았다. 매각 금액의 일부는 GM의 주식으로 받아 페로는 이사회의 일원이 되었고, 550만 달러의 주식을 갖고 있는 최대의 주주가 되었다(페로의 주식은 7억 달러에 달했고 개인적으로 9억 3,000만 달러의 현금을 받았다).

GM 회장 로저 스미스는 회사 데이터 프로세싱의 전산화 기능 필요를 느끼고 페로에게 도움을 청했다. 그러나 로스는 이사가 된지 얼마 되지 않았는데도 GM의 경영진이 어떻게 회사를 운영하는지 공개적으로 비난하기 시작했다. 한번은 〈포춘〉에 GM의 문제가 무엇인지를 솔직하게 표현했는데(1988년 3월) "운전기사가 데려다 줘야 직장으로 갈 수 있는 사람은 아마도 월급 받고 일하기에는 너무 늙지 않았나 싶다"라고 말했다. 이런 모욕을 퍼부으면서 페로와 GM의 직원들, 그리고 그가 누구인지도 모르는 사람들 사이의 관계가 벌어지기 시작했다.

회사 경영에 대해 페로와 로저 스미스는 크게 대립했고 2년 간 불화는 꾸준히 악화되었다. 결국 두 사람은 결별에 합의했는데 협정에는 18개월 동안 페로가 EDS와 경쟁하지 못하게 하는 경쟁금지 조항이 포함되어 있었고, 거기에 덧붙여 상대방을 비방할 경우 750만 달러 벌금을 물어야 한다는 조항이 포함되어 있었다. 페로는 협정서의 두 번째 조항의 잉크가 마르기도 전에 위반했지만 GM은 벌금을 부과하지는 않았다.

| 페로시스템즈 주식회사 설립 |

1988년 6월 1일 GM 매수 협정에 합의한 지 정확히 18개월이 지나자 로스 페로는 또 다른 회사 페로시스템즈를 설립했다. EDS와 마찬가지로 이 회사도 데이터 프로세싱 서비스를 제공하는 회사였다. 이 회사는 1999년 즈음 36억 달러 가치로 성장하며 다시 한 번 페로가 미다스의 손을 가지고 있음을 증명했다.

베트남과 이란에서 화려한 모험을 벌이며 유명세를 얻은 페로는 인기 토크쇼 출연자로 유명인의 대열에 올랐다. 미국인들은 그의 '무엇이든 할 수 있다' 는 자세와 결과로 승부하는 공격적 지도자 기질에 깊은 인상을 받았다. 1980년대 말 페로는 다시 한 번 움직였다. 이번에는 대중의 지도자로서 궁극의 위치에 서기 위해서였다.

| 첫 번째 대권 도전 |

1992년 2월, 래리 킹(CNN의 '래리 킹 라이브' 의 진행자)은 인터뷰 중 로스에게 미국 대통령으로 출마할 생각이 있는지 물었다. 앞서 말한 대로 페로는 국민들이 자신을 모든 50개 주에서 후보로 등록시켜 준다면 출마할 것이라고 했다.

곧 방송국 스튜디오로 대통령 선거운동에 자원하고 싶다는 신청자들의 전화가 쇄도했다. 초기에 입후보자로 나섰을 때 페로는 여론조사에서 부시와 클린턴을 앞서고 있었다. 행동으로 보여주는 사람이라는 로스의 명성은 정부의 변화를 바라는 수많은 유권자들을 사로잡았다. 그러나 선거운동이 진행되는 동안 페로의 진영은 매우 혼란스러웠다. 1992년 7월 즈음에는 대중의 지지도 점차 약해져 갔고 페로는 가족 문제를 이유로 입후보를 철회한다고 발표했다. 그러나 지지자들은 그의 기권을 무시하고 여러 주에서 계속 그를 후보자로 등록시켰다. 지지자들에 힘입은 페로는 다시 선거에 뛰어들었다.

이번에 페로는 혼란을 일으킨 보좌관들에게 일을 맡기지 않고 자기만의 방식으로 선거운동을 펼쳐갔다. 우선 CBS와 ABC 방송국으로부터 각각 38만 달러와 50만 달러를 주고 30분 정도의 TV 광고시간을 사들였다. 선거운동 기간 동안 페로는 유권자의 지지를 얻는 방법에 대한 모든 규칙을 깨뜨렸고 "날 뽑으십시오. 워싱턴을 뒤흔들어 놓겠습니다"라고 노골적으로 선언했다. A&E 방송사의 인물 탐구 프로그램에서 잭 퍼킨스는 "페로는 현대에 가장 파격적인 방식으로 대통령 선거운동을 했다"라고 말했다.

전 세계로 방송된 현직 조지 부시 대통령(시니어)과 민주당 후보 빌 클린턴과의 3자 토론에서 페로는 저돌적이면서도 진지한 비즈니스맨의 면모를 보여주었다. 지지자들은 그의 호전적 스타일에 열광했고 반대자들은 그가 자제력이 크게 부족하다며 비난했다. 정치 전문가들은 그가 시한폭탄과 같아 나라를 이끌기에는 너무 변덕스럽다고 생각했다. 그러나 페로는 국민들의 반정부 감정을 자극했고 결과적으로 무소속 후보로서 19%의 득표를 얻었다.

| 두 번째 대권 도전 |

페로의 첫 번째 대권 도전 실패가 대중 앞에 나서는 그를 막지는 못
했다. 그는 계속해서 TV 토크쇼에 자주 모습을 보이며 최대한 많이
얼굴을 알렸고 1993년 '미국을 일으키는 우리United We Stand America'라
는 단체를 설립했다. 단체의 목적은 연방정부의 행동을 감시하고 금
융개혁과 적자 감소를 위한 운동에 나서는 것이었다. 1995년 이 단
체는 개혁당으로 탈바꿈하고 로스 페로는 개혁당의 대통령 후보로
나섰다. 그러나 이번에는 과도한 방송 노출이 사람들로 하여금 페로
의 놀라운 해결사적 능력이 민주적이기보다는 독선적인 추진에 의
한 것이 아닌지 우려하게 하는 결과를 초래했다.

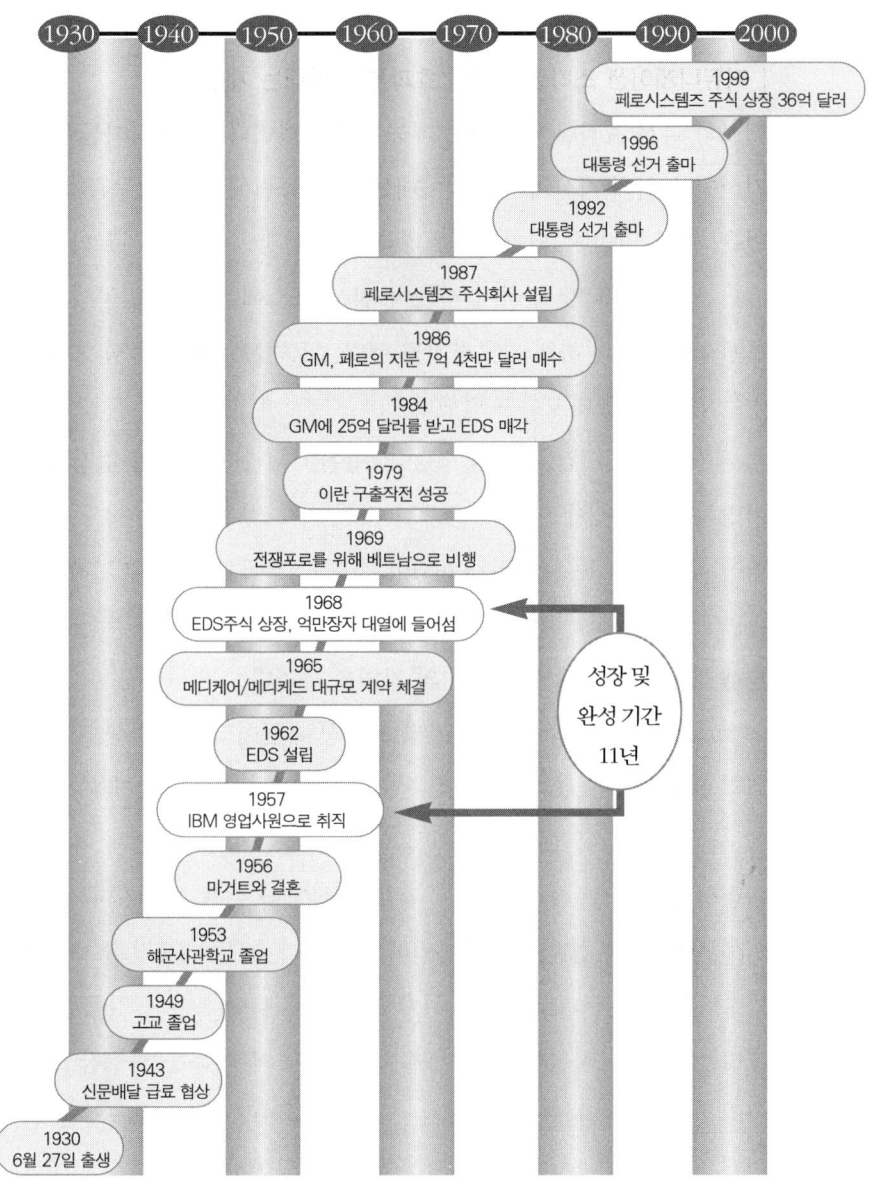

| 로스 페로의 연대기 |

1999
페로시스템즈 주식 상장 36억 달러

1996
대통령 선거 출마

1992
대통령 선거 출마

1987
페로시스템즈 주식회사 설립

1986
GM, 페로의 지분 7억 4천만 달러 매수

1984
GM에 25억 달러를 받고 EDS 매각

1979
이란 구출작전 성공

1969
전쟁포로를 위해 베트남으로 비행

1968
EDS주식 상장, 억만장자 대열에 들어섬

1965
메디케어/메디케이드 대규모 계약 체결

1962
EDS 설립

1957
IBM 영업사원으로 취직

1956
마거트와 결혼

1953
해군사관학교 졸업

1949
고교 졸업

1943
신문배달 급료 협상

1930
6월 27일 출생

성장 및
완성 기간
11년

성격 분석

| 커뮤니케이션 스타일 : 극적 효과를 얻어내는 재능 |

페로의 극적 효과를 얻어내는 재능은 전설적이다. 전기 작가들은 자기선전을 위해 기사거리를 찾아내는 그의 능력에 혀를 내두른다. 한번은 서명 날인이 되어 있는 영국의 대헌장 '마그나 카르타Magna Carta' 사본을 150만 달러에 사들여 워싱턴DC에 있는 국립문서기록보관소에 떠들썩하게 기증하기도 했다. 〈포춘〉은 그가 "극적 효과를 찾는 본능"이 있다고까지 말했다.

매스컴의 대대적 보도를 쫓는 성향은 GM과의 비공개 협정서에 서명하기가 무섭게 언론에 공개한 것만 봐도 알 수 있다. 텍사스 호랑이 로스 페로는 대담하게 GM이 소송을 걸어오도록 도발한 것이다. 그가 벌인 모든 전쟁을 볼 때 페로는 계속해서 언론에 자신을 노출했고 이를 지렛대 삼아 자신의 가치를 높였다.

로스는 선전에 있어 TV를 가장 강력한 수단이라고 생각했고 이를 널리 활용해 광고 효과를 높였다. 1969년에는 5천만 달러 방송 시간을 사들여 닉슨이 그의 이미지를 높이는 데 도움을 주었다. 자신의 대통령 선거운동 기간에도 TV 홍보에 상당한 돈을 투자했다. 페로의 허세는 종종 겸손으로 위장되어 나타났다. 다른 대통령 후보들과의 TV 토론에서 페로는 영리하게도 텍사스 사람 특유의 걸쭉한 사투리를 써가며 직설화법으로 많은 유권자들의 마음을 사로잡았다. 공직 경험이 없다는 공격에 그는 "4조억 달러나 빚을 지는 일을 한 경험은 없다"고 쏘아 붙였다. 북미자유무역협정(NAFTA)에 반대할 때 로스는 멕시코가 미국의 일자리를 모두 "남쪽으로 빨아 가는 소리가 들린다"는 말로 묘사했다. 이처럼 그는 미국 대중의 공포 심리를 이용해 지지를 얻어냈다.

페로는 목표를 성취하는 데 놀라울 정도로 성공적이었고 하고자 하는 일은 끝까지 해내는 인물로 알려졌다. 이러한 명성이 사실에 입각한 것이긴 하지만 감상적 허세가 혼합되어 언론을 통해 극대화되었다.

| 직관적인 스타일 |

로스는 말을 거래할 때 벌어지는 심리적 게임을 아버지의 무릎에서 배웠다. 그는 교섭을 벌이고 남들과 대립할 때마다 자신의 직관으로 이를 다스렸다. GM과의 매수를 협상할 때도 GM에 가한 공공연한 비난은 부정적 이미지를 만들 수 있기 때문에 침묵할 필요가 있다는 것도 알고 있었다. 전기 작가 퍼즈너는 다음과 같이 썼다.

> "페로는 텍사카나에서 아버지가 말들을 거래하는 모습을 지켜보면서 물건을 원하는 사람이 결국 가격을 치르게 된다는 사실을 깨달았다."

페로는 이러한 법칙과 통찰력 있는 이해를 바탕으로 GM과의 매수 협상에서 엄청난 가격을 받을 수 있도록 밀고 나갈 수 있었다. 1992년 선거운동 중 로스는 선거진영 팀원들에게 창의적으로 생각하라고 충고했다. 페로의 전 비서는 다음과 같이 덧붙였다.

"페로는 여러 번 우리에게 항상 우물 바깥을 봐야 한다고 말했다. 기존에 해왔던 방식이라는 이유만으로 따라해서는 절대 안 된다는 말이었다."

페로 시스템즈 사의 사장 팻 호너는 언론에서 "로스는 매니저가 아니라 리더이다"라고 말했다. 페로와 다른 간부들 사이의 차이점을 말하는 것이었다. 매니저는 세부 사항을 다루지만 리더는 철학적 비전을 다룬다. 페로는 눈앞에 놓인 문제를 놓고 씨름하기보다는 오로지 비전과 사명을 본다고 말했다. 페로는 〈U.S. 뉴스 앤드 월드〉에서 "리더십이란 목표를 정하고 비전을 설정하고 결과를 내놓은 후 다음 단계로 넘어가는 것이다"라고 말했다.

| 위험성에 대한 성향 |

페로의 위험을 불사하는 성향은 그가 하는 모든 행동에서 분명하게 드러난다. 어린 시절부터 그는 야생마를 길들였다. 그리고 13살 소년 페로는 감히 아무도 들어가려 하지 않는 텍사카나의 우범지대에서 신문배달을 했다. 베트남에 날아가 자비를 베푸는 모험을 벌였고 위험천만한 이란 인질구출작전을 직접 지휘했다. 페로는 모험을 행하고 아드레날린을 느끼는 데서 보람을 느꼈다.

평생 동안 로스 페로는 알 수 없는 미래를 위해 안정된 현재를 기꺼이 희생시켰다. 전도유망했던 IBM에서의 일자리를 버리고 자신의 꿈에 도박을 했다. IBM의 상사가 중요 고객의 컴퓨터 타임을 임대하는 사업이 실현 가능해 보이지 않다며 무시하자 그는 아내에게서 빌린 천 달러를 가지고 자신의 뜻을 실천에 옮겼다. 성공을 향한 불굴의 의지로 난관을 극복했고 그가 설립한 EDS는 번창했다.

페로의 모험적 성향은 그의 여가 시간에서도 잘 드러난다. 그는 항상 스피드에 열광했다. 쾌속선과 비행기를 소유하고 있고, 종종 아들과 경주를 벌였다. 페로는 열정적인 워터스키, 알파인 스키광이며 파도타기도 즐긴다. 가장 좋아하는 것은 시속 160km로 물살을 가르는 고속 모터보트이다.

| 경쟁적이고 충동적인 성격 |

고교 시절의 여자 친구는 로스에 대해 "충동적이며 너무 격렬하다"라고 했다. 페로의 성격에 인내심이란 없었다. 경쟁적이고 급한 성격의 과잉 성취자인 페로는 자신의 길을 가로막는 것이라면 무엇이든, 누구든 정복해야 직성이 풀린다. 해군사관학교와의 문제를 해결하는 모습에서도 이런 면모를 잘 볼 수 있다. 사관학교 임관자들은 최소 4년의 의무복무를 해야 했다. 복무 2년이 지난 후, 더 이상 복무를 하고 싶지 않았던 페로는 조기 제대를 위해 상부에 전화를 걸고 편지를 쓰며 끈질기게 제대 요청을 했다. 페로는 해군이 "경쟁을 독려하지 않을 뿐더러 평범한 사람만 양성한다"며 비난했다.

그러나 해군은 양보하지 않았고 고집스럽게 페로가 복무기간을 마치게 했다. 그의 아내 마거트는 IBM 재직 당시 로스와 휴가를 갔을 때 새로운 사업에 대한 구상을 13권의 수첩에 빼곡히 휘갈겨 썼다고 한다. EDS의 한 간부는 로스가 엄청난 집중력의 소유자여서 함께 일하다가 체력을 완전히 소모하여 나가떨어진 직원이 한두 명이 아니었다고 말했다.

> "직원들끼리 반 농담으로 하던 이야기가 있는데, 일의 대부분이 마치 깎아 지르는 빙하 위를 올라갔다 와서 보고하라는 식이었다. 그래서 시키는 대로 빙하를 올라가서 거의 죽다 살아나와 보고를 하면 로스는 '좋아, 그럼 이번에는 장갑 벗고 올라갔다 와!' 라고 할거라는 거였다."

1970년대 후반 텍사스 메디케드는 연 4백만 달러에 달하는 EDS의 주요 고객이었다. 그러나 1980년대 텍사스 메디케드는 EDS의 지원이 미흡한 데 대해 더 이상 참지 못하고 뉴욕의 경쟁사인 브래드포드와 계약을 맺어버렸다. 작은 회사였던 브래드포드는 EDS가 거부했던 지원을 제공하겠다고 약속했다. 페로는 이러한 손실이 생겼다는 사실을 알자 폭발해버렸다. 런던에 있던 그는 바로 비행기를 타고 돌아와 핵심 간부들을 모두 불러 선언했다.

> "출발합시다. 이제부터 전쟁이야."

1989년 잡지 〈기업Inc〉에서 이 사건을 다음과 같이 기사화했다. "페로는 개망나니 그 자체였다. 눈이라도 뽑아버릴 태세로 발톱을 세운 듯 고래고래 소리 질렀다." 텍사스의 폭풍처럼 그는 EDS의 부사장 켄 리드링어에게 다음과 같이 말했다.

"그놈들 죽여 버리겠어! 그리고 땅에 묻어버린 다음에 악취가 나서
    참을 수 없을 때까지 놈들 무덤 위에서 춤을 추는 거야."

페로는 이어 사립탐정을 고용하고 주지사의 사택에까지 연락을
취하며 주 의회에 이렇게 중요한 계약 건이 외부로 나가지 않도록
사실상 주 공무원을 협박하기까지 했다. 그는 '너 죽고 나 죽자' 식
으로 달려들었다. 텍사스 주는 페로가 싸우기 버거운 상대라고 생각
하고 두 회사 모두와 상대하지 않기로 결정했다. 결국 법원은 브래
드포드와 EDS 모두의 제안을 파기하고 제3의 회사에게 계약을 넘겨
버렸다. 이처럼 대립 상황이 되면 페로는 마키아벨리 식 리더십에
과격한 남성 호르몬으로 똘똘 뭉친 사나이로 비춰졌다.

| 자아상 |

작가 켄 팔레트가 이란 구출 작전에 관한 책과 영화 일에 착수했을
때 페로에게 미국 대통령 후보로 출마할 생각이 있는지 물었다. 로
스는 어마어마한 야망으로 불타는 자신을 돌아보며 "왕으로도 출마
할 수 있다면 난 할 거네"라고 털어놓았다.

페로는 대통령 선거운동 기간 내내 저돌적이었다. 그의 측근들은
로스가 정치적 민감 사안들에 대한 규칙들을 여지없이 깨뜨리는 모
습을 공포에 질린 채 지켜보았다. 페로의 선거운동 본부 컨설턴트는
이렇게 말했다.

"이 사내가 누구의 말도 듣지 않는다는 것을 우리는 똑똑히 보았다.

어느 누구에게도 연설을 쓰게 하지 않았다. 자신이 자폭할 때까지 오로지 자기 방식대로만 했다."

짧은 기간 동안 GM 이사회의 일원으로 활동하면서 로스는 13가지 이상의 급격한 변화를 요구하는 제안을 펼쳤다. GM의 엘머 존슨은 "나는 로스 페로만큼 싸우기 좋아하는 사람을 본 적이 없다"고 말했다. 이 어마어마한 텍사스 부자를 정의내리기 위해 〈포춘〉은 이렇게 썼다.

"페로는 사업가적 통찰력, 기업가 자질, 과시벽, 구식 애국주의에 정력 넘치는 남부 카우보이 기질을 갖춘 창조적 천재이다."

| 페로의 윤리 의식과 개인적 모순들 |

전기 작가 제럴드 퍼스너는 페로를 "복잡하고 모순된" 사람이라고 불렀다. 사실 페로는 대부분의 사람들에게 특이한 인물로 비춰진다. 많은 이들이 페로가 모순적이라고 보는 이유는 성격 파악에서는 누구보다도 뛰어나고 우수한 인재들을 고용하고 동기부여하는 데 있어 그토록 특출하면서도 어떻게 정체를 알 수 없는 협잡꾼 같은 인물을 EDS의 고위 간부로 올려놓는지 알 수가 없다는 것이다.

강한 윤리의식으로 다져져 있지만 페로는 악랄한 폭군이 되기도 한다. 개방성과 자유를 역설하면서도 종종 거짓말탐지기를 사용하고 여러 번 핵심 간부나 그의 적들의 전화를 도청했다. 간부 중 하나가 불륜관계를 맺고 있거나 비윤리적 행동을 한다는 생각이 들면 그

즉시 퇴직금도 지불하지 않고 가차없이 해고해버렸다. 모순되지만 직원들 사이에서 페로는 인정 많은 리더로 알려져 있다. 퍼스너는 이를 다음과 같이 이야기했다.

> "확실히 대부분의 (EDS) 직원들은 페로가 자신들의 복리에 힘쓰며 사기를 북돋아 주는 데 천부적 재능을 가진 리더라는 이미지를 갖고 있다."

이란에서 인질로 붙잡혀 있던 직원들을 구하기 위해 재산과 생명을 걸었던 사람이 특별한 이유도 없이 권위에 도전한다는 이유만으로 직원을 벌하기도 한다. 페로와 일한 적이 있는 직원들은 그를 '신' 아니면 '망나니'로 표현한다.

페로가 대통령 후보로 출마했을 때 그는 워싱턴의 막대한 지출 습관을 없애버리겠다고 다짐했지만 동시에 이러한 약속과 위배되는, 자신만의 이익을 위한 계약을 따내려 했다. 퍼스너에 의하면 페로는 정부기관으로부터 수백만 달러의 부당 이득을 거둬들였다고 한다.

로스는 언제 어디서나 대결을 즐기는 듯하지만 또한 자신의 개인 안전에 대해서는 극도로 편집증적이어서 방탄유리로 무장된 차를 타고 돌아다닌다. 한 동료는 페로가 어느 누구도 자신의 목적지를 알지 못하도록 비서에게 여러 군데 비행기 표를 동시에 예약하게 하면서 사람들로 북적거리는 패스트푸드 레스토랑 같은 곳에서 점심을 먹기도 한다고 귀띔했다. 또 다른 EDS 간부는 이렇게 풍채 좋고 사교적이며 외향적인 페로가 어떤 때는 회사 구내식당에서 누구와 한마디 말도 않은 채 혼자 점심을 먹기도 한다고 말했다.

페로는 해군 동기들로부터는 "바른생활 사나이"라는 별명을 비롯하여, 언론으로부터는 "위험하고 이기적인 사기꾼"이라는 말까지 들었다. 1992년 대통령 선거 당시 페로는 전국으로 방송되는 TV 토론회에서는 그래프를 사용하여 의견을 전달하지 말라는 충고를 들었다. 그의 고문들은 TV 토론회는 임원회의가 아니므로 그런 식의 이미지는 융통성 없고 밉살스럽게 보일 수 있다고 말했다. 페로는 그러한 충고를 무시했다. 켄 팔레트는 이런 말도 했다.

"그가 술을 마시지 않는 이유는 아마도 술을 마셨을 때 자제력이 약
간 느슨해지는 그 느낌을 참을 수가 없어서일 것이다."

업적과 명예

| 위대한 성공 |

해군사관학교를 졸업하면서부터 페로는 오로지 정상만을 향해 전진했다. 1962년 IBM을 그만두고 천 달러 대출금으로 EDS를 세웠고 5년 후 주식상장으로 백만장자가 되었다. 그리고 주식상장 후 1년도안 되어 억만장자가 되었다. 1984년 EDS를 GM에 매각했을 때 그의가치는 30억 달러 가까이 되었다. 텍사스의 보스는 갑자기 세계 최대 기업의 최대 주주가 된 것이다. EDS를 매각하고 18개월 후 페로는 다음 회사로 페로 시스템즈를 설립했고 1999년 주식상장을 했다.

페로 시스템즈의 가치는 35억 달러가 되었다.

기업계 최고로 등극할 당시 페로는 두 가지 위험한 작전을 수행했고 텍사스 주 법 제정에 기여했다. 페로는 미국 전역에서 모습을 드러내며, 에너지와 끈기를 가지고 비전을 품고 이를 실천하기 위해 끊임없이 발벗고 뛰는 사람의 전형을 보여주었다. 페로는 미국의 가장 뛰어난 젊은이로 뽑힌 아들 로스 주니어가 자신을 시상식에 초청하여 그 옆에 앉아 있던 순간을 가장 자랑스러웠던 때로 꼽는다. 페로는 다음과 같이 적었다.

"내 아들은 '거인 로스'이고 나는 '늙은 로스'이다. 나는 이제 내 아들의 그늘에 산다. 아버지로서 이보다 더 살기 좋은 곳은 없다."

| 명예 |

지금까지 페로는 60여 개 이상의 상을 수상했다. 이들 중에는 1969년과 1972년 사이 베트남 전쟁포로를 위해 공헌한 일로 미 국방부로부터 받은 사회봉사수훈 훈장도 있다. 1988년 페로는 그의 기업계 공로를 기려 비즈니스 명예의 전당에 들어서게 되었다. 베트남과 이란 구출 작전과 끊임없는 TV 토크쇼 출연으로 한껏 높아진 인기로 1992년과 1996년에 대통령 후보로 출마했다.

이 글을 쓰는 현재 페로는 뜻 있는 일에 쓰기 위해 1억 2천만 달러 이상을 기부하는 존경받는 자선가이다.

로스 페로에게서 얻는 교훈

페로와 같은 극단적 자기중심적 성격은 많은 사람들에게 반감을 산다. 그러나 가장 신랄하게 비난을 퍼붓는 사람들도 성공을 향한 그의 놀라운 노력은 인정한다. 이러한 성공을 통해 많은 중요한 교훈을 배울 수 있다. 여기서는 그중 두 가지 두드러진 점을 다루었다.

| 소질이 아니라 마음가짐이 성공의 열쇠다 |

페로는 신념이 이끈 성공의 완벽한 예이다. 페로는 자신이 배운 적이 거의 없는 분야의 산업에 혁명을 일으켰다. EDS의 간부들은 그가 프로그램을 만드는 법을 배운 적이 없고 컴퓨터 코드를 쓰는 데 필요한 기술적 분야에 대해서는 아는 바가 전혀 없었다고 한다. 코드를 만드는 것이 EDS의 핵심이었는 데도 말이다. 그러한 결함이 페로의 사명을 가로막지는 못했다. 프로그래밍은 사람을 써서 하면 된다는 것을 알고 있었고 그러므로 자유롭게 다른 핵심 사업들을 추진할수 있었다. 그는 직원들에게 자주 "운동 경기와 같은 긍정적인 정신으로 비즈니스를 하라"고 충고했다.

페로의 마술은 성공할 근거를 제시하기 전에 자신의 능력을 믿고 자신이 성공할 가치가 있다고 믿는 것이다. 그는 성공에 의지해 승리했고 실패에 안주하지 않았다. 확고한 신념과 낙천주의로 무장하여 인생의 적들을 상대했다.

| 자신에 대한 강한 신념은 성공을 위한 전제 조건이다 |

우드로우 윌슨Woodrow Wilson 전 대통령은 "내가 아는 모든 비범한 인간들은 그들 스스로의 눈에도 매우 비범한 인간들이다"라고 했다. 기업가들은 보통 사람들보다 자신에 대한 강한 신념이 더욱 많이 필요하다. 착각이라 할지라도 정상에 서기 위해서는 강력한 자신감이 필요하다. 많은 이들을 이끄는 선두에 서 있다면 보호 장비란 미약할 수밖에 없고 자신의 운명을 굳게 믿어야 하는 것이다.

로스 페로는 IBM에서 일할 당시, 컴퓨터를 살 여유가 없는 이들에게 남는 용량을 임대하자는 아이디어를 상사에게 제시했을 때 상사는 바보 같은 생각이라며 비웃었다. 그저 맡은 일이나 제대로 하고 쓸데없는 분란을 일으키지 말라는 말을 들었다. 그러나 페로는 어린 시절부터 분란을 일으키는 인물이었다. 오만에 가까운 자신감은 기업가들 사이에서 흔히 볼 수 있으며 페로는 여기에 그대로 들어맞는 인물이다. 그의 우월감은 사람들의 반감을 사기도 하지만 현실에서 이는 생존의 열쇠이다.

전문가들은 페로가 작은 키에 대한 콤플렉스를 가지고 있다고 생각한다. 내면의 열등감을 상쇄하기 위해 커다란 자아를 가지고 있는 것이다. 이것이 사실이라 하여도 나쁘지만은 않다. 역사를 돌아보아도 161cm였던 나폴레옹과 피카소 같은 성취자들은 많다. 170cm였던 페로는 사업에 있어 타협할 줄 모르는 사나이였다.

6장

마사 코스티라 스튜어트

Martha Kostyra Stewart

열정적 완벽주의가 성공의 길이다

"마음에 들면 사세요!"

출생 | 1941년 8월 3일. 뉴저지 저지 시.

자신에 대한 설명 | "나는 다재다능하며 욕심 많은 완벽주의자이다."

좌우명 | "마음에 들면 사세요." 마사는 이스트 햄튼의 별장 한 채가 아니라 두 채를 샀다.
"나는 굉장히 호기심이 많고 매일 하나씩 새로운 것을 배우는 것이 목표이다."

혁신 내용 | "마사 스튜어트는 브랜드가 되었다."

남다른 자질 | 진실을 속이고 만든 '완벽주의 주부 이미지', 마사는 사실 죽는 한 이 있어도 최고가 되어야 한다는 과잉 성취욕으로 똘똘 뭉친 기업가이다.

목표 | "나는 라이프스타일을 만들어내는 데 전심전념할 것이다. 그리고 그것이 나다."

순자산 | 1999년 주식상장으로 한때 12억 7천만 달러의 순자산을 기록했다.

명예 | 1990년 언론으로부터 '살림의 여왕'이라는 칭호를 받음. 버나드 대학 시절에는 〈글래머 *Glamour*〉지 '여대생 베스트 드레서'로 뽑힘. 1979년 〈컨츄

리 리빙Country Living〉지의 표지 모델로 미 전역에 얼굴을 알렸다.

교육 수준 | 1963년 버나드 대학 미술사 학사.

성격 | 강박적 편집증, 직관적 사고의 공상가.

취미 | 알래스카 얼음 등반 및 그 외 다양한 모험.

정치적 성향 | 민주당.

종교 | 천주교 가정에서 성장. 영적 세계를 믿으며 점성술에도 심취.

형제 관계 | 6남매 중 둘째, 장녀로서 아버지의 총애를 한 몸에 받음.

가족 | 남편 앤디와 이혼, 자녀로 알렉시스.

열정적 완벽주의가
성공의 길이다

나는 유명하고 부유해질 거야.

마사 스튜어트는 누구인가

우리를 만든 것이 때로 우리를 부순다. 우리의 가장 큰 장점이 때론 치명적인 약점이 된다. 위대한 셰익스피어의 비극에서 자주 볼 수 있는 이 주제는 완벽주의의 전형인 마사 스튜어트의 인생과 일에 가장 적절한 비유이다. '살림의 여왕' 마사는 떠들썩했던 1990년대 동안에 완벽한 주부이자 안주인의 모습으로 이미지를 알리며 대중의 마음을 사로잡았다. 마사는 서양 백인사회에서 의상, 살림, 정원 가꾸기, 손님 접대에서 많은 여성들의 동경을 받는 기준이 되었다.

1997년 '주간 방송 시간대의 여왕' 이었던 마사는 타임워너 사로부터 〈마사 스튜어트 리빙*Martha Stewart Living*〉 지의 권리를 되찾기 위해 마사 스튜어트 리빙 옴니미디어Martha Stewart Omnimedia 사라는 기업을 설립했다. 이는 실로 천재적인 생각이었고, 이를 통해 마사는 억만장자가 되었다. 마사는 자신이 설립한 모든 사업체들이 옴니미디어 밑으로 들어가게 했다. 이러한 조치로 마사 스튜어트라는 이름은 그 거대한 제국을 이끄는 필수 가치가 되었고 증권인수인들은 마사에게 1억 2200만 달러를 보장하는 생명보험 가입을 적극 권유했다. 마사 스튜어트 자체가 회사였기 때문이었다.

미국적 감각의 권위자라는 명성으로 마사는 옴니미디어의 CEO 자리를 차지할 수 있었다. 마사와 그녀의 이미지는 웹 사이트, 네트워크 TV, 잡지 가판대, 홈쇼핑 카탈로그 그리고 신디케이트 라디오 등 모든 곳에서 볼 수 있었다. 많은 전문가들이 마사의 과다 노출은 결국 바닥을 드러내게 될 것이라고 생각했다. 하지만 영리한 여성기업인인 마사는 한 수 위였다.

1999년 말 마사는 뉴저지 너틀리 시의 매력적인 중산층 소녀에서 억만장자 유명인이 되었고 '미국의 가장 영향력 있는 50대 여성' 안에도 들었다. TV 쇼, 저서, 잡지, 토크쇼 출연자 그리고 K마트 제품을 통해 자신의 이미지를 대중의 마음에 쏟아 부었다. 그런데 갑자기 마사를 유명하고 부유하게 만들었던 것이 그녀의 존재 가치를 위협했다.

2002년 6월 마사가 억만장자 대열에 들어선지 얼마 되지 않아 혜성처럼 떠올랐던 명성과 재산은 상승하던 때와는 비교도 안 되는 속도로 곤두박질쳤다. 〈뉴스위크〉(2002년 7월 1일)가 '엉망진창 마사'라고 표현한 이 사건은, 마사가 임클론 시스템즈 사라는 생명공학 회사의 주식에 대한 내부거래 혐의를 조작한 사건이었다. 2001년 12월 마사는 임클론의 암치료제 어비턱스가 미 식약청(FDA) 승인을 잃기 직전에 임클론 주식 3,928주를 매각했다. 언론은 마사가 매각을 하기 전에 개인적인 친구인 임클론의 CEO 새뮤얼 워크설에게 전화를 걸었다는 사실을 알았고 언론의 무자비한 공격은 시작되었다. FDA의 승인 취소가 공식적으로 발표되지 않았기 때문에 마사는 내부거래금지법을 위반한 것이다.

대중은 부와 명성을 가진 사람들과 애증의 관계를 가지고 있다. 그들의 유명세와 부를 동경하면서도 그들이 누리는 특권을 질투한다. "귀족들을 단두대로 보내라!"고 외치는 찰스 디킨스 소설의 드파르쥬 부인처럼, 대중은 마사의 범죄 혐의에 치를 떨었고 응징을 요구했다. 예상대로 언론은 추문과 소문을 쏟아내며 대중의 분노를 이용했다. 마침내 법무부가 나섰고 스튜어트는 뉴욕증권거래소 이사직을 내놓을 수밖에 없었다.

2003년 6월 마사는 미 연방법원으로부터 9가지 형사 사건으로 기소되었다. 이는 내부거래 혐의와 관련된 것이 아니라 증거 조작 및 인멸을 통해 내부거래 죄를 숨기려한 혐의 때문이었다. 게다가 '마사 스튜어트 리빙 옴니미디어' 사와 관련한 보안사기죄로도 고발당했다. 고발장에는 회사의 CEO인 마사가 자신이 가지고 있는 주식의 주가를 보호하기 위해 임클론과의 내부거래에 대해 허위 진술을 했다고 적혀 있었다. 그녀는 결국 옴니미디어의 CEO 및 회장직에서 사임해야 했지만 여전히 회사 주식의 대주주로 남아 있다.

1년 동안 진행된 임클론 내부거래 사건 조사 동안 옴니미디어 주가는 계속 하락했고 형사소추가 알려지자 주가는 11.20달러에서 9.52달러로 하루만에 15%가 추락했다. 주주들은 마사가 옴니미디어 자체라는 사실을 깨달았다. 마사의 내부거래 혐의 첫 공식 발표부터 형사소추까지의 기간 동안 그녀의 개인 재산은 5억 달러 가까이 추락했다.

어비턱스에 대한 공식 발표가 있은 후에 주식을 팔았다면 임클론 주식에 의한 손해액은 고작 43,000달러였을 것이다. 더욱이 그 매각으로 생긴 수입을 자선단체에 기부만 했어도 227,824달러 정도의 손실로 끝났을 것이고 스캔들은 피할 수 있었을 것이다. 그러나 대략 백만 달러의 4분의 1도 안 되는 돈, 억만장자에게 있어서는 푼돈에 불과했을 그 돈을 잃지 않으려 한 마사의 태도는 대중의 분노에 불을 질렀다. 마사의 대외적 이미지는 손상되었으며 형사소추라는 파멸로 치달은 것이다.

옴니미디어 주식에 끼친 금전적 손실과 함께 마사는 또 증권거래 위원회의 내부거래 고발에 의한 민사소송에도 걸리게 되었다. 마사는 모든 혐의 사실에 대해 무죄를 주장했고 대외 이미지를 회복하기 위해 기나긴 법정 싸움을 치를 준비를 했다. 물론 법정 싸움에서 승리한다 해도 상처를 피하지는 못할 터였다(그러나 그녀는 유죄판결을 받고 5개월간 복역한 후 출소한 지금 여전히 왕성한 기업인으로서의 면모를 과시하며 여러 사업을 추진하고 있다).

마사는 아무리 하찮은 손실이라도 놓치지 않으려 했기에 그런 고통을 겪게 된 것인지도 모른다. 그러나 또한 그러한 성향 덕분에 마사는 그토록 광범위한 제국을 건설할 수 있었고 부와 명성과 권력을 얻을 수 있었다. 마사에 대한 부정적 여론에도 불구하고 그녀는 20세기 천재 기업가 중 한 사람으로 인정받았고, 셰익스피어 비극의 여주인공의 모습으로 비춰지기도 한다.

성장기

| 엄격한 어린 시절 |

마사 코스티라는 1941년 8월 3일 뉴저지 주 저지시티에서 태어났다. 의약품 판매원이었던 아버지 에디는 꽤 똑똑한 인물이었고 엄청난 독서광이었기에 "걸어 다니는 사전"이라는 별명으로 불렸다. 그러나 그는 폴란드 이민자라는 출신이 성공의 걸림돌이라고 생각했다. 이로 인해 애지중지하는 자식은 완벽한 미국인 여성으로서 더 나은 삶을 살 수 있어야 한다고 생각했다. 아버지는 마사의 삶에 가장 큰 영향을 미쳤다.

> "아버지는 나에게 많은 것을 주셨다. 나는 아버지가 가장 아끼는 자식이었던 것 같다. 나는 장녀였기에 아버지를 위해서라면 뭐든지 했기 때문이었다… 나는 상연되는 〈세일즈맨의 죽음〉을 빠짐없이 본다. 그 주인공은 바로 우리 아버지이기 때문이다."

마사의 어머니는 교사 자격증을 가지고 있었지만 여섯 명이나 되는 자녀를 길러야 했기 때문에 한 번도 교단에 서지 않았다.

분명 좋은 뜻에서였겠지만 에디는 거의 병적으로 질서와 완벽을 추구했다. 아버지를 기쁘게 해주기 위해 마사는 필사적으로 노력을 했지만 결코 아버지를 만족시킬 수 없었다. 그런 처절한 몸부림은 마사의 마음에 지워지지 않는 앙금을 남겼다. 마사는 완벽해야 사랑을 받을 수 있다고 생각했으며 이는 마사에게 강박관념이자 특징이 되었다. 고교시절 친구인 바브 하워드는 "마사는 적당히 하는 법이 없었다. 마사는 야심에 가득 차고 매우 경쟁적이었다"라고 밝혔다.

마사가 13살일 때 가장 좋아하던 TV 프로그램은 시트콤 드라마 '아버지는 뭐든지 아셔'였다. 마사에게 있어 TV 안의 가족은 그녀가 결코 보지 못했던 소박하고 행복한 가족의 전형이었다. 마사의 마음에 아버지는 TV 속의 가장 로버트 영이었고 어머니는 앤더슨 부인이었으며 자신은 완벽한 딸 베티 앤더슨이었다. 즉 완벽한 가족, 완벽한 가정이었다. 그러나 실제는 판이하게 달랐다. 에디는 강박적인 독재자였고 어머니는 복종적인 주부였다. 부부 사이는 싸늘했고 사랑스러운 애정을 나눌 시간은 없었다. 그녀의 가정에서는 성취만이 전부였고 사랑은 성과가 있을 경우에만 주어졌다.

마사는 아버지의 분노를 두려워했고 이로 인해 실수를 만들지 않으려는 성향을 보였다. 결과적으로 마사는 아버지의 징벌에 대한 끊임없는 두려움 속에서 성장했다. 그녀는 병적인 완벽주의자와 과잉 성취자가 되었다.

사춘기가 지나자 완벽의 공주 마사는 육체적으로나 정신적으로 성숙했다. 조각같이 아름다운 마사에게 많은 남학생들이 따를 법도 했지만 냉담하고 비사교적인 태도는 남학생들을 주눅들게 했다. 뉴저지 학창시절 친구에 의하면 마사는 똑똑하고 예쁜 여학생이었지만 그로 인해 모든 남자들의 기를 꺾어놓았다.

| 정규 교육 |

초등학교 시절 마사는 교사인 아이린 웨이어와 가까워졌고 그녀를 우상으로 삼았다. 뛰어난 패션 감각, 까다로우면서 매우 여성스러웠던 웨이어는 부엌을 떠나는 일이 없는 평범한 마사의 어머니와는 정반대로 세련되고 우아한 옷을 차려입는 전문직 여성이었다. 웨이어는 마사가 동경하는 모든 것이었다.

긴 다리의 금발 미녀가 된 15살의 마사는 기차를 타고 맨해튼으로 가 클래롤 사, 라이프부이 사, 번위트 텔러 백화점의 광고 모델이 되었다. 처음으로 전국에 마사의 얼굴이 알려진 것은 인기 TV 프로그램 '팰러딘'이 방송될 때 나오던 라이프부이 비누 광고와 번위트 텔러 백화점 광고를 통해서였다. 1950년대에는 깔끔한 이웃집 소녀 스타일이 유행이었다. 신선하고 예쁜 얼굴의 마사는 광고계에서 인기가 높았고 많은 광고 일을 할 수 있었다.

1959년 17살이 된 마사는 뛰어난 성적으로 너틀리 고등학교를 졸업하고 뉴욕 컬럼비아 대학 내의 버나드 여대에 입학했다. 예쁜 외모에 세심하게 공을 들여 고른 옷을 입었던 마사는 모델로서 인기를 끌었다.

대학 신입생 시절 마사는 예일 법대 2학년생 앤디 스튜어트Andy Stewart를 소개받았다. 대부분의 남학생들이 마사의 영민함과 미모에 주눅이 들었지만 세계 곳곳을 누벼본 앤디는 달랐다. 부모를 따라 전 세계를 여행한 앤디는 유럽을 고향처럼 드나들었다. 큰 키에 잘생기고 세련된 앤디는 마사를 사로잡았고 둘은 떨어질 수 없는 사이가 되었다. 결국 마사가 19살이 되던 1961년 7월 결혼했다. 1년 후인 1964년 마사는 미술사 학사 학위를 받고 졸업했다.

정상을 향하여

| 당당한 전진과 처참한 실패 |

마사 스튜어트의 정상을 향해 돌진하는 지칠 줄 모르는 추진력은 누구도, 아무것도 막을 수 없었다. 제리 오펜하이머는 앤디와의 결혼이 마사의 "독선적이며 교만한" 계획의 일부였다고 서술하고 있다. 앤디가 가난한 대학생임에도 유명 보석상 해리 윈스턴에서 다이아몬드 약혼반지를 사서 마사를 놀래주려 했던 일은 마사의 끝없는 욕심을 잘 드러내는 일화이다. 반지를 보자 마사는 앤디에게 "마음에 들지도 않고 갖고 싶지도 않다"고 말했다. 그 순간 앤디는 미래의 아내가 완고하고 이기적인 여성이라는 것을 눈치챘을 지도 모른다. 마사는 앤디에게 자신이 직접 반지를 고르게 해달라고 부탁했다. 그는 양보했고 이러한 방식은 결혼생활 내내 반복되었다.

대학 졸업 후 마사는 1965년 외동딸 알렉시스를 낳을 때까지 모델 일을 계속했다. 2년 후 마사는 '모네스, 윌리엄스와 사이델' 증권거래회사에서 주식중개인으로 일하기 시작했고 60년대 후반이 되자 1년에 13만 5천 달러를 버는 최고의 주식중매인이 되었다. 20대 후반이었던 마사는 긴 다리를 드러내는 짧은 반바지를 입고 남성 권위의 보루인 월스트리트를 누볐다. 세련되고 우아하면서 타협 없는 당당한 스타일로 유가증권 거래를 처리하는 마사는 1970년 침체기 직전까지 성공가도를 달렸다. 그러나 마사의 상사가 레비츠 가구 사(후에 파산함)와 같은 위험부담이 큰 주식의 판매를 추진하면서 추락의 그림자가 그녀를 덮쳤다. 결국 친구들을 포함한 많은 고객들과 마사는 돈을 날렸다.

| 사업가로서의 출발 |

1973년 증권시장의 거품이 빠질 때 그녀는 바닥으로 추락하고 말았다. 그러나 그녀는 패배와 거부에 대처할 방법을 찾을 수 없었다. 마사의 권유로 증권을 산 친구들과 가족의 피해가 눈덩이처럼 불어났고 결국 그녀는 코네티컷 주 웨스트포트의 시골로 물러나 조용히 은둔했다. 마사는 정서적 신경쇠약으로 고통을 받았다.

어느 정도 회복된 후 그녀에게 모델 시절 친구 노마 컬리어가 찾아왔다. 노마와 마사는 지나간 모델 경력을 뒤로 하고 함께 사업을 벌일 수 있는 가능성에 대해 이야기했다. 이야기를 하는 동안 그 지역에서 할 수 있는 출장요리 사업을 구상했다. 1974년 페미니스트 운동으로 여성들이 전문직업을 가질 수 있는 기회가 많아지면서 사업 성공의 가능성도 높았다. 전기 작가 크리스토퍼 바이런은 이렇게 말했다.

> "노마와 마사는 그 어떤 출장요리 비즈니스와도 차별화된 서비스를 제공하며 나타났다. 마치 그 집의 주부가 혼자서 모든 일을 한 것처럼 보이게 하는 출장요리 서비스였던 것이다!"

마사와 노마는 출장요리 서비스 '손맛 그대로'를 절반씩 출자하여 공동 창업했다. 그들의 사업은 아직 열리지 않은 틈새시장을 예고한 것이었다. 그들이 파티 음식을 만들었던 이웃들 중에는 폴 뉴먼,

로버트 레드포드와 같은 유명인들도 있었다. 마사의 재능과 세부 사항까지도 놓치지 않는 완벽주의는 차별화된 감각을 원하는 웨스트포트의 부자들에게 이상적이었다.

몇 달 지나지 않아 두 동업자 사이에 마찰이 생기기 시작했으며 결국 1975년 초 그들의 사업은 공동창업 6개월만에 분해되었다. 노마는 그 이후로 지금까지 마사에 대한 악감정을 버리지 못하고 있다. 마사는 출장요리 사업을 계속했고 '마켓 배스킷'이라는 가게를 열었다. 사업은 즉각적인 성공을 거두었고 1977년 1월 1일, 마사는 '마사 스튜어트 회사Martha Stewart Inc.'라는 법인회사를 설립하게 된다. 그녀는 이제 성공을 향해 달려가기 시작했다.

| 대히트의 신화 |

한편 남편 앤디는 '해리 에이브럼즈Harry Abrams' 출판사의 CEO 겸 사장이 되었다. 성공은 준비된 자가 기회를 만났을 때 찾아온다는 말이 있다. 1980년 앤디가 맨해튼에서 있을 대규모 출판기념회 파티를 준비해달라고 했을 때 마사는 분명 '준비'되어 있었다. 파티에 참석했던 크라운 북스의 사장 앨런 메이큰은 마사와 그녀의 요리 솜씨에 매료되었다. 그는 출장요리와 손님접대 기술에 관한 책을 써보라는 제안을 했다. 글재주가 없었던 마사는 벳시 와인스탁을 대필자로 고용했다. 2년에 걸친 작업 끝에 〈엔터테이닝Entertaining〉이라는 제목으로 책이 출간되었다.

1982년 책이 출판되자 요리비평가들은 신랄하게 비난했지만 〈엔터테이닝〉은 50만 부가 넘게 팔리는 베스트셀러가 되었다. 마사는 그때 여성들이 필요로 하는 것은 요리책이 아니라 '우아하고 단란하며 따뜻한' 가정에 대한 환상이라는 것을 알고 있었다. 크리스토퍼 바이런은 다음과 같이 말했다.

> "엔터테이닝은 사실 요리책이 아니라 1980년대가 시작되면서 미국인의 일상에 스며들기 시작한, 근사하고 우아한 새로운 스타일에 대한 안내였다."

첫 번째 책의 성공으로 마사는 같은 시장을 공략한 책들을 더 썼다. 〈퀵쿡*Quick Cook*〉, 〈오르되브르*Hors d' Oeuvres*〉, 〈파이와 타르트 *Pies&Tarts*〉 그리고 〈웨딩*Weddings*〉과 같은 책들이 1983~87년에 연달아 간행되었다. 마케팅 측면에서도 성공적이었지만 이 책들은 마사를 요리와 손님 접대의 최고 권위자로 우뚝 솟게 했다. 마사는 대중적 이미지를 만드는 브랜드의 역할을 이해하고 있었다. 이제 '마사 스튜어트'라는 이름은 상품이 된 것이다.

| "K마트 고객 여러분 주목하시기 바랍니다" |

1987년 마사의 명성이 퍼지면서 그녀는 바바라 로렌 스나이더로부터 한 통의 전화를 받게 된다. 바바라는 K마트의 대외 이미지를 개선할 수 있는 대변인 역할을 찾고 있었다. 할인점 K마트는 젊은 엘리트층의 증가로 시장점유율이 심각하게 축소되고 있었다. 이러한 부유층 고객을 잡기 위해 K마트는 '차별화된 감각'으로 널리 알려진 인물이 필요했다. 고상한 살림의 여왕 마사보다도 더 나은 인물이 있었을까? 6개월에 걸친 교섭 끝에 마사는 K마트의 컨설턴트가 된다는 5년 계약을 맺었다. 결과적으로 마사는 K마트로 하여금 교묘하게 마사의 회사에 큰돈을 투자하게 만들어 원래의 계약과는 달리 마사가 K마트로부터 더 많은 돈을 끌어들일 수 있게 되었다.

| 거짓된 행복 |

마사가 기업가로 향하는 계단을 오르기 시작하는 동안 남편 앤디와의 관계는 점차 악화되었다. 마사는 사업에서 받는 스트레스로 끊임없이 남편을 괴롭혔고 바라는 대로 일이 진행되지 않으면 화를 내며 잔소리를 퍼부었다. 확인되지는 않았지만 그즈음 앤디가 불륜 관계를 맺고 있다는 소문도 퍼지기 시작했다. 여하튼 수년 간 쌓여온 앤디의 분노와 증오심은 결국 1987년 터져 버렸고, 앤디는 26년간의 결혼생활을 정리하고 마사를 떠났다. 지루한 소송과 상대방에 대한 신랄한 비난 끝에 1990년 이혼이 확정되었다. 앤디는 그 후 마사의 조수였던 로빈 패어클러와 재혼했다.

| 책에서 TV로 |

마사는 계속해서 일에 더 많은 시간과 에너지를 쏟아 부었다. 거의 모든 페이지에 자신이 등장하는 〈마사 스튜어트 리빙*Martha Stewart Living*〉의 창간을 위해 타임워너 사와 협상했다. 타임워너는 마사로 도배하다시피 한 잡지의 판매 가능성에 회의적이었다. 그러나 여자들이 원하는 것에 대한 마사의 통찰력 있는 이해는 이번에도 적중했다. 1991년 11월 발행된 잡지 시험호는 매진되었고, 전화 신청을 통한 정기구독 신청 건수는 10만을 넘었다.

1990년대 초가 되자 마사는 TV에 자주 등장했다. 유명 아침 토크 쇼와 뉴스쇼에서 자주 볼 수 있는 출연자가 되었으며 미국의 아이콘이 되어 있었다.

> "(마사는) 어느 곳에서나 만날 수 있는 이 시대의 얼굴이 되었다. 뉴욕 타임즈에서 말한 것처럼 마사는 너무나 유명해져서 이제 성이 필요 없을 정도였다. 마돈나, 재키처럼 그저 마사가 된 것이다."

1993년 1월 '마사 스튜어트 리빙' TV 시리즈를 방송하기 위해 그룹 W 프로덕션과의 계약이 이루어졌다. 시범 방송이 나갔을 때 방송 관계자 중 일부는 시청자들의 반응에 회의적이었다. 남성 마케팅 담당자들의 눈에 마사의 쇼는 공허했다. 그러나 아침 방송의 주를 이루는 여성 시청자들에게 마사의 쇼는 어마어마한 성공이었고 30분 분량이 곧 1시간으로 늘어났다. 1996년에는 아침 방송 중 가장 인기 있는 여성 프로그램이 되었다. 1998년에는 주 1회 방송에서 매일 방송으로 바뀌었다. 마사는 다시 한 번 자신의 시장을 누구보다도 잘 알고 있음을 보여준 것이다.

| 크로스플랫폼 미디어의 1인 체제를 향하여 |

1997년 초 마사는 마사 스튜어트 리빙 옴니미디어라는 회사 아래 자신의 모든 법인 사업체를 통합시켰다. 이 회사는 다른 미디어 형태로 되어 있는 제품을 팔기 위해 또 다른 미디어 형태를 이용하여 인쇄물, TV, 인터넷 등과 같은 여러 가지 다른 미디어 사를 소유하는, 소위 최초의 크로스플랫폼cross-platform 형태의 기업이었다. 1997년 뛰어난 재정 고문이던 섀론 패트릭의 도움으로 마사는 4,800만 달러를 내고 타임워너로부터 〈마사 스튜어트 리빙〉의 권리를 사들였다. 4,800만 달러 중 1,800만 달러는 즉시 지불해야 했고, 3천만 달러는 4년 안에 지불하기로 했다. 1,800만 달러의 의무 지불을 이행하기 위해 마사는 또 다른 협상으로 K마트로부터 받은 1,600만 달러를 사용했고, 자신의 돈은 2백만 달러만 썼다. 3천만 달러 미납분을 지불하기 위해 마사는 영리한 생각을 해냈다. 새로운 회사를 상장하고 나머지는 주식으로 지불한 것이다.

1998~99년 동안 증권시장은 초강세를 유지했다. 나스닥 종합지수는 80%로 치솟았고 닷컴기업들의 기업공개가 뜨거웠다. 주식상장으로 올라간 주식은 세 배에서 네 배로 뛰어오르기 일쑤였다. 이런 상황에서 마사 스튜어트는 기업공개를 결정한 것이다. 1999년 10월, 시장이 붕괴된 지 꼭 12년 만에 마사는 주당 18달러로 뉴욕증권거래소에 상장되었다. 이 가격으로 주식이 팔린다면 마사의 순자산은 6억 달러가 될 것이었다. 그런데 주가는 즉시 37.25달러로 치솟았고 마사의 순자산은 12억 달러가 되었다. 억만장자가 된 것이다!

마사는 이제 정상에 올라섰다. 새 회사의 기업공개는 놀라운 성공을 거두었고 마사는 이제 세계에서 가장 부유한 여성 중 한 사람이 되었다.

| 마사 스튜어트의 연대기 |

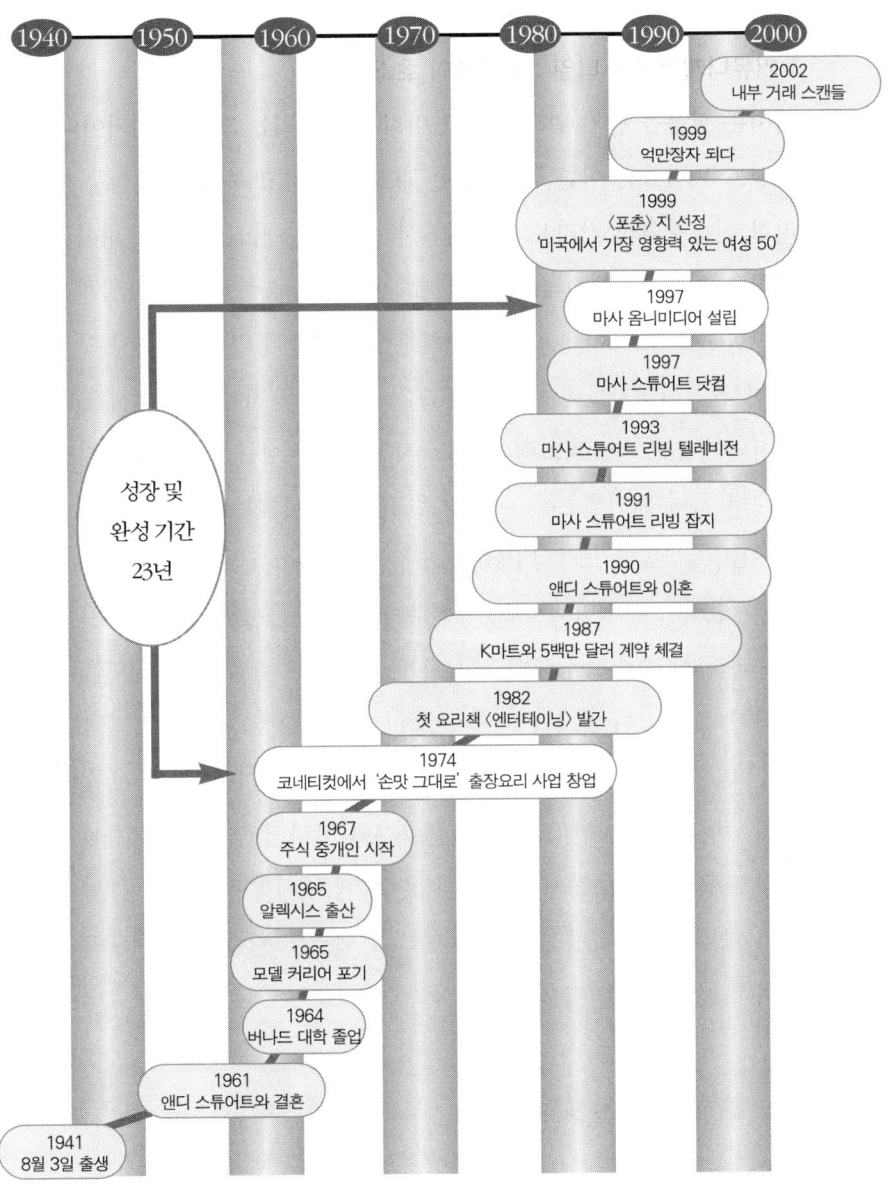

1940 | 1950 | 1960 | 1970 | 1980 | 1990 | 2000

2002
내부 거래 스캔들

1999
억만장자 되다

1999
〈포춘〉지 선정
'미국에서 가장 영향력 있는 여성 50'

1997
마사 옴니미디어 설립

1997
마사 스튜어트 닷컴

1993
마사 스튜어트 리빙 텔레비전

1991
마사 스튜어트 리빙 잡지

1990
앤디 스튜어트와 이혼

1987
K마트와 5백만 달러 계약 체결

1982
첫 요리책 〈엔터테이닝〉 발간

1974
코네티컷에서 '손맛 그대로' 출장요리 사업 창업

성장 및
완성 기간
23년

1967
주식 중개인 시작

1965
알렉시스 출산

1965
모델 커리어 포기

1964
버나드 대학 졸업

1961
앤디 스튜어트와 결혼

1941
8월 3일 출생

성격 분석

| 커뮤니케이션 스타일 : 환상에의 호소 |

마사는 상품을 팔기 위해 진실도 미화시켜 버리는 드림 메이커이다. 도널드 트럼프는 이를 "악의 없는 과장법"이라고 부른다. 이렇듯 예리한 선정주의적 감각은 언론계에서는 강력한 자산이 된다. 마사는 평범한 것을 더 매력적으로, 더 고상하고 더 훌륭하면서 특별하고 웅장한 것으로 보이게 만드는데 천부적인 재능이 있다.

마사는 시청자들이 자극될 필요가 있다고 생각하면 자극시켰다. 마사의 주간 TV 프로그램의 주요 시청자들은 상류층이 아니었지만 케네디 가나 벤더빌츠Vanderbilts 가와 같은 부자들의 생활을 환상적으로 꾸며냄으로써 보통사람들의 상류 사회 라이프스타일에 대한 동경을 이용했다. 평범한 미국 중산층 시청자들이 감당할 수 없는 제품들을 소개했지만 너무나 세심하게 표현되었기에 그 상품들은 팔려나갔다. 그것이 마사의 마술이었다.

한 번은 시청자들에게 비누를 직접 만드는 방법을 소개한 적이 있었다. 비누는 평범한 생필품일 뿐이라고 말하던 진행자 래리 킹은 이렇게 물었다. "그렇지만 마사, 비누는 세 개에 5달러면 살 수 있어요. 시청자들이 왜 당신의 비누 만들기 세트를 원할 거라고 생각합니까?" 마사는 열정적으로 말했다.

"여성들은 공예를 좋아합니다. 제 상품은 공예예요. 그리고 이건 돈이 문제가 아닙니다. 저렴한 가격으로 더 나은 물건을 살 수 있는 기회가 되는 겁니다."

1990년대 초 방송사들은 마사의 쇼가 일시적 유행이라 반짝하고 사라질 것이라고 생각했다. 그러나 실행 불가능한 내용임에도 불구하고 마사의 쇼는 계속 높은 시청률을 유지해 베테랑 제작자들조차도 놀라움을 금치 못했다. 주간 방송의 여왕 마사는 시청자들을 상상으로나 할 수 있는 파티로 초대했다. 지칠 줄 모르는 수요로 시청률은 계속 오르고 그 순환은 계속되는 것이다. 마사는, 주간 방송은 오락이 우선이고 정보 전달은 그 다음임을 입증했다. 시청자들에게 마사 스튜어트는 부와 환상의 세계로 가는 탈출구였던 것이다.

| 직관적인 스타일 : 프로메테우스 |

"나는 내가 공상가라고 생각한다." 2001년 여름 래리 킹이 성공의 비결이 무엇이냐고 묻자 마사는 이와 같이 답했다. 많은 통찰력 있는 여성들과 마찬가지로 마사는 항상 어떤 것이 통할 지에 대한 혜안을 갖고 있었다. 오프라 윈프리처럼 마사는 시청자들이 무엇을 원하는지를 눈치채고 이를 제공해주는 특별한 재능이 있었다. 마사의 법률 고문 앨런 그럽맨은 이렇게 말했다.

"마사의 사업 접근 방식은 거의 항상 직관과 창의성에서 나온다."

스튜어트는 프로메테우스와 같은 독창적인 성격을 가지고 있다. 그녀는 본능의 소리를 듣지만 이를 바탕으로 이성적으로 실천에 옮기는 직관적 사고자이다. 마사는 열정과 불굴의 의지로 부와 명성을 성취할 수 있었다. 마사의 놀라운 점은 단지 그녀가 부유하고 유명해졌기 때문이 아니라 자신과 하등의 공통점도 없는 사람들을 따라가며 이룩해 냈다는 점이다. 마사가 성인이 된 이후로 한 번이라도 낮 시간에 집에 앉아 방송을 시청했겠는가? 마사가 보여주는 최고 제품들의 대부분이 실현 불가능하고, 완전히 환상에 불과하지만 그녀는 당연한 현실인 듯 보여주었다.

| 열정에 의해 불붙은 창의성 |

열정이 성취의 모든 것이라는 사실은 이미 수많은 전례를 통해서도 알 수 있다. 몰입 상태가 된 사람들은 그 활동에 너무나 몰두한 나머지 다른 어떤 것에도 관심을 가지지 않는다. 그 경험 자체를 너무나 즐기다 보니 사람들은 큰 대가를 치르고 위험을 감수해야 함에도 기꺼이 뛰어드는 것이다. 자끄 바르장Jacques Barzun은 〈창조성의 패러독스The Paradoxes of Creativity〉(1990)에서 다음과 같이 썼다.

> "광적 열정과 열정적 광기는 왜 정신병적 사람들이 창조자가 되고,
> 왜 그들의 창의물이 완벽하게 이성적인지에 대한 이유가 된다."

마사는 흠 하나 없는 완벽한 쇼를 제작한다는 완벽한 기록을 보유하고 있다. 그녀는 따뜻하고 포근한 매력적인 여성의 분위기로 다가왔지만 사실 그 이미지는 진실을 감추고 있다. 마사의 내부에는 성취를 향한 마법 같은 원동력인 내적 불안감이 존재한다. 무대의 불

이 꺼지는 순간 미소짓던 마사는 서둘러 새로운 세계를 정복하려는 참을성 없는 지배자로 돌아간다. 마사의 직원들은 마사의 방식대로 하지 않으면 즉시 해고라는 사실을 잘 알고 있다.

피카소의 연인이었던 프랑소와 지요는 "나는 그의 자석 같은 매력에 사로잡혔다. 그는 일과 섹스에 열정을 가지고 있다"라고 말했다. 많은 사람들이 열정을 섹스와 혼동한다. 이 둘은 같은 것이 아니다. 열정은 내적 원동력이고 섹스는 육체적 행동이다. 당연하지만 몇몇 열정적 사람들은 높은 성적 충동이 있다. 그러나 다른 이들은 프로이트가 말한 것처럼 "성적 에너지를 일 에너지로 승화"시킨다.

일 관계로 마사를 아는 모든 이들은 그녀가 강한 열정을 가진 여성이라고 말하는 반면 좀더 깊이 아는 사람들은 그 열정이 성적 충동으로 나타나지는 않는다고 말한다. 살림의 여왕으로서 유혹적인 모습을 드러내고, 의심할 여지없이 매력적이지만 마사의 친구들은 그녀가 냉정하기 짝이 없다고 말한다. 마사의 비판자 중 한 명인 마거릿 탤버트는 "마사는 부엌의 이상주의자이다. 아름다움이라는 이름 하에 부엌 안 모든 도구들을 경멸한다"라고 말했다. 이것이 완벽함과 아름다움의 사명을 띤 여성, 마사의 본질이다.

왜 스튜어트는 그렇게 많은 비난을 받았을까? 한 가지 이유는 마사는 한 걸음 물러서서 다른 이들과 같은 인생을 살기를 거부하기 때문이다. 평범한 속도로 인생을 사는 이들에게 시속 240km로 고속 질주하는 인생은 이해하기 힘들다. 마거릿 대처 전 수상, 마돈나에 대한 글을 보아도 이와 같은 부정적 의견들을 볼 수 있다. 불타는 본능이나 심적 에너지를 가진 이들은 고독한 인생에 익숙해지지 않으면 잠재의식 속에 쌓이는 끝없는 스트레스와 함께 일생을 보내야 한다.

| 위험성에 대한 성향 |

기업가들은 벼랑 끝 인생을 산다. 이는 마사도 마찬가지다. 마사는 아프리카에서 등산을 즐기고 알래스카에서 낚시를 하며 "어떤 것에 대해서도 두려워하거나 불안해하는 법이 없다." 메인 주에서 휴가를 보내면서 그곳에 푹 빠진 마사는 마운트데저트 섬에 25만 평방미터에 달하는 웅장한 별장을 구입했다. 1925년 에절 포드가 건축한 이 집은 감탄을 자아내는 70개가 넘는 방이 있는데, 이에 대해 마사는 기자들에게 "사람들은 이 집에 경외심을 느끼지만 나는 전혀 압도받지 않는다"라고 말했다.

무슨 일을 하든 두려움이 마사의 발목을 잡은 적은 없었다. 1986년 7월 1일 마사와 앤디는 리모델링에 관한 TV 쇼를 만들기 위해 이웃에 있던 애덤스 하우스라는 집을 53만 5천 달러에 구입했다. 그러나 부부 사이는 갈라지고 있었기 때문에 마사는 이혼소송에 대비해 남편의 소유 부분을 사야 했다. 마사는 그 집을 소유하고 있는 사람이 자신임은 밝히지 않은 채 위험을 무릅쓰고 K마트 측에 그 집을 구입토록 했다. K마트가 당시 그 사실을 알았다면 마사는 TV 프로젝트뿐 아니라 K마트와의 계약도 위험에 빠트릴 수 있었다.

완벽은 마사에게 있어 비용보다도 훨씬 중요한 것이었다. 출장요리사에서 멀티미디어 여왕이 되기까지 마사는 많은 위험을 뛰어넘었고 그녀가 걸어온 길에는 많은 희생자가 생겨났다. 이것이 천재 기업가의 길이다. 인간관계를 희생시키지 않으려는 이들은 정상까지 달려가야 하는 게임에서 승리하지 못하는 경우가 많다.

| **격렬한 성격 : 열정적 완벽주의** |

많은 성공적인 기업가들과 마찬가지로 마사는 누군가와 같이 일하거나 같이 살기에 쉬운 사람이 아니다. 정상을 향해 질주하던 상당 기간 동안 마사는 배우자가 없는 상태였다. 마사를 위해 일하는 사람이라면 자신 위에 마사가 있다는 것을 알아야 한다. 모른다면 더 이상 그 아래에서 일할 수 없다. 마사와 함께 일한 적이 있는 동료들은 "핵탄두가 드러난 미사일 같다"라고 묘사했다.

마사의 완벽에 대한 강박관념은 실패를 용납하지 않는 아버지를 만족시켜야 했던 어린 시절부터 시작되었다. 마사의 아버지는 술고래였고 충동적 성격의 전형이었다. 아버지는 마사에게 끊임없이 "마음만 먹으면 무엇이든 할 수 있다. 노력만 하면 된다"라고 말했다. 정상에 오른 이후로 마사는 더 이상 아버지의 기대를 만족시킬 필요가 없었지만 마음속의 악마는 계속해서 그녀를 괴롭혔다. 마사는 인생에서 아무리 하찮은 일이라도 최고가 되어야 한다는 생각을 바꿀 수 없었다.

자신의 일에 대해 엄청난 열정을 쏟는 사람들은 그만큼 불안정하며 자신의 가치는 긍정적인 성과에 달려있다고 생각한다. 항상 옳아야 하고 그렇지 않으면 정서적 혼란에 빠지는 것이다. 마사는 두 가지 면을 보여주고 있다. 즉 완벽으로 향하는 길은 열정이며 그러한 열정은 완벽주의자와 그 주변 사람들의 희생을 요구한다. 열정적인 사람들은 더 짧은 시간 안에 더 많은 일을 해야 한다는 충동 때문에 일중독자가 되는 경향이 있다. 홀리데이 인의 창립자 케먼스 윌슨은 "나는 하루의 절반 정도를 일할 뿐이다. 오전 12시간이기도 하고 오후 12시간이기도 하다. 어느 쪽 절반인가는 상관없다"라고 했다.

일중독 기업가들에게 시간은 아무 의미가 없다. 사업 문제를 논의하기 위해 자정이건 아침 7시건 전화를 걸어댄다. 하루 24시간, 주 7일 지칠 줄 모르고 일하는 마사가 타임워너 회장에게 일요일에 전화를 걸었다는 사실은 이러한 성향을 잘 보여준다. 회장인 그에게 감히 누구도 일요일에 전화를 거는 일은 없었다. 그러나 마사와 같은 광적인 일중독자는 시간에 따라 움직이는 것이 아니라 행동으로 나서는 것이었다.

마사는 거의 광적으로 격렬한 성격이며 만성불면증 환자이다. 그리고 양극성 성격의 특징을 많이 가지고 있다. 그녀의 격렬함은 타의 추종을 불허한다. 조증(躁症) 증세를 보이는 사람들은 동시에 여러 가지 일들을 실수 없이 해내기도 하는데 마사는 이러한 특징을 가장 잘 드러낸다. 마사는 래리 킹과의 인터뷰에서 "잠을 많이 잘 필요가 없다. 밤에 4시간 정도 자지만 그 이하로 자도 끄떡없다. 여전히 주 7일을 일하고 때로 하루 24시간 일한다"라고 말했다.

| 자아상 |

마사는 자신이 틀렸을 때에도 옳다고 믿는다. 거만한 이기주의가 마사의 행동을 지배하고 마사의 모든 행동에는 자신감이 가득하다. 마사의 이러한 성격적 특징은 TV에서도 조금씩 드러나지만 매력적인 겉모습에 가려져 있는 것이다. 무대 뒤 마사는 전지전능하며, 그녀의 심기를 거스른 사람은 지옥을 맛보는 것이다. 회사에서 마사는 독재자로 군림했다. 회사 사교 행사가 있을 때면 마사는 무대의 중심이었고 마사가 자리를 뜨는 순간 행사는 끝났다. 파티에서 자신이 중심이 되지 않으면 다른 파티를 찾았다. 이런 사람들은 추종자를 끌어 모으기 마련이어서 마사의 경우 한 무리의 팬을 몰고 다녔다. 기업가가 비전을 가지고 있으면 추종자들은 그 모험에 동참하기 위해 기꺼이 한 배에 올라탄다.

카리스마의 이면에는 비전을 추구하기 위해 복종을 강요하는 지배적이며 오만한 본질이 숨어있다. 앤디가 마사에게 그녀의 책 〈엔터테이닝〉의 출간을 돕는 데 이틀 정도 밖에 시간을 낼 수 없다고 말했을 때 이러한 면은 유감 없이 드러났다. 앤디가 주로 유럽 시장과 연관된 출판사의 사장이라는 점을 고려할 때 이는 상당히 후한 배려였다. 그러나 마사는 불같이 화를 퍼부었다. 집으로 돌아가는 동안 마사는 히스테릭하게 격분하며 달리는 차에서 뛰어내렸다. 마사의 계략은 성공했다. 앤디는 일주일을 투자하여 아내의 일을 도왔지만 그 일은 오래가지 못할 결혼 생활의 또 하나의 일화가 되었을 뿐이다.

| 공격적인 성격의 소유자 |

성취 욕구가 강한 사람들에게는 불같이 화를 내는 성격이 많은 편이기는 하지만 마사가 그러한 성격의 소유자로 유명한 이유는 그 정도가 심하기 때문이다. 1970년대 마사와 친구 질 보저가 함께 웨스트포트에서 가족 소풍을 계획했는데 마사는 세심한 정성을 들여 왕의 식사로도 손색이 없는 어마어마한 소풍 바구니를 준비했다. 그런데

질이 차를 후진하다가 그 바구니를 넘어뜨리자 마사는 친구를 향해 폭언을 퍼부었다. 보저는 이렇게 증언한다.

> "마사는 광분한 정신병자처럼 고래고래 소리를 질렀어요. '이 망할 멍청아! 천치 같은 ××년!!' 이라고 괴성을 질렀죠."

당연히 그들은 두 번 다시 서로 만나지 않았다.

수많은 정열적 기업가들처럼 마사는 깨어 있을 때 정신 없을 정도로 깨어 있고, 침체되어 있을 때는 바닥을 칠 정도로 침체에 빠진다. 이렇게 변덕스럽다 보니 변화의 폭도 심하여 마사는 매혹적인 여성에서 단번에 거칠게 날뛰는 심술쟁이가 되어버리는 것이다. 남자들은 마사의 매력에 사로잡히기 일쑤였고 여자들은 그녀에게 넋을 잃었다. 한 웨스트포트 친구는 마사를 "철면피의 의욕 넘치는 여성 사업가"라고 표현했다.

한 번은 TV 시사 프로그램 '식스티 미닛'에서 앤디 루니가 인터뷰를 하면서 마사에게 아이스크림을 만들 때는 계란을 넣지 말라고 충고했다. 마사가 그의 사려 깊은 충고를 무시하자 그는 그만의 독특한 어조로 "마사는 어려운 사람이 아니다"라고 말한 후 웃으며 "완전히 불가능한 사람이다"라고 말했다.

뜻대로 풀리지 않으면 공격적 성격이 되는 품위 있고 매력적인 여성인 마사는 모순의 연구대상이라고 할 만도 하다. 고교 시절, 살림의 여왕이 될 마사는 가정 살림과 연관된 모든 것을 경멸했고 어머니를 "부엌에서 나올 줄 모르는 노예"라며 조롱했다. 마사는 가정과 교사에게 이렇게 말한 적이 있었다.

"우리 어머니는 뜨거운 스토브 앞에 서서 요리하는 것밖에 몰라요. 그렇게 한다고 누가 알아주기나 할까요? 종일 노예처럼 일만 해요. 그렇지만 나는 좀더 보람 있는 인생을 살고 싶어요. 반드시 그렇게 할 거예요."

마사의 성격에서 가장 모순적인 것은 TV를 통해 남편을 맹목적으로 떠받들고 남편을 행복하게 하는 데 전력을 다하는 평화로운 시골 마을 주부의 모습인 '스텝포드 와이프Stepford Wife'의 이미지로 자신을 보여준다는 것이다. 완벽한 안주인, 완벽한 파티 주최자, 완벽한 친구인 것이다. 그러나 현실에서 마사는 스텝포드 와이프와는 한참 거리가 멀었다.

마사의 남동생 프랭크는 마사 부부와 한동안 지낸 후 친구에게 "마사가 앤디를 개 다루듯 한다"고 말했다. 객관적으로 앤디는 헌신적인 남편이었지만 마사의 횡포를 참아내기 힘들었다. 1987년 얄궂게도 남편에게 헌사된 〈마사의 웨딩Martha's Weddings〉 홍보 여행 중 앤디는 "돌아오지 않을 것"이라는 쪽지를 남기고 집을 나갔다. 집에 돌아온 마사는 격분하며 길길이 날뛰었다. 같이 살던 요리사 비키 네그린은 마사가 자살이라도 할까봐 두려웠고 정신과 치료를 받는 것이 어떻겠냐고 제안했다. 불굴의 마사는 이렇게 말했다.

"그따위는 나에게 소용없어. 나는 달라. 나는 항상 정신과 의사들보다도 똑똑하니까. 그 사람들도 나에게는 못 당해."

업적과 명예

| 위대한 성공 |

가장 신랄하게 마사를 비난하는 사람들도 마사가 미국 라이프스타
일에 엄청난 영향을 미쳤다는 사실을 인정한다. 마사가 정상에 우뚝
선 것은 하룻밤 사이에 일어난 일이 아니었다. 1973년 코네티컷 자
택에서 출장요리 사업을 시작한 그때부터가 출발이었다. 그러나 마
사의 본격적 명성은 현재 30쇄를 인쇄하고 50만 부가 팔린 첫 책 〈엔
터테이닝〉을 출판한 1982년에 시작되었다. 1990년대 들어 마사는
TV와 다양한 저서로 입지를 굳혔고, 마사 스튜어트라는 브랜드는
도처에서 찾을 수 있으며 그 브랜드 하에 출간된 34권의 저서에 대
해 마사는 "공동 상승효과를 내는 제품들"이라고 부른다.

오프라 윈프리는 마사의 상승일로를 "쿠키 베이커에서 억만장자
로의 변신"으로 표현한다. 보잘것없는 시작에서 거인을 탄생시켰고
그녀는 1999년 연차보고에 태양을 중심으로 도는 행성들처럼 자신
의 회사를 "회사들의 태양계"라고 묘사했다. 물론 이러한 은유를 통
해 마사 자신이 태양을 상징한다는 것을 표현했다.

2002년 마사는 여전히 160만 시청자들이 시청하는 두 개의 낮 시
간대 방송 쇼에 출연한다. 또한 마사가 쓰는 두 개의 신문 칼럼은

233개 신문에 실리고 라디오 쇼는 227개 라디오 스테이션에 배급되며 웹 사이트(marthastewart.com)에는 170만 회원이 가입되어 있고 마사가 독점으로 다루는 웨지우드 자기 세트가 실려 있는 〈마사 바이 메일Martha by Mail〉 쇼핑 카탈로그에는 3천여 개 제품이 실려 있다. 결정적으로 17억 달러 수입을 올리는 K마트의 5천 여 '마사 스튜어트 에브리데이' 제품은 그 영향력을 잘 보여준다. 그러나 K마트가 파산함에 따라 현재 마사의 제품 라인도 불확실한 상태에 놓여 있다. 마사의 이름은 방송 언론계에 너무나 광범위하게 스며들어 광고계에서는 마사를 하나의 브랜드로 묘사한다.

그러한 열정의 전리품은 마사의 호화로운 집들을 봐도 알 수 있다. 그녀는 현재 스카이랜즈라고 알려진 메인 주 섬에 위치한 별장과 두 개의 화려한 주택을 소유하고 있다. 마사의 집 7채들은 모두 22개의 부엌으로 꾸며져 있다. 이 모두가 폴 뉴먼, 로버트 레드포드와 랄프 로렌과 같은 유명인들의 파티 음식을 내놓았던 출장요리 사업을 통해 얻은 것이다. 〈마사 스튜어트 리빙〉은 여전히 급성장하고 있는 제국의 중심축이다. 1980년대에 이 잡지는 잡지 가판대에 진열되자마자 팔렸고 현재는 마사 제국의 중요 제품이 되었다.

카리스마 넘치는 모델 출신의 이 여성은 이제 완전히 정상에 서 있다. 십대 시절 첫 직업이었던 패션모델 경력으로 마사는 여러 가지 다양한 쇼에서 매일 같이 모습을 드러내고 있다. 미모, 지성, 열정은 최고를 향한 여정 동안 많은 문을 열어주었다.

| 명예 |

완벽의 공주 마사는 뉴저지 주 너틀리에서 성장하던 시절 유명해지고 부자가 되겠다고 자신에게 약속했다. 하인을 두고 사는 인생을 꿈꾸었지만 집안에 하인이 가득할 것이라고는 꿈도 꾸지 못했다. 성공을 갈망하던 마사는 CNN의 래리 킹 쇼에 여덟 번이나 출연했다. 래리 킹은 그녀를 "손재주 좋은 여성"이라고 부른다. 코미디 쇼 'Saturday Night Live'에서는 마사의 광적인 완벽함에 대해 다소 짓궂은 많은 풍자 쇼를 만들어 내기도 했다. 이처럼 미 전역으로 자신의 모습을 확인시키며 마사는 미국 가정 내의 한 이름이 되었다.

1980년대가 되자 마사는 많은 쇼의 고정 출연자가 되었고 마사의 책과 잡지는 베스트셀러가 되었다. 1990년대 동안 마사는 자신의 제국을 세웠고 천부적 재능을 가진 여성 사업가로 알려졌을 뿐 아니라 거물 기업인이 되었다. 1999년 〈포춘〉지는 마사를 '미국의 가장 영향력 있는 50대 여성' 중 한 명으로 뽑았다.

마사 스튜어트에게서 얻는 교훈

현재까지 마사는 성공적인 기업가가 되는 방법에 대한 어떤 공식적인 안내서를 출간하지는 않았다. 그러나 정상을 향해 올라가는 동안 마사는 다른 천재 기업가들이 주는 교훈을 확인시켜 주는 많은 긍정적 모습을 형성했고 그밖에 새로운 시각도 제시했다.

| 자신의 시장을 안다 |

마사는 손대는 거의 모든 사업에서 성공을 거두었는데 이는 그녀가 자신의 시장을 알았기 때문이다. 1970년대 웨스트포트는 변화가 빠르지 않은 제품들을 단지 가격을 올리는 것만으로 가치 있어 보이게 하는 환상을 만드는 지역으로 간주되었다. 마사는 이러한 기회를 인식했다. 당시 마사는 홈메이드 파이를 팔았는데 기존의 가치를 증가시키기로 결심했다. 바이런은 이를 다음과 같이 쓰고 있다.

> "본래부터 제품의 품질 자체가 좋아서가 아니라 높은 가격 안에 숨은, 품질이 좋을 것이라는 환상이 제품의 매력을 높인다는 것을 깨닫자 마사는 판매를 올리기 위해 본격적으로 팔을 걷어붙였다."

마사는 제품의 양을 늘림과 동시에 각각의 가격을 올림으로써 이를 이룰 수 있었다. 마사의 제빵 사업은 번창했다. 책을 쓸 때도, TV 쇼를 만들 때도 마찬가지였다. 여러 경우를 봐도 마사는 시장이 무엇을 원하는지에 대한 초인적인 감각이 있었다.

| 스테이크 고기 대신 지글지글 스테이크가 익는 소리를 판다 |

오랜 마케팅 슬로건으로 "스테이크 고기 대신 지글지글 스테이크가 익는 소리를 팔아라"라는 말이 있다. 즉 이는 판매에 있어 효과적인 마케팅 전략이란, 제품이 아니라 꿈을 파는 데 있다는 것으로, 고기 덩어리 자체보다는 그 고기가 맛있게 익는 소리가 더욱 효과적이기 때문이다. 마사는 어느 누구보다도 이 사실을 잘 알고 있었다. 마사는 자신의 대부분의 작품들과 요리법들이 실행 불가능하다는 것을 잘 알고 있었다. 그러나 마사는 현실과는 한참 거리가 먼 책들을 계속해서 썼는데 그녀의 독자들이 정보를 원해서 책을 읽는 것이 아니라 환상을 위해서 읽는다는 것을 알았기 때문이다.

'마사 스튜어트 리빙'의 시험 방송이 나가기 직전 한 남성 방송인은 프로그램을 사전 검토하다가 경악을 금치 못했다. 시청자들의 수준에 비해 프로그램이 너무 호화롭다고 생각했기 때문이었다. 이 이야기는 마사의 전기에도 잘 나타나 있다.

> "그는 마사를 향했다. '이걸 팔 수 있을지 모르겠군요.......내 말은, 이 프로그램이 방송되는 곳의 시청자들은 도시 사람들이란 말입니다. 일하느라 바쁜 사람들이라고요. 이들에겐 정원도 없어요.' 마사가 그를 바라보았다. 그리고 차분하고 냉정하게 자신감 가득한 어조로 말했다. '맞아요, 하지만 사람들은 그런 걸 원하거든요.'"

| 반대편을 두드려라 |

동료들과 친구들은 마사를 매력적이고 강하며, 재능 있고 우아하지만 "쌀쌀맞은 심술쟁이"라고 표현한다. 그러나 비슷한 성격을 가진 남성들은 이런 평가를 받지 않는다. 마사를 정상으로 올려놓는 데는 공격적이며 무자비한 성격이 큰 작용을 했다. 마사는 칼 융Carl Jung이 말한 '연접(syzygy: 남성적 태양과 여성적 달의 합일)'에서 자신의 남성적 면을 드러낸 대가를 치르고 있는 것이다. 여기서 중요한 점은 목표를 향한 공격적 추구는 목표에 도달하는 데는 결정적이지만 그 대가를 치러야 한다는 것이다. 반대로 말하면 남성들은 자신의 반대편(예를 들어 남성의 여성적인 면)을 두드려 사업에서 효과를 증대할 수도 있다는 얘기가 된다. 동료나 직원들을 대함에 있어 유대관계나 공감대 형성에 더 많은 관심을 나타내는 것이다.

다양한 사업체의 CEO로서 마사는 약점에 달려드는 비즈니스 세계에서 거친 협상가가 되어야 했다. TV에 나오는 마사의 모습은 여유 있고 편안하지만 이는 허울일 뿐이다. 마사는 쾌활한 이웃집 소녀 역에서 뜻대로가 아니면 꼼짝도 하지 않는 강하고 독재적인 사업가로 변신했다. 마사는 부드럽지만 거칠게 정원을 가꾸고, 잔인한 미소를 지으며 최고급 저녁을 차리며 공격적으로 집안을 장식한다. 마사는 사업에 가장 이익이 될 수 있다고 믿을 때 효력을 발휘하는 마키아벨리식 방법을 터득한 것이다.

| 개인의 브랜드화 : 강력한 마케팅 도구 |

마사 스튜어트는 어떤 천재 기업가들보다도 대외적 이미지의 구축을 잘 이해하고 있었다. 마사의 이름은 집안팎, 정원까지 모두 세련되고 우아한 생활의 동의어가 되었다. '살림의 여왕'이라는 대외적 이미지가 구축되자 마사는 그 이미지로 K마트의 대변인이라는 자리를 다질 수 있었고 거기에서 억만장자 거물로 변신했다. 전기 작가 바이런은 이렇게 설명했다.

"(마사는)재빨리 가능한 모든 곳으로 자신의 브랜드를 넓혀갔다. '신문에 내 이름이 실릴 수 있도록 나는 무슨 짓이든 하겠어' 마사는 노마 컬리어에게 이렇게 말했고 이를 증명해 보이기 시작했다."

　어디서나 볼 수 있는 마사 스튜어트라는 이름, 그리고 그 이름이 만들어내는 브랜드 충성도의 힘은 현실과는 거리가 먼 제품에 대한 생각을 한 단계 끌어올리는 '브랜드화'의 중요성을 보여준다. 개인 브랜드의 힘에 의심이 생긴다면 마사 스튜어트가 형사 고발당한 시점에서 폭락한 옴니미디어 사의 주가만 봐도 알 수 있다. 마사가 바로 마사 스튜어트 옴니미디어 사인 것이다.

7장

도널드 트럼프
Donald Trump

거물이 되려면, 대범하게 생각하라

"나는 빅딜을 좋아한다."

출생 | 1946년 6월 14일. 뉴욕 퀸즈.

자신에 대한 설명 | "나는 투매 제품을 사서 변화시키기를 좋아한다."

"최악의 시기는 최고의 기회를 만들어 준다."

좌우명 | "사업은 하나의 큰 게임이다."

"나는 긍정적 사고의 힘을 믿는다."

혁신 내용 | "나는 집중력이 낮지만 현상 유지를 가장 싫어한다. 이때는 참을성
이 없어지고, 안달하게 된다."

남다른 자질 | "나는 크게 사고하는 일을 좋아한다. 이왕 생각해야 한다면 크게
생각하는 것이 낫기 때문이다... 그리고 그것이 나의 장점이다."

목표 | 거물이 되어 왕처럼 살기. 사설 리조트인 마라라고와 천만 달러의 트럼프
타워 아파트가 그의 생활 방식을 증명해준다.

순자산 | 17억 달러(2001년 7월 〈포브스〉).

명예 | 뉴욕의 호텔연합이 선정한 '세기의 호텔과 부동산 설계자' (2001년).

와튼 명예의 전당 : 1994년 올해의 기업인

교육 수준 | 고등학교 : 뉴욕 사관학교

포드햄 대학, 펜실베이니아 대학, 위튼 비즈니스 스쿨 졸업

성격 | 성급하고 똑똑함. 이목을 끌고 싸우기를 좋아하며 대립하기 좋아함.

취미 | 복싱, 야구, 테니스.

정치적 성향 | 민주당.

종교 | 청교도. 노먼 빈센트 필Norman Cinvent Peale이 담당 목사였음.

형제 관계 | 5남매 중 셋째.

가족 | 부인 이반과 말라, 자녀는 도널드 주니어와 이반카, 에릭과 티파니.

거물이 되려면
대범하게 생각하라

나는 대범하게 생각한다. 그런 태도가 나의 장점이다.

도널드 트럼프는 누구인가

어느 분야에서건 앞서가기를 원한다면 분명한 목표를 갖고 자신감과 열정어린 태도로 추구해야 한다. 큰 성공을 거두려면 너무 신중한 태도나 온건함은 결코 도움이 되지 못한다. 이는 마치 야구 선수가 목표에 완전히 몰두하지 않고서는 홈런을 칠 수 없는 것과 같은 이치다. 거물이 되기 위해서는 그만한 노력이 필요하다. 그리고 트럼프는 이러한 삶을 몸소 보여 주었다. 트럼프가 한 말 중에 다음과 같은 것이 있다.

> "...(1989년에) 나는 어떤 잘못된 일을 할 리가 없다고 생각했다. 그래서 만루 홈런보다 못한 것을 어떻게 치는지 몰랐다."

큰 것을 얻기 위해서는 방망이를 크게 휘둘러야 한다. 트럼프보다 크게 방망이를 휘두른 사람은 없었다고 단언할 수 있다. 트럼프는 카지노를 여러 개 짓고 운영해 왔지만, 운이나 우연에 의존하기보다는 항상 부동산 개발과 벤처 투자에 대한 철저한 계산에 기반해 행동한다. 그의 사업이 항상 성공을 거두는 이유는 새로운 자산을 얻기 위해 현재의 자산을 저울질하는 경향이 있기 때문이다. 그는 대범하게 생각하는 것이 소심하게 생각하는 것만큼 쉽다고 단언한다. 〈포브스〉와의 인터뷰에서 트럼프는 이렇게 말했다.

> "나는 결코 만족하는 법이 없습니다. 어쩌면 나는 영원히 만족할 수 없는 지도 모르지요. 일시적으로 기쁨을 느낄 수도 있습니다. 그러나 그것도 잠시 뿐 곧 다음 목표를 생각하게 되지요."

트럼프는 크게 투자할 뿐 아니라 과시하기를 좋아하고, 무절제하게 극단으로 몰고가기를 좋아한다. 이는 트럼프가 호화로운 자신의 리조트인 마라라고에서 2001년 12월 주최한 LPGA 챔피언십에서 확연히 드러난다. 트럼프는 상금 1백만 달러를 내걸어 세계 최고의 여성 프로 골퍼 30명이 다투도록 만드는 동시에 호화로운 생활을 하는 부자들에게 자신의 화려한 리조트를 보여주는 기회를 만들었다. 이 LPGA 연출은 홈런왕을 꿈꾸는 트럼프에게 첫 히트였을 뿐이었다.

| 1980년대 홈런 치기 |

1970년대 뉴욕이 파산 위험으로 흔들리고, 부동산이 하락할 때, 트럼프는 투자 가치가 있는 몇몇 뉴욕의 황폐화된 토지에 주목했다. 거래와 흥정에 천부적인 소질을 보이면서 트럼프는 놀라울 정도로 저렴한 가격으로 일련의 부동산을 손에 넣었다. 더 나아가 이 과정에서 차입자본을 사용했기 때문에 자신의 돈은 거의 사용하지 않고, 많은 부동산을 소유하게 되었다. 1980년대 트럼프는 확보한 부지에 화려하고 멋진 새로운 건물들을 세운다. 이 가운데 가장 유명한 것이 5번가에 있는 68층짜리 트럼프 타워와 그랜드 하얏트 호텔이다.

이어서 그는 뉴저지 주의 도박사업권을 획득하고 애틀란틱 시에 트럼프 캐슬과 타지마할 카지노 도박장을 건설한다. 1987년에는 자신의 성공 비결을 담은 〈트럼프: 거래의 기술*Trump: The Art of the Deal*〉을 공동 저술했으며 이 책은 즉각 베스트셀러가 되었다. 1980년대를 마치면서 10억 달러 규모의 트럼프 사는 주요 호텔 몇 개와 뉴욕의 큰 규모의 아파트, 애틀란틱 시의 잘 나가는 카지노, 트럼프 셔틀 항공사와 마라라고 리조트, 2,500만 달러짜리 요트인 트럼프 프린세스 호 등을 소유하게 된다.

| 엄청난 슬럼프 |

1990년대 초반, 경제가 하강 국면에 접어들었다는 신호가 곳곳에서 감지되었다. 부동산 가격 하락과 그와 관련된 이자율의 증가는 트럼프가 가진 자산의 운영비용을 높였다. 카지노마저 기대 수익에 훨씬 못 미치는 성과를 내면서 현금의 흐름에 큰 타격을 받았다. 트럼프는 생애 최대의 위기를 맞게 된다. 당초 적은 돈으로 엄청난 부를 만드는 데 이용됐던 차입자본이 이제는 역으로 트럼프 사와 트럼프 자신을 파산 위기로 몰아가고 있었다. 1990년 3월 트럼프는 태어나서 처음으로 자존심을 누르고 4,300만 달러의 원리금 상환을 못한다고 월스트리트에 공시했다. 재계는 술렁였고, 트럼프는 마침내 채권자를 모아놓고 현금이 부족하다는 사실을 알리고, 도움을 요청하기에 이르렀다. 만약 대부금의 상환을 요구받으면 파산도 피할 수 없는 지경이었다.

| 귀환 |

베스트셀러인 〈트럼프: 거래의 기술〉이 출판된 지 10년이 흐른 1997년 그는 세 번째 책인 〈트럼프: 컴백의 기술*Trump: The Art of the Comeback*〉을 공동 집필했다. 이 책에서 그는 1990년 자신의 비참한 상황을 다음과 같이 묘사하고 있다.

> "어느 날 마라와 손을 잡고 5번가를 걷다가 길 건너편에 맹도견과 함께 컵을 들고 서있는 한 남자를 가리키며 물은 적이 있다. '당신, 저 사람이 누군지 알아요?' 마라는 대답했다. '그럼요, 저 남자는 거지예요. 너무 안 좋지 않아요? 그는 슬퍼 보여요.' 나는 '맞아요. 그는 거지예요. 그러나 그는 나보다 9억 달러는 더 많은 부자예요!' 라고 했다. 그녀는 나를 보며 물었다. '무슨 말이죠, 도널드? 어떻게 그가 당신보다 9억 달러나 더 가졌다는 거예요?' 내가 대답했다. '돈만 놓고 이야기했을 때, 그가 무일푼이라 해도 나는 9억 달러를 빚지고 있잖아요.'"

트럼프는 특유의 설득력을 발휘하여 채권자들로부터 채무상환의 연기에 대한 동의를 받아냈다. 1990년대 트럼프는 제국을 재건하고 명성을 회복하는 데 힘을 모았다. 2001년 6월 〈포브스〉는 트럼프의 개인 순자산을 17억 달러라고 추정했고, 세계 최고 부자 대열에 합류시켰다. 트럼프는 마이너스 9억 달러 신세에서 만루 홈런을 친 것이다.

성장기

| 근면했던 어린 시절 |

도널드 트럼프는 1946년 뉴욕 퀸즈에서 프레드와 메리 트럼프 부부의 둘째 아기로 태어났다. 아버지는 성공한 부동산 개발업자이자 건설업자였다. 아버지의 재산 대부분은 퀸즈에 집중돼 있었다. 트럼프는 아버지에게서 자립정신과 부동산 사업에 대해 배웠다. 자라면서 그는 아버지의 회사에서 바닥을 닦고 불도저를 운전하면서 일을 했다. 아버지는 아들이 돈의 가치를 이해하고, 돈을 가지려면 돈을 벌어야 한다는 사실을 가르쳤다. 아버지 프레드는 트럼프에게 비싸다는 이유로 야구 글러브를 사주지 않은 적도 있다. 트럼프는 이때의 교훈을 잊은 적이 없다.

부동산 사업을 좋아하지 않았던 트럼프의 형 프레드는 플로리다로 가 TWA의 조종사가 되었다. 나중에 프레드는 알콜의존증 증세를 보이다가 43세의 나이로 죽었다. 형의 비극적인 종말을 지켜보면서 트럼프는 평생 술과 담배를 엄격하게 절제하며 살았다. 첫 저서에서 트럼프는 아버지와의 관계를 이렇게 적고 있다.

"나는 다른 사람들처럼 아버지와 친해질 수 없었다. 나는 아버지에게 대항했고, 아버지는 그것을 존중했다. 우리의 관계는 사업관계 같았다. 나는 나에게 사업가적 기질이 없었다면 오히려 아버지와 친하게 지낼 수 있지 않았을까 생각하곤 한다."

트럼프의 아버지는 아들이 맨땅에서도 생존할 수 있도록 독려했다. 트럼프는 〈A&E 바이오그라피〉(1994)에 다음과 같이 말했다. "10대 때 나는 이미 건설업에 대한 모든 것을 알고 있었다." 프레드는 아들에게 퀸즈의 임대업체를 맡겼다. 이때 트럼프는 사람들의 다툼의 추한 이면을 보면서, 인생을 이런 식으로 낭비하면 안 되겠다는 다짐을 하게 된다. 이 과정에서 그는 "방세를 받으려고 문을 두드릴 때는 문 앞에 서있지 말라"와 같은 몇 가지 요령도 터득했다. 어떤 입주자들은 이런 방문객에게 총알로 응답하기 때문이다.

트럼프는 자기 자신을 어렸을 때부터 독단적이고 호전적이었다고 묘사한다. 그는 음악 선생이 음악에 대해 아무것도 모른다는 판단이 들어 눈에 퍼런 멍이 들도록 때려주다가 학교에서 쫓겨날 뻔했던 적도 있었다. 그는 모르는 사람이나 형제자매와 있을 때는 아주 불친절하고 호전적이었다. 여동생은 〈A&E 바이오그라피〉에 "그는 아주 사람을 미치게 한답니다"라며 오빠를 골칫거리로 묘사한다.

트럼프가 13살 때, 아버지는 아들이 교도소에서 인생을 끝마칠까 봐 두려워 뉴욕사관학교에 보냈다. 사관학교의 꽉 짜여진 환경에서 비정상적인 행동은 용납되지 못했다. 트럼프는 규칙을 준수하는 법을 배웠고, 남들보다 잘 하게 되었다. 1964년 졸업 후에 트럼프는 브롱스에 있는 포드햄 대학에 다녔다. 이후 펜실베이니아 대학의 와튼 비즈니스 스쿨에서 2년 동안 재무경영을 전공하며 경영의 묘미를 익혔다.

| 초기의 사업 |

포드햄에 다니면서 트럼프는 아버지의 그늘에서 자립할 기회만을 엿보고 있었다. 트럼프는 아버지에게 능력을 보여주고 싶어 했고, 이때 마침 오하이오 신시네티의 저당물 압류 기회가 있었다. 트럼프는 아버지로부터 싸게 사서 비싸게 파는 것이 좋다고 배워왔다. 그는 "기회를 놓치는 한이 있어도 결코 비싸게 주고는 사지 말라"고 말한다.

압류 건은 지은 지 2년 된 '스위프튼 마을' 이라고 불리는 1,200세대의 임대아파트 일이었다. 이곳은 비효율적인 운영과 높은 공실률, 미려하지 못한 외관, 수익을 거의 못내는 임대 사업 때문에 사정이 좋지 못했다. 원가는 600만 달러 정도였지만 압류 때문에 300만 달러에 거래가 가능했다. 트럼프는 아버지에게 흥정, 보증, 자금 차입 등 모든 것을 자기에게 맡기라고 부탁했다. 아파트를 사들인 뒤 트럼프는 기존의 경영진을 해고하고, 시설을 재단장한 다음 600만 달러에 되팔았다. 자신의 돈은 한 푼도 쓰지 않고 300만 달러를 벌어들인 것이다.

정상을 향하여

| 크게 생각하기 |

자신만의 언어로 트럼프는 소설과 같은 성공담을 다음과 같이 표현
했다.

> "나는 크게 생각하기를 좋아한다. 나는 항상 실천하고 있다. 실천하
> 게 된 동기는 간단하다. 어떻게든 생각해야 한다면, 이왕이면 크게
> 하는 게 낫지 않느냐 하는 생각 때문이다. 대부분의 사람들은 작게
> 생각한다. 이들은 성공을 두려워한다. 이들은 결정을 내리고, 이기
> 는 것도 두려워한다. 이 때문에 나 같은 사람은 오히려 유리하다."

1971년 25세의 나이로 트럼프는 맨해튼의 3번가의 좁고 침침한
아파트로 옮겨 대망의 시기를 준비하기 시작했다. 나중에 큰 자산으
로 쓰일 인맥을 쌓기 위해 그는 우선 권위 있고 탁월한 명성을 자랑
하는 르 클럽Le Club에 가입하려 했다. 이 거만한 클럽에 가입하려면
추천이 필요했고, 상당한 수준의 인내를 요했기 때문에 많은 사람들
이 중도 포기하곤 했다. 그러나 트럼프는 르 클럽에 아는 사람이 아
무도 없는 데도 불구하고 끈질긴 노력을 기울인 끝에 '다른 멤버들
의 부인을 넘보지 않는다' 는 조건으로 가입 자격을 획득했다.

28살인 1974년, 트럼프는 팬 센트럴이 강가에 보유한 몇몇 입지
의 구매 선택권을 계약금 없이 확보했다. 이후 4년간 이 지역은 새로
운 컨벤션센터를 짓느냐 마느냐를 놓고 치열한 논란이 벌어졌다. 마

침내 뉴욕시는 새로운 컨벤션센터로 이곳을 선정하고, 팬 센트럴에 1,200만 달러를 지불했다. 트럼프도 권리를 포기하는 대가로 83만 3천 달러를 받았다.

팬 센트럴 부지의 적절한 사용에 대한 지루한 공방이 계속되고 있을 때, 트럼프는 또 다른 팬 센트럴 소유의 토지를 겨냥한 사업을 구상한다. 그는 영업을 중지한 코모도어 호텔을 1천만 달러에 사서 일주일 후에 뉴욕시에 1달러에 되팔았다. 이는 언뜻 보기에 거의 미친 행동이었다. 그러나 이면을 보면, 트럼프는 99년간 호텔을 빌린다는 조건과 40년간 1억2천만 달러에 달하는 세금을 감면받는다는 조건으로 코모도어 호텔을 팔았던 것이다. 즉각 트럼프는 이 호텔을 재단장할 솜씨 좋은 호텔리어를 찾기 시작했다. 그러나 28살에 시작한 이 사업은 33살이 될 때까지 완성되지 않았다. 그 사이에 열정적인 트럼프는 하얏트 호텔과 계약을 맺어 새로운 호텔을 운영하도록 만들었다. 건물이 완성되자 이제 그는 건물을 담보로 8백만 달러의 자금을 끌어와 그랜드 하얏트 호텔을 완성했다. 1980년 9월 그랜드 하얏트가 개장했을 때 트럼프는 50%의 지분을 가졌다.

1976년 33살의 트럼프는 캐나다에서 열리는 올림픽에 갔다. 거기서 그는 삿포로 동계올림픽에서 체코슬로바키아 스키팀의 대리인이자 아름다운 모델인 이반 윙클메이를 만났다. 그녀는 위엄 있고, 지적인 여성이었다. 그들은 곧 사랑에 빠졌고 결혼식을 올렸다. 이반은 트럼프의 사업 파트너이자, 도널드 주니어와 이반카, 에릭 이렇게 세 아이들의 어머니가 된다.

다른 위대한 기업인들처럼 트럼프 역시 일찌감치 어린 시절에 거부가 되기에 필요한 단계를 밟았다. 트럼프의 성공은 많은 부분 거만하고 호전적인 성공에 기인한다. 특별하게 취급받고 싶은 욕구에서 시작된 무모한 행동은 맨해튼의 관료들과 싸워 이길 수 있는 저력의 기반을 형성했다.

| 트럼프 타워 |

5번가와 56번가에 위치한 유명한 트럼프 타워는 트럼프가 트럼프 조직의 핵심으로 꼽는 대표적인 건물이다. 80피트 높이의 분수로 유명한 이 웅장하고 화려한 건물은 뉴욕의 상징이 되었다. 트럼프 타워의 입지 선정을 위한 협상은 1978년 시작되어 1979년에 끝났고, 1983년에야 건물이 완공되었다.

처음 빌딩을 짓기로 했을 때 시에서는 꼼꼼하게 그의 멋없는 빌딩을 짓는 일을 관리했다. 이는 트럼프의 간담을 서늘하게 만드는 것이었다. 왜냐하면 빌딩을 짓기 위해서는 시의 엄격한 승인을 거쳐야 하기 때문이었다. 이의 해결을 위해 그는 설계사에게 전화를 걸어 자신의 철칙에 대해 말했다. 바로 "불가능한 일은 나에게 말하지 말라. 가능한 일을 어떻게 할 것인가에 대해 말하라"이다. 그리고는 시에 제출할 두 개의 건물을 설계하라고 말했다. 한 디자인은 시의 주문사항을 충족시키면서 세계에서 가장 멋없는 건물의 디자인이었고, 다른 하나는 가능한 한 아름답게 설계된 건물이었으나 완성되기 위해서는 다양한 요구 조건을 통과해야 하는 건물이었다. 트럼프는 두 디자인을 모두 보여주면서 둘 중 하나는 짓겠다고 주장했다. 그는 결코 시의 규정에 따를 생각이 없으면서도 모든 결정이 시에 달려 있다고 말했다. 결국 말할 필요도 없이, 아름답게 설계된 건물을 지으라는 만장일치의 동의를 얻었다.

한편 그는 지체된 시간을 오히려 자신에게 유리하게 돌려놓았다. 공사가 중단된 동안 그는 여러 홍보 전략을 이용해 이 화려한 아파트를 사람들에게 알리고, 높은 가격에 팔 준비를 했다. 또한 필요한 비용과 이윤을 약간 넘기는 가격으로 건물 안의 사무실들을 빌려줬다. 트럼프 타워는 대성공이었다.

> "내가 계산한 바로는, 전체 사업은...1억9천만 달러가 들었다. 그리고 사무실과 상점의 수익을 올리기도 전에 아파트 판매를 통해 2억 4천만 달러를 벌었다. 우리는 트럼프 타워에서 약 5천만 달러의 이익을 남겼다."

트럼프 타워는 1983년 완공되었다. 그해 말에 트럼프와 부인, 자녀들은 꼭대기 세 개 층을 차지하는 1만 2천 제곱피트의 펜트 하우스로 이사했다.

| 애틀랜틱 시와 카지노 계획 |

트럼프 타워 혁명을 일으킨 지 얼마 지나지 않아 트럼프는 애틀랜틱 시의 큰 도박판에서 큰 몫을 잡을 기회를 잡게 된다. 자신의 목표를 맨해튼에서 애틀랜틱 시로 옮긴 주요한 동기는 물론 돈이었다.

> "이제 생애 최초로 내가 호텔을 지어서 세계 최대의 호텔로 전 세계

에서 성공을 거둔다 해도, 남서부 사막 도시인 라스베거스에서 중간 정도의 성공을 거두고 있는 카지노 호텔만 못할 것이라는 생각이 들었다."

새로운 영역에서도 트럼프는 투자를 크게 하거나 아니면, 아예 안할 예정이었다. 트럼프는 1980년 애틀랜틱 시티의 핵심 지역에 부동산을 조금씩 사들이며 도박장 제국 건설을 꿈꾸기 시작했다. 그리고 도박장을 운영할 권리를 얻기 위해 법률적인 지원을 받았다(휴 헤프너의 플레이보이 카지노는 이미 공사에 착수했고, 허가를 기다리는 중이었다). 마침내 1982년 3월 뉴저지 주의 카지노운영위원회에서 트럼프 그룹에게 도박 허가를 내줬다. 반면 플레이보이 카지노(6장 참조)는 도박 허가를 받는 데 실패했다.

영업 허가를 받고 얼마 안 있어 홀리데이 인의 회장인 마이크 로스가 동업을 하자며 접근했다. 트럼프와 로스는 홀리데이 인이 자금을 끌어오고 트럼프 기업이 호텔을 짓는다는 조건으로 동업에 합의했다. 아직 건물을 짓기 위해 첫 삽도 뜨지 않았지만 트럼프는 모든 것이 잘 될 것 같은 예감을 얻었다. 로스는 애틀랜틱 시에 카지노를 짓는 일이 결코 쉽지 않을 것이라고 생각했다. 그는 트럼프에게 전화를 걸어 홀리데이 인의 이사회가 애틀랜틱 시에서 이사회를 열고, 건축 공정을 보고 싶어 한다고 말했다. 이들의 승인을 끌어내기 위해 트럼프는 다음과 같이 행동했다.

"나는 건설 담당자에게 가능한 한 모든 불도저와 덤프 트럭을 동원해 즉시 공사에 착수하라고 말했다. 나는 2에이커에 달하는 공터를 역사상 가장 활발한 건설 현장으로 바꿔 달라고 주문한 것이다. 많은 불도저와 덤프 트럭이 동원되었지만 실제로 그것들이 무엇을 하는가는 중요하지 않았다."

그의 책략은 효과가 있었고, 홀리데이 인 이사회는 계약을 승인했다. 1984년 5월 홀리데이 인 카지노 호텔이 문을 열면서 트럼프는 37세의 나이에 도박 카지노 사업에도 몸담게 되었다. 1986년 2월 트럼프는 홀리데이 인의 지분을 사들였고, 카지노는 트럼프 플라자 호텔과 카지노로 개명했다.

| 트럼프 왕국 |

1985년 2월 홀리데이 인 카지노 호텔의 지분을 사들이는 작업을 진행하면서 트럼프는 바론 힐튼이 건물을 거의 완성해 놓고도 도박 운영 허가를 못 얻었다는 소식을 들었다. 트럼프는 힐튼에게 미팅을 제안했다. 트럼프는 피상적으로 가격을 협상하려 한 반면, 힐튼은 3억 2천만 달러의 투자에 대한 보상을 원하며 대담하게 나왔다. 트럼프는 거의 다 지어졌다는 호텔에 들어가 보지도 않고 그 자리에서 계약을 승인했다. 어째서 협상의 귀재라고 자부하던 그가 갑자기 선선히 승낙을 한 것인가? 트럼프가 보기에, 힐튼이 세운 호텔이 최고의 입지에 자리잡고 있었기 때문이었다. 훗날 트럼프는 친구에게 "내가 우리 아버지에게 그 계약에 대해 말했더라면, 아버지는 내가 잠시 이성을 잃었을 것이라고 말씀하셨을 것"이라고 고백했다. 그러나 그의 판단은 옳은 것으로 판명되었다.

| 그랜드 타지마할 |

호텔 카지노의 화려한 세계에서 트럼프의 다음 움직임은 바로 세계에서 가장 화려하고 웅장한 호텔 카지노로 설계된 그랜드 타지마할을 인수하는 일이었다. 타지마할의 설립자는 공정이 반 정도밖에 진행되지 않은 상태에서 사망했고 비용은 이미 예산을 초과한 상태였다. 1987년 타지마할 소유권 계약을 마친 트럼프는 당초의 설계에 문제가 있다는 것을 발견했다. 공사를 다시 하는 데는 엄청난 추가 비용이 들었기 때문에 1990년 완공될 때까지 타지마할은 어마어마한 돈을 집어 삼켰다. 세계 최고로 화려하고 눈부신 호텔을 탄생시키기 위해 당시로서는 최고의 건축비용이 들어갔다.

1980년대 끝 무렵, 트럼프의 제국은 전성기에 도달했다. 애틀란틱 시의 세 개의 카지노와 인디애나의 또 다른 카지노 한 곳, 그리고 뉴욕의 트럼프 호텔과 아파트 외에도 트럼프 셔틀 항공이라는 항공사와 트럼프 프린세스라는 요트, 마라라고 리조트, 뉴저지의 제너럴 축구팀을 소유하고 있었다.

| 트럼프 왕국의 균열 |

1989년 말과 90년 초에 트럼프 조직의 재정적인 구조에 균열이 생기기 시작한다. 호화로운 호텔 카지노를 운영하는 비용이 이윤보다 커지면서 현금흐름이 원활하지 않게 된 것이다. 트럼프가 3월에 원리금 상환을 못한다고 발표했을 때 재계는 크게 술렁였다. 온갖 소문이 들불처럼 퍼져 나갔고, 온갖 억측 속에 트럼프 제국의 운명이 위태해 보였다. 트럼프는 마침내 은행권과 재계의 성난 채권자들을 모아놓고 회의를 열어 '자신의 잘못'을 시인하는 치욕을 겪었다.

트럼프는 트럼프 제국만큼이나 개인적인 상황도 좋지 않다는 사실을 발견했다. 트럼프는 개인적으로도 많은 빚의 보증을 섰기 때문에 채권자들이 트럼프를 개인파산으로 몰아넣을 수도 있기 때문이었다. 그러나 한편으로 그는 유리한 입지에 있다는 사실도 알았다. 자기가 개인파산을 하게 되면 채권자들은 빌려준 빚을 한 푼도 못 받게 될 것이기 때문이다. 채권자들은 트럼프의 유동성 위기를 풀어줘 변상 능력을 갖게 한 다음 빌려줬던 돈을 온전히 다 찾고 싶어 했다. 이런 분위기를 노련하게 감지한 트럼프는 6,500만 달러에 달하는 추가 자금을 요청했다. 초기에는 적대적인 비난이 쇄도했지만 장기간의 협상 끝에 1990년 채권단은 트럼프가 요청한 돈을 더 빌려주기로 했다. 그리고 이후 약 5년간 트럼프는 빌린 원리금을 모두 상환하는 데 성공했다.

| 화려한 재기의 기술 |

1990년 말에 트럼프에 관한 뉴스는 계속하여 악화되고 있었다. 부동산 침체기가 계속됐고, 부동산 가격의 하락으로 인해 카지노 호텔의 가격 역시 낮아졌다. 차입자본의 역효과는 트럼프 제국을 천문학적인 빚더미 위에 올려놓았다. 타지마할마저 큰 손실을 내며 한 해를 마감했다. 한술 더 떠 이반은 1990년 12월 트럼프와 이혼에 합의했고 막대한 돈이 나가게 될 위자료 협상이 다음해 4월 예정돼 있었다.

그는 개인적으로나 사업에서나 끝없는 나락으로 추락하는 듯 보였다. 그는 당시를 회상하며 다음과 같이 적고 있다.

"나는 막다른 벽과 마주쳤다. 채권자들에게 죽도록 얻어맞은 뒤에는 아내인 이반이 돌아섰고, 20억 달러의 위자료를 요구했다. 삶은 암울했다. 그러던 어느 날, 1990년 크리스마스 무렵, 나는 스스로에게 다짐했다. 도널드, 다시 싸울 시간이다. 그래서 나는 다시 복귀했다."

1991년 3월 26일 〈뉴욕타임즈〉와 〈월스트리트 저널〉은 트럼프의 몰락을 예상하는 기사를 전면에 내걸었다. 그러나 경제는 다시 회복하고 있었고, 카지노도 이윤을 내기 시작하면서 트럼프는 점차 빚을 갚아 나가게 되었다. '부채 : 순가'의 비율이 적정 수준에 도달했을 때, 트럼프는 '트럼프 호텔 앤 카지노 리조트' 사를 공개 상장하고 20억 달러를 끌어들였다. 그는 마침내 채권자에게 진 빚을 다 갚고, 지불 능력을 갖추게 되었다.

재정적인 안정 상태로 돌아오는 길은 길고 정서적 소모도 심했지만 트럼프는 물러서지 않았다. 1994년 그는 2000년에나 완공될 트럼프 인터내셔널 호텔과 타워를 짓기 위해 GE와 협상을 시작했다. 1996년 도널드는 월스트리트 40번지에 있는 맨해튼에서 두 번째로 높은 빌딩을 100만 달러 이하의 가격으로 사들였다. 그리고 3,500만 달러를 들여 개조하고 트럼프 빌딩이라고 이름 붙였다. 트럼프의 성공적인 재기의 비결은 무엇일까? 본인의 말을 빌리자면 다음과 같다.

"열정은 성공에 필요한 가장 핵심적인 요소이다. 그리고 사업의 회
복을 위해서는 더욱더 핵심적인 요소이다.... 열정은 삶에서 가장
중요한 것이자, 성공에서 가장 중요한 것이다."

1990년대 말과 새로운 21세기를 거치는 동안에도 그는 끊임없이
거래를 하면서 사업에 있어서의 특유의 화려함과 웅장함을 과시하
고 있다. 그는 플로리다의 팜 비치에 있는 세계 정상급 리조트 마라
라고와 팜 비치 국제공항 근처에 국제골프클럽을 개장했다. 트럼프
는 현재 2002년 초 새로 인수한 1억1500만 달러짜리 뉴욕 델모니코
호텔을 재단장하고 있다. 그는 앞으로 1억 달러를 더 들여 72년 역사
의 낡은 호텔을 호화롭고 안락한 대형 호텔로 재단장할 계획이다.

지난 10년간 트럼프는 1993년 12월 말라 메이플스와의 결혼과 3
년 반만의 이혼(1996년 미스 유니버스 대회 주최권을 사들인 이후)으로
수많은 타블로이드 신문의 표지를 장식했고, 대선에 도전할 것이라
는 온갖 소문도 심심찮게 흘러나왔다. 그러나 그 어떤 소문도 아직
까지 진실로 밝혀진 바는 없다. 또 시카고, 토론토 그리고 어딘가에
큰 빌딩을 짓는다는 계획이나 다른 화려하고 대담한 계획들에 관한
소문도 들린다. 한 가지 확실한 것은 트럼프가 원대한 꿈과 그 꿈을
실현할 능력과 용기를 타고난 사람이라는 사실이다.

| 도널드 트럼프의 연대기 |

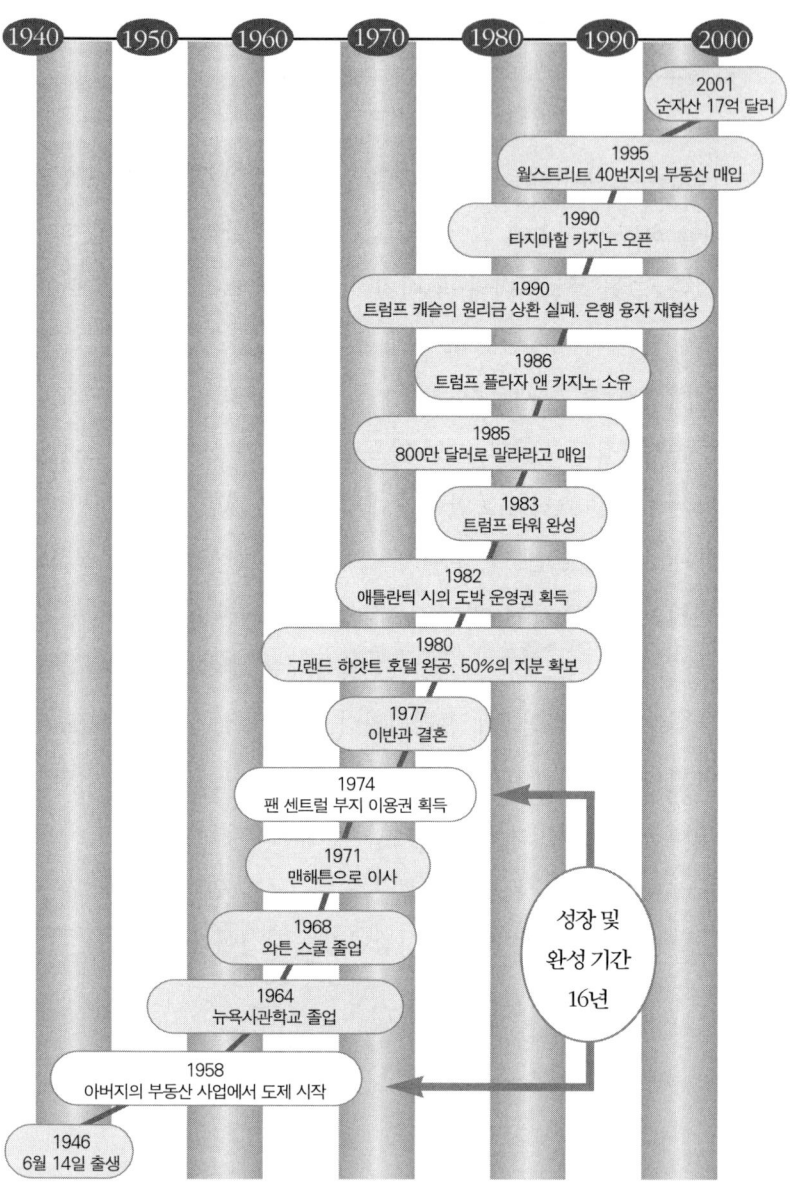

1940　1950　1960　1970　1980　1990　2000

2001
순자산 17억 달러

1995
월스트리트 40번지의 부동산 매입

1990
타지마할 카지노 오픈

1990
트럼프 캐슬의 원리금 상환 실패. 은행 융자 재협상

1986
트럼프 플라자 앤 카지노 소유

1985
800만 달러로 말라라고 매입

1983
트럼프 타워 완성

1982
애틀란틱 시의 도박 운영권 획득

1980
그랜드 하얏트 호텔 완공. 50%의 지분 확보

1977
이반과 결혼

1974
팬 센트럴 부지 이용권 획득

1971
맨해튼으로 이사

1968
와튼 스쿨 졸업

1964
뉴욕사관학교 졸업

1958
아버지의 부동산 사업에서 도제 시작

1946
6월 14일 출생

성장 및
완성 기간
16년

성격 분석

| 커뮤니케이션 스타일 : 허세형 |

트럼프는 과대 선전과 홍보의 달인이다. 자신의 말을 빌리자면 다음과 같다.

> "내가 무엇인가를 선전하는 핵심 방법은 허세를 부리는 것이다. 나는 사람들의 환상에 영합해 움직인다. 사람들은 스스로를 대단치 않다고 생각하지만 대단한 사람을 보면 흥분하고 좋아한다. 이 때문에 약간의 과장법을 써도 실패하지 않는다."

트럼프란 이름은 완전한 허식과 비교할 수 없는 사치의 분위기를 풍긴다. 다른 유명 기업인처럼 트럼프도 명성을 쌓고 모든 제품에 같은 이미지를 부여해 브랜드화하는 일의 중요성을 잘 알고 있다. 트럼프는 자신의 건물과 카지노를 '세계 최대, 세계 최고'로 각인시키려 했다. 트럼프는 언론 광고를 하는 것보다 홍보를 하는 것이 훨씬 저렴하고 효과적인 방법이라는 것을 알고 있다.

> "내가 어떤 사업을 알리기 위해 뉴욕타임즈에 전면 광고를 실으려면 4만 달러가 든다. 그리고 사람들은 광고를 잘 믿지도 않는다. 그러나 뉴욕타임즈가 나의 사업상의 거래와 관련하여 1단짜리 작은 기사라도 긍정적인 방향으로 실으면 나는 돈 한 푼 안 들이고 4만 달러 이상의 효과를 본다."

| 직관적인 스타일 : 목표를 먼저, 세부 계획은 나중에 |

모든 위대한 사업가들처럼 트럼프도 목표를 먼저 잡고, 세부 계획은 나중에 처리한다. 여동생인 메리앤 베리 판사는 언론에서 "목표가 그를 있게 했다"고 말한 적이 있다. 메리앤은 또 〈A&E 바이오그라피〉와의 인터뷰에서 트럼프는 특이한 것만 설계한다고 전했다. 누구나 빌딩을 지을 수 있지만 트럼프의 관점에서 볼 때는 뭔가 특별한 것이 있어야 했다. 그렇지 않으면 그는 시도도 하지 않았다.

부동산을 고를 때 그는 성공할 것과 실패할 것을 직관에 의존해 판단한다. 만약 그가 다른 전통적인 경영자들이 그렇듯 변호사나 공인회계사와 상의했더라면 지금 갖고 있는 최고의 부동산들을 살 기회는 없었을 것이다. 그는 〈A&E 바이오그라피〉에서 "나는 투매품을 사고, 그것들을 바꾼다"라고 말한 적이 있다. 트럼프와 같은 침입자들은 마치 서부의 무법자처럼 충동적으로 협상에 임한다. 이런 즉흥성이 그를 움직이고 부자로 만들어준다. 그런 부류의 사람들은 다른 사람들이 두려워하는 분야에서 성공한다.

| 창의성 : 한계를 뛰어넘어 |

1975년 자동차 안에서 트럼프는 라디오를 들었다. 라스베가스의 힐튼 카지노의 파업이 임박해 힐튼 주가가 곤두박질치고 있다는 소식이었다. 트럼프는 당시를 돌아보며 "나는 즉시 뻣뻣하게 굳었어요"라고 말한다.

"어떻게 전 세계에 수백 채의 호텔을 가진 회사의 주가가 그중 두 곳에서의 파업 소식 때문에 그처럼 피해를 입을 수 있는가? .. 나중에 알고 보니, 힐튼의 라스베가스 두 곳의 카지노 호텔이 회사 전체 이윤의 40%를 차지하고 있었다. 상대적으로 뉴욕 힐튼은 수익의 1%에도 기여하지 못하고 있었다."

이때 충격을 받은 도널드는 5년 후 애틀랜틱 시의 카지노 사업에 참여하게 된다. 우리는 이 사례에서 트럼프의 부동산 투자에 대한 본능이 실은 끊임없는 정보의 수집에서 시작됐음을 알 수 있다. 이렇게 수집된 정보는 가공을 거쳐 무의식에 저장되었다가 마치 내적 통찰력에서 온 것처럼 작용하는 것이다.

| 위험성에 대한 성향 |

트럼프와 같은 성공적인 기업가들은 오랜 기간 정보를 수집하다가 기회가 왔을 때 위험을 감수하며 재빠른 행동으로 옮긴다. 그들의 신념을 간단히 말하자면 "길게 계획하고 빨리 행동하자"이다. 학구적인 성향의 사람들과 달리 트럼프의 집중력은 짧은 편이다.

트럼프는 인간 위업의 한계를 뛰어 넘기를 좋아한다. 그는 뉴저지 제너럴스 USFL 미식축구 팀과 헤이스만 트로피 수상자인 허셀 워커와 다년간의 계약을 맺기 위해 2,200만 달러를 투입했다. 이때만 해도 그는 자신이 잘 나간다고 생각했다. 그러나 실은 이 계약은 파탄의 시작이었다. 그 다음은 TV 게임 쇼인 트럼프 카드, 또 그 다음에는 현금을 잡아먹는 이스턴 셔틀을 구입했다가 결국 몇 달만에 되팔았다. 헬리콥터 사고로 세 명의 임원을 잃은 후의 일이었다. 격동의

1980년대가 끝날 무렵, 맨해튼의 플라자 호텔은 적자 상태였고, 불운의 타지마할은 카지노의 영업을 중단했다. 1989년까지 도널드는 수십억 달러의 빚더미에 올라앉았고, 트럼프 캐슬도 적자였다. 도널드의 고급 장난감인 트럼프 프린세스 요트와 727 보잉기는 돈 쓰는 기계로 그의 몰락을 촉진했다.

1990년까지 빚은 20억 달러에 달했고, 만기가 도래한 9억 달러의 어음을 지불할 수 없는 상태에 이르렀다. 또 7300만 달러의 채무를 불이행했다. 은행들은 충격을 받았고, 새로운 CFO를 들여와 트럼프가 재무 관련 결제를 할 수 없게 만들었다. 그들은 또 이윤을 낼 수 없는 자산을 모두 처분했다. 이 기간 동안 트럼프는 부인인 이반과 충격적인 이혼까지 겪었지만 긍정적인 태도를 유지하려고 애를 썼다.

트럼프는 가족들과 함께 아스펜으로 크리스마스 스키 휴가를 두 번 다녀왔는데, 바바라 월터스와 같이 머물면서 비밀 아파트에는 여자 친구인 말라 메이플스를 숨겨두었다. 이는 보통 사람들은 상상도 할 수 없는 위험한 행동이었다.

바론 힐튼이 카지노 운영 허가를 받지 못했을 때 트럼프는 당시 "생애 최고의 도박"이라고 불렀던 거래를 하게 된다. 그는 수중에 그만한 돈도 없고, 또 어떻게 조달해야 할지도 모른 채로 3억5천만 달러짜리 계약을 덥석 체결한다. 창의적인 흥정으로 위험을 중화시키려는 노력이 있다 해도 트럼프가 위험천만한 모험적 삶을 살고 있다는 사실은 틀림없다.

| 집중력 : 성취를 향한 끝없는 시도 |

트럼프는 극도의 과잉 성취욕자이다. 최근 저서에서 그는 "내 집중력 시간은 짧다"고 고백한다. 그리고 이는 대단한 기업가들의 전형적인 특징이다. 이들은 성취를 향해 미친 듯이 나아간다. 그리고 그 과정에서 지나가는 자리마다 많은 흔적을 남기는 경향이 있다. 개인적으로나 직업적으로 굴곡이 많은 트럼프의 삶이 대표적인 사례이다.

"나는 현상 유지에는 흥미가 없다. 나는 모든 일이 잘 되고 있을 때 불안해지고, 참을성이 없어진다."

뉴요커들은 참을성이 없어 무슨 일이든 더 빨리 완성되기를 바라기 때문에 '뉴욕 1분'이라는 표현은 보통의 1분보다 짧은 시간을 나타낸다. 이제 이 표현은 '트럼프 1분'이라고 바꿔 불러도 손색이 없을 것이다. 한때 직원에서 트럼프 플라자의 사장 자리에 오른 잭 오도넬은 "트럼프는 아주 빨리 걷기 때문에 걸을 때조차 따라잡기가 어렵다"고 말한다. 속도는 트럼프의 적이자 친구이다. 트럼프의 충동적인 행동의 결정판은 맨해튼에 있는 7천만 달러짜리 세이트 모리쯔 호텔을 매입했을 때다. 그는 호텔이 필요하지도 않았고 어떻게 경영할 지도 모르면서 충동적으로 매입한 것이다. 3년 후에는 살 때처럼 충동적으로 호텔을 팔았다. 다행이라면 두 배의 가격을 받았다는 것뿐이다.

트럼프의 계속되는 위기감은 그의 끝없는 성취욕구가 달리 표현된 것이다. 그는 이렇게 말한다.

"크게 생각하기 위해서는 우선 완전히 집중해야 한다. 이는 내가 여러 성공한 사업가들을 만나 느낀 공통점이다. 이들은 강박적이고, 미친 듯이 추구하고, 오직 한 가지에만 온 마음을 쏟기 때문에 거의 미친 사람처럼 보인다. "

| 자아상 : 큰 자아 |

전기 작가인 잭 오도넬은 트럼프를 만났을 때 그가 한 이야기를 들려준다.

"나는 미국에서 가장 성공한 기업가다...나는 사람들이 불가능하다고 생각한 일을 해냈다. 그리고 나는 대단한 계획을 갖고 있다."

화려한 플라자 호텔이 매물로 나왔을 때, 그는 호텔의 운영비를 조사하거나, 아니면 최소한 방의 상태를 보기 위해 들어가 보지도 않고 사들였다. 그가 마침 플라자 호텔을 매물로 발견했다는 이유말고, 또 호텔 매입의 이유가 있다면, 그것은 바로 트럼프가 필요로 했던 이미지를 적절하게 만들 수 있기 때문이었다. 트럼프의 삶에서는 기능보다는 모양이 중요했고, 모든 그의 소유물에서는 그런 분위기가 풍겨 나왔다.

기능보다 모양을 중시하는 트럼프의 성향은 여성 반려자를 구할 때도 적용되었다. 그는 파티에 가장 아름다운 미인과 나타난다. 그러나 만약 상대가 그다지 아름답지 않으면, 아예 혼자 온다. 그는 1등석을 타려할 뿐 아니라 1등석을 타는 사람으로 보이려 한다.

| 비판적인 사고방식 : 남과 다르게 행동하기 |

트럼프의 아버지인 프레드마저도 괴짜 아들이 맨해튼의 중심부에 폐허처럼 있던 코모도어 호텔을 매입해서 재단장하려 했을 때 상식을 넘어섰다고 생각했다. 이 호텔을 계약하려 할 때, 아버지는 아들에게 "크라이슬러 빌딩도 청산 중인데, 꼭 코모도어 호텔을 고집하는 것은 타이타닉호의 좌석을 구하려고 바쁘게 뛰어다니는 것과 같다"고 말했다. 트럼프는 당시의 통념과 반대로 억지로 물을 거슬러 올라가고 있었다.

대담한 성격의 트럼프는 아버지나 그 누구의 말도 듣지 않았다. 그는 비록 호텔이 지금은 폐쇄됐지만, 입지만은 중앙역 근처에 있어서 최고라고 생각했다. 정상적인 개발자라면 쥐가 들끓는 이 폐허는 건드리지도 않을 것이었다. 그러나 어떤 전문가가 말한 대로 "그는 해서는 안 될 일을 잘 알지 못하기 때문에, 저질렀다." 트럼프가 성공했을 때 명성은 올라가고, 앞길은 평탄해졌다. 그는 영원히 불가능한 일을 가능하게 하는 사람으로 기억될 것이다.

| 강박관념 |

트럼프는 협상할 때면 적대적이고 호전적이기까지 하지만 개인적으로는 한없이 너그러울 때가 있다. 이런 비정상적인 아량은 집으로 오는 길에 그의 리무진이 고장났을 때 발휘되었다. 이때 실업 상태이던 한 기술자가 차를 고쳐주고 대가도 거부한 채 사라졌다. 전해지는 말에 따르면, 이 기술자의 부인은 다음날 꽃다발과 편지를 한 장 받았는데, 편지에는 그들의 대부금이 모두 갚아졌다고 쓰여 있었다.

트럼프의 기행을 가장 잘 보여주는 사례는 그가 결코 서류가방을 들고 다니지 않는다는 것이다. 그는 서류가방을 "처리할 정보가 필요하다"는 의미라고 생각했다. 그는 아무의 도움도 필요 없다고 생각했고, 서류 가방과 같은 거추장스러운 물건을 들고 다니지 않는 자신을 자랑스러워했다.

트럼프의 삶에서 두 가지 강박관념을 일으키는 요소는 '이겨야 한다'는 것과 '깨끗해야 한다'는 것이다. 〈A&E 바이오그라피〉에서 그는 "나는 청결에 집착한다"고 말했다. 그는 낯선 사람과 악수를 하고 나면 반드시 즉시 손을 씻었다. 그는 또 옷에 관해서도 흠잡을 데 없이 맵시가 있어야 좋아한다. 만약 핵심 직원이 짙은색 양복과 하얀 셔츠를 짙은색 타이와 맞춰 입고 나타나지 않으면 그는 격분한다. 청소년 시절 사관학교를 다녔던 것이 옷에 대한 엄격한 취향에 영향을 줬을 것이다.

업적과 명예

| 위대한 성공 |

도널드 트럼프가 얼마나 성공했는가는 그의 이름을 딴 수많은 조직과 벤처기업이 있다는 사실만 봐도 명확해진다. 황폐했던 코모도어 호텔을 화려한 그랜드 하얏트 호텔로 둔갑시켰던 첫 작품부터 시작해 트럼프는 뉴저지와 뉴욕의 스카이라인을 변화시켰다. 그리고 그는 트럼프 타워, 트럼프 플라자, 트럼프 캐슬, 타지마할, 트럼프 파크와 플라자 등 자신의 이름을 딴 여러 가지 건축물을 지었다. 1980년대에 이런 성공적인 사업들을 완수하면서 트럼프 기업은 전속력으로 달리는 멈추지 않는 대기업으로 부상했다.

1990년 연이은 부도로 트럼프는 개발에는 잠시 손을 떼게 된다. 싸움판으로 다시 돌아온 그는 인디애나에 리버보트 카지노를 개장한다. 그리고 2002년에 팜 스프링 근처에 트럼프 스포트라이트 29 카지노를 연다. 1990년대 초반 엠파이어스테이트 빌딩의 소유권을 잃은 그는 세계 최대의 빌딩을 짓겠다는 계획을 발표한다. 원래 시카고에 지어질 예정이었던 이 빌딩은 세계무역센터에 대한 테러리스트의 공격으로 무한정 연기되었다.

트럼프의 몰락과 복귀는 그의 끈기와 생존 기술을 보여준다. 그는 언론에게 "나는 은퇴하거나 싸울 것이다"라고 입장을 밝혔고, 결국 싸웠다. 트럼프는 1990년대 초반의 몰락으로 타격을 입긴 했지만, 그래도 상징적인 트럼프 플라자, 트럼프 캐슬, 마라라고와 트럼프 타워 안의 1천만 달러짜리 펜트 하우스는 지켜낼 수 있었다. 그는 최근 여전히 20억 달러의 순 자산을 기록하며 세계 최고 부자의 반열에 올라있다.

| 명예 |

1994년 뉴욕시는 트럼프를 '올해의 기업인'으로 선정했다. 출신교인 펜실베이니아 대학은 그를 '와튼 스쿨 명예의 전당'에 올려놨다. 2000년 10월 트럼프는 뉴욕호텔연합회의 '세기의 호텔과 부동산 개발자'로 뽑혔고, 2001년 말 테드 터너는 300만 달러를 들여 제작한 도널드 트럼프의 회상 작품을 방영했다. 그리고 트럼프가 가져가야 할 또 하나의 영광이 있다면 바로 '금세기 최고의 컴백 기업인'이라는 타이틀이다.

도널드 트럼프에게서 얻는 교훈

그의 최초의 저서인 〈트럼프 : 거래의 기술〉에서 트럼프는 '트럼프 카드'라고 부르는 협상에 임하는 열 가지 제안을 제시한다. 이 트럼프 카드는 부동산업 이외에도 다른 사업 영역에까지 일반화하여 적용할 수 있다.

| 크게 되려면 크게 생각하라 |

도널드의 첫 번째 경고인 '크게 생각하기'는 트럼프식 사고방식을 잘 나타내주는 조항이다.

> "나는 단순히 돈만 많이 벌어서는 절대 만족할 수 없다. 나는 선언하는 것을 목표로 삼았다. 즉 기념비가 될 만한 것을 지으려 했다. 이는 분명 큰 노력을 들일만한 일이다... 성공적인 호텔을 짓는 일은 멋진 일이다. 거대한 카지노가 딸린 호텔을 짓는 일은 그보다 더 멋진 일이다. 이것은 거대한 스케일의 이야기이다."

| 하부를 조심하라. 상부는 스스로 알아서 한다 |

애틀란틱 시티의 카지노에 투자할 때 트럼프는 카지노 운영 허가를 얻을 때까지 카지노 건설을 늦출 만큼 신중했다. 그리고 허가를 받자 홀리데이 인이 50%의 소유 지분을 주면 그동안 투입된 비용을 제공하고, 건설 자금도 대고, 초기 5년간의 손실도 보전해 주겠다고 나섰다. 이에 대해 트럼프는 다음과 같이 전한다.

> "나는 100%의 지분을 갖기 위해 나 혼자 모든 위험을 감수할 것인가, 아니면 한 푼도 들이지 않고 50%의 지분만 갖느냐 선택해야 했다. 그것은 쉬운 결정이었다."

그는 당연히 후자를 선택했고, 나중에는 홀리데이 인의 지분을 사들여, 트럼프 플라자 호텔과 카지노로 개명했다. 이는 트럼프가 협상에 임해서 책임과 손실 가능성을 최소화하는 전형적인 방식이다.

| 나의 선택권을 극대화하라 |

트럼프는 모든 협상이 결코 잘 마무리되지 않는다는 사실을 알아차렸다. 그래서 그는 미래의 협상가들에게 한 번에 여러 가지 제안을 준비하라고 충고한다. 이렇게 하면 협상이 실패하더라도 대안이 있는 데다 특정 안건의 결과에 너무 집착하게 되는 것도 막아준다.

> "협상에서 최악의 자세는 협상을 성사시키기 위해 필사적으로 매달리는 것처럼 보이는 것이다. 이 순간 상대방은 피 냄새를 맡게 되

고, 그럼 결국 당신이 진다."

| 시장을 알아라 |

이 격언은 실로 어느 영역에나 적용할 수 있다. 트럼프가 가진 놀라운 강점 가운데 하나는 자신이 지으려는 건물이 속한 시장을 잘 파악한다는 것이다. 소위 전문가라는 사람들의 말을 듣는 대신 트럼프는 직접 질문을 하고, 사람들과 이야기를 하고, 무엇을 원하는 지에 대한 본능적인 감각을 개발하면서 비공식적인 시장조사를 한다.

| 주도권을 잘 활용하라 |

이는 금융, 재무상의 차입자금이 아니라 심리적인 주도권을 말한다. 도널드는 다음과 같이 경고한다.

> "주도권이야말로 당신이 가질 수 있는 가장 큰 장점이다. 이때 주도권이란 상대가 원하는 것을 갖고 있는 것을 말한다. 상대가 필요로 하는 것을 갖고 있으면 더 좋고, 상대가 포기할 수 없는 치명적인 것을 갖고 있다면 최상이다."

성공한 거의 대부분의 협상에서 트럼프는 이 같은 주도권을 잘 활용했다. 소유권을 완전히 가져오기 위한 홀리데이 인과의 협상에서 트럼프는 이 회사의 잠재력에 매력을 느끼고 주식을 사들이기 시작했다. 트럼프는 회사를 인수한 다음 카지노는 계속 운영하되, 나머지 사업은 정리할 계획이었다. 트럼프는 이미 홀리데이 인 주식 100

만 주를 샀고, 인수를 마무리짓기 위해 10억 달러라도 쓸 준비가 돼 있다고 밝혔다. 적대적인 인수합병을 두려워한 홀리데이 인은 트럼프에게 항복하고 아주 싼 가격에 카지노 지분을 넘기겠다고 나왔다. 트럼프는 홀리데이 인을 매입하겠다는 계획을 포기했다. 옛날 아멕스 광고를 패러디해서, 트럼프는 "주도권, 이것 없이는 협상에 임하지 말라"고 못박고 있다.

| 입지를 강화하라 |

부동산의 가치는 첫째도 입지, 둘째도 입지, 셋째도 입지가 좌우한다는 금언이 있다. 트럼프는 알맞은 사람들을 끌어들이면 입지의 가치가 상승한다는 것을 알았다. 그는 5번가보다 떨어지는 3번가에 트럼프 플라자를 세웠던 사례를 언급한다. 그는 부동산 가격이 싼 곳에 건물을 짓고 절약한 돈을 건물 자체의 가치를 높이는 데 사용했다. 결국 그 화려함이 고급 고객들을 유인했고, 궁극적으로 3번가의 가치를 원래보다 끌어올리는 결과를 낳았다. 입지 여건 자체가 개선되면 그곳에 있던 저렴한 부동산이 황금알을 낳는 거위가 될 수 있다.

| 시선을 집중시켜라 |

트럼프가 품목을 불문하고 홍보의 대가라는 점에서는 이견이 없다. 그는 새로운 사업을 벌일 때마다 보도자료와 멋진 광고, 엄청난 보도로 선전한다. 좋게 알려지든 나쁘게 알려지든 일단 많이 알려지면 매출 증가로 연결되는 경우가 많다. 트럼프 본인의 말을 빌리자면 "우리는 흥미를 일으키고 흥분을 자아내야 한다."

웨스트 사이드에 있는 100에이커의 땅에 주의를 끌기 위해 트럼프는 그곳에 세계에서 가장 높은 건물을 지을 예정이라고 발표했다. 즉시 〈뉴욕타임즈〉, 〈뉴스위크〉는 물론이고 TV 저녁 뉴스의 주목을 받았다. 땅값은 즉시 올라갔고 중요한 입지가 되었다. 트럼프는 재능을 숨기지 말라는 오랜 격언을 완전히 새로운 차원에서 적용했고, 이제는 대중의 눈앞에서 우리의 재능을 뽐내야 한다고 강조한다.

| 싸워라 |

트럼프는 "변호사들은 협상을 성공시키기보다는 오래 끈다. 그들은 싸우기보다는 조정한다. 그러나 나는 그만두느니 싸운다"라고 말한다. 대립적인 방식에 대한 질문을 받자 그는 "나는 화염방사기의 이미지를 가졌지만 사실은 아니다. 그러나 누군가 나를 괴롭히면 가만두지 않는다"라고 말한다.

이런 트럼프의 성격을 보여주는 대표적인 사례는 80년대 후반, 트럼프가 '밸리 코퍼레이션'의 주식매수를 통해 경영권 취득을 노렸을 때다. 주식매수의 목표가 된 기업은 보통 적대적인 경영권 취득을 막기 위해 주식매수에 나선 주주에게 프리미엄을 지불하여 주식을 되사려 한다. 막대한 자금을 가진 싸움꾼으로 소문난 트럼프가 밸리 코퍼레이션의 주식매수에 나서겠다고 한 것이다. 트럼프는 1980년대 밸리의 주식을 사기 시작했고, 상대는 경영권 방어를 위해 트럼프의 주식을 되샀다. 결국 트럼프는 수백만 달러를 챙겼다. 트럼프는 "이런 바보들, 그들은 굴복했다"라고 썼다.

| 품질을 관리하되, 비용도 관리하라 |

트럼프는 다른 천재 기업인들처럼 제품의 품질 관리를 중요시했다.

> "우리는 다른 사람을 속일 수 없다. 얼마 동안은 속인다 해도 오래는
> 못 간다. 우리는 흥미를 자아낼 수도 있고, 모든 언론 매체를 동원
> 해 멋진 홍보를 할 수도 있으며, 약간의 과장법을 쓸 수도 있다. 그
> 러나 약속을 이행하지 못하면, 그들은 곧 알아낸다."

품질이 받쳐주지 않고서 오래 갈 사업은 없다. 그러나 비용을 한
없이 들여서 품질 관리를 해서도 안 된다. 품질 관리에 비용이 너무
들어가면, 그 제품의 최종 가격이 시장에서 감당할 수 없을 정도로
너무 비싸질 수 있기 때문이다.

| 즐겨라 |

아무도 트럼프가 이 교훈을 어겼다고 생각하지 않을 것이다. 그의
전기는 장난감 가게에 간 부잣집 아들의 모험 이야기 같다. 장난감
은 소년을 즐겁게 한다. 소년이 크면 클수록 장난감도 커진다. 그는
282피트 길이의 떠다니는 궁전인 2,500만 달러짜리 요트 프린세스
에 중독됐었다. 그 다음은 800만 달러짜리 보잉 727기였다. 그는 200
만 달러를 들여 코네티컷의 그리니치에 방 47개짜리 주말 오두막을
구입했다. 이 가운데서도 가장 과시형 소비는 팜 비치에 있는 방 118
개짜리 마라라고 리조트였다. 그는 이 시설을 800만 달러라는 헐값
에 거의 줍다시피 했다.

1980년대 중반부터 트럼프는 취미 목록에 여성을 끼워 넣었다. 모델인 말라 메이플스와 같이 있는 것이 자주 목격됐다. 많은 굴곡을 겪고 오랜 친구처럼 된 두 사람은 결국 1993년 12월 20일 결혼했다. 곧이어 그들은 둘 사이의 첫딸이자, 도널드의 넷째 아이인 티파니를 낳았다. 트럼프와 말라의 결혼도 결국 이혼으로 끝났다. 트럼프는 재미를 보고 있었던 것일까? 그의 말을 빌리자면 다음과 같다.

"진짜 재미있는 것은 게임을 하는 것이다.... 만약 누군가 마지막 판이 어떻게 됐느냐고 물으면, 나는 대답할 말이 없다. 그러나 그것만 뺀다면, 나는 정말 즐거운 시간을 보냈다고 말할 수 있다."

8장

리처드 브랜슨

Sir Richard Branson

이미지는 브랜드를 구성하는 전부이다

"나는 언제나 기회와 모험을 삶의 보람으로 삼아왔다"

출생 | 1950년 7월 18일. 영국 셸리 그린.

자신에 대한 설명 | "규칙이란 깨지기 위해 만들어진 것이다."

"내 인생 최대의 약점은 '아니오' 라고 말하지 못하는 것이다."

좌우명 | "나는 모험을 즐기는 자본주의자다"

혁신 내용 | 10대 소년으로 우편으로 주문하는 '버진 레코드 사' 설립. 1984년 아무런 계획도 자금 능력도 없으면서 충동적으로 버진 애틀랜틱 항공사 설립.

남다른 자질 | "나는 사업가가 되는 데 흥미를 보인 적이 없다."

스턴츠(Wild Stunts)로 기네스북에 세 번 오름.

목표 | "내 삶의 관심사는 내 자신이 거대해지는 것, 그리고 성취할 수 없는 도전과 그것들을 극복하는 것이다."

순자산 | 40세 이전에 억만장자가 됨. 2001년 33억 달러.

명예 | 2000년 새해에 영국 여왕으로부터 기업가 정신으로 기사 작위를 받음.

교육 수준 | 10학년 중퇴. 난독증 때문에 학교 혐오증이 있었음.

성격 | 바쁜 사업과 개인적인 삶을 보람으로 여기는 위험 감수형의 모험가. 괴짜.

취미 | 빠른 배와 빠른 차, 빠른 여자와 위험한 풍선 기구.

정치적 성향 | 정치에 관심 없음.

종교 | 불가지론자이지만 후에 청교도로 개종.

형제 관계 | 2남매 중 첫째, 여동생 바네사가 있음.

가족 | 부인 크리스틴 토마시와 조앤 템플맨, 자녀 샘과 홀리.

이미지는
브랜드를 구성하는 전부이다

리처드 브랜슨은 누구인가

상표명을 붙인다는 의미의 브랜딩은 마케팅에서 쓰는 용어이다. 상표명을 붙이는 이유는 그를 통해 상표에 대한 신뢰와 오랜 기간 같은 상품을 사고 또 사는 충성도를 자아낼 수 있기 때문이다. 우리는 보통 상표명을 붙일 때 무생물을 대상으로 한다고 생각하지만 현대의 언론매체들은 제품을 홍보할 때 공인들의 특징과 연관시킨다.

토로의 잔디 깎는 기계는 오랫동안 신뢰와 강인한 남성의 상징인 유명 골퍼 아놀드 파머를 모델로 써왔다. 그를 통해 잔디 깎는 기계에 강인한 신뢰감의 이미지를 연결시킬 수 있기 때문이었다. 1990년대에 데이브 토마스는 친근한 옆집 아저씨 이미지를 만들었고, 이는 곧 웬디스의 브랜드 충성도를 이끌어냈다. 우리는 마사 스튜어트를 통해 브랜딩이 실물보다 중요할 수 있다는 사실을 알고 있다. 낮의 여왕인 마사는 언론 보도에 자주 등장하다가 마침내는 온갖 다양한 제품의 트레이드마크처럼 되었다. 그러나 브랜딩에 진짜 유능한 전문가는 바로 '브랜딩의 왕'인 리처드 브랜슨이다.

버진 애틀랜틱을 비롯한 수많은 기업의 CEO인 리처드 브랜슨 경은 용기와 열정, 과장 광고를 통해 부유해지고 유명해졌다. 브랜드 인지도와 브랜드 가치를 높이기 위한 전통적인 접근법은 브랜슨의 홍보 전략에서는 거의 활용되지 않았다. 그는 개인적인 대담성과 허세를 통한 헤드라인에 관심이 많았다. 브랜슨은 대중들에게 '버진'이라는 이름을 알리기 위해 뻔뻔한 자기 홍보를 했고, 과장 광고를 통해 자신의 벤처 기업에 필요한 자금을 모금했다. 브랜슨은 마케팅에 돈을 쏟아 부었고, 홍보 우편물, 언론용 보도 자료, 무역 박람회 등 전통적인 홍보 방법에 의존하기보다는 보다 혁신적인 방법을 선호했다.

버진 항공사의 탄생은 이상하거나 재밌다. 자유로운 영혼의 소유자인 브랜슨은 뉴욕에서 약혼자인 조앤 템플맨과 휴가를 즐기고 있었다. 그러다가 약혼녀를 기쁘게 해주기 위해 영국령 버진군도로 무료 여행을 가기 위한 특이한 계획을 꾸미게 된다. 당시는 1979년이었고 브랜슨은 앞날을 알 수 없는 음반 사업에서 살아남으려고 고군분투하고 있을 때였다. 그는 여행사에 전화해서 섬을 하나 사고 싶다고 말했다. 그는 어디선가 비싼 부동산을 구매할 가능성이 있는 사람에게는 일등석을 타고 현지에 도착해서 섬을 둘러보고, 해변 호텔에서 숙박할 기회가 제공된다고 들었다. 브랜슨은 나중에 저서인 〈순결함을 잃는 것 *Losing My Virginity*〉에서 "우리는 좋은 숙박시설에 묵게 될 것이고, 그들은 우리를 헬리콥터에 태워 버진군도 여기저기를 보여줄 것이다"라고 썼다.

이제 잘 차려입은 브랜슨과 템플맨은 일등석에 태워져 '3백만 파운드(약 600만 달러)'라고 적힌 네케르 섬으로 갔다. 당시의 브랜슨은 300만 펜스도 없을 때였다. 처음으로 헬리콥터를 타고 섬을 둘러본 후, 판매 담당 직원은 갑자기 이들을 의심하게 된다. 리처드가 섬 값으로 지정된 가격의 5%밖에 안 되는 15만 파운드를 말했기 때문이었다. 그들은 급히 리처드의 신용상태를 조회했다. 이 신난 연인들이 바다 옆에 있는 화려한 숙소로 돌아왔을 때는 이미 모든 짐이 싸진 채로 밖에 나와 있었다.

이 정처 없는 연인들은 영국으로 돌아갈 방법이 없었다. 이들은 일단 공항으로 가서 이 섬을 떠나 푸에르토리코로 돌아갈 방법이 있나를 알아보았다. 그리고는 결국 푸에르토리코로 갈 수 있는 유일한 방법은 2천 달러나 되는 전세 비행기를 이용하는 수밖에 없다는 것을 알았다. 전형적인 '브랜슨 스타일'로 리처드는 "계약하겠소"라고 말했다. 그러나 당장 돈이 없었다. 그래서 칠판과 분필을 빌려 공항 근처를 돌아다니며 39달러를 내고 '버진 항공'을 이용하여 푸에르토리코로 가는 비행편이 있다고 안내를 하고 돌아다녔다. 1시간만에 모든 좌석을 채우고, 현금을 확보한 그는 전세기 계약금을 냈다. 리처드의 첫 비행 운영이었다. 항공기가 푸에르토리코에 도착했을 때, 승객 한 명이 브랜슨에게 "버진 항공이 나쁘진 않네요. 이 일을 좀더 가다듬으면, 사업을 차려도 되겠소"라고 말한다. 브랜슨은 "그래야 겠네요!"라고 말하며 웃었다.

훗날 주목받는 홍보 쇼와 대중 이벤트를 통해 리처드는 자신의 항공사는 물론이고, 음악 회사, 음료 회사, 여행 사업과 금융 회사 등의 브랜드 인지도를 높였다. 높은 위험도 마다 않는 드라마틱한 성향 때문에 브랜슨은 재계의 정상에 올랐다. 40세 전에 브랜슨은 억만장자가 되고, 50세 전에 수억만 장자가 된다. 리처드말고 그 어느 누가 낙하산을 타고 결혼식을 올리겠는가? 리처드는 이미지가 모든 것이라는 사실을 직감적으로 알고 있었고, 대중들을 겨냥한 시장은 정말 그랬다.

성장기

| 격동의 어린 시절 |

브랜슨은 변호사인 글렌과 이념타파적인 이브의 첫째 아들이었다. 브랜슨의 엄마는 아들을 개인적, 직업적 삶에서 어떤 위험도 무릅쓸 수 있는 사람으로 키우면서 아들의 인생 전반에 걸쳐 지배적인 영향력을 행사한다. 그녀는 타고난 무소속의 자유인이었다. 2차 세계대전 동안 공군 최초의 여성 구성원으로서 그녀는 트랜스 애틀란틱 상업항공의 초창기 승무원이 되었다. 이브는 처음에 비행기를 탔고, 나중에는 글라이더를 몰았다. 당시 대부분의 여성은 감히 차도 몰지 못할 때였다. 그녀는 평온한 영국의 전원에서 아들이 약하게 클까봐 계속하여 도전할 수 있는 환경을 만들었다. 이브는 아들이 극한 환경 속에서도 살 수 있도록 가르쳤고, 강한 생존력을 가질 수 있도록 온갖 방법을 동원했다.

리처드가 네 살 때, 이브는 아들을 차에 태우고 셀리 그린 외곽의 외딴 공원에 데려다 놓는다. 그리고 "집으로 찾아오렴"이라고 말한 뒤 차를 몰고 가버렸다. 리처드는 어느 농장 근처를 배회하다가 발견돼서 가족에게 데려가라는 연락이 갔다. 또 열 살 때는 –어머니가 크게 양보하여– 집에서 50마일 떨어진 곳에 지도와 샌드위치, 자전거를 내려 주고는 집으로 찾아오게 했다. 회상록에서 리처드는 너른 들판을 가로질러야 하는 고된 여정을 거쳐 친척집을 발견해 겨우 하룻밤 묵었다고 전한다.

그런 경험들을 통해 리처드는 위험에 맞서 어떻게 대처해야 할지, 두려움을 어떻게 극복할 지 등을 배워 나갔다. 이렇게 자란 리처드는 훗날 사하라 사막이나 캐나다의 만년설을 헤매고 다니지만 항상 안전하게 대처하는 방법을 찾아냈다. 회상록에서 브랜슨은 아버지와는 법률 문제에 관해, 어머니와는 인종의 다양성 문제 등에 관해 어른스런 대화를 나누었다고 말한다. 브랜슨의 집에서는 마약의 합법화나 포르노그래피와 같은 광범위한 주제의 지적 대화가 끝없이 계속되었다. 집은 항상 사람들로 붐볐고, 호기심 많고 외향적인 꼬마가 성장하기에 최상의 환경이었다.

| 중단된 교육 |

리처드는 어린 시절 구어를 연습하기 적절한 환경이 제공됐음에도 불구하고 문어를 익히는 데는 시간이 오래 걸렸다. 그는 "여덟 살 때도 나는 여전히 글을 못 읽었다. 나는 난독증이었다"라고 고백한다. 처음에는 스케잇클리프 예비학교, 그리고 나중에는 스토 학교를 다니면서 크리켓과 축구에 대단한 소질을 보였다. 그러나 무릎 부상을 입고 운동선수에 대한 꿈을 일찍이 마감한다. 그리고 학교에 흥미를 잃었다. 나중에 그는 "나는 공부에는 영 소질이 없다는 것을 알았다. 그래서 내가 잘 알고, 내가 할 수 있고, 또 재미있는 일을 하기 위해 공부는 접었다"라고 말했다. 1984년 〈뉴욕 타임즈〉의 케이스 헤이먼즈와의 인터뷰에서 "나는 학교를 좋아하지 않았다. 그러나 나는 세상을 바로잡고 싶었다"라고 말했다. 그는 〈학생〉이라는 반문화 잡지를 만들면서 학교에서 중퇴한 자신을 정당화했다. 경쟁을 좋아하는 리처드의 성격에 꼭 들어맞는 사업의 세계는 리처드의 다음 전쟁터가 된다.

리처드는 10학년을 마치고 학교를 그만둔다. 스토의 교장은 리처드가 그만둘 때 놀라지 않았다. 교장은 어린 리처드에게 "축하한다. 브랜슨. 나는 네가 감옥에 가거나 백만장자가 될 것 같구나"라고 말했다. 교장의 예측은 둘 다 들어맞았다.

| 사업가로서의 첫 발 |

리처드는 인생 초기부터 사업에 몸담았다. 일곱 살 때 이미 친구인 닉 파웰과 크리스마스 트리를 키워서 팔아 부자가 되기로 했다. 부자가 되겠다는 이 철없는 꿈은 키우던 나무들이 잡초 때문에 모두 죽으면서 물거품이 되었다. 부자가 되겠다는 열망에 사로잡힌 이 둘은 나중에 잉꼬 교배 사업의 파트너가 된다. 그러나 역시 크리스마스 트리 사업과 비슷한 종말을 맞으며 흐지부지된다. 리처드의 세 번째 사업인 학생 잡지를 만드는 것은 그 전에 비하면 엄청 성공한 것이었다.

1965년 15살이 된 브랜슨은 1960년대 중반 젊은이들 사이에 들끓었던, 갈수록 거세지는 국교(國敎) 반대의 물결에 휩쓸렸다. 리처드는 세상을 향해 학생들이 어떻게 느끼는 지를 말해주는 반문화 잡지를 만들어 인기를 끌자 그것을 직업으로 삼게 되었다. 잡지 〈학생 *Student*〉은 "학생들은 변화를 수용할 수 있다"는 사실을 어른들에게 알리기 위한 것이었다. 리처드는 친구인 조니 젬스와 동업을 했으나 십대 소년 둘은 잡지를 내기 위해 얼마나 할 일이 많은지 파악하지 못한 상태였다. 두 사람은 200년 전에 영국의 대시인인 알렉산더 포프Alexander Pope가 묘사한 젊은이들의 순수한 낙관주의를 그대로 갖고 있었다.

> "순간 떠오른 시상에 흥분해서/겁도 없이 우리는 예술의 고지도 높지 않다 느낀다/그러나 우리의 좁은 마음에서 나오는 짧은 식견으로는/그 뒤에 길게 늘어진 길이를 보지 못한다."

이들은 돈과 경험, 직원은 물론 고객도 없기 때문에 열정밖에 없었다. 사업계획서라는 개념 자체가 없을 뿐더러 그런 서류를 작성할 기술은 물론 이론적인 뒷받침도 안 돼 있었다. 그러나 보기 드물게 환상을 실현하는 능력이 있었다. 이 두 어린 사업가는 본능에 따라 해야 할 일을 하고, 해서는 안 될 일을 하지 않았다. 〈학생〉은 섹스와 마약, 록큰롤과 임신, 낙태 등을 주제로 다루었다. 리처드는 불굴의 정신 소유자만 할 수 있는 일을 했다. 뻔뻔하게도 코카콜라 본사에 전화를 걸어 판매담당 부사장에게 "펩시 콜라에서 방금 저희에게 광고를 주기로 했는데요, 뒷 표지의 광고란은 비어있습니다"라고 제안했다. 코카콜라가 걸려들었고 〈학생〉 지는 이렇게 두 명의 학교 중퇴자에 의해 세상에 태어나게 된다.

사무실도, 사업 자금도, 창간호의 초판도 없이 대담하게 대기업에게 광고를 판 열정적인 열여섯 소년을 상상해 보라. 리처드는 한술 더 떠, 창간호에 싣기 위해 영화배우 바네사 레드그레이브를 인터뷰한다. 잡지가 나왔을 때 이들은 5만 부라는 놀라운 매출을 기록한다. 이는 헤프너의 플레이보이 창간호가 나왔을 때의 반응과 비슷한 것이다. 브랜슨은 또한 장 폴 사르트르, 제임스 볼드윈 등을 설득하여 다양한 주제에 관해 글을 쓰게 했다.

브랜슨은 자신의 도전이 실패할 가능성이 높다는 사실을 분명히 알고 있기 때문에 오히려 다른 사람들은 불가능하다고 생각하는 각종 장애를 극복해 나갈 수 있었다. 그는 나중에 "나는 실패를 걱정만 하고 있기에는 너무 어렸다"라고 썼다. 1969년 〈학생〉은 2만 달러의 이윤을 남겼다. 3년 후에 잡지는 폐간되지만 리처드는 이를 계기로 자신의 사업을 운영하는 데 필요한 많은 것을 배운다.

정상을 향하여

| 출판업에서 소매업으로 |

브랜슨은 다음 두 가지 이유에서 출판업계의 루퍼트 머독이 되려는 야망을 접게 된다. 바로 우편주문 잡지사업이 지루해졌다는 이유 하나와 1970년 영국 정부에 의해 소매가격 조항이 폐지될 무렵 다른 사업에 눈을 돌리려고 했다는 또 하나의 이유 때문이다. 항상 새로운 기회를 잡는 데 빠른 리처드는 이 규제가 철폐되면 할인된 가격으로 우편주문을 통해 음반을 팔 수 있을 것이라고 생각했다. 자신이 이미 확보한 수많은 학생들의 명단과 주소를 통해 새로운 할인 기회를 제공하면 된다는 생각에 리처드는 기존의 음반 가게와 경쟁하기로 결정한다. 결국 그는 〈학생〉의 최종호에 할인 음반에 대한 거대한 광고를 실었고, 이를 계기로 주문이 홍수처럼 밀려들었다. 그는 나중에 "그 마지막 잡지는 우리가 지금까지 만져본 돈보다 훨씬 많은 돈을 가져다 줬다"라고 썼다. 바야흐로 소년 귀재가 등장하는 순간이었다.

물건을 팔고, 계산하고, 사람을 고용하고, 해고하고, 회사를 경영하고, 이기고 지는 일에 푹 빠진 브랜슨은 급성장하는 영국의 록큰롤 시장을 겨냥해 버진 레코드라는 회사를 설립했다. '버진'이라는 이름은 이 회사의 설립자들이 자신들의 처지를 보아 하니, 사업에 관해서는 완전 새내기, 처녀와 같다는 데 생각이 미쳐서 따온 것이다. 처녀라는 이름은 외우기도 쉬울 뿐 아니라, 젊은 혈기의 두 사업가들에게 항상 성적 상상력을 불러일으키는 이름이었다. 게다가 격변의 시대에도 적합한 이름이었다.

사업 첫해에 버진 레코드의 우편주문 음반은 잘 팔려나갔다. 그리고 브랜슨의 인생을 영원히 바꿔놓은 두 번째 위기가 닥치게 된다. 1971년 1월 완화될 기미가 안 보이는 영국 우편 파업 때문에 버진 레코드의 짧은 생애가 끝날 운명에 처한 것이다. 브랜슨은 이러한 시런에 맞서 이성적인 사람이라면 고려해 볼 가치도 없다고 생각하는 방법으로 해결을 모색한다. 바로 자금과 자산도 없이 가게를 열기로 한 것이다. 브랜슨은 그런 가게의 운영법도 몰랐고 필요한 경비를 지급할 능력도 없었다. 사실 첫 한 달의 가게 임대료와 보증금을 낼 돈조차도 없었다. 그러나 막무가내의 브랜슨은 옥스퍼드 가를 걸어 내려오다가 충동적인 구매를 이끌어내기에는 적합하지 않은 2층의 비어있는 가게 자리를 발견한다. 그는 가게 주인에게 세를 달라고 설득했으며 운이 좋게 가게 주인은 버진 레코드에 세를 주었고 버진 레코드는 살아남을 수 있었다.

바로 이렇게 최초의 버진 레코드 가게가 설립되었다. 그리고 얼마 안 가 수백만 달러의 세계적인 기업으로 성장하게 된다. 2년 만에 이 두 겁없는 사업가는 자신들의 상표를 달고 녹음까지 한다. 이들은 최초로 마이크 올드필드Mike Oldfield의 터벌라 벨즈Tubular Bells라는 곡으로 1,700만 장을 파는 대성공을 거둔다. 이 곡은 영화 '엑소시스트'의 사운드트랙에 실렸고, 이 성공을 발판으로 브랜슨은 보이 조지, 필 콜린스, 섹스 피스톨즈, 롤링 스톤즈는 물론 자넷 잭슨과 같은 유명한 락 가수들과 계약을 맺는다. 1984년 버진 레코드는 1,500만 달러의 이윤을 남겼다. 이 모든 성공은 우편 파업의 부산물이었다.

오늘날 버진 메가스토어는 맨해튼, 파리, 도쿄와 런던에도 지점을 갖고 있다. 파리의 샹젤리제 거리에 있는 버진 레코드 사는 1997년 진출한 이래 700만 고객에 1억3천만 달러의 기록적인 매출을 올렸다. 브랜슨은 이렇게 말한다.

"우리가 전열을 재정비하지 않았더라면 우리는 그냥 사라지고 말았
을 것이다. 선택의 여지가 없었다. 나는 최초의 그 작은 가게와 뉴
욕의 버진 메가스토어 사이에 직선을 그을 수 있다. 그것은 단순히
크기의 차이다. 일단은 성공할 수 있다는 신념이 필요하다."

| 모험적인 자본가와 브랜딩의 대가 |

1980년대 중반, 리처드는 진짜로 버진 애틀란틱 항공사를 설립한다.
그는 프레디 레이커 항공사가 없어지면서 폐쇄된 런던-뉴욕 항로를
인수하지 않겠느냐는 유혹적인 전화를 받게 된다. 브랜슨은 다음과
같이 회상했다.

"나는 프레디 레이커(먼 친척)와 그의 독립심에 호감을 갖고 있었고,
그가 했던 일과 비슷한 일을 해보기로 결심했다."

그의 사업 파트너이자 사촌인 사이먼 드레이퍼는 이런 브랜슨을
"미친, 과대망상증 환자"라고 비난했다. 버진 레코드 관계자들도 모
두 깜짝 놀랐다. 어떻게 그들이 영국항공과 경쟁할 수 있단 말인가?
사이먼은 뛰쳐나가서 다시는 돌아오지 않았다. 브랜슨의 가장 친한
친구도 영국항공과의 경쟁에서 이길 가능성은 거의 없으며, 지금 가
진 것을 다 걸어봤자 이렇게 막무가내식으로 한다면 결국 모든 것을
잃고 말 것이라고 충고했다. 늘 그렇듯 그는 예산도, 계획도, 충분한
자금도 없었지만 그 누구의 말도 듣지 않고 오직 본능에만 충실했
다. 그는 보잉으로부터 신용대부로 747 제트기를 들여오고, 결국 항

공사의 경영자가 된다. 이제 그는 사람들에게 자신의 항공사를 이용하면 좋은 점을 알려줘야 했다.

브랜슨은 막대한 자본과 대규모의 고급 고객들을 기반으로 하는, 그러면서도 규제가 많은 산업에 발을 담그게 되었다는 사실을 깨달았다. 광고를 할 돈도, 여력도 없었던 브랜슨은 버진 항공사의 존재를 알리기 위해 특별 광고를 하기로 했다. 전형적인 브랜슨 스타일로 그는 모든 승객들을 위한 일등급 서비스를 시작했다. 공항으로 오가는 무료 리무진과 무료 마사지, 무료 샴페인과 무료 영화, 특수 교육을 받은 스튜어디스와 같은 편의를 제공한 것이다. 고객들의 반응은 좋았다. 브랜슨의 모험을 즐기는 천성과 혁신은 직원들을 경악시켰고, 가족들을 걱정하게 만들었으며, 언론을 매혹시켰다. 버진 항공사는 기존 업체들과 차별화를 추구하면서 마침내 대성공을 거두었다.

버진 항공사의 인지도를 높이기 위해 브랜슨은 언론이 좋아할 만한 극히 위험하면서도 볼거리를 제공하는 묘기를 선보여야겠다고 결심했다. 그는 38살 스웨덴 출신의 퍼 린드스트란드가 세계 최초로 열기구를 타고 대서양을 횡단하는 일을 스폰서할 사람을 찾고 있다는 이야기를 듣는다. 브랜슨은 눈이 번쩍 뜨였다. 린드스트란드에게 연락한 브랜슨은 그를 스폰서하는 대신 대서양을 횡단하는 대기록을 세울 때, 한 사람을 더 태우고 가서, 그 대모험을 성공시킨 주역으로 주목을 받게 해야 한다는 제안을 했다. 계약이 곧 체결됐고, 브랜슨과 린드스트란드는 1987년 5월 보스턴 근처의 슈가로프 산에서 출발 준비에 들어갔다.

출발 날짜가 날씨 때문에 지연되었지만 이 때문에 브랜슨은 이 행사를 언론에 알리고 미디어의 취재 열기를 부채질할 시간을 더욱 많이 확보했다. 마침내 1987년 7월 2일 언론의 열띤 관심과 기념식 속에서 브랜슨과 린드스트란드는 30시간의 비행을 떠났다. 조마조마한 29시간의 비행 끝에 두 사람은 아일랜드의 서쪽 해안에 도착했다. 마치 60년 전 33시간에 걸친 찰스 린드버그의 파리로의 단독 비행을 연상시키는 대사건이라 할 수 있었다. 그러나 비행의 가장 어려운 부분인 착륙이 남아 있었다. 결국 착륙 시에 사고가 발생해 린드스트란드는 낙하산을 타고 바다로 떨어졌지만 리처드는 아일랜드 해로 추락했다. 브랜슨은 사나운 파도 속에서 헤매다 빠져나온 후 "당시의 두 시간이 내 인생에서 가장 무서웠던 순간이었다"라고 고백했다.

브랜드 인지도를 높이기 위해 도대체 무슨 대가를 치를 뻔했는가. 대부분의 사람들은 목숨까지 걸면서 브랜드 가치를 높이거나 세계 신기록을 세우려 하지는 않는다. 그러나 브랜슨은 목숨을 걸었고, 엄청난 위험을 감수한 것이다. 이런 무모한 행동 덕분에 그는 자신이 그토록 원하던 버진 항공사의 브랜드를 가치 있게 만들었다.

| 최음제로 버진 에너지를 홍보하기 |

브랜슨이 버진 콜라를 홍보하려 했을 때, 그는 마케팅의 대 전쟁터에 들어섰다는 것을 깨달았다. 코카콜라와 펩시의 악명 높은 콜라 전쟁이 지난 20세기 내내 계속됐고, 시장점유율이 1%만 변해도 수십억 달러가 영향을 받는 큰 이권이 걸린 사업이었다. 브랜슨은 수백만 달러의 광고예산과 맞서 싸워야 하고, 언론의 도움 없이는 절대로 경쟁이 되지 않는다는 사실도 알고 있었다. 버진 콜라는 뭔가 차별화를 추구해서 다른 콜라와 다르다는 인식을 심어줘야 할 뿐 아니라 더 좋다는 평가를 받아야만 했다.

이럴 때 브랜슨의 장기인 직감이 작용한다. 자신의 음료인 버진 에너지를 최음제라고 표시하기로 한 것이다. 브랜슨의 변호사는 이 주장을 뒷받침할 근거가 없기 때문에 그렇게 광고해서는 안 된다고 주장했다. 쉽사리 설득될 리 없는 브랜슨은 결심대로 밀고 나가면서 스스로가 직접 깡통 겉면에 적을 문구를 작성했다. "누가 뭐라 해도 버진 에너지가 최음제가 아니라는 과학적인 증거는 없습니다." 실로 브랜슨의 마케팅 본능이 난국을 타개할 방안을 만든 것이다. 이런 홍보 끝에 버진 콜라는 영국에서 성공을 거두고, 몇 년 안 돼 펩시까지 추월한다.

| 직원의 충성도를 끌어내기 |

브랜슨은 주주가 제일, 고객은 그 다음, 직원이 세 번째라는 전형적인 사업 모델에 반대한다. 자신의 회사에 대해 브랜슨은 이렇게 말한다.

> "버진은 그 반대다. 우리는 우리의 직원이 가장 중요하다고 생각한다. 의욕이 넘치는 행복한 직원이 고객을 행복하게 만든다."

브랜슨은 역사상 드물게 직원들에게 존경과 사랑을 받는 리더였다. 브랜슨이 믿는 대로 행복한 직원들이 행복한 고객을 낳고, 행복한 고객은 곧 버진 그룹의 이익을 늘려주었다. 영국 최대의 민영회사로서, 버진 그룹의 순 자산은 15억 달러에 달한다. 그리고 이 모든 것이 어떤 위험도 감수하겠다는 한 기업가의 목숨 건 홍보에서 비롯된 결과이다.

| 리처드 브랜슨의 연대기 |

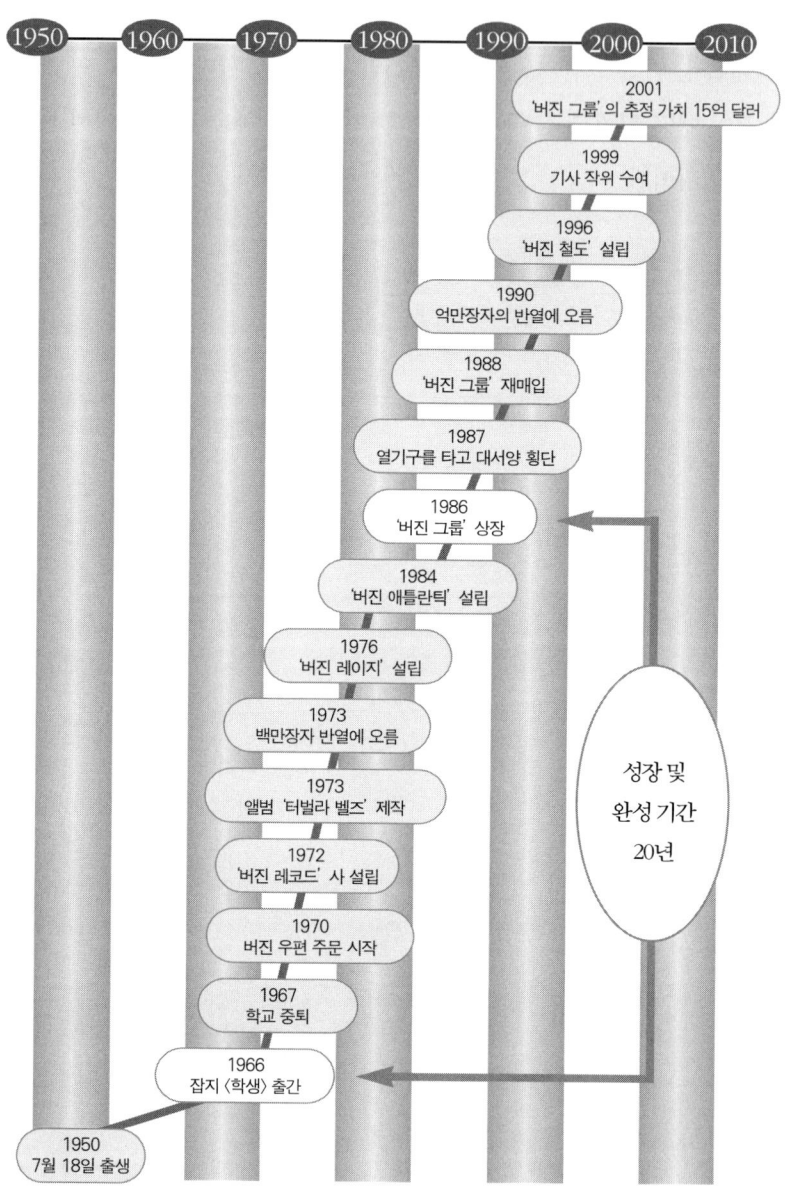

1950　　1960　　1970　　1980　　1990　　2000　　2010

2001
'버진 그룹'의 추정 가치 15억 달러

1999
기사 작위 수여

1996
'버진 철도' 설립

1990
억만장자의 반열에 오름

1988
'버진 그룹' 재매입

1987
열기구를 타고 대서양 횡단

1986
'버진 그룹' 상장

1984
'버진 애틀란틱' 설립

1976
'버진 레이지' 설립

1973
백만장자 반열에 오름

1973
앨범 '터벌라 벨즈' 제작

1972
'버진 레코드' 사 설립

1970
버진 우편 주문 시작

1967
학교 중퇴

1966
잡지 〈학생〉 출간

1950
7월 18일 출생

성장 및
완성 기간
20년

성격 분석

| 커뮤니케이션 스타일 : 노출증 환자 |

아이들 같은 브랜슨의 성격은 전염될 뿐만 아니라 직원들을 고무시킨다. 저돌적인 좌담가로서의 이미지 때문에 브랜슨은 자주 런던 시장으로 추대되었다. 영국 사람들은 기존의 정치판 인물들에 환멸을 느끼고 있었고, 브랜슨은 시장이 되기 위해 자신의 견해를 바꿀 필요도 없었다. 그러나 그는 정치에 무관심했고 어떤 자리에 앉든 대혼란을 일으킬 것이 뻔했다. 브랜슨은 도널드 트럼프와도 일맥상통한 이야기를 한다.

> "버진이 성공한 비결은 재미가 있었기 때문이다. 재미가 바로 내가
> 사업을 하는 원동력이자 처음부터 내가 이룩한 모든 일의 원인이
> 된다."

브랜슨은 또 이렇게 덧붙였다.

> "만약 내가 버진을 최고의 회사로 만들기 위해 노력하지 않는다면,
> 다른 누가 그렇게 하겠는가? 내가 모범을 보여야 했다. 직원을 재
> 미있게 하고 잘 돌보면, 그들은 나를 위해 열심히 일한다."

버진 브라이드라는 새로운 벤처를 만들어 혼례복을 입고 나타나는 사장은 많지 않을 것이다. 대담한 브랜슨은 이런 진기를 즐겼다.

브랜슨은 소년 같은 모험심으로 이런 일들을 계획했고, 결과적으로 미디어의 대단한 주목을 받곤 했다. 1996년 브랜슨은 버진 콜라에 대한 언론의 관심을 높이기 위해 완전 군장을 갖추고 탱크를 빌려 뉴욕의 42번가에서 타임 스퀘어까지 몰고 갔다. 타임 스퀘어는 12년 전 샘 월튼이 나무 잎사귀로 만든 치마를 입고 훌라를 췄던 곳이기도 하다. 탱크는 코카콜라 캔을 깔아뭉개며 미국의 소비자들에게 상징적인 메시지를 보내면서 미국 상업의 메카를 지나갔다.

1999년 버진 모바일을 설립했을 때는 런던의 광장에 누드 모델과 함께 등장했다. 이 마케팅의 명수는 다양한 사업을 홍보하기 위해 경쟁자들처럼 높은 광고비를 들이지 않으면서도 원하는 결과를 자유자재로 이끌어냈다. 이런 대담한 진기명기 덕분에 결국 버진은 세계적인 제국을 건설하게 된다.

| 직관적인 스타일 : 전형적인 프로메테우스형 |

버진의 공동 설립자인 닉 파웰은 "브랜슨은 다른 사람들은 모두 포기할 손해도 항상 기꺼이 감수한다"고 말한다. 다른 대사업가들과 마찬가지로 브랜슨은 사회 통념보다는 자신의 본능에 더 충실한다.

> "나는 다량의 통계에 의존하기보다는 내 육감을 믿는다. 나는 난독
> 증 때문에 숫자들을 불신한다."

다른 창의력이 발달된 사람들처럼 브랜슨은 이성적인 성향이 강한 우뇌 중심의 인간이다. 즉 MBTI 성격 척도에서 프로메테우스로

상징되는 성격 유형인 것이다. 이런 예리한 직관력 덕분에 브랜슨은 기존의 전통적인 리더들과 다르게 행동할 수 있었다. 더 큰 것이 더 좋은 것이라는 인식이 팽배하고 인수합병주의자들이 득세하던 마당에 브랜슨은 통념과 반대로 접근했다. 브랜슨은 조직이 크면 클수록 문제가 많다고 생각했다. 그는 큰 회사들은 자기 자신은 물론 고객과의 커뮤니케이션에 문제가 발생한다고 생각해서 "작은 것이 더 좋다"는 입장을 견지했다.

> "조직의 모든 사람을 알지 못한다면, 그 조직이 너무 크다는 증거이며, 쪼개져야 한다."

브랜슨은 또 언론과의 인터뷰에서도 강조했다.

> "건물 안에 모르는 사람이 생기기 시작하면 조직은 비인간적이 된다. 그때가 바로 회사를 작게 분리할 때이다."

| 창의성 : 위기에 대한 혁신적인 반응들 |

영국식의 절제된 표현을 사용하며 브랜슨은 1998년 〈석세스〉 지와의 인터뷰에서 "편집자들은 지면에 사진을 넣어야 한다. 그래서 우리가 그들의 수고를 덜어주었다."라고 말했다. 여기서 '사진'이란 바로 자신이 무료 홍보 효과를 얻기 위해 만들었던 각종 사건들의 사진을 말한다. 여기에는 물론 열기구를 탄 사진, 여성복을 입은 사진, 거의 반은 벗고 포즈를 취한 사진 등도 포함된다. 브랜슨의 창의력은 역경을 기회로 바꾸는 특유의 재주에서도 잘 나타난다. 그는 우편 파업의 위기 속에서도 돈을 벌었고, 소매가격 유지제의 폐지를 이용해서 할인된 음반을 팔았다. 이렇게 큰 대가를 치르고 언론에 홍보한 결과, 버진 브랜드는 이제 일반화된 용어로 인식될 정도이다.

| 위험성에 대한 감수 성향 : 아주 높음 |

〈A&E 바이오그래피〉의 해리 스미스는 이렇게 썼다.

> "브랜슨은 눈부신 자기 홍보의 재주가 있다. 그는 버진 브랜드를 홍보하기 위해 목숨을 내 놓을 만큼 물불을 안 가리는 사람이다."

브랜슨의 실제보다 과장된 성격은 신비화되다시피 한 모험심을 예측하게 한다. 그의 영웅적인 모험담들은 꿈만 꾸고 말 일들을 과감하게 시도하는 브랜슨에 대한 수백만 영국인들의 존경을 불러일으켰다. 영국 언론에서는 브랜슨을 '히피 사업가'라고 칭했다. 그들은 미친 것이 아니라면, 정말 위험천만한 브랜슨의 아이 같은 모험을 호기심으로 지켜봤다. 브랜슨이 열기구를 타고 바다를 가로지르는 비행에 나섰을 때나, 스카이다이빙을 시도했을 때 그가 죽었다는 기사는 단골로 등장했다. 브랜슨의 화려한 모험담 가운데 하나는 오랜 동거녀인 조앤 템플먼과의 결혼식에 헬리콥터에 매달려 입장한 것이다. 영국인들은 브랜슨의 모험을 좋아했고, 눈길을 끄는 그의 생활 방식을 "브랜슨스러운"이라는 말로 불렀다.

마치 죽기라도 바라는 것처럼 행동하는 이 젊은 혈기의 사업가는

"사업은 생존이다"라고 말한다. 그는 회고록에서 "나는 언제나 위험과 아드레날린 속에서 살아왔다"고 적고 있다. 그의 특이한 무모함은 1980년 부도위기에 처했을 때도 발휘된다. 수백만 달러의 빚을 지고 있는 데다 매년 200만 달러씩 손해를 보고 있다는 사실을 알면서도 브랜슨은 다른 사람들처럼 비용 절감을 위해 노력하기보다는 버진 군도에 있는 네커 섬을 사들이며 오히려 사업을 확장했다. 이에 대해 그는 이렇게 말했다.

> "나는 현금위기에 대처하는 유일한 방법은 긴축이 아니라 확장이라
> 고 믿어왔다."

스릴을 즐기는 독특한 삶의 방식대로 브랜슨은 1980년에 '루프가든'이라는 나이트 클럽과 '헤븐'이라는 게이 클럽까지 추가로 매입했다. 버진은 당시 지불 불능 상태에 이르렀고, 수백만 파운드의 빚을 지고 있었다. 이 두 클럽은 원래 양조장이 소유하고 있다가 사업 규모를 축소하는 과정에서 경험 많은 운영자에게 보증금 없이 넘기려고 했던 것이었다. 클럽 운영에 대해 아무것도 모르고, 클럽을 운영할 필요가 없다 하여도 모든 일에 주도권을 잡기를 좋아하는 브랜슨이 이 기회를 그냥 넘길 리 없었다. 브랜슨은 당장에 두 클럽을 샀고 사업 파트너들은 격분했다. 거래는 브랜슨의 즉각적인 판단에서 나온 것이었다.

클럽만 있다면, 음악과 연예인에 대한 반응을 시험해 볼 수도 있었다. 버진 레코드의 운영자인 닉 파웰은 브랜슨이 클럽을 사들였다

는 사실을 알고는 사직했다. 파월은 브랜슨이 항상 무모하고 일방적인 결정만 내리는 데 격분했다. 이 일을 계기로 두 사람 사이의 오랜 관계도 끝이 나고 말았다. 위험을 무릅쓰는 기업가들이 항상 그렇듯 브랜슨도 나이트 클럽을 사들이는 데 차입금을 이용했다. 그는 현금 흐름이 좋은 이 사업을 참을성 없는 빚쟁이들에게 돈을 갚는 데 썼고, 일시적인 현금위기를 넘길 수 있었다. 소심한 사람으로서는 생각할 수도 없는 경영 방식이었다. 브랜슨은 이렇게 회상한 적이 있다.

"나는 가능성이 큰일을 그냥 넘어갈 수가 없다. 나는 항상 내 자신을 극한으로 내몰아야 직성이 풀린다."

그는 여러 번의 무모한 시도 때문에 목숨을 내놓을 뻔한 적이 한두 번이 아니다. 다섯 살 때는 이모한테 10실링을 받아내려고 무모한 도전 끝에 익사할 뻔했다. 회상록에서 이때를 언급하며 브랜슨은 "대담해져야만 어디든 갈 수 있다"고 쓰고 있다. A&E의 해리 스미스는 브랜슨을 "위험을 무릅써서 부자가 된 사람"이라고 묘사한다.

브랜슨은 열기구를 타는 것은 물론이고, 스키광이자, 스피드 보드광, 스카이다이버다. 다른 사업가들도 그렇지만 그의 취미들은 소심한 사람에게는 어울리지 않는 것들이다. 그러나 이런 사람들은 투자자들과 잘 어울리지는 못한다. 투자자들은 브랜슨이 볼거리를 기획하는 것을 즐기지, 본인이 볼거리가 되는 것은 원하지 않기 때문이라고 생각한다.

아슬아슬함을 즐기는 브랜슨의 또 하나의 결정적인 사례는 마이크 올드필드와의 레코딩 계약을 체결할 때 나타난다. 그리고 브랜슨은 이 계약을 계기로 레코딩 사업에서 최초의 성공을 거두게 된다. 처음 브랜슨이 독립적인 올드필드를 필사적으로 끌어들이려 할 때 올드필드는 마치 귀머거리 같았다. 이 가수의 환심을 사려는 마지막 시도로 브랜슨은 어머니에게서 결혼 선물로 받은 -수상 경력도 있는- 벤틀리 자동차로 올드필드를 초대했다. 계약이 막다른 곳에 닿아서 더 이상 진전이 없을 때 브랜슨은 올드필드를 가리키며 "마이크, 이 차 선물로 줄까?"라고 물었다. 놀란 올드필드가 "됐어. 너네 엄마가 결혼선물로 준거잖아"라고 말했을 때 브랜슨은 드디어 올드필드의 마음을 살 기회가 왔다는 것을 알았다. 브랜슨은 계약을 체결하는 데 성공했고, 올드필드는 브랜슨이 아끼는 벤틀리 자동차를 몰고 사라졌다.

그러나 벤틀리는 언제나 다시 살 수 있는 자동차였다. 지금 올드필드와 계약해야 성공할 수 있으며, 성공을 하면 벤틀리도 다시 살 수 있다고 판단했다. 몇 달만에 올드필드의 '터벌라 벨즈' 앨범은 1,300만 장이 팔렸고 버진 레코드는 하룻밤새에 놀라운 돌풍을 일으켰다. 이때부터 브랜슨은 성공적인 음반 기획자로 명성을 날렸다.

브랜슨의 순탄치 않은 삶에서 죽음과의 조우는 늘 있는 일이었다. 그러나 멕시코에서는 정말로 죽을 뻔한 일이 있었다. 바로 첫째 부인이었던 미국인 크리스틴 토마시와의 여행 중에 일어난 일 때문이었다. 그들은 허리케인이 몰아치는 멕시코 만의 격류에 휘말려 들어갔다. 보트의 선장은 탑승객 모두에게 바짝 붙어 앉으라고 지시했다. 해안에서 그다지 멀리 떨어져 있지는 않았지만 폭풍우를 이겨내야 하기 때문이었다. 브랜슨 커플은 둘 다 젊고, 운동신경이 좋고, 수영을 잘 했다. 이들은 즉시 보트에서 뛰어내려 허리케인이 몰아치는 파도를 헤치며 해안가로 수영을 하기 시작했다. 두 사람이 탈진 상태로 육지에 닿았을 때 보트는 어디에서도 찾을 수 없었다. 그러나 허리케인도 이겨낸 두 사람의 결혼은 침몰하고 말았다.

브랜슨의 두 번째 결혼은 거의 성사되지 않을 뻔했다. 브랜슨이 두 번째 상대와 두 명의 아이까지 낳았으면서도 장래를 기약할 수 없었기 때문이었다. 그러나 14년간의 동거 끝에 39세의 브랜슨은 결국 항복했고, 두 아이의 엄마와 결혼에 성공했다. 두 사람은 정반대의 성격을 갖고 있었다. 조앤은 리처드의 '삶을 극한으로 몰고 가는 방식'을 결코 이해하지 못했다. 1980년, 부도 위기에 처한 버진을 살리려고 고군분투할 때, 조앤은 "저 임신했어요. 당신에게 말하기가 무섭군요. 집에서 좀 떠나 있을래요. 제가 보고 싶으면 로즈의 집으로 전화주세요"라는 메모를 남기고 브랜슨을 떠나기까지 했다. 그렇게 태어난 딸 홀리가 두 사람을 더욱 가깝게 만들었다.

| 집중력 : 아드레날린에 의한 추진 |

브랜슨의 실용주의적 관점과 위험 감수 성향은 사업가로서 잘 어울리는 것들이었다. 자신을 돌아보며 브랜슨은 "나는 나 대신 다른 누군가가 책임지게 하거나, 통제할 수 없다는 평가를 받는 것을 좋아하지 않는다"라고 썼다. 비록 모든 사람들이 "브랜슨은 통제 불가능"이라 말할지라도, 그는 자신이 자제력을 가져야 한다고 생각했다. 변덕스러운 성향에도 불구하고 그는 다른 누구보다도 오래 살아남았고,

실패한 만큼 성공도 했다.

> "나는 거대하고 이룰 수 없는 도전 가운데 나를 던져 놓고, 그것들을
> 극복하는 데서 삶의 재미를 찾는 사람이다."

브랜슨은 항상 차를 몰든, 비행기를 몰든, 사업을 하든 경쟁 속에서 살아남으려고 분투했다.

> "나는 항상 위험과 아드레날린이 분비되는 상황에서 살아남으려고
> 노력한다. 나는 30초 안에 누군가에 대한 판단을 내린다. 나는 빨
> 리 가는 게 좋다. 보트도 속력을 낼 수 있는 강력한 보트가 좋다."

열기구 여행에 실패한 이후 브랜슨은 언론과의 인터뷰에서 속도가 버진의 성공에 있어 극히 중요하다고 말했다. 그러나 언론은, 버진 기업은 참을성 없는 리더의 태도의 영향을 받고 있다고 썼다. 성공적인 기업가들은 전형적으로 서두르고, 실패도 기꺼이 받아들인다. 그리고 회복을 하고 발전해 나간다. 브랜슨의 사전에는 "변호사나 회계사에게 상의해 봐야겠군요"와 같은 말은 없다.

| 자아상 : 외향적인 낙관론자 |

브랜슨의 장기적인 사업 파트너들은 브랜슨이 상식 밖의 모험을 감행할 때마다 결별을 했다. 한 번은 이들 중의 한 명이 브랜슨에게 "리처드, 우리는 10대 때부터 친구였잖아. 그런데 자네가 이 일을 계

속하겠다고 고집하면, 우리는 계속 같이 갈 수 없을 것 같네"라고 말했다. 브랜슨이 항공업계에 뛰어들겠다고 했을 때도 친구와 동료들이 사직서를 냈었다. 그러나 브랜슨은 한 번 결심을 하면 그것을 바꾸는 일은 거의 없었다. 자금은 물론 경험도 부족하고, 직원도 부족한 상황에서도 일을 추진했다. 이는 브랜슨 스스로도 인정한다. "우리는 채 준비도 안 된 상황에서 항공업을 시작했다. 우리의 첫 시험비행을 위한 엔진에 시동이 걸렸을 때, 시작도 하기 전에 끝날 수도 있다고 생각했을 정도였다."

브랜슨은 온건하다는 소리를 들어본 적이 없다. 항상 넘치는 것이 그의 개성이자 전문이었다. 그가 계획한 모든 이벤트들은 규범과 예절을 뛰어넘는 것이었다. 브랜슨은 10대 때부터 늘 그래왔다. 반문화 잡지를 만들 때부터 시작해서 중도를 가는 법이 없었다. 크게 한탕할 수 없다면 아예 게임을 하지 않았다. "머릿속으로 모든 발상들과 가능성을 다 고려하는 일을 멈출 수 없었다." 〈비즈니스 위크〉는 "브랜슨의 참모진 사이에서 그들이 사장의 비정상적인 발상을 통제하기 위해 고용되었다는 농담이 있는 것이 당연하다"라고 썼다. 브랜슨이 엉뚱한 생각을 제안할 때면 버진 애틀란틱의 CEO인 스티브 리지웨이가 "진정하세요"라는 경고로 싹을 잘라버렸다. 그러나 대부분의 사람들은 브랜슨의 오버하는 경향이 버진 그룹의 놀라운 성공에 큰 기여를 했다는 사실을 부인하지 않는다. 브랜슨이 없었더라면 버진 애틀란틱도 아마 평범한 또 하나의 항공사로 끝났을 것이다.

| 통제에 대한 끝없는 추구 |

기업가들은 전형적인 경영인들과는 다른 운영 철학을 갖고 있다. 이들은 해고당할 걱정이 없기 때문에 기업이 살아남을 수 있도록 운영하기만 하면 된다. 주주들은 방법이나 수단을 제시하기 위해서가 아니라 결과를 보고 판단하기 위해 존재한다. 많은 경영자들은 이사회를 만족시켜야 직장이 보장되기 때문에 주주를 가장 우선시한다. 그러나 브랜슨은 주주를 우선순위의 가장 하위에 놓았다. 브랜슨은 주주들의 요구 사항에 대해 일일이 대응하느니, 완전히 민영기업화하는 쪽을 택했다. 이것이 바로 단기적으로는 좋아 보여도 장기적으로 경솔한 선택이 될 일을 미연에 방지하는 것이라고 생각했기 때문이었다.

불만을 가진 전 직원은 언론에 "브랜슨은 자애로운 독재자이다"라고 폭로했다. 이는 곧 브랜슨이 통제를 좋아하는 사람이라는 말이다. 리처드는 예측 가능하게 움직이지 않는다. 그에게 있어 규칙은 깨라고 있는 것이고, 준수한 적도 없다. 그리고 온갖 통념과 규칙을 마음껏 깨부순다. 회고록에서 브랜슨은 다음과 같이 쓰고 있다.

"나는 항상 규칙을 깨는 일을 즐겨왔다. 학교의 규칙이나 일반적인 규칙이나 모두 말이다."

| 낙천주의자 |

돈이 주는 자유와 생활 방식을 제외하면 브랜슨에게 돈은 결코 중요한 것이 아니었다. 본인의 표현을 빌리자면 다음과 같다.

"나는 〈학생〉 지가 얼마나 많은 이익을 남길 지에 대해 걱정한 적이
없다. 우리는 그 일을 돈을 벌기 위한 사업이라기보다는 창의적인
사업으로 여겼기 때문이다."

게다가 브랜슨은 주머니에 돈 한 푼 없이 세계를 여행하는 일을
즐기는 것처럼 보인다. 그는 어디에 있든 간에 신용거래가 가능할 것
이라고 생각한다. 하도 여러 번 이상한 상황에서 구출되었기 때문에
항상 누군가 나타나 자신을 구해줄 것이라고 생각하는 것이다. 〈포브
스〉가 이윤에 대해서 질문했을 때, 브랜슨은 약간 다르게 대답했다.

"민영기업에서의 이윤은 중요하지 않을 뿐 아니라 그에 대한 세금
을 내야 한다는 점에서 실제로는 손해라고까지 할 수 있다."

브랜슨은 자서전인 〈순결함을 잃는 것〉(1998)에 "나는 단순히 돈
을 벌기 위해 사업을 시작한 것이 아니라고 솔직하게 말할 수 있다"
라고 썼다. 그러나 이상한 과대 광고하기를 좋아하는 버진 제국의
제왕은 사업과 관련된 모든 통념을 깨뜨리면서도 40세가 되기 전에
억만장자의 반열에 올랐다. 초기에 브랜슨은 광고에 쓸 돈이 없었을
뿐더러 있었다 해도 어떻게 쓸지 몰랐을 것이다. 그래서 그는 자기
식대로 했고, 이상한 기획을 통해서 유명해졌다.
초기에 버진 레코드는 늘 지불불능 상태였다. 한 번은 부도를 눈
앞에 두고 레코드를 수출할 계획을 세웠다. 버진이 불법적인 수출입
을 시작했을 때, 이미 1만5천 파운드의 빚을 지고 있었다. 세관원이

이 불법을 발각했을 때 브랜슨은 하룻밤을 감옥에서 살고, 엄청난 벌금까지 물게 되었다. 이때의 실패로 브랜슨은 6만 파운드를 물어야 했지만 이를 계기로 제한 범위를 넘어섰을 때 치러야 할 대가가 얼마나 큰가를 깨달았다. 그는 이 같은 교훈을 배우고, 다시는 감옥에 가지 말아야겠다고 맹세한다. 버진의 한 경영인은 회사의 운영 방식에 대해 "버진에서 우리는 거짓말을 하지 않습니다. 우리는 진실을 추구합니다"라고 단언한다.

█ 업적과 명예

| 위대한 성공 |

버진 그룹은 버진이라는 하나의 이름 아래 사적인 여러 회사들이 복잡하게 얽혀 있는 형태이다. 버진 제국은 버진 애틀랜틱(항공), 버진 레일(철도), 버진 메가스토어(음반), 버진 콜라(음료), 버진 보드카(주류), 버진 씨네마(극장), 버진 다이렉트(투자 기금) 등 다양한 사업을 포함하고 있다. 각각의 기업들이 브랜슨 밑의 개인 기업가들에 의해 경영된다. 잘못도 두려워하지 않고, 위험도 불사하고 화려함을 추구하는 활동적이고 대담한 브랜슨의 성향이 30억 달러의 순이익을 가져온 일등 공신이다.

버진은 150개의 분리된 사업 영역에서 약 50억 달러의 이윤을 남기면서 2만4천 명의 직원을 고용하고 있다. 속해 있는 사업만도 여행, 음악, 철도, 결혼, 재정, 웹, 호텔, 연예를 포함, 무수히 많은 다른 산업이 존재한다. 버진 트래벌과 버진 연예는 그룹 내에서도 가장 큰 회사로 전체 이윤의 50% 가까이가 이 두 회사에서 나온다. 브랜슨은 전 세계에 걸쳐 200개가 넘는 버진 메가스토어를 갖고 있다. 이들은 대부분 파리, 뉴욕, 마이애미, 도쿄와 같은 대도시에 위치하고 있다. 버진 애틀란틱도 미국, 아시아, 유럽 항로를 가진 버진 그룹의 중추이다. 브랜슨은 세계무역센터의 끔찍한 붕괴로 사업 확장 계획을 잠시 보류하고 있다.

| 명예 |

재계의 거물로서, 그리고 버진 그룹의 설립자로서의 영광 외에도 리처드 브랜슨은 물불을 가리지 않는 모험가로서 각종 기록을 남겼다. 1986년 브랜슨의 보트인 버진 애틀란틱 챌린저 2호가 기존 기록을 깨고 최단시간에 대서양을 횡단하는 기록을 세웠다. 다음해에 열기구인 버진 애틀란틱 플라이어가 시간 당 130마일의 속도를 기록하며 대서양을 횡단한 최초의 열기구가 되었다. 1991년에 브랜슨은 열기구를 타고 일본에서 캐나다 북부까지 태평양을 가로지르는 6,700마일을 비행하여 아직까지도 가장 장시간의 비행 기록으로 남아 있다. 이런 과감한 시도들은 브랜슨이 사업에서도 사용한 고위험 감수 전략이다.

안정지향형의 늙은 영국조차도 버진 제왕의 이목을 끄는 독특한 재주에 매혹 당했다. 2000년 3월 30일 영국의 왕자는 브랜슨의 기업가로서의 공적에 대해 기사 작위를 수여했다. 영국의 경영 컨설팅 그룹인 KMPG는 수차례 브랜슨을 영국 최고의 재계 리더로 꼽았다. 영국인들도 오랫동안 브랜슨의 위험 감각과 특이한 홍보 방식을 즐겨왔다. 많은 사람들은 브랜슨이 공직에 출마하면 어떤 자리라도 당선이 확실하다고 믿는다. 보수적인 〈이코노미스트〉조차도 1995년 길들여지지 않은 영웅적인 행위로 유명한 브랜슨을 두고, 그가 원하기만 하면 영국의 수상도 될 수 있을 것이라고 단언했다. 1999년 〈비즈니스 위크〉는 브랜슨을 "새로운 모험가 CEO"라고 묘사했다.

리처드 브랜슨에게서 얻는 교훈

| 눈길을 끄는 홍보 전략을 사용하라 |

버진의 성공은 브랜슨의 강한 의지의 산물이다. 대담하고 카리스마 넘치는 브랜슨은 항상 다른 사람이 두려워하는 곳을 가고자 한다. 그의 이런 고달픈 삶은 버진이라는 브랜드를 대중들의 마음속에 각인시키는 데 도움을 주었다. 브랜슨은 좋아하지 않는 홍보 기회는 활용하지 않았고, 사업상의 협력 관계를 구축하기 위해 이런 기회를 기획하곤 했다. 스타일에 맞춰 그는 홀랜드 파크에 있는 런던의 빌라에서 제국을 경영했고, 때때로 옥스퍼드 영지에 머물기도 했다. 그리고 재미있게도 휴가는 자신이 소유한 버진군도의 네커 섬에서 보낸다(이 섬은 그와 조앤이 빈털터리일 때 방문했다가 명예롭지 못하게 추방된 바로 그 섬이다).

브랜슨의 업적은 무엇이라 할 수 있을까? 홍보 효과와 브랜드 인지도를 높이려는 시도에서 사회적으로 금지된 영역에 들어가 천연덕스럽게 필요한 일을 해내는 것은 브랜슨만의 독특한 능력이다. 그리고 이를 통해 마케팅적인 이익을 많이 보았다. 홍보와 선정주의가 오늘날의 그를 있게 했고, 앞으로 그의 업적으로 남을 것들이다. 브랜슨은 치열하게 살았고, 많은 실패를 딛고 일어섰다. 그의 생존 본능은 이제 그의 성공의 상징처럼 되었다.

브랜드 가치는 카리스마 넘치는 특정 개인이나 신뢰가 가는 회사와 결부돼 형성되는 제품의 부가가치를 말한다. 긍정적인 브랜드 이미지는 투자자금을 모금하거나 신제품을 출시할 때 지지를 받기 쉽게 한다. 이미지와 실제의 경계가 모호해지는 현대 사회에서 이미지는 전부라 해도 과언이 아니다. 강한 이미지와 각종 자원을 가진 회사가 시장점유율을 확보하기 위한 전쟁에서 이긴다. 그리고 광고에 막대한 돈을 쏟아 붓지 않고도 긍정적인 이미지를 형성할 수 있다면 이미 그 전쟁에서 이겼다고 할 수 있다. 특히 막 창업한 기업가들에게 긍정적인 이미지는 필수적이다. 적절한 이미지가 자본은 물론 고객을 끌어들이기 때문이다.

어떤 사업이든 초기에는 진열대를 확보하는 것이 중요하다. 진열대에 올라야 진열대를 떠날 수 있기 때문이다. 따라서 제품을 막 출시한 때에는 판매대에 오르는 일이 가장 중요한 목표가 된다. 이때는 이미지가 그 핵심이다. 아래의 표는 우리들이 신제품을 출시해서 판매대를 구할 때 필요한 요소들이다. 브랜슨은 그의 성공을 바탕으로 10가지 관찰 결과를 제시했다.

브랜딩과 이미지 메이킹 기술

1	별종이 되라	차별화하라 – 인습을 거부하라.
2	허세를 떨라	이익을 줄 수 있는 내 능력에 대해 오만을 떨라.
3	공감하라	목표 시장과 고객을 파악하라.
4	열정을 보여줘라	일을 수행할 수 있는 능력을 강하게 전달하라.
5	끈기를 가져라	포기하지 말고 의사소통으로 이미지를 강화하라.
6	당당하게 하라	고수들은 우아하고 당당하게 효과적으로 일을 처리한다.
7	모험하라	새로운 사업을 하려면 위험 감수는 필수적이다. 한계를 시험하라.
8	혁신하라	모든 브랜딩의 비결은 창조적인 파괴이다.
9	혼란이 기회다	공황 상태에서도 위대한 사람들은 살아남는다. 혼란이 바로 기회다.
10	헌신하라	비관론자들에 맞서기 위해 목표에 집중하고 끈질기게 버텨라.

9장

제프 베조스
Jeff Bezos

즉각적인 만족을 피하라

"우리는 오랜 시간 많은 돈을 잃으려 한다."

출생 | 1964년 1월 12일. 뉴멕시코 주 앨버커키.

자신에 대한 설명 | "열심히 일하고, 즐기고, 역사를 만들어라."

좌우명 | "한시라도 빨리 규모를 키워라."
"아이디어를 내기는 쉽다. 그러나 그것을 실천하기는 어렵다."

혁신 내용 | "우리의 임무는 우리의 고객들을 위해 혁신하고 발명하는 것
이다."

남다른 자질 | "우리의 비결은 경쟁자가 아닌, 고객에게 집착한다는 데 있다."

목표 | 2000년에 그는 여전히 "오늘이 첫날이다. 우리는 아직도 10대가 되지
못했다"라고 말하고 있었다.

순자산 | 1999년 80억 달러에서 2001년 20억 달러로 하락.

명예 | 1999년 〈타임〉 선정 '올해의 인물'과 '전자상거래의 제왕'

교육 수준 | 마이애미 팔메토 고등학교 1등 졸업.

　　　　　프린스턴 대학 컴퓨터과학과 최우등 졸업, 우등생 클럽 회원.

성격 | 밝고, 경쟁을 좋아하며, 완벽주의자.

　　"그의 성격이 아마존을 살렸다." – 〈스펙터〉

취미 | 독서와 컴퓨터 게임.

정치적 성향 | 관심 없음.

종교 | 로마 카톨릭 교육을 받음.

형제 관계 | 3남매 중 첫째.

가족 | 부인 매켄지와 아들 프레스톤.

즉각적인
만족을 피하라

더 나은 미래를 위해 현재를 희생하라.

제프 베조스는 누구인가

1994년 초반, 인터넷 상거래가 거의 알려지지 않았을 무렵, 제프 베조스는 연봉 백만 달러의 'D. E. 쇼 컴퍼니D. E. Shaw & Company' 사의 부사장이었다. 당시 서점은 반스앤노블과 보더스라는 양대 서점이 양분하고 있었다. 그러나 그 후 4년, 아마존은 사람들이 책을 쇼핑하고 구매하는 방법에 일대 혁신을 가져온 웹 사이트를 열었다. 책을 파는 데 있어서 이런 혁신적인 변화는 책을 구매하는 고객들의 편의를 크게 개선시켰으며, 더 빠른 서비스와 더 많은 정보를 제공하며 기존의 독점적인 거대 서점들을 위협했다. 아마존이 취급 품목을 책에서 CD 등으로 확대해 나가면서 아마존의 웹 사이트는 인터넷에 기반한 전자상거래 사이트의 하나의 모범이 됐다.

스타트랙과 과학 탐구에 심취했던 천부적인 재능을 가진 신동 베조스는 쇼핑 도구로서의 인터넷의 힘을 인류에게 처음으로 보여줬다. 그리고 세계적으로 지배적인 전자상거래 업자로 성장했다. 어린 시절 꿈꾸었던 우주 비행사가 되지는 못했지만, 베조스는 자신만의 기술력을 사용하여 소매업을 크게 발전시킨 인물로 역사에 길이 남게 됐다. 베조스의 이야기는 똑똑하고, 추진력 있고, 열정적이고, 집요한 개인이 무엇을 성취할 수 있는가를 보여주는 확실한 예이다.

새천년이 다가오면서 〈포브스〉는 "아마존은 새천년에 신개념 상업의 서광을 비춰주었다. 전자상거래는 다음 세기의 상업의 형태이다"라고 논평했다.

사업을 시작한 1995년 6개월 동안 아마존은 50만 달러가 넘는 책을 팔았다. 1997년 한 해 동안은 1억 5천만 달러의 순익을 올렸다. 이는 무려 300배나 급성장한 액수이다. 1999년까지 아마존은 16억 달러의 순익을 내는 대단한 신생기업으로 인식됐다.

그러나 사업 초반에 베조스는 파산의 위기를 겪었고, 실제로 지불 불능 상태에 처하기도 했다. 베조스는 전형적으로 여러 소프트웨어 개발업체들을 괴롭혀온 천문학적인 초기 비용을 예상치 못했다. 아마존은 마치 아마존에 사는 배고프고 사나운 피라냐 물고기처럼 현금을 집어삼켰다. 아마존의 전략적인 마케팅에 들어갈 자금을 구하는 일은 힘들었지만 소비자들의 열광적인 수용은 큰 힘이 되었다. 1997년 웹 마니아들이 등장했을 때, 아마존은 각종 비용을 결제하지 못해 쩔쩔맸다. 베조스는 대단한 낙관론자이긴 했지만 그 같은 성장세에 놀랐고, 회사가 지불 마감을 45일이나 늦춘 적도 많았다고 털어놓았다. 2001년까지 아마존은 20억 달러의 매출과 3,500만 회원을 확보했다. 2002년의 매출은 60억 달러 이상을 기록했다.

순이익과 회원의 급격한 성장에도 불구하고 처음 5년간은 계속

적자가 늘어갔다. 이런 손실 때문에 주주들과 금융권에서는 아마존이 과연 이익을 낼 수 있을까에 대해 회의적인 목소리와 비난을 쏟아냈다. 그러나 베조스는 단기적인 이익에는 관심이 없었다. 대신에 그는 쇼핑 경험과 고객들의 선택을 만족시키는 쪽으로 기술력을 높이려고 노력했다. 결국 아마존의 잉여이익은 월마트 수준에 도달했고, 아마존을 비난하던 사람들은 모두 사라졌다. 아마존 드림을 믿었던 애널리스트들 가운데 한 사람인 데이빗 포네먼은 이렇게 말했다.

"나는 아마존이 세계에서 가장 성공한 소매업체가 될 잠재력이 있다고 믿었다."

성장기

| 뛰어난 아이 |

1962년 미겔 베조스는 쿠바 미사일 사태가 일어나기 직전 카스트로의 쿠바에서 바지 한 벌과 셔츠 두 벌만 챙겨가지고 탈출했다. 그는 쿠바의 난민들에게 특별장학금을 제공하는 앨버커키 대학에 등록했다. 그리고는 대학 재학 중에 생계 유지를 위해 야간에 뉴멕시코 은행에서 근무했다.

한편 뉴멕시코에서 고등학교를 다니던 잭키 기스 요겐슨은 17세 2주가 되던 1964년 1월 제프리 프레스톤을 출산했다. 그녀는 18개월 후에 테드 요겐슨과의 결혼생활을 끝내고 독신 엄마가 되었다. 지역 전문대학에서 경영학을 전공한 그녀는 졸업 후에 뉴멕시코 은행에 취직했다. 그리고 바로 그곳에서 미겔을 만나 사랑에 빠진다. 그들은 제프가 4세가 되던 1968년 결혼했다. 미겔은 제프를 입양했고, 이 때문에 제프 베조스로 법적 이름이 바뀌게 됐다(제프는 이후 친아버지는 한 번도 만난 적이 없으며 미겔을 진짜 아버지로 여겼다고 말한 바 있다). 그 다음 두 해 동안 재키와 미겔 사이에서 크리스티나와 마크가 태어났다.

미겔은 제프의 역할 모델이었고, 훗날 제프의 일에 대한 집념에 영향을 미친 사람이기도 했다. 베조스는 나중에 "그는 내가 아는 한 가장 부지런한 사람이에요"라고 아버지에 대해 말했다. 특유의 부지런함과 머리로 미겔은 대학을 마치고 마침내 엑손의 경영진이 되었다. 미겔이 엑손에서 맡은 일에 따라 가족들은 여러 곳으로 옮겨 다녀야 했다.

조숙했던 제프는 세 살 때 이미 아기 침대 대신에 어른 침대를 써야 한다고 주장했다. 그러나 재키는 아들의 이런 요구를 받아주지 않았다. 그러자 몇 시간 뒤 제프는 드라이버를 들고 스스로 아기 침대를 분리해서 진짜 침대로 바꾸었다. 제프는 몬테소리 유치원에 다녔는데, 그때도 모든 활동에 너무 몰두한 나머지 좀처럼 자리를 뜨지 않았다.

텍사스 휴스턴에 있는 제프의 초등학교 선생님은 제프가 재능이 특출한 학생이라는 것을 금방 알아봤다. 영리함을 발휘한 몇 가지 사례 가운데는 제프가 친구들과 타이프와 모뎀으로 대용량 컴퓨터에 연결해 스타트랙 게임을 한 적도 있다. 또 한 번은 방 출입문에 임시 사이렌을 달아 어린 동생들이 자신의 영역에 침범하면 알람이 울리게 만든 적도 있다.

제프는 리버 오크 초등학교의 영재 프로그램에서 상을 받는 등 주목받는 아이가 되었다. 제프의 재능은 1977년 줄리 레이라는 작가가 〈밝은 마음으로 돌아가라*Turning on Bright Minds*〉라는 책의 한 장에 제프의 이야기를 쓰는 계기도 됐다.

이 사이버 악동은 과학과 모험을 좋아했다. 어머니인 재키도 샤크 레이디오에서 '스스로 만드는' 전자키트를 사다 주며 아들을 격려했다. 리버 오크 학교 시절 그는 처음으로 무한대 정육면체를 접했다. 무한대 정육면체는 엔진이 달린 거울을 조작해 무한대로 연장된 것처럼 보이는 다각도의 영상을 만들 수 있는 기구이다. 무한대 정육면체의 시각적인 마술은 제프의 상상력을 자극했고, 결국 엄마에게 20달러를 내고 하나를 사 달라고 졸랐다. 그러나 엄마가 너무 비싸다고 하자 각각의 부품을 사서 조립하는 방법으로 자신만의 무한대 정육면체를 만들었다.

4살부터 16세까지 제프는 매년 여름을 산 안토니오에서 90마일 떨어진 텍사스의 코툴라에 있는 외할아버지의 레이지 농장에서 보냈다. 제프의 외할아버지 프레스톤 기스는 조숙한 소년의 우상이자 중요한 정신적 지주였다. 프레스톤은 핵에너지위원회에서 2만6천명의 직원을 관리하고 대규모 예산을 집행하다가 은퇴했다.

높은 지적 수준과 특유의 성실함으로 그는 자신의 손자를 하이테크의 세계로 안내했다. 둘은 전기 없이도 작동하는 자동문 같은 것들을 발명했다. 제프가 후에 자신의 최고의 친구라고 불렀던 할아버지는 제프에게 용접, D6 무한궤도식 트랙터 수리법, 소를 거세하는 법 등을 가르쳤다. 훗날 제프는 이런 할아버지에게 경의를 표하는 의미로 아들 이름을 프레스톤이라고 짓는다.

| 물리학에서 컴퓨터로 |

제프의 초등교육 이후 베조스 가족은 잠시 플로리다의 펜사콜라로 이사했다가 다시 마이애미로 이사한다. 마이애미는 20년 전 쿠바에서 넘어온 제프의 아버지가 외롭게 분투했던 바로 그 라틴 도시이다. 그러나 제프의 아버지 미겔은 이제 엑손의 이사가 됐으며 침실이 네 개 달린 집을 샀다. 제프가 다녔던 팔메토의 고등학교는 학생의 차들이 교직원 차보다 좋다고 소문이 난 그런 곳이었다. 여행과 이사로 단련된 제프는 미지의 환경에서도 당황하지 않는 자립적인 인간이 되었다. 그는 후에 자서전에 이렇게 썼다.

"이사는 나에게 오히려 활력이 됐다. 이사는 정화 과정 같은 것이다. 모든 이사는 봄 대청소의 기회이다."

고등학교 때 제프는 공상과학소설을 좋아하는 컴퓨터와 전자 분야의 전문가였다. 스타트랙의 대단한 팬으로서 우주인의 꿈에 몰두해 있었다. 제프가 가장 좋아한 책은 공상과학 소설가인 로버트 하인라인Robert Heinlein의 〈이상한 나라의 이상한 사람Stranger in a Strange Land〉이었다. 동급생들에게 큰 인기를 끌지 못하던 제프는 그들에게 맞추려는 대신에 지적 엘리트 학생들과 어울렸다. 1982년 졸업 때에는 졸업생 대표로 축사를 했으며 〈마이애미 헤럴드〉와의 인터뷰에서 우주에 호텔과 놀이공원을 짓고 싶다는 의견을 밝혔다.

팔메토 고등학교 3학년 때, 제프는 4학년인 우슐라라는 여학생과 교제를 했다. 우슐라는 문학을 잘 했고 단어 게임인 Boggle을 하면서 서로의 단어 실력을 경쟁했다. 우슐라는 제프에게 지적 자극을 제공하는 훌륭한 친구였으며 제프가 4학년 때 듀크 대학에 진학했다.

1982년 여름, 제프와 우슐라는 여름캠프에서 만나 사업상의 제휴를 맺고 DREAM 연구소를 차렸다(DREAM은 Directed Reasoning Methods Institute의 약자이다). 제프는 이 연구소를 자신의 침실에 차렸고, 4학년부터 6학년 사이의 학생 5명이 등록했다. 교과 과정에는 데이빗 카퍼필드와 〈반지의 제왕〉, 〈듄Dune〉과 같은 책들이 독서목록에 포함됐다.

대학 입학을 준비할 때, 제프는 프린스턴 대학에만 응시했다. 그의 논지는 극히 간단했다. "아인슈타인이 거기 있었으니까요." 제프는 흠잡을 데 없는 성적으로 프린스턴에 입학했고 아인슈타인과 스티븐 호킹의 족적을 따라 이론물리학을 전공했다. 그러나 제프는 얼마 되지 않아 곧 생애 최초로 자신만이 유일하게 특출한 재능의 소유자가 아니라는 사실을 발견하게 된다. 전기 작가 마크 레이보비치의 말을 들어보자.

"대학 1학년인 베조스는 어느 날 밤, 양자역학 수업 숙제인 편미분 방정식을 풀려고 애썼다. 몇 시간 동안 고전하던 제프와 친구는 다른 학생의 기숙사에 갔다. 친구는 방정식을 힐끔 보더니 바로 '코사인이네' 라고 말했다."

친구는 세 장에 걸쳐 방정식을 그리기 시작했고, 결국 그것이 코사인이라는 것을 보여줬다. 이 경험은 베조스에게 깨달음을 주었다. 세상에는 추상적인 개념을 아주 훌륭하게 처리할 수 있는 두뇌를 가진 사람들이 있는데, 안타깝게도 베조스는 그런 사람이 아니라는 것을 깨달은 것이다. 그것은 처음엔 아주 충격적이었다. 이때의 깨달음으로 베조스는 전공을 전자공학과 컴퓨터 과학으로 바꿨다. 그리고 즉시 두각을 나타냈다. 1986년 그는 최우등으로 졸업했다. 빌 게이츠도 수학에 대한 희망을 접었는데 베조스와 비슷한 이유에서였다.

정상을 향하여

| 열정 어린 시작 |

1986년 프린스턴을 졸업한 제프는 벨 연구소, 인텔과 같은 유망 직장에서의 입사 권유를 모두 뿌리치고 피텔Fitel 사의 11번째 사원이 됐다. 맨해튼에 위치한 이 급성장하는 신진 회사는 컴퓨터를 기반으로 전 세계를 연결하는 국제 주식거래 네트워크를 추진하고 있었다. 이 네트워크는 오늘날의 'e트레이드'와 같은 금융 웹 사이트 초기 모델이라 할 수 있다. 23살이라는 어린 나이에 베조스는 런던, 도쿄, 호주 등지의 계정을 관리하느라 제트기를 타고 전 세계를 돌며 국제시장에 대해 익혔다.

1988년 제프는 피텔을 떠나 뱅커스 트러스트 컴퍼니Bankers Trust Company에 합류했다. 그해에 베조스는 부사장이 되었는데 역대 최연소 부사장이었다. 1990년 베조스는 헤드헌터를 통해 뉴욕에서 가장 잘 나가는 컴퓨터 기반의 금융거래 회사인 D. E. 쇼앤컴퍼니의 데이빗 쇼를 만났다. 데이빗은 스탠포드의 컴퓨터과학 박사였고, 지적인 면에서 베조스에게 깊은 인상을 심어 주었다. 베조스는 후에 쇼에 대해 이렇게 말했다.

"데이빗 쇼는 아주 똑똑한 사람이다...그는 좌뇌와 우뇌가 완벽하게 개발된, 내가 아는 몇 안 되는 사람 중의 하나다."

1990년 12월 당시 26세인 제프 베조스가 D. E. 쇼앤컴퍼니의 부사장으로 고용된 것은 당연한 일이었다. 제프의 직무는 새로운 시장을 개척하고 안정화하는 일을 맡은 24명으로 구성된 팀을 관리하는 것이었다. 짧은 기간 동안 제프는 이 회사에서 독특한 인력 관리 기술도 연마했다. 그리고 자신의 바로 밑에서 근무하던 한 여성을 우연히 발견한다. 매켄지 터틀은 검은머리의 여성 연구원이었다. 그녀 역시 1992년 프린스턴을 졸업했다. 두 사람은 1993년 결혼했다.

| 인터넷 시대 |

아이러니컬하게도 1993년은 온라인으로 WWW 서비스가 제공된 해였다. WWW은 1959년 소련이 인공위성인 스푸트니크를 쏘아올린 데 대한 미국의 국방고등연구기획청(DARPA)의 반응으로부터 진화한 것이었다. DARPA는 핵공격에 대항하여 모든 군과 정부조직을 연결하기 위한 통신망을 만들었다. 특이하게도 이 프로젝트에 참여한 사람은 베조스의 할아버지인 기스였다. 1969년까지 이 네트워크는 ARPAnet으로 발전했고, 1970년대에는 국가과학기금(NSF)의 지원을 받아 대학을 연결해주는 NSFnet이 되었다. 1990년에는 상업적인 사용을 위한 지침을 제공하는 사용 정책을 만들었다. 이 정책에 따라 NETCOM, BBN, MCI와 같은 인터넷 서비스 제공자가 만들어졌고, 이들은 자신들의 전송망을 통해 기업과 개인들이 접속할 수 있는 환경을 제공했다. 드디어 인터넷이 등장한 것이다.

베조스는 시장의 기회를 빠르게 포착하는 사람이었다. D. E. 쇼에서 제프에게 웹에 대한 연구를 실시하라고 했을 때, 제프는 그 가능성에 온 마음을 빼앗겼다. 그는 전자상거래의 잠재력을 생산 잠재력, 가격 형성, 마진, 보급력, 첨단기술과 목표 시장, 수요 등과 연관지어 예리하게 분석했다. 그는 컴퓨터, 소프트웨어, 음악, 의류, 책과 사무용품들이 전자상거래에 적합한 상품이라고 직감적으로 느꼈다. 그리고는 음악과 책으로 탐사 품목을 좁혔다. 당시 3백만 권 이상의 책이 출판되고 있었고, 서적류는 비교적 온라인 검색과 진열에 적합했다. 그러나 미국에서 인터넷을 이용하는 인구는 16%에 불과했다. 현재 인터넷을 사용하지 않는 인구 역시 16%이다.

베조스의 분석 결과 서적이 인터넷 마케팅에서 최선의 선택이었다. 서적은 판매 잠재력이 대단했으며 보관과 운반이 쉽고 비용도 싸게 들었다. 제프는 이 분석을 상사에게 보고했다. 예상대로 상사는 제프에게 환상의 무지개를 쫓지 말라고 충고했다. 쉽게 단념하지 못하는 제프는 책을 대량 유통시킬 방법을 연구했다. 제프의 계속되는 연구 결과, 음악 산업이 6개의 회사에 의해 지배되고 있는 반면, 서적 사업은 지배적인 사업자가 없다는 사실이 밝혀졌다. 최대 출판업체인 랜덤하우스조차도 10% 이하의 시장점유율을 확보하고 있을 뿐이었다. 거대 서적소매 체인인 반스앤노블과 보더스는 300억 달러 규모의 시장에서 각각 25% 이하를 점유하고 있었다. 1994년 미국에서는 5,100만 권 이상의 책이 거래됐다. 게다가 제프의 연구 결과 웹 사용은 매년 2,300%의 성장률을 보일 것으로 드러났다. 제프는 기하급수적인 성장의 개념과 그 의미를 잘 파악하고 있었다.

> "인간은 기하급수적인 성장을 잘 이해하지 못한다는 사실을 명심해야 한다... 그것은 우리가 일상생활에서 흔히 보는 것이 아니다. 세균배양 접시가 아니고서는 그 무엇도 그렇게 빨리 불어나지 않는다. 즉 일상생활에서는 일어나지 않는 일이다. 매년 2,300%씩 성장한다는 것은 오늘날에는 상상도 할 수 없지만, 미래에는 흔한 일일 수 있다."

온라인으로 책을 팔겠다는 생각이 거절당한 지 얼마 되지 않아 제프는 데이빗 쇼에게 거대한 온라인 서점을 만들겠다는 꿈을 이루기 위해 사직하겠다고 말했다. 쇼는 온라인으로 책을 팔겠다는 생각은 정말 대단한 생각이지만, 이미 7자리 숫자의 수입을 올리고 있는 사람이 할 일은 아닌 것 같다고 말했다. 데이빗 쇼는 제프를 잃고 싶지 않아서 그를 잡으려고 열심히 설득했지만 실패했다.

이렇게 해서 1994년 제프는 연봉 100만 달러짜리 직장을 그만뒀
다. 그리고 아내인 매켄지에게 서부의 어딘가로 이사를 가자고 말했
다. 그리고 이삿짐센터에 전화를 걸어 I-80 고속도로를 따라 서쪽으
로 짐을 싣고 가달라고 말했다. 그러면 짐이 댈러스에 도착하기 전
에 다시 전화를 걸어 정확히 어디로 가야 할 지 말해주겠다고 했다.

　　이런 기이한 행동은 베조스의 분석적인 스타일에서 나왔다. 베조
스는 서적에 대한 판매세를 분석했고, 이런 사업을 하기에 세금과
물류, 기타 여러 면에서 뉴멕시코, 콜로라도, 네바다, 오레곤, 워싱
턴 주가 유리하다는 것을 알아냈다. 베조스는 아내가 운전하는 동안
사업을 구상했다. 그리고 최종적으로 시애틀로 목적지를 정했다.

▎잠 못 이루는 시애틀에서의 나날들 ▎

서부로 가는 도중에 제프와 매켄지는 시애틀에 정착하는 데 합의했
다. 제프는 이동중인 이삿짐 차에 전화를 해서 시애틀에 있는 닉 하
나워의 집으로 짐을 가져다 달라고 했다. 낭비할 시간이 없었기 때
문에 시애틀로 가는 내내 제프는 휴대전화에 매달려 서적 판매에 혁
명을 가져올 자동화회사를 만드는 데 필요한 일들을 처리해갔다.
1994년 7월 5일 이 신생회사는 아브라카다브라라는 노래에 나오는
'카다브라Cadabra' 라는 이름으로 시애틀에 설립됐다. 친구 닉의 집에
도착한 지 일주일만에 제프와 매켄지는 벨리뷰에서 좋은 집을 한 채
빌렸다. 그 집에는 카다브라 최초의 사무실이자 창고 역할을 하는
차고가 있었다.

　　이어 제프는 똑똑한 직원을 찾기 위해 동분서주했다. 최고만을 고

용한다는 D. E. 쇼 컴퍼니에서 배운 원칙대로 제프는 전 직장과 프린스턴 대학 그리고 인재들이 모였던 곳을 중심으로 연락을 했다. 1994년 11월까지 세 명의 재원이 확보됐다. 바로 제프 자신과 쉘 카판, 폴 바튼-데이비스 세 명이다. 매켄지는 회계와 비서, 관리업무가 필요할 때마다 투입됐다.

1994년 11월부터 1995년 2월 사이에 베조스는 소프트웨어를 만드느라 쉬지 않고 일했다. 책을 온라인으로 판매하는 최초의 회사는 카다브라가 아니었다. 실리콘 밸리의 '컴퓨터 리터러시' 서점이 1991년부터 전자우편을 통해 책을 팔고 있었고, 메사추세츠 주의 케임브리지에 있는 워즈워드 같은 회사도 비슷한 사업 모델을 선보였었다. 제프는 반스앤노블과 같은 거대 서점이 이 시장에 진입해 대규모 할인 공세를 펴면서 경쟁상대를 제압할 날이 멀지 않다는 것도 알고 있었다.

아마존은 세계에서 가장 큰 강이다. 베조스를 놀라게 한 사실은 아마존 강이 아마존 다음으로 큰 강보다 10배나 더 크다는 점이었다. 제프는 자신의 회사가 아마존과 같기를 바랐다. 즉, 차등 경쟁자보다 10배는 더 큰 회사를 만들고 싶었던 것이다. 1995년 2월 9일 그는 델라웨어 주에 카다브라 회사 설립 등록을 마치고 아마존 닷컴이라고 이름지었다. 아마존이라는 이름을 통해 제프는 무한 성장하려는 소망을 담았을 뿐 아니라, A로 시작되는 이름을 선택함으로써 알파벳순으로 나열될 때 제일 앞에 오는 혜택도 누리려고 했다.

| 폭발적 성장과 고갈된 자금 |

5만 4천 달러의 아마존 닷컴의 종자돈은 베조스의 사재에서 나왔다. 그러나 그 돈은 초기의 생존자금으로 빠르게 소진됐다. 따라서 아마존이 설립된 이후 유동자금이 급히 투입돼야 하는 상황이었다. 제프의 아버지에게 주당 0.1717달러에 보통주 582,528주를 팔아 마련한 10만 달러가 아마존의 자금으로 들어왔고, 다음 6개월의 생존이 겨우 보장됐다.

그리하여 보우커의 서적 CD와 베이커 앤 테일러, 인그램 서적 유통업체의 목록 등을 이용해 세계 최대의 서적 데이터베이스를 작성했다. 웹 사이트와 사용자 인터페이스, 주문 추적 기제들의 개발과 시험에 수천 시간이 소요됐다. 마침내 1995년 7월 16일 아마존 닷컴의 웹 사이트가 선보였다. 지금의 시각으로 당시의 웹 페이지를 보면 상당히 수수하게 보인다.

처음 웹 사이트를 선보인 며칠 동안은 친구와 친척들의 주문이 간헐적으로 들어왔다. 아마존의 사기를 높이기 위해 주문을 받는 소프트웨어는 새로운 주문이 들어올 때마다 컴퓨터에서 '삐-' 소리가 나도록 설계됐다. 처음에 이 장치에서 나는 소리는 즐거운 경이로움이었다. 그러나 주문이 급격히 늘어나자 소리가 안 나도록 소프트웨어를 바꿔야 했다. 웹 사이트가 선 보인지 3일 만에 야후가 아마존을 등록했다. 그리고 하루아침에 폭발적인 판매 증가세를 경험하게 된다.

기록적인 성장의 그늘에는 자금 사정의 악화가 도사리고 있었다. 즉각적으로 주문에 응하기 위해서는 대규모 재고가 필요했고 이는 곧 막대한 자금 투자가 필요하다는 뜻이 된다. 시애틀의 증권중개인인 스미스 바니인 에릭 딜런은 이렇게 말한다.

> "제프는 1995년 여름에 빈털터리가 되었다… 갖고 있던 돈이 다 떨
> 어졌고, 가족들이 계속하여 회사를 지원해 주기도 어려웠다. 그는
> 45일 안에 파산할 지경에 처했다."

그때는 베조스가 PPM 제안서를 갖고 엔젤 머니(잠재력을 가진 소
기업에게 투자하는 벤처 캐피탈)를 찾고 있을 때였다. 1995년 말, 제프
는 20명 이상의 다양한 벤처 자본가들로부터 98만 1천 달러를 모금
했다. 첫 상반기 매출이 51만 1천 달러였던 아마존은 30만 3천 달러
의 손실을 기록했다.

인터넷을 낳은 실리콘 밸리는 창업자들을 지원하는 돈줄의 메카
였다. 그곳은 보수적인 투자자들조차 비주류를 지원하는 역동적인
곳이었다. 아마존은 시애틀에 있었지만 벤처 캐피탈을 찾아 실리콘
밸리로 가기로 결정했다. 제프는 시애틀의 구애를 뿌리치고 실리콘
밸리를 목적지로 정했다. 제프는 우선 존 도어가 이끄는 전설적인
실리콘 밸리의 벤처 캐피털 회사인 클라이너 퍼킨스 사를 골랐다.
이 회사는 넷스케이프, 인튜이트, 선마이크로시스템스, 컴팩과 같은
기업에 투자해 성공한 곳이다.

1996년 봄, 클라이너 퍼킨스 사는 아마존의 가치를 6천만 달러로
평가하고 총 800만 달러의 현금을 투자하여 주당 2.35달러씩
3,401,376주를 사들였다. 이로 인해 클라이너는 아마존 지분의 13%
를 확보했고 아마존은 다음 단계로 도약하기 위한 자금을 확보하게

된다. 넷스케이프의 공동 설립자인 마크 앤드리센도 흥미를 느꼈고 둘은 의기투합했다. 앤드리센은 이렇게 말했다.

> "가장 핵심적인 사항 가운데 하나는 지금의 시장점유율은 미래의 이윤을 결정한다는 점이다. 따라서 지금 시장을 점유하지 못하면, 이후에는 이윤을 낼 수 없다."

1996년 5월 〈월스트리트 저널〉은 아마존을 1면 특집기사로 다뤘다. 이를 통해 아마존의 웹 사이트가 널리 홍보됐고, 경쟁자인 반스앤노블을 긴장시키는 계기가 되었다. 반스앤노블은 곧 barnesandnoble.com을 시작했다. 1996년부터 1997년까지 아마존의 성장세는 가히 폭발적이었지만 투자자들은 아마존이 거대 기업인 반스앤노블과의 경쟁에서 살아남을 수 있을지 회의적이었다. 아마존이 사업을 시작하고 만 1년이 되는 1996년, 매출은 전년도 하반기의 30배에 달하는 1,570만 달러로 증가했지만 580만 달러를 잃었다.

1997년 5월 아마존은 1주당 18달러로 상장했다. 이에 따라 988만 주를 소유한 베조스는 서른 셋의 젊은 나이에 1억 7,780만 달러의 개인 자산을 소유하게 됐다. 그리고 이는 회사 설립 3년도 안 된 시점이었다. 주식공개를 통해 아마존은 3천5백만 달러의 자금을 조달할 수 있었고, 1년도 안 돼 주식은 한 주에 100달러에 거래됐다. 자금 제약이 없어진 아마존은 웹 사이트를 홍보하기 시작했고, 판매도 덩달아 뛰어올랐다.

출판업계를 지배하고 전부를 가졌어도 제프는 요트나 타면서 편히 있거나, 현재의 영광에 안주하지 못했다. 제프와 같은 기업가들은 꿈을 쫓는 일을 결코 그만두지 않는다. 알렉산드로스 대왕과 달리 제프는 여전히 지배할 세상이 남아 있었다. 출판업계를 평정한 것은 원대한 계획의 첫 단계에 불과했다. 1997년 6월 제프는 CD와 DVD를 파는 음악 사이트를 시작했다. 그해 10월까지 아마존은 13만 장의 CD를 보유한 최대의 판매업체로 등극했다. 쉬지 않고 계획을 실현시켜 나가는 이 몽상가는 1998년에는 드디어 장난감과 게임, 소프트웨어와 각종 선물까지 취급했다. 그리고 Amazon.co.uk로 영국과 Amazon.co.de로 독일로 사업 영역을 확장시켰다. 1998년 12월 아마존 주식의 종가는 259달러였다. 18개월 동안 1,400% 넘게 성장한 것이다. 1999년에는 가전과 스포츠용품, 보석과 가죽제품까지 거래하기 시작했다.

| 신(新)경제 |

아마존이 막대한 자금 손실을 보고 있을 때에도 투자자들은 계속 주가를 끌어올렸다. 과거와는 다른 가치 평가가 적용되는 새로운 경제 패러다임으로 전환할 것이라는 믿음이 있었기 때문이었다. 많은 금융 전문가들도 닷컴 기업들이 조성한 기반 시설들이 결국은 막대한 이윤을 안겨줄 것이라고 추측했다. 1998년 말까지 아마존은 서적 부분에서만 6억 1천만 달러의 순매출을 기록했으나, 결산 결과 1억 2400만 달러의 손실이 기록됐다. 주식 가격이 하락하던 2000년 초반, 인터넷 관련 주의 주가는 급하락했으며 2001년부터 2002년까지도 곤두박질쳤다. 2001년 5월, 아마존의 주가는 최고가를 형성하던

1999년 12월에서 15% 정도 하락한 가격을 형성했다.

처음 6년 동안 아마존은 10억 달러에 달하는 손실을 기록했다. 보수적인 금융인들은 베조스를 창의적인 천재로 존중해 주기보다는 따돌리려고 했다. 그는 20억 달러의 매출을 올리면 10억 달러는 잃었다. 월 스트리트는 이를 잠재적인 낭비로 생각했다. 아마존은 뉴스에 "급하게 나가다 파산한 신(新)경제의 증인"으로 묘사되곤 했다. 금융의 대가들은 베조스를 세계 제일의 세일즈맨이나 몽상가 혹은 가망 없는 낙관론자 가운데 하나로 봤다. 베조스조차 어머니에게 "돈을 잃으실 거예요. 그러니 그냥 없는 돈인 셈치세요"라고 말할 정도였다.

그러나 1995년 50만 달러의 매출에서 출발한 아마존은 2002년 60억 달러로 증가했다. 그리고 몇 년 안에는 100억 달러도 넘을 것이다. 2003년 중반까지 아마존의 이윤 폭은 월마트에 비견될 정도로 높아졌다. 그리고 제프는 지구 궤도로 승객을 실어 나르는 우주선을 만들기 위해 설립된 '블루 오리진Blue Origin'이라는 회사에 투자해 다시 한 번 비상하고 있다.

| 제프 베조스의 연대기 |

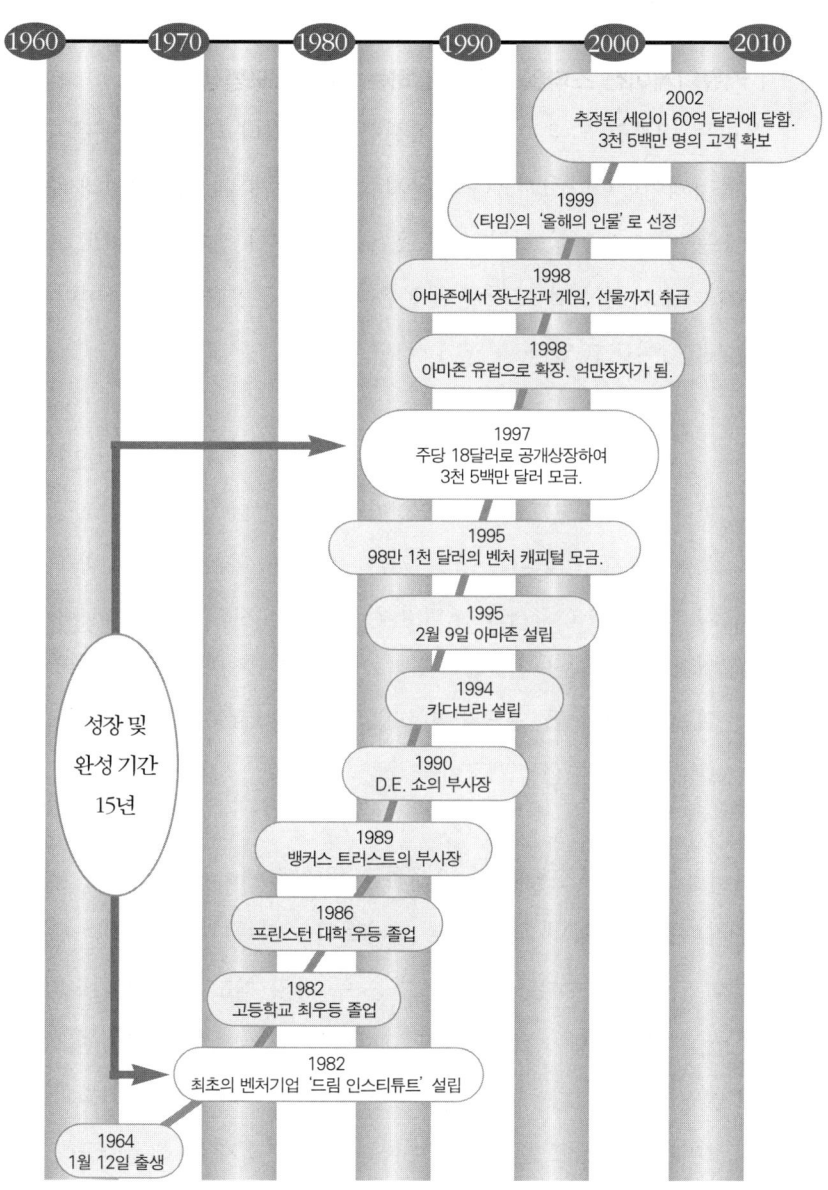

1960　1970　1980　1990　2000　2010

2002
추정된 세입이 60억 달러에 달함.
3천 5백만 명의 고객 확보

1999
〈타임〉의 '올해의 인물'로 선정

1998
아마존에서 장난감과 게임, 선물까지 취급

1998
아마존 유럽으로 확장. 억만장자가 됨.

1997
주당 18달러로 공개상장하여
3천 5백만 달러 모금.

1995
98만 1천 달러의 벤처 캐피털 모금.

1995
2월 9일 아마존 설립

1994
카다브라 설립

1990
D.E. 쇼의 부사장

1989
뱅커스 트러스트의 부사장

1986
프린스턴 대학 우등 졸업

1982
고등학교 최우등 졸업

성장 및
완성 기간
15년

1982
최초의 벤처기업 '드림 인스티튜트' 설립

1964
1월 12일 출생

성격 분석

| 커뮤니케이션 스타일 : 장난 잘하는 대학교 모범생 |

우리는 대부분 말로 커뮤니케이션한다. 그러나 베조스는 웃음으로 커뮤니케이션한다. DNA나 지문처럼 정확하게 제프를 감별해 주는 요소는 바로 전염성 강한 그의 웃음이다. 전기 작가인 로버트 스펙터가 제프의 웃음을 묘사한 부분은 실질적인 웃음소리만큼이나 그 핵심을 잡아내고 있다.

> "... 그 웃음은 전설과 같은 웃음이다. 비즈니스 위크는 '폭발적인' 이라고 묘사했고 포춘은 '전염성이 강한, 목부터 헐떡이며 나오는 웃음' 이라고 설명했다. 뉴스위크는 '투렛Tourett과 같은 아하하하하 하 하하하' 라고 묘사했다. 타임 역시 '아산화질소 충전된 캐나다 거위 떼의 소리와 같은 급한 경적 소리' 라고 평했다. 시애틀타임스의 묘사에 따르면 '제프의 어머니가 말하듯, 발끝부터 시작돼 온몸을 타고 흐르는 몸 전체로 내는 웃음소리' 이다."

베조스가 의사소통할 때 발생하는 대단한 에너지와 개방성, 열정에서 나온 설득력의 힘은 실로 막강하다. 그는 이런 설득력을 이용해 쉘 카판과 폴 바튼-데이비스라는 두 명의 최고 컴퓨터 기술자들이 안정적인 고소득 직업을 버리고 아마존을 설립하는 일에 합류하도록 만들었다. 그는 또한 자신의 매력을 이용해 실리콘 밸리의 조이 코비를 시애틀로 끌어들여 아마존의 금융 문제를 해결하도록 만들었다.

아마존은 1995년 7월에 웹 서비스를 시작하면서 걸음마를 막 뗀 회사를 "세계 최대의 서점"이라고 광고했다. 이 뻔뻔한 문구는 이 회사가 서점이 아닐 뿐 아니라, 서점이 되려 하지도 않았다는 사실을 감추고 있다. 아마존의 물류창고에 있는 책을 다 합쳐도 반스앤노블 서점의 체인 한 곳의 서가에 꽂힌 책보다 적은 상황이었다. 과장된 문구로 베조스는 홍보에 나섰다. 그에게는 아마존이 실제보다 과대평가되는 것이 중요했고, 따라서 홍보 업무가 이처럼 과대한 환상을 조장하는 데 집중됐다. 아마존의 홍보는 소비자의 무지를 이용했다. 책을 인터넷으로 사는 대부분의 소비자들은 1997년까지 barnesandnoble.com 사이트를 통해 온라인으로 책을 주문할 수 있다는 사실을 모르고 있었다. 1999년 말까지 베조스와 아마존은 사이버 스페이스에서 쇼핑과는 불가분의 관계로 인식됐다.

| 직관적인 스타일 : 준비, 발사, 조정 |

베조스가 1994년에 그의 꿈을 추구하기 위해 직장을 그만뒀을 때 대부분의 사람들은 그가 곧 새로운 사업도 그만둘 것이라고 예상했다. 그의 사업 계획은 직관에 의존한 것이었고, 숫자와 관련된 측면에서 부정확했다. 그의 금융계획은 완전히 실패로 돌아갈 가능성이 높은 상태에서 주먹구구식으로 운영됐다. 쏨쏨이를 아끼려고 노력하면서 아마존은 이 차고에서 저 차고로 옮겨 다녔고, 필요한 저장 공간이 늘어날 때마다 이 창고에서 저 창고로 옮겨 다니는 식이었다.

아마존의 웹 사이트는 시행착오를 거듭하면서 발전했다. 이는 아마존이 제한된 자금과 인력으로 부정확한 곳을 향해 항해해 나가는 과정에서 어쩔 수 없었다. 1995년과 98년 사이에 아마존은 대단히 반응이 빠른 편이었다. 소프트웨어를 다시 설계하고, 과정을 개선하고, 시스템이 고장났을 때는 고객들에게 보상하면서 위기에 대처해 나갔다. 이런 방식의 사업은 전통적인 '준비, 조준, 발사'와 비교해서 '준비, 발사, 조정' 식이라고 할 수 있다. 베조스는 조준하는데 너무 오랜 시간을 투입하면 혁신을 저해할 수 있다고 생각했다. 빠른 시간 안에 규모를 키우기 위해서는 세부적인 사항까지 일일이 계획할 시간도 여력도 부족했다. 중간에 마주치는 각종 시련에 맞서면서 항해를 헤쳐가기 위해 제프가 가진 것은 오직 창의적인 발상과 본능뿐이었다.

금융 당국은 이러한 그의 돈에 대한 무관심에 불신을 나타냈다. 언론에서 베조스에게 비판을 가할 때도 그는 모두 무시했다. 마침내 〈U.S. 뉴스앤월드리포트〉와의 인터뷰에서 베조스는 "오히려 지금 이윤을 내는 것이 경영상의 끔찍한 실수일 수 있다"고 말했다. 그러나 대중들과 자기 이익에만 관심을 갖는 사람들은 그의 논리에 귀 기울이지 않았다.

| 창의성 : 장애가 기회다 |

때때로 이 쾌활하고 열정이 끓어 넘치는 소년은 술수에 능한 마키아벨리식 처세를 보여주었다. 베조스는 새로운 웹 사이트에 대한 베타 시험에서 고객이 로그인해서 책을 사고, 지불하는 과정을 거쳐 제품을 배달하는 실제 상황을 시험삼아 할 필요가 있었다. 제프는 외부

전문회사를 청해서 일반적인 베타 시험을 시행할 자금이 없었다. 하는 수 없이 제프는 친구와 가족들을 대상으로 시스템을 시험하기로 했다. 시험 결과 책 한 권을 구매하려는 주문에 문제가 발생했다. 양대 서적 도매상인 인그램과 베이커앤테일러가 단호하게 한 권씩은 팔지 않겠다고 버텼기 때문이다. 이들은 최소 주문 수량인 열 권을 채우라고 주장했다. 불굴의 베조스는 이 두 업자들이 제공하는 목록에 이미 절판된 '이끼를 주제로 한 이상한 책'이 들어있는 것을 발견했다. 그래서 자신이 사려고 하는 책 한 권과 이끼에 관한 책 아홉 권을 주문했다. 베조스가 원했던 책 한 권이 배달됐고, 나머지 아홉 권의 책은 재고 부족으로 주문이 미뤄졌다가 결국 취소됐다. 아마존은 창의적인 해결책을 찾아낸 것이다.

한편 아마존이 "세계 최대의 서점"이라고 선전한 데 대해 반스앤노블은 아마존이 실제 서점이 아니라는 사실을 주장하며 허위 광고에 대한 소송을 제기했다. 아마존도 반스앤노블 닷컴을 통해 팔리는 책들이 판매세를 납부하지 않고 있어 불법 이익을 취하고 있다며 맞소송을 걸었다. 양측의 고소는 결국 법정 밖에서 해결됐다. 베조스는 약점을 찾았고, 그 덕을 본 것이다.

| 위험 감수 성향 : 울타리를 뒤흔들어라 |

어떤 위험이라도 감수하려는 사람은 모호한 상황에서도 편안함을 느낀다. 그들은 일이 어려워질 때면 탈출하려고 하는 대신 자신의 아드레날린을 분비시킨다는 점에서 독특하다. 〈석세스〉와의 인터뷰에서 베조스는 전자상거래에서 자신의 위험천만한 행동들에 대해 다음과 같이 대답했다. "고공 줄타기도 불가능해 보이진 않았다."

　모든 사람이 결혼한 지 한 달만에 직장을 그만두고 가상의 황무지의 미지의 기회를 찾아 떠나지는 못한다. 오직 사업가가 될 자질이 있는 사람만 가능하다. 나머지 90%의 사람들은 그러지 못한다. 그렇다면 베조스는 어떻게 이런 결심을 하게 되었는가? 그는 우선 자신의 영혼을 깊이 들여다보았다. 그리고 자신이 선택한 삶이 운명이 되도 좋은가 하고 물어보았다. 삶의 기회는, 베조스의 표현을 빌리자면 "미래의 어느 순간 이번 기회를 살리지 못한 것에 대해 후회할 것 같은 생각이 든다면, 기회를 살려야 한다." 그는 85세가 돼서 어떻게 느낄 것인가에 대해 충분히 생각한 다음 기회를 살리는 쪽을 선택했다.

　하루하루 도산의 위험과 보상이 왔다갔다하는 위기에 처한 베조스는 자신과 비슷한 위험 감수 성향이 있는 사람을 찾아야겠다고 생각했다. 미래의 경영자감으로 치열하게 살지 않는 사람은 탈락이었다. 제프는 모두에게 말했다. "우리는 아마존에서 대박을 터뜨리기 위해 모든 것을 걸고 있다. 당신은 실수를 예상해야 한다." 제프는 그 누구보다 많은 것을 걸었다.

| 집념 : 광적인 집중 |

"빨리, 빨리, 빨리." 베조스는 달성하고자 하는 목표가 있었다. 그리고 그 목표는 긴박하게 다가왔다. 베조스는 〈석세스〉에서 이렇게 말했다.

"성장하는 분야에서 속도는 필수이고, 긴박감은 당신의 가장 가치 있는 자산이 된다."

〈비즈니스위크〉는 베조스를 '활동 과잉'이라고 묘사했다. 사실 모든 위대한 기업가들은 뭔가에 쫓기듯 급하다. 속도의 명령에 따라야 하며, 이는 마이클 델의 "빠르거나 죽거나"라는 표현에도 잘 나타난다. 베조스의 철학도 비슷하다. "열심히 일하고, 즐겁게 지내고, 역사를 만들어라. 매일 매일 놀라고 두려운 상태로 깨어나라. 우리는 모든 것을 잃을 수 있다. 그리고 그것은 두려움이 아니라 사실이다." 베조스는 경쟁심이 강했고, 무슨 일을 하든지 중간만 하는 경우는 없었다. 초창기에 베조스는 회사 일을 거의 모두 도맡아서 했고, 사무실을 떠나는 일도 거의 없었다. 주문 부서의 담당자인 다나 브라운은 책을 주문하느라 밤을 꼬박 새우곤 했다. 그녀가 새벽 4시 반에 모든 일을 끝내고 나면 사무실에는 제프말고는 아무도 없는 경우가 많았다. 닉 하나워는 제프에 대해 다음과 같이 말했다.

"제프는 내가 만난 사람 가운데 가장 불행하게도 한 가지 일에만 단순하게 몰두하는 사람이다. 아마존은 그가 염려하는 모든 것이다. 그는 아마존으로 인해 살고, 입고, 숨쉰다."

| 자아 이미지 : 자신에 대한 강한 믿음 |

아마존에서 근무했던 한 사원은 언론에 "제프 베조스는 실패를 예상하는 것을 이해하지 못한다"라고 이야기했다. 시애틀의 변호사인 톰 앨버그는 아마존에 투자하라는 요청을 받고 비록 투자는 거절했지만, 제프에게 깊은 감명을 받아 이사회의 일원이 됐다. 베조스의 전염력 강하고 긍정적인 성격이 앨버그를 끌어들이는 원동력이 된 것이다. 앨버그가 투자를 거절한 이유는 아마존이 거대 공룡 서점인 반스앤노블에 대항할 경쟁력이 없다고 생각했기 때문이었다. 그는 "반스앤노블이 홈페이지를 개설하면 아마존이 큰 타격을 입을 것"이라고 예상했다. 그러나 자신만만한 베조스는 단념하지 않고 앨버그가 항복하든지 떠나든지 할 때까지 공세를 계속했다. 결국 앨버그는 떠나지 않았고 투자를 했다.

| 괴벽과 개인적인 역설 |

〈뉴욕타임즈 매거진〉은 베조스를 "똑똑하고, 매력적이며, 힘이 넘치며, 현혹시키는 바보 같은 지도자"로 묘사했다. 널리 알려진 바대로 인터넷 교역의 상징으로서 베조스는 그 독특한 웃음과 좋은 성격, 자신을 낮추는 상냥함, 중산층의 검소한 차림이 보여주듯 괴짜 천재로서의 개성을 키워왔다.

억만장자로서의 화려한 지위 이면에 있는 제프의 검소함과 사업에 대한 사심 없는 학구적인 접근에 대한 이야기는 무수히 많다. 그리고 그 이야기들은 제프를 중산층의 우상으로 만들었다. 대표적으로 "우리는 우리 자신이 아닌 고객에게 필요한 일에 돈을 써야 합니다"라고 경고한 사례이다. 그리고는 나무 문짝에다 즉석에서 네 개의 다리를 붙여 자신의 책상을 만들었던 이야기는 너무도 유명하다. 다른 사무실 가구들도 경매나 벼룩시장에서 조달했다. 그리고는 그렇게 구입한 가구마다 작은 스티커를 붙여 얼마나 많은 돈을 절약했는지를 기록했다. 베조스는 문짝으로 만든 책상을 아마존이 고객 서비스에 집중하기 위해 실천하는 검소함의 상징으로 사용했다.

샘 월튼과 마찬가지로 베조스도 평범한 차를 몰면서 보통 사람 이미지를 더욱 부각시켰다. 샘 월튼이 트럭을 이용했다면, 베조스는 혼다의 어코드를 탔다. 부를 과시하려는 생각은 애당초 없는, 아이 같기도 하고 바보 같기도 한 모범생 이미지의 외향적인 모습과 전자상거래의 모든 영역을 집중적으로 추진하는 기업가로서의 모습은 명백한 대조를 이룬다.

베조스의 다차원적인 성격을 가장 잘 꿰뚫어 본 것은 전기 작가 마크 레이보비치가 2001년 6월에 맨해튼에 있는 한 식당에서 점심식사를 같이 한 후에 묘사한 부분일 것이다.

"(식사를 마친 후에) 웨이터가 뜨거운 물수건을 쟁반에 받쳐들고 왔다. 베조스가 하나를 집어 들더니 맹렬하게 손과 얼굴을 닦았다. 그리고는 이마를 넘어 머릿속까지 닦았고, 아래로는 목 뒤까지 닦았다. 또 셔츠 앞자락 밑에 넣고... 가슴 윗부분을 닦더니 겨드랑이로 손을 가져갔다. 그는 약한 신음소리까지 냈다. 다른 탁자에 앉아 있던 사람들이 쳐다봤지만 베조스는 모른 체했다. 그는 눈을 감고 머리를 위 아래로 끄덕였다. 그리고 나서야 만족스럽게 탁자 위에다 물수건을 던져 놓고는 밖으로 나가 리무진에 올라탔다."

업적과 명예

| 위대한 성공 |

베조스가 1995년 7월 아마존을 시작했을 때, 세계 최대의 서적 판매상으로서의 성공은커녕 생존을 예측한 사람도 거의 없었다. 서른 살의 젊은 나이에 그는 월 스트리트의 일곱 자리 숫자의 소득을 포기하고 꿈을 실현하기 위해 30만 달러의 가족들의 돈까지 끌어왔다. 그리고 반스앤노블과 보더스의 뒤를 맹추격했다. 대형 서적 판매상과의 싸움에 이 정도의 돈을 쏟아 붓는 정상적인 사람은 거의 없을 것이다.

1994년 고객 한 명 없던 아마존은 2001년 말, 3천5백만 명이 넘는 고객을 확보했다. 이 가운데 다수는 중복 구매 경험이 있다. 이는 아마존의 서비스가 만족스러웠다는 증거이며, 앞으로의 매출에 대해서도 긍정적인 예상을 하게 만든다. 아마존은 취급품목을 다양화하

연 도	매 출	손 실
1995	$511,000	$303,000
1996	$15,700,000	$5,800,000
1997	$147,800,000	$35,500,00
1998	$610,000,000	$124,500,000
1999	$1,640,000,000	$350,000,000

* 단위 : 달러

여 현재까지 4천에서 5천만 고객을 확보한 세계 최대의 온라인 소매상이 됐다. 주요 경쟁업체인 반스앤노블의 웹 사이트의 한 달 방문자 수가 6백만에 그치는 것과 비교해 아마존은 그 두 배 이상인 1천5백만 명의 방문객이 다녀가고 있다. 판매 수익 역시 60억 달러에 도달하면서 주주들의 오랜 염원인 이익까지 실현하고 있다.

20세기의 위대한 기업가들 가운데 한 명인 샘 월튼도 전통적인 마케팅에 혁명을 가져왔다. 월튼은 분배의 효율성을 증진시킴으로써 가격을 낮췄다. 제프가 '1단계 자동화'라고 부른 그 과정이다. 그러나 제프는 아예 마케팅 영역 자체를 구체적인 물체가 잡히는 현실세계에서 사이버 스페이스라는 천상의 영역으로 바꾸는 대혁명을 가져왔다. 바로 '2단계 자동화' 과정이다. 그 후 10년도 안 돼 아마존은 소비자들이 원하는 제품을 사고, 주문하고, 지불하는 방식에 있어 돌이킬 수 없는 변화를 가져온 새로운 마케팅의 시대를 불러왔다.

| 명예 |

1999년 〈타임〉에 의해 '올해의 인물'로 뽑힌 베조스는 〈타임〉의 표지 인물이 됐다. 그리고 관련 기사에서 '사이버 상거래의 제왕'으로 묘사됐다. 당시 제프는 겨우 35세였고, 올해의 인물로 같이 뽑힌 사람들 가운데 네 번째 어린 인물이었다. 제프보다 어린 인물은 찰스 린드버그, 엘리자베스 여왕, 마틴 루터 킹이었다.

실리콘 밸리의 미래연구소 소장인 폴 사포는 제프를 "비범하게 사려 깊은 전략가"라고 칭하며, 다음과 같이 묘사했다.

"제프는 전방위로 이 거대 순항 미사일을 발사했다. 미사일이 어디로 갈지는 제프도 모른다. 그는 '준비, 발사, 조정'의 사업 모델을 창시했다."

제프 베조스에게서 얻는 교훈

베조스는 성공의 비결을 담은 자서전을 쓰기에는 너무 어리고 동시에 너무 바쁘다. 그러나 여러 관찰자들은 제프의 방법을 연구했고, 제프의 직원들을 인터뷰했다.

| 고객 중심의 회사를 만들어라 |

"상대가 원하는 것을 주어라. 그러면 네가 원하는 것을 얻을 것이다"라는 오랜 격언이 있다. 아마존의 경우, 베조스는 고객들의 선택의 폭을 넓혀 주었고 저렴한 가격을 제시했으며 제품의 빠른 순환을 통해 편하게 제품을 살 수 있는 환경을 제시했다. 그는 "고객 중심으로 사고하는" 경영자가 됐으며 고객 중심의 조직을 만들었다. 베조스가 고객이 아무리 틀렸다 해도, 그래도 고객이기 때문에 항상 옳다고 주장했을 때 프로그래머들은 아연실색했다. 그러나 아마존은 바로 그런 확고한 믿음 위에서 건설됐다.

그의 고객 중심 사고의 요구에 따라 불평 많은 시끄러운 고객들도 참을성 있게 대응하는 사람들이 고용됐다. 아마존 고객과 관련된 아마존의 문화는 조심스럽게 형성됐다. 회사의 핵심 경쟁력은 사장인 베조스의 경쟁력과 비례하는 것이었다. 직원이 이런 기준에 미치지 못하면 고용될 수 없었다. 아마존에서 고객은 왕이고, 직원들은 왕의 요구를 충족시키기 위해 존재하는 신하와 같은 처지였다. 제프가 이렇게 고객의 만족을 특히 중시한 이유는 전통적인 형태의 가게에서 불만족한 고객이 다섯 명의 친구에게 소문을 낸다면, 인터넷 쇼핑에서 불만족한 고객은 5천, 아니, 5만 명의 다른 사람에게 소문을 낼 수 있다는 관찰에서 비롯된 것이었다.

| 현재의 희생과 미래의 지배 |

'즉각 만족' 사고방식의 비극적인 사례는 미국의 가전산업을 일본에게 빼앗긴 것이다. 미국은 가전산업을 선점하고 있었다. 거의 모든 신제품의 발상과 특허가 미국에서 이뤄졌다. TV는 RCA연구실에서 탄생했고, 스테레오는 앰펙스에서, 트랜지스터 라디오는 벨연구소, 계산기는 텍사스 인스트루먼트에서, 레이저 프린터, 마우스와 기타 컴퓨터 하드웨어들은 제록스의 파크연구소 등에서 탄생했다. 왜 미국은 이렇게 공들여 탄생시킨 제품들을 잃은 것인가? 바로 근시안적인 사고 때문이다. 아키오 모리타가 미국에 와 소니를 대신해 2만 5천 달러를 내고 트랜지스터의 특허권을 구매했을 때 트랜지스터를 개발했던 MITI와 벨의 기술자들은 아키오가 결코 트랜지스터 라디오를 만들어낼 수 없을 것이라고 말했다. 훗날 아키오는 미국의 라디오 산업을 몰락시켰다.

　베조스와 같은 몽상가들은 보다 큰 것을 위해 기꺼이 작은 것을 양보한다. 즉 미래의 기회를 위해 안전한 현재를 희생한다. 그는 지속적으로 "우리는 웹 세계의 가능성이 있는 나날을 보내고 있다"고 투자자들에게 각인시켰다. 그는 시장 지배력을 확보하기 위해 가까운 미래의 손실을 견뎌낼 준비가 돼 있었다. 일단 시장 지배력을 확보한 다음부터는 유리한 입지에서 수익을 낼 수 있기 때문이다. 많은 사람들이 이를 위험하고, 불안정한 사업 모델이라고 여겼지만 베조스는 과거의 단기적 사고가 미국의 산업에 막대한 대가를 지불하게 만들었다고 주장했다.

| 최고 인재 뽑기 |

베조스는 일찍이 가장 우수하고 똑똑한 인재를 고용하는 일의 중요성을 배웠다. 아마존은 가장 우수하고 동기부여된 인재를 고용했고, 이들로 하여금 다시 1등급 인재를 고용하도록 하기 위해 실로 엄격한 고용 전략을 사용했다.

자신의 설득 능력을 최고로 발휘하여 베조스는 뛰어난 사람들로 구성된 핵심 집단을 모을 수 있었다. 그리고 이들을 통해 회사가 확장되어도 다시 A급 인재를 풍부하게 확보할 수 있는 상태를 보장했다. 2003년 베조스가 우주선을 만드는 블루 오리진이라는 회사를 설립했을 때, 웹 사이트의 구인광고를 통해 다음과 같은 문구로 지원자들에게 깊은 인상을 남겼다.

"우리의 고용 과정은 단언컨대 극단적으로 어려울 것이다... 어떤 지위에 해당하는 사람이든 각자가 속한 영역에서 기술적으로 천부적인 능력을 보여줘야 한다."

천부적인 능력의 소유자를 모으려는 정책은 지적 능력이 뛰어난 인재의 중요성을 잘 알고 있는 빌 게이츠의 마이크로소프트에도 적용된다.

"마이크로소프트가 인재를 확보하기 위해 노력하는 학교는 하버드, 예일, MIT, 카네기 멜론과 수학에서 뛰어난 작은 대학인 워터루 대학University of Waterloo 정도이다. 마이크로소프트의 인재 담당자들은 이들 각 학교를 직접 방문해 동료 학생들보다 우수한 학생, 성실하고, 동기부여가 된 학생들을 찾아다닌다. 다시 말해 마이크로소프트는 회사의 리더의 복제형을 계속 찾아내는 것이다."

베조스를 아는 사람이라면 누구나 그는 에너지의 화신이라고 묘사한다. 그는 아마존을 인터넷 상거래의 지배적인 사업자로 만들었고, 자기 자신 역시 인터넷 상거래의 상징처럼 됐다. 스펙터는 다음과 같이 기술했다.

"아마존의 이야기는 목표와 뛰어난 지성, 기술력, 자본과 시기적절성이 절묘하게 결합하여 빚어낸 작품이다. 그리고 이 모든 것은 제프 베조스의 매력적인 성격이 더해져 빛을 발했다. 베조스의 성격은 현대 경제 역사상 가장 위대하고, 가장 현명한 PR을 통해 일반 대중과 투자자들에게 어필했다."

10장

마이클 델

Michael S. Dell

인습과 전통의 도그마를 피하라

"사람들이 크게 생각하기를 바란다면, 내 스스로 크게 행동해야 한다."

출생 | 1965년 2월 23일. 뉴멕시코 주 앨버커키.

자신에 대한 설명 | "나는 Dell을 경영하는 것을 일이라고 생각하지 않는다."

　　"나는 너무 많은 일을 하고, 다가오는 실수를 보지 못하는 결점이 있다."

좌우명 | "조건은 적게, 배달은 과하게."

"복잡하면 안 되고, 근접함은 된다."

"직접판매 – 재고 거부 – 고객 제일주의"

혁신 내용 | "높은 품질의 고객 수요에 맞춘 PC 직접판매.

　　매출액 340억 달러로 2001년 세계 1위 달성."

남다른 자질 | "전통적인 지혜를 무시하라."

목표 | "나는 항상 미래의 언젠가 기업을 경영하고 싶어질 것이라는 사실을

　　알고 있었다."

순자산 | 200억 달러(2001년 〈포브스〉), 31세에 억만장자의 반열에 오름.

명예 | 2001년 올해의 경영자, 올해의 인물(〈PC 매거진〉, 2001), 올해의 기업 인(〈INC〉, 2001), 올해의 25대 경영인(〈비즈니스위크〉, 2001), 27세에 〈포춘〉지 선정 500대 기업의 최연소 CEO.

교육 수준 | 텍사스 대학의 의학부 예과 과정 1년을 마침.

성격 | 차별화를 추구하는 과잉 성취욕자.

취미 | 사냥과 낚시.

정치적 성향 | 관심 없음.

종교 | 불가지론자.

형제 관계 | 치과의사인 아버지와 증권 브로커인 어머니 사이의 둘째.

가족 | 부인 수잔과 네 명의 아이들.

인습과 전통의
도그마를 피하라

반 인습적으로 생각하고, 경쟁자가 할 수 없다고 생각하는 일을 하라.

마이클 델은 누구인가

1984년 마이클 델이 텍사스 대학의 새내기였을 때, 개인용 컴퓨터 산업은 초기 단계였다. IBM, 컴팩 그리고 애플 등의 공룡기업들이 이 신생 시장을 두고 주도권 경쟁을 하고 있었다. 그때 열아홉의 델은 IBM에 대적할 컴퓨터 회사를 차리겠다는 꿈을 가진 10대 소년이었다.

그 후로 20년이 채 안 돼 이 공격적인 10대 소년은 거대 컴퓨터 기업들에 도전장을 내밀었을 뿐 아니라, 300억 달러에 달하는 세계 2대 컴퓨터 제조업체인 '델Dell 컴퓨터' 사를 창립했다. 이 과정에서 그는 200억 달러의 순자산가가 됐으며, 컴퓨터 판매에 혁명을 가져왔다. 어떻게 단지 하나의 목표와 1천 달러의 창업자본을 가진 한 젊은이가 컴퓨터 왕국의 정상에 등극하고 세계적인 기업들과 경쟁하게 되었는가 하는 이야기는 이제 전설이 되었다.

델의 성공 비밀은 전통적인 관념에 도전하고, 업계 리더들이 하지 않으려는 일을 과감히 하는 데 있었다. 그는 사업 초기에 자신의 핵심 경쟁력이 컴퓨터를 만드는 데 있지 않고 유통에 있다는 것을 알아차렸다. 그는 살 수 없는 부품을 제외한 다른 모든 제조는 일체 하지 않기로 단호히 방침을 정했다. 이를 통해 경쟁업체에 비해 우위의 고지를 점령할 수 있었다. IBM은 기존 방식을 바꾸기를 거부했고 비싼 대가를 치렀다. IBM은 자신들의 핵심 경쟁력으로 컴퓨터의 생산을 꼽았다. 그러나 2002년 초에 결국 항복하고 PC 생산을 중단했다. 당시 IBM은 30억 달러의 수입을 올리면서 수백만 달러씩 손해를 보고 있었다.

델은 자신의 전략에 대해 질문하는 언론에게 이렇게 대답했다.

"우리는 서버와 노트북, 워크 스테이션 산업에 주력하고 있다. 본체 기판이나 껍데기 산업을 하는 게 아니다."

본체기판이나 껍데기가 PC를 구성하는 주요한 요소이긴 하지만 해외 공장들이 더욱 싸게 그리고 더 잘 만들었다. 누군가가 더 잘 할 수 있는 일을 한다는 것은 그리 매력적인 일이 아닐 것이다. 델은 이 간단한 진실을 간파하고 있었다.

IBM, 컴팩, 애플은 자신들이 직접 개인용 컴퓨터를 '파는 일'의 성공 가능성을 끊임없이 부인했다. 그러나 델은 보다 좋은 성능의 컴퓨터를 보다 저렴한 가격에 공급하는 직접판매 모델을 선보임으로써 이들을 깜짝 놀라게 만들었다. 1990년대 중반까지 Dell 사는 인터넷을 통한 직접판매의 길을 개척했으며 마침내 1999년 무렵에는 인터넷을 통한 하루 매출이 5천만 달러를 넘기는 기염을 토했다.

1999년 〈직접 팔아라!*Direct from Dell!*〉라는 책을 통해 델은 회사를 성공으로 이끌어준 다양한 마케팅 기법과 회사 차원의 전략을 공개했다. 전략의 가장 중요한 핵심은 의견보다는 연구결과에 의존해 판단한다는 것이다. 델이 컴퓨터를 디자인하기로 마음먹었을 때, 그는 이 분야의 전문가들에게 어떤 특성을 갖춰야 할 것인가 묻지 않았다. 대신 그는 고객들에게 그들의 요구 사항이 무엇인가 물었다. 전문가의 의견보다는 장래의 고객들에게서 모은 실질적인 데이터를 중심으로 델은 시장의 수요를 파악하고 성공 가능성을 높였다.

성장기

| 사업가 기질을 보인 어린 시절 |

델은 텍사스 휴스턴의 중상층 가정의 둘째 아이로 1965년 2월 23일 태어났다. 델의 부모는 델도 형처럼 텍사스 대학의 의대에 진학하기를 희망했다. 델의 아버지는 정형외과 의사였고, 엄마는 성공적인 증권중개인이었다. 델은 어린 시절의 저녁식사 시간은 가족들이 모두 모여 세계 정세를 논하고 주식시장과 투자 기회에 대해 의견을 교환하는 자리였다고 회상했다. 이런 경험은 델이 어린 나이에도 재계의 여러 가지 미묘한 차이를 이해하는 데 도움이 되었다.

이런 고무적인 가정환경에서라면 조숙한 델이 어린 시절부터 급했던 것도 무리가 아니라는 생각이 들 것이다. 델은 직감적으로 "어떤 목표를 향한 가장 빠른 길"이 정도(正道)라는 것을 알아차렸다. 아직 초등학교 학생이던 델은 이 원리를 발견하고는 자신의 정식 교육에도 적용해야겠다고 결심했다.

> "3학년 때 나는 고등학교 졸업장을 따려고 시도했다. 어떤 잡지에서 다음과 같은 광고를 본 것이다. '간단한 시험 한 번으로 고등학교 졸업장을 딸 수 있습니다.' 내가 당시의 학교에 반대해서가 아니었다. 사실 나는 3학년이 좋았다...그러나 그 나이에 나는 참을성도 없었고, 호기심은 많았다. 무엇인가를 보다 빨리 그리고 쉽게 딸 수 있는 방법이 있다면 한 번 해볼만하다고 생각했다."

델 가족의 집을 방문한 외판원은 조숙한 여덟 살짜리 꼬마가 고등학교 속성 졸업 코스를 찾아 시험을 신청했다는 사실을 알고는 깜짝 놀랐다. 이렇게 인생의 해답을 찾으려 하고 앞으로 나아가려는 욕구는 선천적인 것이었다. 그리고 이는 훗날 PC 세계에서 성공의 발판이 된다.

델은 열두 살 때, 최초의 성공적인 벤처 사업을 시작했다. 바로 우표수집 사업이었다. 이 사업에 필요한 초기 자금을 마련하기 위해 델은 중국 식당에서 접시를 나르는 일을 한다. 이렇게 돈을 마련한 델은 우선 우표를 샀다. 그리고 수익을 낼 수 있는 방법을 궁리하기 시작했다. 다른 우표수집가로부터 직접 우표를 살 수 있는 우표목록을 발견했을 때 그는 중간상인을 거치지 않고 자기 자신의 경매를 열 생각을 했다. 기업가 정신으로 똘똘 뭉친 델은 친구들에게 우표를 위탁해 달라고 부탁했다. 그리고 우편주문용 책자에다 위탁받은 우표를 담아 우표수집가들에게 보냈다. 이 우편주문 책자는 〈린의 스탬프 잡지Linn's Stamp Journal〉에까지 광고를 했다.

요약하자면, 델은 열두 살의 나이에 이미 중간상인 없이 직접반응식 상품목록을 통해 물건을 판매하는 사업체를 경영했다는 것이다. 이 일을 통해 다른 아이들이 아이스크림 살 돈을 모으려고 잔디나 깎고 있을 때 델은 2천 달러를 벌었다.

열여섯 살 때, 이 신동은 이번에는 신문배달에서 또 다른 혁신을 도모한다. 이때 역시 델은 전통적 방법을 무시했다. 신문사업을 시작하기에 앞서 그는 새로운 고객을 확보할 가장 좋은, 그리고 가장 쉬운 수단을 조사했다. 신문을 파는 일은 그에게 중요하지 않았다. 가장 많이 파는 것이 그의 목표였다. 작은 신문 보급로는 다른 아이들의 것이었다. 그는 신문배달 소년이 아니라 운영자가 되고 싶었다. 신혼부부와 새로운 입주자들이 신문을 새로 구독할 가능성이 높다는 사실을 알아차린 델은 시간과 돈을 극대화할 방법을 생각한다. 휴스턴 지역에서 새로 결혼하는 사람들의 이름과 주소를 얻기 위해 휴스턴과 그 인근의 법원을 돌아다니며 관련 공문을 기록할 친구를 고용한 것이다. 그리고 그것은 효과가 있었다. 고등학교 4학년이던 1982년에 델은 〈휴스턴 포스트The Houston Post〉의 구독 판매를 통해 1만 8천 달러를 벌었다.

당시 고등학교 경제 선생님이 학생들의 실질적인 또는 가상의 사업체를 위해 세금을 환급 받는 과정을 숙제로 냈을 때, 델은 우선 자신의 수입을 밝혔다. 선생님은 처음에 그가 10자리를 착각해서 수입을 보고했다고 생각했다. 그러나 곧 델이 정확한 수입을 기록했을 뿐 아니라 텍사스의 정규직 교사보다 더 많은 돈을 번다는 사실에 경악을 금치 못했다.

| 컴퓨터에 매혹된 학창 시절 |

델의 중학교 수학 교사였던 다비는 학생들이 방정식이나 프로그램에 응용할 수 있도록 학교에 컴퓨터 단말기를 설치했다. 마이클은 곧 컴퓨터에 매혹되고 말았다. 그 후로 아주 오랫동안 부모님을 조르고 졸라서 마침내 열다섯 살 생일선물로 자신의 최초의 컴퓨터인 애플II를 받았다. 그는 즉시 컴퓨터의 운영 원리를 알기 위해 컴퓨터를 분해하기 시작했다. 부모는 비싼 선물이 원래의 형체는 알아볼 수도 없는 여러 부품들의 잔재로 변하자 격분했다. 그러나 델은 그것을 다시 조립했고 그 과정에서 회로의 운영원리를 알아냈다. 1981년 IBM 컴퓨터가 도입됐을 때 그는 역시 한 대를 사서 분해하고 재조립하는 과정을 거치면서 각각의 부품들에 대한 기능을 파악했다.

이 고무된 천재는 점점 교과서보다는 컴퓨터에 파고들었다. 1982년 열일곱인 델은 휴스턴의 애스트로스돔에서 열리는 컴퓨터 박람회에 참석하기 위해 한 주 동안 학교를 빼먹었다. 이 사실만 봐도 우리는 그가 미래의 의사에서 전도유망한 기업가로 변할 수밖에 없었던 이유를 알 수 있다.

델은 박람회장에서 새로운 기술에 전율했다. 그리고 곧 놀라운 사실을 발견했다. 바로 IBM과 같은 큰 회사들이 구매하는 똑같은 부품을 자신 역시 구매할 수 있다는 사실이었다. 인텔이나 시게이트와 같은 회사들은 칩과 하드드라이브를 누구에게나 팔았다. 그는 PC 시장의 막대한 잠재력을 봤고, 또한 수요가 공급을 초과하고 있다는 사실도 알아차렸다. 매출량을 짐작할 수 없었던 취급상들은 종종 재고를 남겨야 했다. 이런 잉여의 재고는 엄청나게 저렴한 가격으로 'IBM 회색시장'이라고 불리는 곳에서 팔려나갔다.

델은 불필요한 장비를 모두 제거한 IBM 컴퓨터를 이 회색 시장에서 구매한 뒤 총 700달러를 들여 필요한 부품만 구입하면 컴퓨터를 원하는 대로 업그레이드할 수 있다는 것을 발견했다. 사실 그는 사람들이 3천 달러 선에서 거래되고 있는 표준형 IBM 컴퓨터보다 더 큰 메모리와 더 빠른 처리 능력을 갖춘 컴퓨터를 원하고 있다는 사실을 알고 있었다. 델은 이런 가격 차를 이용해 학교 친구들의 요구에 따라 기본 컴퓨터를 업그레이드하고 변형시켜 주면서 상당한 이윤까지 남길 수 있었다.

델은 소매업체나 판매상들과 대화를 하다가 그들보다 자신이 컴퓨터에 대해 더 많이 알고 있다는 사실을 발견했다. 이 역시 또 하나의 사업 기회였다. 어째서 다른 사람들이 이 엄청난 기회를 발견하지 못했는지 의문이 생길 지경이었다. 누구라도 부품은 살 수 있다. 컴퓨터를 파는 사람들은 자신들도 잘 모르는 제품을 고객에게 팔아넘기면서 거액의 수수료를 벌어들인다.

1983년 델은 휴스턴의 고등학교를 졸업하고 텍사스 대학에 입학했다. 의대의 예과 과정에 입학하기 위해 텍사스 오스틴으로 향하는 델의 BMW 뒷좌석에는 세 대의 컴퓨터가 실려 있었다. 학업이냐 사업이냐 갈림길에서의 혼란스런 감정에 대해 델은 다음과 같이 말한

적이 있다. "나는 한 손에는 책을 들고, 다른 한 손에는 RAM 칩 한 묶음을 들고 캠퍼스를 돌아다녔다."

새내기가 된 해의 11월, 델의 부모가 아들을 깜짝 방문했다. 그들은 아들이 사업을 벌인답시고 성적이 떨어진 것을 정확하게 짚어냈다. 델은 훗날 자서전에서 부모의 목표와 아들의 목표 사이의 전형적인 갈등을 재현했다 .

> "아버지는 '컴퓨터 관련 일은 모두 그만두고 학업에 전념하도록 해라'라고 말씀하시며 '우선순위를 생각해 봐. 도대체 인생에서 하고 싶은 게 뭐냐?'라고 물으셨다. 나는 'IBM과 경쟁하고 싶어요!'라고 말했다. 그러나 아버지는 조금도 즐거워하지 않으셨다."

마이클은 공부에 전념하려고 노력도 해봤지만 컴퓨터에 대한 열정 때문에 더욱 컴퓨터의 세계로 빠져들 뿐이었다. 결국 그는 1학년을 마치고 학교를 자퇴했다.

정상을 향하여

| 열정 어린 시작 |

정상으로 향하는 델의 노력은 이미 어린 시절에 시작됐지만 가장 결정적인 순간은 바로 1984년 5월, 1학년을 마치기 1주일 전에 '델 컴퓨터'사를 등록하면서부터였다고 할 수 있다. 델은 이때부터 의사로서의 장래를 뒤로 한 채 사업가로서의 길을 떠났다.

대학에 다니는 중에 델은 특수한 부품을 붙여서 업그레이드한 컴퓨터를 팔면서 월 5만 달러에서 8만 달러의 수익을 올렸다. 게다가 어떠한 중간상인을 거치지도 않고 직접 팔았기 때문에 다른 경쟁자들보다 훨씬 싸게 공급할 수 있었다. 이를 계기로 그는 PC 시장이 얼마나 성장할 것인가 상상도 할 수 없었지만, 그 폭발적인 잠재력만은 어렴풋이 느꼈다. 그는 하루종일 사업에만 전념한다면 그 대가가 무한대일 것이라고 생각했다.

1천 달러의 창업자금으로 델은 회사를 차리고 1천 제곱 피트 넓이의 사무실을 빌렸다. 그는 전화주문을 받을 사람 약간과, 주문을 수행할 사람 약간 그리고 컴퓨터를 업그레이드시킬 기술자도 약간 고용했다. 이런 과정에 대해 델은 이렇게 언급했다.

> "업그레이드한 컴퓨터를 만드는 데는 6피트 길이의 긴 테이블에 공구를 들고 앉아 기계를 조립할 세 명의 사람들이 필요했다."

사업이 아주 잘 돼서 1년 만에 Dell은 1천 제곱 피트의 사무실을 떠나 3만 제곱 피트의 빌딩으로 옮겼다. 이 급성장세에 발맞춰 고용도 크게 늘었다. 초기부터 델은 우수 인재의 중요성을 잘 알고 있었다. 따라서 우수 인재를 고용해 그들로 하여금 다시 1등급 인재를 고용하는 일을 맡기려고 했다.

델의 가장 야심작은 판매원들이 쓸 컴퓨터를 스스로 조립하게 만든 일이었다. 자신들의 컴퓨터를 조립하는 과정에서 이들은 고객들이 겪을 어려움을 알아내고, 고객의 요구에 더 잘 부응하게 되었다. 델은 바로 이 전략을 통해 최상의 서비스를 제공하는 회사라는 명성을 얻게 되었다고 말한다.

1980년대 중반을 거치면서 PC 시장의 점유율을 놓고 업체간 경쟁이 점점 치열해졌다. 컴퓨터 회사들이 우후죽순처럼 생기면서 업그레이드된 컴퓨터를 만들기 위해 단순히 부품을 조립해서는 더 이상 경쟁력이 없어졌다. 서로 다른 업체들의 부품이 호환 불가능했고 품질관리는 갈수록 힘들어졌다. 또 시장은 계속하여 더욱 빠른 중앙처리장치의 속도를 요구했다. 델은 자신이 IBM보다 더 빠르면서 IBM을 대체할 수 있는 컴퓨터를 만들어내면 시장에서 확고한 우위를 점령할 수 있을 것이라고 생각했다. IBM은 당시 한 대에 3,995달러하던 6mHz 286 컴퓨터로 컴퓨터 시장의 70%를 지배하고 있었다. 델은 단돈 1,995달러면 살 수 있는 12mHz짜리 호환 가능한 컴퓨터를 개발해냈다.

1986년 컴덱스 쇼에서 21살의 델은 자신이 개발한 세상에서 가장 빠른 12mHz 컴퓨터를 처음 선보였다. 혜성처럼 등장한 델은 이 혁신적인 제품으로 IBM을 이겼다. 갑자기 언론이 주목하기 시작했고 〈PC 위크〉지는 표지에 새로운 델의 컴퓨터를 실었다. 이때 델은 업계를 선도한다는 것의 중요성과 광고의 가치를 깨달았다. 시장에서 1등이 되는 것이 델의 주요 전략이 되었다. 델은 이렇게 말한다.

"나는 2년 늦게 100% 완벽해진 다음에 1등이 되느니, 잘못된 가능성이 있는 상태에서 현재 1등이 되는 것이 더 낫다고 생각한다... 현

상 유지를 하는 데는 전혀 위험한 요소가 없을 것이다. 그리고 결과
적으로 아무 이윤도 없을 것이다."

| 미래를 설계하라 |

새로운 12mHz 컴퓨터의 대성공으로 델은 1986년 말 경에는 컴퓨터
제조업체의 선두에 서게 되었다. 그해 매출은 6천만 달러에 달했다.
그러나 이 와중에서도 델은 급격하게 바뀌는 하이테크 세계와 예측
할 수 없는 시장 환경에서 현재의 단기적인 계획으로는 생존을 보장
할 수 없다는 결론에 이르렀다.

장기적인 계획을 수립하고 전략적인 액션 플랜을 짜기 위해 델은
1986년 가을 브레인스토밍 모임을 개최한다. 이 모임에서 1992년까
지 매출 10억 달러를 달성한다는 계획 등이 세워졌다. 이를 위해
Dell은 최고의 서비스를 제공하는 대기업이 되기로 했다. 보통 컴퓨
터에 문제가 생긴 고객은 컴퓨터를 구매한 업체나 생산공장에 진단
과 수리를 요청한다. 그러나 Dell은 고장을 접수한 지 24시간 안에
컴퓨터 수리요원을 파견해 컴퓨터를 고쳐주기로 했다.

브레인스토밍 모임에서 나온 또 하나의 계획은 영국으로 사업을
확장하자는 것이었다. 1980년대 초반 미국 시장에 만연한 호환성과
서비스의 문제가 영국에서도 똑같이 벌어지고 있었고, 델은 영국에
서도 자신의 사업 모델이 적중할 것이라고 생각했다. 1987년 6월
Dell이 영국에서 사업을 시작했을 때 기자회견에 참석한 22명의 기
자들 가운데 한 명을 제외한 전원은 직접판매 전략은 실패할 것이라
고 확신했다. 그러나 영국Dell은 성공적이었고, 1999년 현재 연간 20

억 달러의 매출을 올리면서 지배적인 컴퓨터 업체로 부상했다.

| 현금 조달과 폭락 장세에서 살아남기 |

대기업이 되겠다는 계획에 따라 Dell은 대규모 자본이 필요하게 되었다. 이를 위해 델은 2천만 달러를 사모 방식으로 모으기로 했다. 1987년 10월, 사모를 마감하기 이틀 전에 뉴욕증시는 500포인트나 떨어졌다. 말 그대로 폭락한 것이다. 그럼에도 불구하고 델은 투자자들 사이의 확고한 명성과 재정적인 잠재력에 대한 믿음을 바탕으로 2천 1백만 달러를 모금했다. 델은 훗날 다음과 같이 회상했다.

> "우리가 1987년 사모 펀드를 모을 당시, 유명한 업계 분석가는 우리의 수익이 1억5천만 달러 이상으로 성장하지 못할 것이라고 전망했다. 그는 0 몇 개를 빼먹었을 뿐이다... 사람들이 가능하지 않다고, 혹은 일어날 수 없다고 생각하는 일들을 해내는 일은 재미있다. 우리의 경쟁자들은 우리가 아무런 위협이 되지 못할 것이라고 생각했다. 따라서 우리는 보기 좋게 성공함으로써 그들을 더욱 놀라게 해 줄 기회가 생겼던 것이다."

이런 경험들은 델의 모토인 "전통적인 지혜를 무시하라"를 형성하는 계기가 되었다. 1988년 6월 Dell은 공개상장을 했다. 3천만 달러가 모아졌고 기업의 가치는 8천5백만 달러가 되었다.

| 성장의 시련 |

1980년대의 PC 시장은 다수의 소규모 회사들이 작은 파이를 두고 다투는 가내수공업 수준이었다. 그러나 1990년대가 다가오면서 델은, 작은 규모의 기업들은 몰락하거나, 큰 규모의 기업에게 먹히는 업계 통합이 불가피하다는 사실을 깨달았다. Dell은 1992년이 되기 전에 이미 연간 목표 매출액인 10억 달러에 도달했지만 이 정도 규모로는 새로운 혁신적인 제품을 개발하는 데 드는 비용을 줄일 수가 없었다. 다가오는 국제적인 통합 국면에서 살아남기 위해 델은 Dell이 전례 없는 매출 증가를 달성해야 한다고 생각했다. 물론 전문가들은 정반대의 의견을 내놓았다.

목표한 성장률을 달성하기 위해 델은 공격적인 가격 정책을 쓰는 동시에 여러 가지 마케팅 기법을 동원했다. 델의 확고부동했던 직접판매 정책을 포기하면서 소프트 웨어하우스, 프라이스 클럽, 샘스와 같은 할인점을 통한 간접판매를 시작했다. 그리고 이 정책은 효과가 있었다. 1992년 연간 매출은 전년 대비 127% 성장하여 20억 달러를 넘어섰다. 그러나 델은 폭발적인 주문이 밀려들면서 생산과 가공 능력이 이미 한계에 도달했다는 사실을 발견했다. 게다가 생산라인을 늘리면서 현금이 고갈되기 시작했고, 회사의 수익도 갉아 먹었다. 회사 설립 이래 처음으로 Dell은 1분기의 손실을 경험해야 했다. 주가는 30.08달러로 떨어졌고 1993년에는 피할 수 없는 유동성의 위기가 찾아왔다. Dell 사는 하루 빨리 새로운 접근법을 생각해내야 했다.

1993년 존 메디카가 노트북 생산을 평가하고, 계속해야 할 분야와 손을 떼야 할 분야를 결정하기 위해 새로 고용되었다. 평가 결과

'레터튜드 XP'를 제외한 모든 노트북 생산을 중단해야 하며, 한 가지 제품에 집중해야 한다는 결론이 나왔다. 레터튜드 XP는 당시 경쟁업체들의 노트북과 달리 새로운 리튬-이온 배터리가 장착되어 있어서 충전을 하지 않고 4시간 내내 사용할 수 있는 제품이었다. 이 덕분에 레터튜드 XP는 1994년 매출을 천문학적으로 올려놓았다.

Dell은 레터튜드 XP를 선택 집중하면서 1993년 일본 시장에 진출했고, 더 나아가 환태평양 시장까지 확대했다. 1995년까지 Dell은 유럽 14개국에 지점을 냈고, 영국의 2대 컴퓨터 회사로 올라섰다.

| 온라인 영업 |

1990년대 후반 인터넷은 지구상의 전 인류가 이용 가능한 의사 소통망이 되었다. 델은 인터넷이 제공하는 엄청난 가능성에 주목했다. 인터넷은 그가 항상 신봉해온 직접판매 전략에도 훌륭히 활용될 수 있기 때문이었다. 그는 고객들이 인터넷에 접속해서 상품에 관한 정보를 접한 다음 중간상인을 거치지 않고 직접주문을 하는 날이 올 것이라고 예상했다. 지금 전자상거래라고 불리는 마케팅의 새로운 혁명을 꿈꾸며 Dell은 1994년 6월 www.dell.com이라는 웹 사이트를 시작했다.

웹 사이트를 시작한 지 꼭 2년 후에는 매일 100만 달러 이상의 주문을 소화했다. 1998년 무렵에는 웹 사이트 하루 매출이 600만 달러로 늘었으며, 1999년 7월 이 액수는 다섯 배인 3천만 달러에 달했다. 웹 사이트를 만든 지 6년째 되는 2000년 무렵에는 홈 페이지를 통한 하루 매출이 5천만 달러를 기록했다.

| 마이클 델의 연대기 |

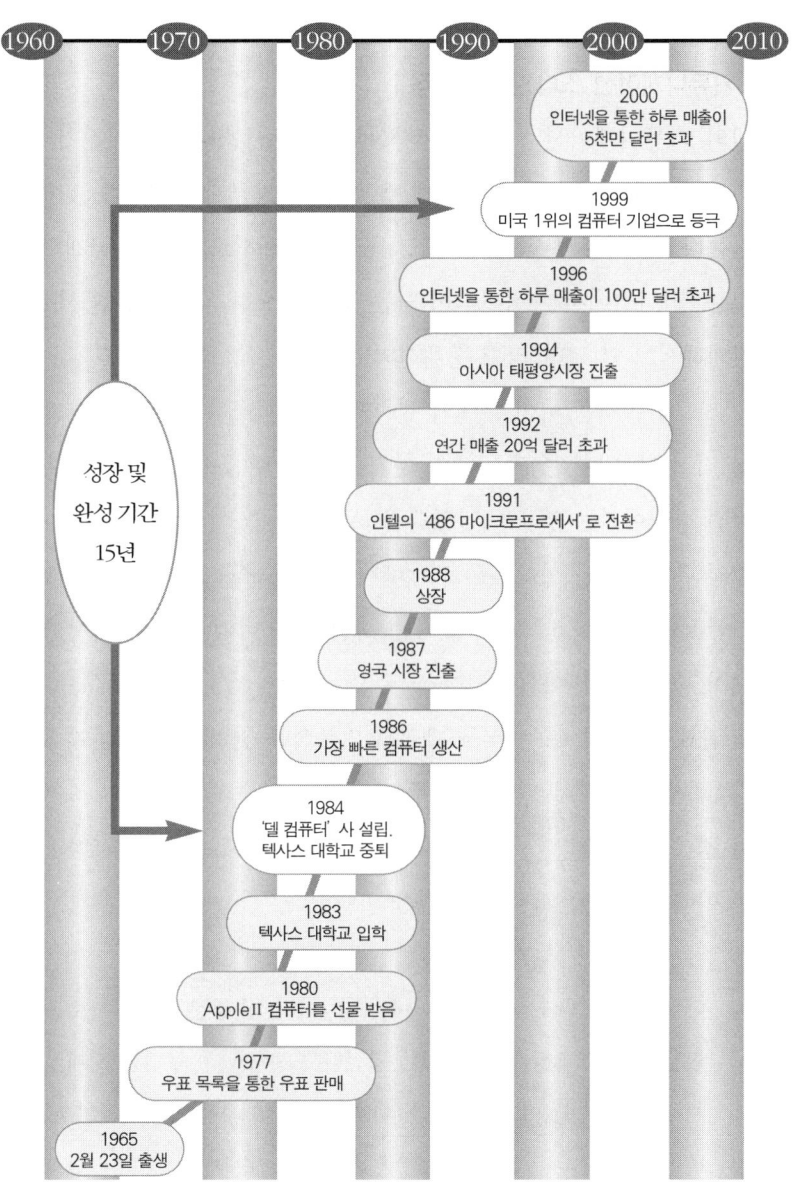

1960　1970　1980　1990　2000　2010

성장 및
완성 기간
15년

2000
인터넷을 통한 하루 매출이
5천만 달러 초과

1999
미국 1위의 컴퓨터 기업으로 등극

1996
인터넷을 통한 하루 매출이 100만 달러 초과

1994
아시아 태평양시장 진출

1992
연간 매출 20억 달러 초과

1991
인텔의 '486 마이크로프로세서'로 전환

1988
상장

1987
영국 시장 진출

1986
가장 빠른 컴퓨터 생산

1984
'델 컴퓨터' 사 설립.
텍사스 대학교 중퇴

1983
텍사스 대학교 입학

1980
AppleⅡ 컴퓨터를 선물 받음

1977
우표 목록을 통한 우표 판매

1965
2월 23일 출생

성격 분석

| 커뮤니케이션 스타일 : 직접적 |

델의 커뮤니케이션 스타일은 자신의 마케팅 스타일과 마찬가지로 직접적이다. 그는 실패에 대해 솔직하고, 성공에 대해서도 감추지 않는다. 또 자신의 믿음과 의도, 목표에 대해서도 당당히 공개한다. 그는 "리더십에서는 직관적이 되는 것도 중요하지만, 엄연한 사실을 간과해서는 안 된다"라고 훈계한다.

Dell 컴퓨터는 마이클 델의 철학과 원칙을 구체화했다. 델은 일찍이 직접판매만이 중간 단계의 쓸모 없는 낭비를 막을 수 있는 필수적인 방법이라는 것을 깨달았다. 이보다 더 중요한 것은 직접판매는 중간 유통업자가 끼어있는 체제에서는 불가능한 공급자와 고객간의 인간적인 관계를 맺을 수 있다는 사실이다. 이런 생각은 회사 전체에서 중요하게 받아들여졌다.

관료주의에 물드는 것을 확실히 거부하는 전략은 큰 효과가 있었다. 회사의 몸집이 커지면서 주요 결정을 이사회 등에서 내려야 하는 경우가 증가하면서 성장에 오히려 방해가 되는 경우가 많다. 델은 이에 대해 다음과 같은 의견을 피력했다.

"나는 오늘날의 조직에서 일어나는 각종 혼란이 불분명한 의사소통과 복잡한 위계질서로부터 비롯되었다고 생각한다. 우리는 위계질서에는 거부 반응을 일으킨다. 위계질서는 빠른 결단에 저해가 된다. 위계질서라는 말은 정보의 흐름이 어느 곳에선가 정체돼 있다는 말과 같다....위계질서는 우리가 결정을 내리기 위해 필요한 빠른 결단과는 정반대의 결과를 가져온다."

공급자들과의 소통의 중요성을 강조하면서 델은 다음과 같이 경고하기도 했다.

"의사 결정권자와 직접 대화하라. 공급자는 물론 직원들과, 그리고 고객들과 솔직하고 직접적인 태도로 이야기하는 것은 사업의 건강과 번영을 위해 필수적이다."

델의 커뮤니케이션 스타일은 직접적인 자신의 마케팅 스타일과 경영 스타일을 반영한다.

| 합리적인 기질 : 프로메테우스 |

거물 사업가들은 직관에 의존하면서도 꿈을 추진할 때는 합리적이되는 경향이 있다. 즉 이들은 MBTI 성격 척도에서 프로메테우스로 상징되는 '직관적인 사고형' 인간들이다. 이들은 자신들의 이성적인 성격과 환상 사이에서 급변할 수 있다. 이들은 좌뇌의 논리력을 우뇌의 이상과 조합시킨다. 상황에 따라 변화할 수 있는 이 독특한 능력은 큰 장점이라 할 수 있다. 기업가들은 질적인 면에서 깊이 있는 관점과 수리적인 이성을 모두 갖고 있다.

랜디 포드Randy Ford는 〈챌린지Challenge〉에서 "전체 인구에서 최소 80%는 두뇌의 좌반구만을 이용한다"고 기술했다. 좌뇌는 결단보다는 세부적인 사항과 구조를 중시한다. 우뇌는 상상이 자유롭게 일어나는 곳이다. 우뇌는 창의적인 계획의 놀이터이자 기업가들에게 결단력을 부여하는 공간이다. 로버트 온스타인Robert Ornstein은 〈의식의 심리학The Psychology of Consciousness〉에서 이렇게 말한다.

> "예술가와 무용가, 마법사들은 지적 능력을 구성하는 비언어적인 부분을 계발하는 방법을 배워왔다. 그리고 그 때문에 그들은 창의적이다."

델이 우뇌의 관점에서 경영에 임한다는 점은 명백하다. 그는 많은 경우 큰 그림을 보며, 전체적인 관점에서 구조를 완성하기 위해 능력을 사용한다. 2001년의 PC 업계의 침체기에 델은 가야할 길을 갔다. 그는 텍사스에 있는 쇼핑몰에서 간이상점을 통해 컴퓨터를 팔았고, QVC TV 쇼핑 방송을 통해 599달러의 가격으로 컴퓨터를 팔고 있다는 급진적인 새로운 광고를 내보냈다. QVC는 8천만 달러 이상의 매출을 올리면서 단일품목 하루 매출 최고기록을 깼다. 이것이 바로 천재 기업인의 본질이다. 이들은 목표를 향해 돌진하며 관습과는 거리를 유지한다.

| 위험성에 대한 성향 |

이 텍사스 신동은 테드 터너, 루퍼트 머독이나 래리 엘리슨처럼 길들여지지 않은 야생의 위험 감수 성향의 인물은 아니었다. 그러나 의대를 가는 대신 IBM에 도전장을 던지겠다는 결단은 엄청나게 위험한 행동이었다. 특히 아들의 결정에 반대했던 부모의 입장에서 보면 더욱 그러했다. 델은 감당할 수 있을 정도의 위험은 기꺼이 받아들였다. 그리고 회사 경영진들에게도 합리적인 이유가 있는 위험이라면 감수할 만하다고 말하곤 했다. 샘 월튼처럼 델도 경영진들이 징계의 두려움을 느끼지 않고 실수를 저지를 수 있어야 한다고 생각했다.

"사람들이 보다 혁신적이기를 바란다면 실패해도 괜찮다는 생각을 하게 만들어줘야 한다... 우리는 의도적으로 배우는 과정에서는 끊임없이 궤도를 수정할 수 있다는 분위기를 조성한다. 조직의 번영을 바란다면 사람들이 실험을 해도 괜찮다고 느껴야 하기 때문이다."

그는 〈포춘〉과의 인터뷰에서 다음과 같이 말하기도 했다.

"Dell을 특별하게 만드는 것은 경쟁자들이 할 수 없다고 생각하는 일을 하는 능력이다...우리 자신이 위험 환경에서 활약하는 회사인데다, 사원을 고용할 때 아예 처음부터 모험심이 가득한 사람만을 뽑기 때문에 언제나 기꺼이 위험을 감수할 준비가 돼 있다."

| 집중력 : 빠르게 몰입하기 |

어린 시절부터 델은 더 멀리 나가려고, 더 잘 하려고 그리고 남들과 다르게 되려고 노력했다. 어떤 사람들은 이를 과도한 추구라고 비난하고, 또 다른 사람들은 열정에서 비롯된 과잉 성취라고 말하기도 한다. 초등학교 3학년 때 고등학교 졸업장을 따는 시험을 보려 했던 사례만큼 이런 성격을 더 잘 설명해 주는 예도 없을 것이다. "학교에서의 9년의 시간을 한 번의 간단한 시험과 맞바꿔 보겠다는" 델의 열망은 아직 어린 나이에 성취에 대해 급박함을 느꼈던 그의 평범하지 않은 정신세계를 보여준다.

비슷한 집념은 1984년 1월 2일 Dell 컴퓨터 사를 차렸을 때도 나타났다. 겨우 열아홉의 나이에 그는 이미 한 달에 8만 달러 이상의 컴퓨터를 팔아치우고 있었다. 이미 기숙사 방이 비좁게 된 델은 사업을 그만두거나 아예 더 키우거나 해야 했다. 그는 일확천금의 기회를 선택하기로 했다. 그리고 그는 감히 부모에게는 알리지 못하고 몰래 캠퍼스 밖에 있는 아파트를 한 채 빌렸다. 1984년 5월, 1학년 학기말 고사를 치르기 1주일 전에 그는 행동을 감행하여 Dell 컴퓨터 사를 공식적으로 설립하고야 말았다. 이 미래의 기업가는 다음과 같이 쓰고 있다.

"우리 부모님을 설득해 학교를 그만둘 수 있도록 허락을 받는 일은 불가능했다. 그래서 그냥 감행했고, 결과야 어떻든 원하던 대로 하고 말았다. 나는 1학년을 마치고 학교를 떠났다."

Dell의 내부적인 운영전략 가운데 하나는 '속력'이다. 속력은 빠른 속도를 의미한다. 고객의 요구와 필요에 빠르게 대응하는 것, 재고의 빠른 소진, 공급업체와의 발 빠른 거래, 신제품의 앞선 도입, 시장에서의 빠른 대응, 경쟁이 치열한 컴퓨터 시장에서의 빠른 선점

등이 모두 포함된 개념이다. 다른 어떤 산업도 컴퓨터 산업만큼 속력이 중요하지는 않다. 그리고 다른 어떤 회사도 미래를 위해 이처럼 속도의 중요성을 강조하지는 않는다.

델은 이렇게 말한다. "우리 업계에서는, 사람들이 속력에 대해 생각하도록 만들었다면, 진짜 가치를 만들어낼 수 있다." 회의에서 델은 항상 다음과 같이 강조한다. "재고관리에 빠르게 대처하지 못했다면 결국 끝난 것이다." 왜 그런가? 하이테크 산업에서 재고라는 것은 이미 잘 익은 과일과 같은 것이기 때문이다. 오늘이 지나면 더 이상 오늘보다 더 높은 가격을 받을 수 없기 때문이다.

델의 이런 철학 덕분에 경영 철칙은 '시간에 맞춰'가 아닌 '실시간'이 될 것을 요구한다. 델은 "오늘날 사업을 하다 보면, 단지 조금 늦는 것이 너무 늦게 된다"고 관찰 결과를 피력했다. 이렇게 속력을 강조하면서 델은 10억 달러 규모의 회사로서 6일이라는 놀라운 재고관리 주기를 갖게 된다.

| 자아상 : 강한 자신감 |

성공하기 위해서 우리는 우리의 꿈이 실현될 것이라고 믿어야 한다. 꿈을 믿을 때, 그 이상 실현하는 일도 가능해진다. 사고는 전염되기 쉬우며, 우리가 어떻게 생각하느냐에 따라 주변의 모든 상황이 지배받는다. 1983년 텍사스 대학의 새내기에 불과한 델은 IBM도 이길 수 있다고 생각했다. 아들을 걱정한 부모가 학교까지 찾아와 기숙사 방에 교과서대신 컴퓨터 부품들이 가득 들어 찬 것을 보았을 때, 믿지 못하는 부모들에게 델은 말했다. "저는 IBM과 경쟁하여 그들보다 더 좋은 컴퓨터를 만들고 싶습니다." 이런 말을 들으면 대부분의 사람들은 단순한 무지에서 나온 발언 내지는 대책 없는 허풍이라고 생각한다. 그러나 18세의 소년은 업계에 종사하고 있는 다른 눈치 빠른 사람들도 보지 못하는 거인의 약점을 간파했다.

1997년 업계 우두머리인 오라클의 래리 엘리슨이 PC의 종언을 고했을 때 PC의 미래는 가장 심각했다. 그는 월스트리트와 컴퓨터 업계를 향해 온라인 송수신만 하는 자신의 단순 단말기로 인터넷을 통해 모든 소프트웨어를 다운받아 쓰는 시대가 왔기 때문에 PC는 아무 소용이 없게 될 것이라고 경고했다. 그러나 델은 아무 동요도 하지 않았고 경쟁자들처럼 수백만 달러를 들여 단순 단말기 기능의 네트워크 컴퓨터를 개발하려고 노력하지도 않았다. 델은 본인 스스로 컴퓨터를 사용하면서, 그리고 개발하면서 자랐기 때문에 시장이 결코 워드 프로세싱이나 기타 내장된 컴퓨터의 기능을 포기할 수 없다는 것을 알았다.

| 비판적인 사고 : 통념과 반대되는 사고의 소유자 |

델이 1980년대 유럽과 아시아에 진출하는 계획을 신중하게 검토하고 있을 때, 사람들은 이 지역에서 직접판매 모델을 사용하는 것이 지역 정서를 거스르기 때문에 위험하다고 경고하고 나섰다. 그러나 델은 결코 굴하지 않았고 결국 대 성공을 거두었다. 그는 이를 계기로 배운 교훈을 다음과 같이 적고 있다.

"나의 교훈은 내가 하는 일을 믿으라는 것이다. 어떤 대단한 발상을 얻었다면 이를 비판하는 사람들을 무시하고, 내 목표를 이해하는 사람을 고용하라."

델은 조직의 공동 목표를 향해 어떻게 전 구성원들이 기여하는 방향으로 경영전략을 수립할 것인가에 대해 자세히 설명한다. 그는 아직 어린 나이에 혜안을 갖고 "역할이 조직을 세운다"는 경고를 했다. 그는 의도적으로 1인 제국의 건설을 피하면서 권한과 책임을 분산시켰다. 델의 논리는 "우리는 조를 짜서 같이 일을 하는 기업가들의 모임이다"였다. 그는 수평의 조직에서는 관료제의 구태가 만연할 기회가 적다고 생각했다. 델은 자랑스럽게 다음과 같은 사실을 지적했다. "우리 직원들은 회사의 주인입니다. 그리고 주인으로서 주인다운 생각을 하게 되지요."

| 델의 열정 |

델이 IBM에 도전하겠다는 목표를 세웠을 때, 그의 꿈은 기업을 세우는 것이었다. 부의 축적도 하나의 목적이었지만, 그것이 궁극적인 목표는 아니었다. 평생 쓰고도 남을만한 돈을 번 다음에는 그는 최선을 다해 회사를 확장시키고 키우기 위해 노력했다. 델의 열정은 성공적인 기업을 만드는 것이었다. 돈은 열정의 즐거운 부산물이었을 뿐이며 성공을 측정할 수 있는 하나의 척도였다. 이런 면에서 델은 전형적으로 많은 위대한 기업가들의 공통의 특징인 돈을 벌기보다는 열정에 집중하는 면모를 보여준다. 돈은 일단 붙기 시작하면 돈벼락처럼 한꺼번에 붙는다. 흥미로운 사실은 직접적으로 돈을 목표로 할 때는 성공하기 힘들다는 것이다. 이 의도와 반대되는 현상은 정신과 의사인 빅터 프랭클Viktor Frankl에 의해 집중 연구됐으며 '역설적 의도'라고 이름 붙여졌다.

프랭클은 독일에서 발기부전 남성을 연구했다. 프랭클의 연구는 역설적 의도의 원리에 기반을 둔 실존분석적 정신요법이라는 새로운 치료법을 탄생시켰다. 프랭클은 남성이 열심히 노력하면 할수록 성행위에 성공하기가 더욱 어려워진다는 사실을 발견했다. 그리고 남성들이 열심히 하려는 노력을 포기할 때만 성행위에 성공했다.

정신과의사뿐만 아니라 운동심리학자들도 열심히 하려고 하면 할수록 점점 못하게 된다는 사실을 발견했다. 프로 골퍼들은 골프채를 세게 휘두른다고 공이 더 멀리 가지는 않는다고 입을 모은다. 이는 거의 모든 상황에 적용된다. 애인을 구할 때나, 소설을 쓸 때나, 제품을 개발할 때나, 스트레스를 해소를 할 때나, 발기부전을 치료할 때조차 적용되는 규칙이다. 적절한 성공은 우선 목표를 세웠으면 그 다음부터는 세운 목표는 잊어버리고, 단기적인 임무에만 집중할 때 찾아온다. 델은 당초 IBM에 대적할 회사를 만들겠다는 목표로 시작해서 이 열정의 부산물인 부까지 성취했다.

업적과 명예

| 위대한 성공 |

27세의 델은 고작 8년 전에 1천 달러를 투자해서 설립한 바로 그 회사로 〈포춘〉 선정 500대 기업의 최연소 CEO가 된다. 더욱 놀라운 사실은 그의 성공이 특히 초보 사업자에게 냉혹하기로 유명한 컴퓨터 업계에서 이룩했다는 데 있다. 1996년 델은 억만장자가 되었다. 2001년 7월 〈포브스〉는 순자산 200억 달러 규모의 델을 미국의 10대 부자 명단에 올려놓았다.

델은 할 수 없는 일에 대해 너무 많이 알고 있지 않았기 때문에 컴퓨터 업계의 거물인 IBM을 두려워한 적도 없을 뿐 아니라 IBM을 "Big Blue"라는 별명으로 불렀다. 이 컴퓨터 공룡이 Dell의 그림자를 봤을 때는 이미 모든 것이 너무 늦었다. 1999년 Dell은 이미 미국 최고의 컴퓨터 회사였고, 2000년 인터넷에서 Dell의 컴퓨터는 매일 5천만 달러 이상씩 팔리고 있었다. 2001년 〈포춘〉은 Dell을 미국 내 78대 기업으로, 세계 210위의 기업으로 기록했다. 빠른 속도와 고품질 고객 서비스는 Dell을 기존 업체들과 차별화했다.

〈*Chief Executive Magazine*〉의 편집장인 존 브란트는 다음과 같이 쓰고 있다.

"델은 개인용 컴퓨터 산업의 본질을 바꿔 놓았다. 그는 가상의 기업을 현실화했다."

델 스스로도 "우리는 SUN을 이겼고, IBM을 이겼고, 컴팩도 이겼다. 우리는 그들 모두를 이겼다"라고 자랑한 적이 있다. 30대 중반까지 델은 세계 최고의 개인용 컴퓨터 회사를 이끌었다. 앞으로의 계획에 대해 질문을 받을 때마다 그는 여전히 은퇴해서 네 아이들과 지닐 계획이 없다는 사실을 밝혔다.

델은 오래 전의 토마스 에디슨이나 앤드류 카네기가 그랬던 것처럼 계획한 사실을 정확하게 모두에게 알리는 일부터 시작했다. 그러나 그의 야심은 권력에 도전했다가 좌절하는 것이 수순인 충동적인 젊은 기업인들의 그것으로 과소평가되었다. 에디슨은 모두에게 다음과 같이 말한 적이 있다. "내 실험실에 들러 나의 실험을 보시오. 나는 비밀이란 하나도 없습니다." 앤드류 카네기도 비슷한 신조를 갖고 있었다. "세상 사람들에게 나의 공장과 내 사업적인 발상을 모두 가져가라 그러세요. 내게 나의 정신만 남아 있다면 나는 몇 년 안돼 다시 화려하게 돌아올 수 있소."

델은 모두에게 중간상인을 배제하고 직접판매를 해서 소매상이 가져갈 이윤의 25~40%를 고객에게 돌려 줄 계획이라고 말했다. "중간상인을 없애라"가 그의 목표가 되었다. 몇 년 동안 업계의 거물 기업들은 이런 델을 무시했다. 그러나 1997년 IBM, 컴팩, 애플이 델의 움직임을 쫓아 직접판매를 시작한다고 밝혔을 때, 델은 마침내 천재 기업가로 주목받게 되었다.

| 명예 |

1991년 J. D. 파워 앤 어소시에이트J. D. Power & Associates'는 Dell 컴퓨터를 고객만족도 1위의 기업으로 꼽았다. 2001년 델은 〈Chief Executive Magazine〉에서 선정한 '올해의 CEO'가 되었다. 같은 해 그는 〈Inc.〉 잡지에서 꼽은 '올해의 기업인'에도 선정되었다. 그는 〈PC 매거진〉 선정 '올해의 인물'과 〈비즈니스위크〉 선정 '25대 경영인'

에도 포함된 바 있다.

마이클 델에게서 얻는 교훈

그의 자서전인 〈직접 팔아라!〉에서 델은 야심 찬 기업인들을 위한 교훈으로 '황금 법칙'을 제시한다.

| 델의 황금 법칙 1 : 직접 팔아라 |

Dell 컴퓨터는 컴퓨터의 비효율적인 유통 체계를 공략하기 위해 설립되었다. 델보다 다른 사람이 먼저 이 같은 허점을 파악했다면 오늘날의 Dell은 존재할 수 없었을 것이다. 델은 남들이 간과한 부분을 활용하여 이점으로 활용했다.

애플과 IBM, 컴팩은 오랫동안 유통망을 통해왔기 때문에 이를 포기하기가 쉽지 않았다. Dell은 처음부터 유통망 같은 건 없었기 때문에 이 기존 유통 단계의 비효율성을 개선해 오히려 직접판매의 계기로 삼았다. 델은 이렇게 말한다.

> "직접판매 사업은 단순한 판매 유통망 덕분에 생산성 면에서 실질적으로 유리한 점이 많다. 간접판매 모델에서는 판매 역량을 두 번에 나누어 발휘해야 한다. 제품의 제조업체에서 유통업체로의 판매와 다시 유통업체에서 고객으로의 판매, 두 종류의 매출이 있기 때문이다. 그러나 직접판매 모델에서 우리는 오로지 고객에게만

우리의 판매 역량을 집중할 수 있다."

처음부터 델은 다른 전략을 취하면서 직접판매를 하겠다고 생각했다. 그는 소매업체와 판매상들에 대한 지원 면에서 경쟁업체들과 상대가 되지 않았다. 따라서 애시당초 그런 일은 시도도 하지 않았다. 델의 장점은 직접판매를 통해 고객에게 필요한 지원을 제공할 이윤을 남긴 데 있다.

| 델의 황금 법칙 2 : 재고를 혐오하라 |

델은 직접판매를 통해 대량의 재고를 확보할 필요를 미연에 방지하고 필요한 만큼만 생산하는 방향으로 나아갔다. 재고를 요구하는 중간상인이 없었기 때문에 엄청난 재고를 쌓아둘 필요도 없었다. 이 때문에 재고의 저장 등에 투입될 자금이 다른 곳에 쓰일 수 있었다. 특히나 컴퓨터 산업에서는 부품의 순환주기가 짧기 때문에 대량의 재고를 유지하다가는 재정적인 곤란에 처할 위험까지 있었다. Dell 은 1989년 혹독한 경험을 통해 이 교훈을 직접 배웠다. 당시 Dell은 단기적으로 필요한 양보다 많은 256K 칩을 다량 구매했다. 그러나 1Mb 칩이 출시됐을 때 256K 칩의 수요는 크게 줄어들었고 가격도 폭락했다. 재고를 처분하지 못했던 Dell은 엄청난 손실을 보며 256K 칩을 되팔 수밖에 없었다. 회사는 손해를 보았고, 발생한 손실을 메우기 위해 제품의 가격을 올리는 방법을 사용했다. 이 경험을 계기로 델은 "재고를 혐오하라"는 황금 법칙을 만들었고, 주요 사업 전략으로 재고의 흐름을 증진시키는 일에 힘을 쓰게 되었다.

| 델의 황금 법칙 3 : 항상 고객의 소리에 귀기울여라 |

델의 성공 비결은 모든 거래에서 직접판매와 고객의 만족을 최우선
으로 삼았던 데 있다.델은 자신의 전략적인 사업 유형을 '가상의 통
합'이라고 이름지었다. 가상의 통합이란, 회사의 혁신적인 시도가
고객의 요구와 맞아 떨어졌는지 보기 위해 고객으로부터 실시간 피
드백을 받는 방법이다. 델은 다음과 같이 말한다.

> "가상의 통합은 고객들에게 적절한 구매 경험을 안겨주기 위해 필
> 수적인 과정이다. 이를 위해서는 관련된 모든 회사간에 진정으로
> 통합된 노력이 필요하다."

Dell에서 가상의 통합은 협력업체와 고객은 물론 회사의 전 직원
이 지위고하를 막론하고 참여한다는 의미를 가진다. 가상의 통합은
회사의 핵심 업무였다. 이런 방식으로 델은 고객을 모든 결정의 중
심에 위치시켰다. 델식 접근방법의 성공은 고객만족이 회사의 생존
까지 결정짓는 가장 중요한 요소라는 점을 시사한다.

| 델의 사업 모델 |

델은 자신의 세 가지 황금 법칙에 내재된 공통의 원리를 다음과 같
이 설명한다.

> "다른 기업들이 주문을 받기도 전에 제품을 개발하기 때문에 고객
> 들이 원하는 제품을 '추측'하는 식이라면, 우리는 물건을 만들기

전에 고객들이 말해 준 내용을 토대로 그들의 수요를 먼저 '파악'
한다.... 우리는 또한 모든 새로운 고객을 대상으로 그들이 원하는
제품과 서비스에 관한 정보를 모은다. 이는 완벽하게 닫힌 회로 형
태를 갖는다."

델의 '닫힌 회로'의 흐름도를 보면 다음과 같다.

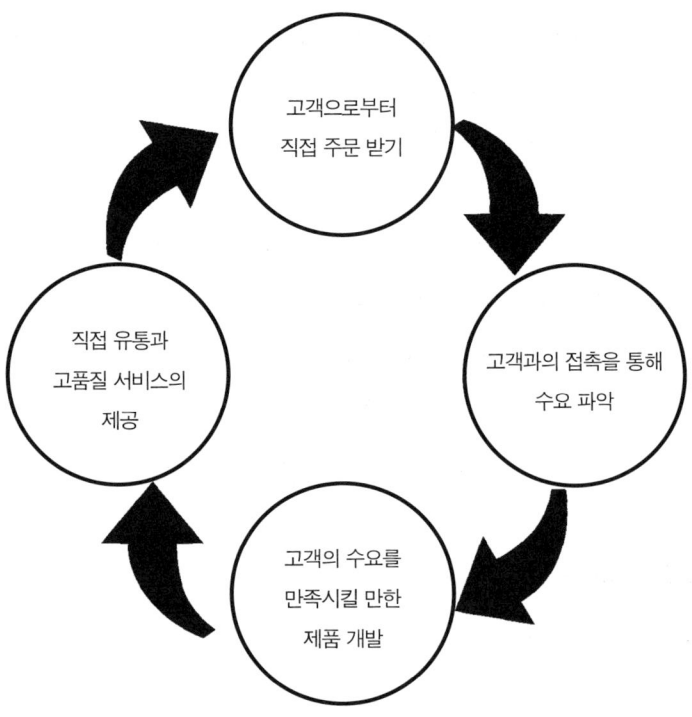

델이 컴퓨터 업계를 지배하는 데 아주 간단해 보이는 이 생산자와
고객 사이의 불필요한 중간 단계를 제거한 사업 모델이 효력을 발휘

한 것이다. 델은 고객이 주문하고, 설치하고, 도움을 얻기 위한 커뮤니케이션을 간소화했다. 그리고 이는 곧 판매의 핵심이다. 우리가 고객에게 사기 편한 환경을 만들어주면, 고객은 우리에게 팔기 편한 환경을 제공할 것이다.

델의 가장 중요한 유산은 아마도 "전문가의 말을 듣지 마라"는 충고일 것이다. 델 스스로가 이를 실천해서 컴퓨터를 알리고 파는 방식을 크게 바꿔 놓았기 때문이다. 델은 혁신과 빠른 속도, 고객에 대한 집중과 반응을 통해 이를 성취했다. 1999년 〈타임〉은 델의 성공을 기념하는 특집 기사를 실었다.

"컴퓨터 산업에서의 델은 피자 배달에서의 도미노피자와 같다. 빨리, 믿을 수 있게 그리고 언제 어디서나."

〈포춘〉은 이렇게 말했다.

"10년 후에 마이클 델이 어디 있을 지 생각해 보면 두렵다. 그는 IBM의 루 거스트너의 후임의 후임이 사직한 후에 컴퓨터 산업의 지배자가 될 것이다."

11장

기업가 정신의 심리학

> *"기업가는 다른 누군가를 위해 하루 8시간씩 일하지 않으려고*
> *자기 자신을 위해 16시간씩 일하는 사람이다."*
>
> - 무명씨

정보화와 세계화로 요약되는 무한경쟁의 시대에서 한 국가의 경제적 생존이 특정 기업가에 의지하는 경우가 늘어났다. 기업가 정신을 육성하는 국가들은 번영을 계속하면서 고용을 늘리고, 삶의 질을 높이고, 궁극적으로 개인의 부도 늘릴 것이다. 기업가 정신의 중요성을 인식하고 나면 이런 기업가 정신을 일으키고 발달시키는 심리적인 요소에 대한 다양한 질문이 생긴다.

- 기업가들은 태어나는가? 만들어지는가?
- 만약 기업가가 만들어진다면, 기업가로서의 성장을 유발하고 촉진하는 심리적인 요소는 무엇인가?
- 천재적인 기업가들은 어떻게 탄생하는가?
- 만약 기업가형 인간이 존재한다면, 그는 다른 사람들과 어떻게 다른가?

기업가는 태어나는가, 만들어지는가?

| 기업가적 자질이 IQ와 관련이 있을까? |

최근 들어 심리학 등 관련 분야의 학자들 사이에서 지능 측정을 위해 IQ를 사용하는 것이 과연 정확한가에 대한 논란이 한창이다. IQ는 알프레드 비네Alfred Binet에 의해 최초로 고안되었고, 이후 1912년에 스턴Stern이라는 사람에 의해 지수화되었다. IQ는 원래 프랑스의 학교에서 보충교육이 필요한 학생을 가려내기 위해 사용한 것이다. 어떤 사람이 다른 사람보다 배우는 속도가 빠르고, 개념 파악을 잘하는 것은 쉽게 관찰할 수 있다. 따라서 우리는 사람마다 고유의 내재된 학습능력, 즉 보편 지능이 개인마다 다를 것이라고 추측할 수 있다. 심리학자들은 이 보편 지능을 'g 요인'이라고 불렀다. 그리고 그런 내재된 능력이 존재하고 개인별로 차이를 보인다면 그 능력을 양적으로 측정하고 표시하는 것이 합리적이라고 생각했다.

1994년에 하버드 대학의 두 심리학자인 헌스타인과 머레이는 〈종형 곡선 : 지능의 차이에 따른 미국인의 삶의 새 형태The Bell Curve: The Reshaping of American Life by Differnce in Intelligence〉라는 책을 출간했다. 이 책에서 두 학자는 IQ가 유전될 수 있고 또 종족별로 차이가 난다고 주장하면서 IQ에 대한 도전장을 내밀고, IQ와 관련된 논쟁을 이끌었다.

IQ 개념을 적용하면 "아인슈타인과 모차르트 중에 누가 더 똑똑한가?"와 같은 질문은 단순히 IQ 테스트만 하면 쉽게 대답할 수 있는 문제가 된다. 그러나 일부 심리학자들은 과학적 탐구의 영역과 음악 창작은 각기 '별개의' 재능 내지는 별개의 지능이라고 주장했다. 하버드 교수인 하워드 가드너를 비롯한 일부 학자들도 지능이 최소 7개의 다른 부분으로 구성된 다중의 능력이라며 '다중 지능'이 존재한다는 의견을 내놓고 있다. 이 말은 기업가적 재능이 인지적 재능과는 구별된 어떤 능력, 아니 어쩌면 인지 능력과는 전혀 상관이 없는 능력일 수도 있다는 것을 시사한다. 가드너는 이렇게 말한다.

> "창의력이 뛰어난 사람들은 번뜩이는 지적 능력보다는 독특한 개성을 갖고 있는 경우가 많다. 이들은 야망과 자신감, 자신의 일에 대한 열정 면에서 다른 동료들과 구분된다."

퀸즈 칼리지의 정치학 교수인 앤드류 해커는 다음과 같은 의견을 제시했다.

> "대체로 IQ가 높은 사람들은 학교나 시험 결과에 의존해 얻는 첫 직장에서는 잘 나갈 것이다. 그러나 시간이 지날수록 이들은 책상에 앉아서 시험을 치러서는 절대 나타나지 않는 보다 다양한 형태의 지능을 가진 사람들에게 추월당한다."

미국 심리학자인 폴 토런스 역시 다중 지능의 개념을 지지한다.

> "IQ가 아무리 높아도 창의력과는 거의 관계가 없다. 창의적 재능은

IQ 최하위 점수대를 제외한 거의 모든 점수대에서 고루 발견된다."

캘리포니아 주립대학에서 혁신적인 성공에 지능이 미치는 영향을 연구한 프랭크 배런은 다음과 같이 말한다.

"창의력이 필요한 활동을 하기 위해서는 최소한도의 IQ가 필요하다. 그러나 이 최소한도의 IQ는 놀랄 만큼 낮은 수준이며, 이 정도의 지능지수를 갖추고 있는 상태에서는 IQ와 창의력은 거의 관련이 없다."

뛰어난 기업가들은 IQ가 아인슈타인 수준은 아니더라도 평균 이상의 지능을 갖춘 것은 분명하다. 그러나 그들은 다른 재능을 갖고 있었고, 훗날의 성공에 IQ만 작용하지는 않는다는 것을 보여줬다. 학자들 사이에는 115까지의 IQ와 기업가적 재능과는 정적인 상관관계가 있지만 120 이상의 IQ와는 큰 상관관계가 없다는 데 의견의 일치를 보았다. 이 사실은 천재 기업가는 IQ와 큰 상관이 없다는 점을 말해준다.

| 기업가들이 기업가를 낳는가? |

자영업을 하는 부모가 야심 있는 기업가의 탄생에 영향을 줄 수 있음을 보여주는 데이터는 많다. 캘리포니아 주립대의 성격측정과연구를위한연구소에서 30년에 걸쳐 건축가들을 대상으로 실시한 장기간의 연구에서 어렸을 때부터 높은 수준의 자신감을 보인 실험 대상자들은 부모 중 한 명 이상이 자영업에 종사하는 가정이었다. 또 같은 실험 대상자를 상대로 한 다른 연구에서는 이 사람들이 보다 독립적이고, 자급자족 능력과 모호함에 대처하는 능력이 뛰어난 것으로 나타났다. 반대로 봉급생활자나 다른 사람에게 고용된 부모를 둔 아이들은 기업가적인 모험을 추구하기보다는 어딘가에 고용되기를 원하는 것으로 밝혀졌다.

이 책에 수록된 10명의 기업가들 역시 대부분 자급자족 능력을 주입시킨 자영업을 하는 아버지를 두고 있었다. 감수성이 예민한 시기에 최초로 이들의 역할 모델이 되었던 부모들이 생계를 위해 다른 사람에게 의존하는 모습을 보이지 않았던 것이다. 기업가 부모를 둔 사람이 기업가가 될 가능성이 높다는 결과들은 기업가 정신이 유전으로 결정된다는 증거가 될 수도 있겠지만, 아직까지는 환경적인 요소가 더 큰 영향을 미친다.

기업가 정신의 형성에 영향을 주는 요소들은 무엇인가?

| 어린 시절의 각인 |

이 책에 등장하는 기업가들의 성공에는 어린 시절 인격 형성기의 인상적인 경험이 중요한 작용을 했다. 이런 경험들은 과잉 애정을 쏟는 부모의 영향, 혹은 자유로운 탐구를 가능하게 했던 자유방임형의 분위기는 물론, 출생 순서, 어린 시절의 정신적 충격, 끝없이 바뀌는 일상과 소설 속의 영웅에 대한 동경 등 수백 가지의 원인 요소를 포함하여 다양한 형태를 가진다.

모든 천재적인 기업가들에게서 추진력, 자아, 카리스마, 무모함, 불굴의 정신, 직관과 같은 성공 요소를 발견할 수 있다. 그리고 그런 특성들이 이들을 다른 사람들과 구별되게 만든다. 헤프너, 트럼프를 성공으로 이끌었던 완벽주의는 포드, 샘 월튼의 내재적 열정, 코코, 브랜슨을 부와 명예로 이끌어준 기발함과 조금도 다르지 않다.

이런 성격상의 특징은 대개는 일찍, 예를 들면, 여덟 살 때 어떤 위대한 인물로부터 "대단한 일꾼"이라는 소리를 들었다든지, 어린 조카에게 이모가 "너는 경쟁력이 있고 말고"와 같은 이야기를 들었을 때 각인된다. 감옥에는 부모로부터 "너는 나빠!"라는 소리를 듣고 자란 사람들이 득실댄다. 내재된 자아 이미지를 성취하기 위해 대다수의 어린이들은 감수성이 예민한 시기에 가장 단순한 말 한마디에 자신의 이미지를 각인시킨다.

어렸을 때 미시간 농장 근처에서 말없는 수레를 보고 가슴이 뛴 열두 살의 헨리 포드를 떠올려 보라. 그는 너무 놀라 말이 끌던 아빠의 마차에서 뛰어내렸고 '자체의 동력으로 움직이는 탈 것'에 매혹되고 말았다. 그 후 50년이 흐른 후에 포드는, 그때 자동차의 개념에 홀딱 반해 삶 자체가 변화되었다고 말했다.

로스 페로 역시 다른 종류의 계기를 경험한 바 있다. 일곱 살 때 로스의 아버지는 로스에게 말을 길들이는 법을 가르쳤다. 그리고 로스가 말을 길들이지 못하면, 말들이 로스를 길들일 것이라고 경고했다. 말을 길들이는 과정을 통해 로스는 사람이 두려움을 통제하지 못하면 두려움이 사람을 지배한다는 믿음을 갖게 되었고, 리더가 될 수 있었다.

마이클 델은 12살 때 자기만의 직접판매 우표목록을 만들면서 직판의 기술과 상식을 깨는 법을 습득했다. 그는 또한 전통적인 판매 방법을 뛰어넘을 수 있다고 생각했고 결국 성공했다. 20년 후에 그는 다음과 같이 썼다. "나는 열두 살 때 직접적이 되는 것의 강점과 보상을 경험했다."

리처드 브랜슨은 인습타파형의 어머니에 의해 위험을 감수하는 비범한 인물이 되었다. 브랜슨의 어머니는 아들이 다가올 인생의 도전에 당당히 맞설 수 있도록 교육시키기 위해 부단히 노력했다. 리처드가 여덟 살 때, 그녀는 아들을 차에 태워 런던 시내를 가로질러 집 반대편에 있는 어느 공원에 내려놓고는 집을 찾아오도록 시켰다. 그녀도 그런 방식이 자칫 큰 재앙을 불러올 것이라는 것을 알고 있었다. 그러나 닥칠 위험보다는 배우는 것이 더 많을 것이라고 생각했다. 만약 우리가 어려서부터 그 같은 도전에서 생존한다면, 열여덟에 자신의 잡지사를 경영하는 능력은 이미 개발되었다고 봐야할 것이다. 당초의 계획대로 브랜슨은 어떤 새로운 사업도 감당할 수 있는 두려움을 모르는 기업가로 성장했다.

샘 월튼은 고등학교 때 인상적인 경험 가운데 하나를 겪는다. 미식 축구의 쿼터백으로 샘은 이기는 법과 격렬한 경쟁에서도 절대 지는 것을 예상하지 않아야 한다고 배웠다. 월튼의 자서전에는 이런 구절이 있다. "고등학교 때 나는 한 번도 지는 축구 경기를 해본 적이 없다. 그리고 그때의 경험은 나에게 큰 영향을 미쳤다. 나는 항상 승리를 예상해야 한다고 배웠다."

코코 샤넬은 다른 사람들과 달리 상상 속의 우상의 영향을 받았다. 고아원에 살던 코코는 부와 명예를 쫓아 파리로 상경한 가난한 시골 소녀인 클로딘에 관한 소설을 통해 위안을 찾았다. 코코는 후에 "나는 클로딘이었다"라고 쓰기도 했다.

이 모든 사례들은 인격 형성기에 겪은 인상적인 경험들이 평생의 목표와 행동을 발전시키는 데 큰 역할을 한다는 것을 말해준다. 그런 경험들은 내재된 열정에 불을 댕겨 평생의 업적을 이룩할 수 있도록 도와준다.

| 부모의 영향 |

향후 인생에 영향을 주는 대단한 각인은 어머니로부터 받는 경우가 많다. 두려움을 모르는 엄마 손에서 자란 브랜슨은 기업가의 당찬 표상이 되었다. 그의 어머니 이브 브랜슨은 여성들이 운전을 할 꿈도 못 꾸던 시절에 항공기 승무원이었고, 자신의 첫째 아들이 어떤 위험 속에서도 잘 살 수 있게끔 키우려고 노력했다.

헨리 포드는 자신의 성공을 어머니의 덕으로 돌리는 한편, 어머니의 고향 이름을 따 공장 이름을 지었다. 샘 월튼은 10대 때 어머니와 같이 사업을 한 적이 있었고 주식중개인이던 델의 어머니는 아들이 의사가 되기보다는 사업가가 되는 것을 장려했다.

물론 아버지에게 영향을 받은 예도 많다. 로스 페로는 면화업자이던 아버지에게서 세일즈맨으로서의 자세를 배웠고, 도널드 트럼프 역시 아버지의 가르침을 쫓아 부동산 사업을 배워 나갔다. 제프 베조스는 이례적으로 외조부의 텍사스 농장에서 여름방학을 보내면서 외조부의 영향을 많이 받았다.

마사 스튜어트는 그녀의 첫 저서를 아버지에게 헌정했다. 마사에게 있어 아버지는 조언자이자, 친구이며 어떤 비밀도 털어놓을 수 있는 허물없는 사이였고, 역할 모델이었다. 긍정적인 동시에 부정적이기도 했던 아버지의 영향으로 마사는 평범한 가정주부에서 성공한 유명인이 될 수 있었다.

이 책에 소개된 기업가들의 성공 뒤에는 늘 강한 부모가 있다는 것을 알 수 있다. 부모는 아이들의 조언자가 되며 자녀들의 인격을 형성하는 중대한 경험을 제공한다. 이런 경험을 통해 자녀는 자신만의 개성을 만들어가고, 바람직한 가치를 체득한다.

| 사회 경제적 영향 |

개성의 연원을 탐구하다보면 인간의 특성은 태생적이라기보다는 후천적이라는 쪽으로 기울 수밖에 없다. 여러 가지 이유로 단순히 골프를 치는 문제부터 이사회에 깊은 인상을 남기는 일까지 후천적인 경험이 보다 중요한 요인으로 작용한다. 좋은 태생이라는 것은 이제 더 이상 중요하지 않을 뿐 아니라 기업가가 되는데 오히려 감점 요인이 되기도 한다. 실제로 이 책에 실린 기업가들은 모두 중산층이나 중하층 가정 출신이다.

특히 코코 샤넬은 어렸을 때 고아원에서 자랐을 정도며, 그에 대한 보상심리에서 평생을 무분별한 소비에 집착하기도 했다. 프랑스 사회는 사회적 지위와 직위에 의해 지배되기 때문에 코코의 패션업계 정상 등극은 더욱 그 의미가 크다. 코코는 친인척들에게 돈을 주며 자신의 비참했던 과거를 비밀로 지켜달라고 요구했고, 낭만적인 신비감을 유지해 나갔다.

샘 월튼, 로스 페로, 마사 스튜어트 등도 가난한 가정에서 성장했다. 이들은 모두 부를 축적하기 위해 부지런히 일했고 실패할지도 모른다는 불안감을 극복하기 위해 일중독자가 되기도 했다. 10대 때 스튜어트는 나중에 크면 꼭 하인을 두고 살 것이라고 맹세했었다.

[표 1] 천재 기업가들의 가족 요소

기업가	아버지의 직업	출신 계층	결혼 횟수	초혼 연령	자녀 수
헨리 포드	농부	중하	1	22	1
코코 샤넬	떠돌이 집시	하	0	미혼	–
샘 월튼	농업	중	1	23	4
휴 헤프너	회계사	중	2	23	4
로스 페로	경매인/면화상인	중	1	26	5
마사 스튜어트	판매원	중하	1	19	1
도널드 트럼프	개발업	중상	2	31	4
리처드 브랜슨	변호사	중	2	22	2
제프 베조스	엑슨Exxon 이사	중	1	30	1
마이클 델	치과의사	중상	1	24	4

그리고 그녀는 성공했다.

10명의 기업가 가운데 세 명은 고등학교도 졸업하지 못했다. 10명 모두 머리가 좋았지만, 그렇다고 아주 뛰어나지도 않았다. 코코 샤 넬과 샘 월튼, 마사 스튜어트의 부모들은 실패한 인생들이었다. 10 명의 기업가들은 8년에서 10년의 기간을 기초를 쌓는 데 보냈다. 그리고 다시 그만큼의 시간을 배운 것들을 마스터하고 적용하기 위해 보냈다. 그러나 거의 모든 경우에 정식 교육보다는 실전을 통해 그 모든 것을 배워나갔다.

천재적 기업가는 어떻게 탄생하는가?

| 학습부터 성공, 그리고 명성을 얻기까지 |

'즉석 성공'이라는 개념은 신화에 불과하다. 성공하려면 누구나 우 선은 필요한 기술을 익혀야 한다. 그리고 그것을 숙달해야 한다. 따 라서 일찍 시작할수록 유리하다. 일찍 시작하면 성공 가능성이 크게 증가하기 때문이다. 성공으로 가기 위해서는 교육학에서 흔히 학습 곡선이라 일컫는 '훈육기'를 거쳐야 한다. 그리고 그것에 정통하게 된 후에는 평생 그것을 자산으로 삼아 활용한다. 하버드 대학의 하 워드 가드너 교수가 창조적인 천재들로 평가받는 아인슈타인, 마사

그래함, 피카소 등을 연구한 결과 이러한 훈육기간이 10여년에 달한 다는 것을 발견했다. 이 책에 실린 기업가들도 비슷하게 처음 배움을 시작한 이래 자신만의 사업을 시작하기까지 약 10년(중간 값)의 세월이 걸린 것으로 나타났다.

평균적으로 이들은 20.5세에 자신들의 특화된 영역에서 첫 사업을 시작했다. 28.5세에 배움을 완성하고 37.5세에는 혁신적인 공헌을 한 것으로 나타난다.

대개의 사람들이 대학 졸업 후에 직장에서의 학습곡선을 타지만 천재적인 기업가들은 다르다. [표 2]는 이들 기업가가 각기 선택한 영역에서 사업을 시작한 나이를 보여준다. 이들은 조숙한 10대로서 또래보다 앞선 출발을 했다. 이들은 출발선을 떠난 단거리 육상선수들처럼 총알처럼 달려나가 20대 중반 경에는 어느 경지에 이르렀다는 것을 알 수 있다.

우리는 마이클 델이 12세 때 최초의 사업을 시작했던 사실을 기억할 것이다. 델은 친구들을 설득해서 그들의 우표를 모두 위탁받아 여러 사람의 우표를 망라한 우표목록을 만들었다. 브랜슨도 열두 살 때 크리스마스 트리 농장을 운영했고(비록 실패했지만), 16세 때는 잡지사를 차려 반체제 학생을 위한 잡지인 〈학생〉이라는 잡지를 발간했다. 헨리 포드도 10대 때 손목시계와 탁상용 시계를 조립해서 팔면서 대중을 위해 물건을 생산하겠다는 다짐을 굳혀 나갔다. 마사 스튜어트는 대학 학자금을 마련하기 위해 13살 때부터 모델 경력을 쌓기 시작했고 제프 베조스는 고등학교 졸업반 때 교육 훈련 사업을 시작했다.

[표 2] 천재적인 기업가들의 훈육기간과 성장기

기업가	훈육기	성공기	혁신기	소요 시간
헨리 포드	33세 사륜차	40세 포드 자동차	50세 움직이는 조립라인	17년
코코 샤넬	16세 바느질 익히기	27세 모자 가게 오픈	37세 플래퍼 룩	22년
샘 월튼	22세 J.C. 페니 입사	27세 벤 프랭클린 프랜차이즈	44세 최초 월마트 오픈	22년
휴 헤프너	16세 코믹 자서전 저술	27세 〈플레이보이〉	34세 플레이보이 클럽	18년
로스 페로	27세 IBM 입사	32세 EDS 설립	38세 EDS 상장	11년
마사 스튜어트	33세 엔케이터드 어페어	46세 K마트와 거래	56세 마사스튜어트옴니미디어	23년
도널드 트럼프	12세 아버지의 경영수업	21세 스위프톤 빌리지	28세 펜센트럴 부동산에 개발권	16년
리처드 브랜슨	16세 잡지 〈학생〉	22세 버진 레코드	36세 버진 그룹	20년
제프 베조스	18세 드림 인스티튜트	30세 카다브라	33세 아마존 상장	15년
마이클 델	19세 델 컴퓨터	23세 델 상장	34세 PC업계 1위 등극	15년

비단 이 책에 언급된 기업가 외에도 다수의 성공한 사업가들은 남보다 일찍 자신만의 길을 찾아 성공한다. 빌 게이츠는 고등학교 때 거대 방위산업체인 TRW를 위해 프로그램을 만드느라 수업을 빼먹

곤 했다. 이런 사실을 알고 나면 게이츠의 성공이 빠른 것이 결코 우연이 아니라는 것을 알 수 있다. 그는 유례없이 젊은 나이에 세계 최고 갑부의 반열에 올랐다. 그는 열다섯 때 이미 Traf-O-Data라는 벤처기업을 시작했다. 그리고 이 작은 벤처는 연 2만 달러의 수익을 냈다. 빌 게이츠가 열아홉 살 때는 이미 마이크로소프트를 창립할 준비가 돼 있었다.

이처럼 10대 때 진로를 정하고 성공을 향해 달려간 또 다른 사례는 페덱스FedEx의 설립자인 프레드 스미스다. 열다섯 살의 프레드는 비행기 조종사 면허를 따고 비행기로 곡물의 씨앗을 살포하는 일을 시작했다. 열여섯 살 때는 아든트 레코드라는 녹음 회사를 차렸고 베트남전에 참전하고 돌아와서는 페덱스를 설립하게 되었다.

빠른 시작은 기업가들에게 필요한 협상, 영업, 재무관리, 재고관리 등 필수적인 기술을 남들보다 빠른 10대 때 습득하게 해 준다. 다른 사람들은 보통 20대 이후에나 이런 기술을 익힌다. 이러한 훈육기는 스포츠 영역에도 비슷하게 적용된다. 타이거 우즈는 5,6 세 경에 골프대회에 출전했었다. [표 3]은 기업가들의 백만장자와 억만장자가 된 시기를 보여준다.

조숙한 기업가들은 연배가 많은 사람들과 어울리려는 경향이 있다. 이들은 보통 또래보다 성숙하기 때문에 부모 연배의 사람들과 아옹다옹하는 것을 오히려 즐긴다. 이들은 또 또래들이 놀이를 하는 동안에 진짜 한판승부를 한다. 페로는 일곱 살 때 말을 길들였고 열네 살 때는 지역 신문사 사장과 신문 보급 서비스를 협상했다. 샘 월튼은 일곱 살 때 신문 배달을 시작했고, 열세 살에 어머니와 작은 벤

[표 3] 백만장자와 억만장자가 된 시기

기업가	최초의 사업시기	백만장자가 된 시기	억만장자가 된 시기	순자산
헨리 포드	18세 시계수리	45세 모델 T 자동차	60세	20억
코코 샤넬	26세 모자 가게	35세	60세	약 10억
샘 월튼	7세 신문 12세 우유	32세	54세 상장	2001년 930억
휴 헤프너	16세 코믹 자서전 저술	35세 〈플레이보이〉 100만부	없음	2억
로스 페로	13세 신문 배급 계약	38세 상장	40세	2001년 30억
마사 스튜어트	16세 모델	41세 최초의 저서	58세 상장	2001년 10억
도널드 트럼프	21세 스위프톤 빌리지	28세	35세	2001년 17억
리처드 브랜슨	12세 나무 16세 잡지 〈학생〉	30세	40세	2001년 33억
제프 베조스	18세 드림 인스티튜트	33세 아마존 상장	35세	1999년 80억 2001년 20억
마이클 델	12세 우표 판매	23세 1988에 상장	33세	2001년 200억

*단위 : 달러

처 기업을 차렸다. 그리고 대공황이 한창이라 남들은 일자리를 잃고
무료급식을 받는 와중에 열일곱의 나이로 4천 달러라는 거액의 연봉

을 벌어들였다. 어린 시절의 작은 성공이 성공적인 기업가로서 자라
는데 밑거름이 됐음은 물론이다.

| 성공과 명성 |

마이클 델은 31살 때 이미 억만장자였다. 그는 미국 역사상 최연소
자수성가한 억만장자가 됐고, 〈포브스〉와 〈포춘〉에 의해 미국에서
가장 어린 CEO로 꼽혔다. 월튼은 엄연한 세계 최고의 부자이다. 〈포
브스〉의 순위에 따르면 월튼 가문의 재산은 개인으로서 세계 최고의
부자인 빌 게이츠보다도 1천억 달러 이상은 되는 것으로 집계되었
다. 우리의 조사 대상에서 재산이 가장 적은 사람은 2억 달러의 재산
가인 헤프너였다. 그러나 헤프너에게는 행복하게도 〈플레이보이〉 덕
분에 사단 단위의 미녀를 만날 수 있는 위안거리가 있다.

| 성공을 위한 희생 |

천재적인 기업가들의 성취와 영광, 부에는 어떤 대가를 지불한 결과
인 경우가 많다. 대부분 이러한 대가는 아무리 노력해도 두 가지 일
을 동시에 잘 할 수 없는 현실에서 비롯된다. 따라서 양쪽 다 잘 하
려는 사람들은 더욱 힘이 든다. 어떤 분야에서든 정상에 오르려면
전력을 다해 성공에 집중해야 한다. 가정생활은 그만큼 소홀할 수밖
에 없다. 성공한 사람들은 모두 이 사실을 인정하고 그대로 행동했
다. 트럼프, 헤프너와 브랜슨은 여자를 잘 몰랐고, 샤넬과 스튜어트
는 사업이 먼저이고 연애는 나중이었다.

　알렉산드로스 대왕, 레오나르도 다 빈치, 잔다르크, 파블로 피카

소, 어니스트 헤밍웨이, 마가렛 대처, 테드 터너, 루퍼트 머독 등의 사람들이 모두 직업적인 성공을 위해 개인 생활을 희생한 사람들이다. 막 창업한 사람들은 초인적인 노력이 필요하다. 야심 찬 기업가들은 다른 사람들이 놀 때도 일을 하며 오직 성공에만 집중한다. 가족은 항상 그 다음이다. 월튼의 부인과 자녀들은 그가 집에 없는 것에 익숙해져 있고, 페로의 가족들도 그렇다. 스튜어트의 딸은 그런 엄마를 이해하지 못했고, 스튜어트가 왕국을 이룩했을 때 고통을 겪었다. 전기 작가인 오펜하이머는 스튜어트의 결혼을 재난이라고 기술했다. 헤프너의 딸 크리스티는 대학 졸업 후에야 아버지에게로 돌아왔고, 아들은 여러 해 동안 아버지를 멀리했다. 이 모든 것이 바쁜 삶의 대가였다.

기업가는 어떻게 다른가?

100명 이상의 기업가들을 연구한 결과 기업가적 성격은 보통 사람들과는 확실히 다른 것으로 나타났다. 기업가들은 "일이 되게 하는" 사람들이었다. 물론 대기업가들 사이에도 성격별로 약간의 차이는 있지만 모두에게 적용되는 공통점이 있다.

천부적인 기업가들에게 있어 무엇보다 중요한 공통의 심리적인 특징은 바로 그들을 추진하게 만드는 열정이었다. 천부적인 기업가들은 다음과 같은 특징을 갖고 있었다.

- 독립심과 자신감
- 강한 직관에의 의존
- 인습 타파 : 창조적인 파괴를 통한 혁신
- 높은 수준의 위험 감수
- 높은 목적 의식과 넘치는 긍정적 태도

| 독립심과 자신감 |

독립심과 내적 자신감은 "일이 되게 하는" 그룹에 속하기 위한 필수 조건이다. 보통의 사람들은 무엇인가를 확실히 알기 전에는 급격한 변화를 꾀하려고 하지 않는다. 우리는 잘못되면 어떻게 하나 하는 두려움과 남들의 비웃음을 걱정하며 관습적으로 안전한 방향으로 나아가려 한다. 이런 두려움은 우리의 잠재력을 말살시키고 사회적 기준에 우리를 짜맞추고 관습의 수호자가 되게 한다. 반대로 두려움을 극복하고 남과 다를 수 있는 능력은 전통적인 관습에 도전하는 사람들의 공통적인 특징이다. 불리한 위치에 처할지라도 안전과 안정보다는 안전하지 않은 것을 추구하고, 남들은 감히 꺼리는 일을 하려는 자신감이 바로 천재적인 기업가들의 원동력이다.

찰스 다윈은 갈라파고스에서 오랜 기간 조류를 관찰한 이후, 동물의 진화에서 자연선택설을 주장하며 당대의 종교관에 반하는 진화론을 제시했다. 아인슈타인 역시 엄청난 연구 후에야 상대성이론을 출판할 수 있었으며, 이후에도 끝없는 연구를 멈추지 않아 이론물리학의 정상에 오를 수 있었다. 헨리 포드 역시 "부자를 위한 차가 아닌 대중을 위한 차"를 생산하자고 주장했다가 해고되고 조롱거리가 되었다.

강한 자아 이미지는 약간의 불안정성과 결합하여 강력한 힘을 발휘한다. 불안정성의 요소는 새로운 사업의 성공에 장애가 되기도 하지만 약간의 불안정성은 오히려 동기부여를 한다. 그러나 불안정성은 어떤 일을 추구하는 것을 포기하게 만드는 등 파괴적일 때는 위험할 수 있다. 실패에 대한 두려움은 헤프너, 트럼프, 마사 등이 미친 듯이 완벽주의를 추구하도록 만들었다. 그들 내면의 자기에 대한 부정과 의심은 자신을 더욱 채찍질하고 성취를 갈망하게 만들었다.

데이빗 위크스는 〈USA 투데이〉에서 "높은 수준의 창의력, 극도의 완전성 그리고 광적인 업무 윤리는 모두 불안의 부산물이다"라고 썼다. 마틴 루터 킹도 다음과 같이 확신했다. "어둠의 자식들은 빛의 자식들보다 망상에 빠지고 질투심을 갖기 쉽다." 알베르 카뮈는 노벨문학상을 받은 후에 "나는 아무것도 믿지 않는다. 나는 내 자아도 의심한다"라고 썼다. 이들의 말처럼 천재적인 기업가들은 모두 과도한 낙관주의와 압도적인 실패에 대한 두려움 사이를 왔다갔다한다. 전혀 상반되는 요소가 역동적인 평형을 이루며 공존하는 것이다.

| 강한 직관에의 의존 |
기업가들은 도약하기 전에 먼저 주위를 살핀다. 그러나 때때로 그 도약은 실질적인 고려에 의한 것이기보다는 신념에 의한 것일 경우가 많다. 그렇다고 해서 기업가들이 급격한 결정을 내리기를 좋아한다거나 비이성적이라는 이야기는 아니다. 대신 목표를 달성하기 위해서 도약을 하지 않을 이유가 없다는 뜻이다.

직관에 의존한 사고의 힘은 의식적인 사고에는 나타나지 않고 무의식에만 작용하기 때문에 종종 과소평가된다. 우리가 매일 관찰하고 수집한 자료들은 무의식에 저장되었다가 영감의 형태로 나타난다. 우리가 흔히 '육감'이라고 부르는 것은 실은 경험을 통해 습득된 직관적인 지식으로 쉽게 수량화하거나, 설명될 수는 없다. 그러나 육감이야말로 가장 위대한 사고의 한 형태이며, 천재적인 기업가들에 의해 자주 활용되는 자원이다.

변화의 촉매제가 되기 위해 기업가들은 부분적이 아닌 총체적으로 사고할 필요가 있다. 기업가로서 성공하고자 한다면 세부적(부분적)인 요소를 통합하여 총체적(전체적)이 되어야 한다. 꼭 비전이 심오하거나 난해할 필요는 없다. 휴 헤프너는 강력한 성욕과 생활력의 근원인 리비도를 과감하게 이용하여 젊은 남성들의 관음증적 욕구를 충족시켜주기 위해 〈플레이보이〉를 만들면서 이를 증명했다. 약 20년 후에 마사 스튜어트도 비슷하게 〈마사 스튜어트 리빙〉이라는 잡지를 발행하며 당대 여성들의 환타지를 이용했다. 마사는 여성들이 원하는 것이 무엇인지 파악하는 직관력이 있었고, 다양한 방면에서 그것들을 제공했다.

직관력은 내재적 지식에 대한 내재적 반응이다. 직관력은 대량 정보를 흡수하는 뇌에서 시작돼 무의식 속에서 반복 유형을 찾기 위해 끊임없이 움직인다. 이렇게 반복 유형을 찾아내면 뜻밖의 결과나 창조적인 비전으로 분출하게 된다.

세계는 흑과 백으로 나눠진 곳이 아니라 회색의 영역이다. 또 디지털이 아니라 아날로그다. 뛰어난 기업가의 세계는 영감에서 시작된 것이다. 결코 예산이나 재무 전망, 시장 분석을 통해서가 아니다. 음악에 비유한다면, 뛰어난 재즈 음악가들은 결코 원곡 그대로 연주하지 않는 것과 비슷하다. 뛰어난 재즈 음악가는 마음과 영혼의 느낌대로 연주한다. 그래서 루이 암스트롱과 같은 대가는 선구자들이 악보에 충실할 때 자신의 느낌을 실어 즉흥 연주를 했다.

| 인습 타파 : 창조적인 파괴를 통한 혁신 |

위대한 기업가들의 성공은 모두 기존의 관념과 믿음을 어겼기 때문에 또는 파괴해 버렸기 때문에 가능했던 것들이다. 토마스 쿤은 고전으로 칭해지는 〈과학 혁명의 구조The Structure of Scientific Revolutions〉에서 최초로 패러다임의 전환이라는 개념을 발전시켰다.

> "모든 중요한 과학적 발견들은 패러다임 전환의 원인이 되었거나, 혹은 어떤 방식으로든 기여를 했다. 더 나아가 이런 발견들이 연루된 전환들은 건설적일 뿐 아니라 파괴적이기도 했다. 과학적 발견이 있은 후에 과학자들은 광범위한 자연 현상을 설명할 수 있었다... 그러나 그런 결과는 기존의 일반적인 믿음이나 과정을 폐기한 후에 획득한 것이다."

패러다임을 전환하려면 적어도 같은 분야에 종사하는 사람들의 수준을 뛰어넘는 깊은 이해가 선행되거나, 그 분야에 정통할 필요가 있다. 따라서 창조적인 파괴의 경지에 오르기 위해서는 특정 영역에 대한 지식이 필수적이다. 그리고 바로 이런 이유 때문에 적어도 입문하여 일을 배우는 데 8~10년, 그리고 또 그 영역에 정통하기 위해 10여 년 정도의 오랜 시간이 필요한 것이다. 이런 정도로 자신만의 영역에 정통한 것에 내적 독립심이 더해져야만 현존하는 패러다임에 도전하는 자신감과 창조적 파괴, 즉 혁신으로의 길을 향해 나아가는 원동력이 나온다.

천부적 기업가들을 살펴보면 모두 인습타파적이라는 것을 알 수 있다. 포드는 고정된 자동차 조립라인을 움직이는 조립라인으로 바꾸어 생산성을 크게 증가시켰다. 샤넬은 복잡한 주름 장식이 달린 여성스런 패션 대신 소년풍의 플래퍼 룩을 선보이며 여성 패션의 새로운 트랜드를 만들어냈다. 베조스의 사이버 공간에서의 서점이라는 발상은 전통적인 구매 방식에 혁명을 일으켰고, 인터넷 소매업을 시작하는 결과를 가져왔다. 어떤 발상이 기존의 전통적 영역을 크게 뛰어 넘어 참신하고 기발하면 할수록 대성공을 거둘 가능성이 커진다. 평범해서는 평범한 정도의 성공을 이룰 수 있겠지만 대성공은 이룰 수 없다. 대성공을 거두려면 비범한 구석이 있어야 한다.

몽상가적 기업가들은 전형적으로 어리석은 꿈과 손에 잡을 수 없는 목표를 쫓는다는 비난을 받는다. 기업가들은 이런 비난에 맞서기 위해 강한 내적 통제력과 불굴의 자존심, 오뚝이와 같은 결코 꺾이지 않는 회복 능력을 가져야 한다. 세상의 모든 창조적인 벤처 기업들은 인습타파주의자들이 보수주의자 군단에 저항하여 자신들의 꿈에 충실해 일궈낸 산물이라 해도 과언이 아니다.

| 위험성에 대한 성향 |

세계적인 규모의 여론 조사에서 미국인들은 독립성과 위험 감수성에서 가장 높은 점수를 받고 있다. 2001년에는 27개국이 미국을 기업하기 가장 좋은 나라로 뽑아주었다. 미국인들은 개인이 아닌 집단으로 존재할 때 다른 나라 국민들보다 더 목표지향적인 성향을 보여준다. 아인슈타인도 다음과 같이 쓴 적이 있다.

> "미국인은 유럽인들보다 훨씬 더 미래의 목표를 위해 산다. 미국인
> 의 삶은 한 번도 완성된 적이 없다. 항상 완성이 되어가는 중일 뿐
> 이다."

미국의 건국 초기를 돌아보면 미국인들의 기업가적 기질을 더 잘 이해할 수 있다. 기업가 정신이 미국에 정착한 초기 개척자들의 정신과 닮았기 때문이다. 미국의 개척자들처럼 기업가들은 더 나은 제품을 만들기 위해 또는 더 나은 생계유지 방책을 바라면서 스릴을 쫓는 겁없는 용사들이다.

기업가들은 자신의 운명을 좌우한다. 행위주의 심리학자들은 이렇게 자기 주도하는 개인을 내적 통제력이 있는 사람들이라고 설명한다. 천부적인 사업가들은 어떤 다른 외부적인 요인이 아닌 자기 자신이 운명을 좌우한다고 생각한다. 이들은 스스로 리드하고, 더 높은 목표를 세우고, 불굴의 의지를 갖고 있으며, 덜 걱정하고, 권위자라고 무조건 따르지 않는 특징을 가지고 있다. 그들은 위기 속에 사는 것을 즐기면서 긍정적인 태도를 버리지 않는다. 그들에게 있어

서 변화는 흥분을, 현상 유지는 평범한 것을 의미한다.

　많은 사업가들은 위험에 직면했을 때, 큰 사건을 경험할 때, 그리고 안정 지향형의 사람들이 위험하다고 생각하는 일에 막 달려들려고 할 때 오히려 기운이 솟아난다. 모험을 즐기는 사업가들은 겁 많은 사람들이 무서워하는 일에 흥분을 느낀다. 두려워하는 사람과 두려움을 모르는 사람들은 확연히 구분된다. 우리가 만난 기업가들은 모두 어렸을 때 이미 대담하고 두려움을 모르는 성격이 형성되었다. 그중에는 잦은 이사 과정에서 이런 성격으로 성장한 사람들도 있었고, 실수해도 좋은 환경, 실패해도 큰 대가를 치르지 않는 환경에서 성장하면서 이런 성향을 키운 사람들도 있었다. 트럼프의 아버지는 대학 재학 중이던 트럼프에게 신시내티의 수백만 달러짜리 기업을 경영하도록 맡겼다. 그리고는 "자, 이제 죽든 살든 네 마음대로다. 이 경험이 너에게 약이 될지, 독이 될지는 너에게 달려있다"고 말했다. 그 경험은 결국 트럼프에게 약이 되었다.

| 높은 목표 의식과 과도한 낙관론 |

기업가들은 전형적으로 정신분석학에서 심적 에너지라고 부르는 잠재적 에너지를 많이 갖고 있다. 혹자는 이를 '장에너지', '리비도 에너지'라고도 한다. 〈포춘〉도 제프 베조스를 "과잉 운동가"라고 묘사한 적이 있다. 마사 스튜어트 역시 하루에 네 시간 자지 않는 정력가이다. 샘 월튼은 "나는 추진력과 야망 면에서 과하게 은혜를 받았다. 나는 항상 모든 것을 진지한 열정으로 추구한다. 사람들은 이를 강박 관념이라고 부르기도 한다"고 말했고 브랜슨은 "나는 늘 폐허에서도 살아남았고, 아드레날린으로 가득했다"고 증언했다. 에디슨은 한 번에 며칠씩, 또는 몇 주씩 작업장을 떠나지 않고 그곳 벤치에서 잠을 잔 것으로 유명하다. 그는 자는 동안 대단한 발견이라도 놓칠까봐 실험실을 떠나지 않으려고 했다.

천재 기업인들은 힘이 넘쳐나는 바람에 보통 사람들이 시달리는 병도 앓을 시간이 없을 정도이다. 엄청난 추진력 덕분에 이들은 남들보다 더 오래 사는 것처럼, 더 생산적인 삶을 사는 것처럼 보이기도 한다.

열정이 밖으로 드러나는 하나의 징후는 강한 목표 의식과 그에 수반되어 나타나는 소위 멀티태스킹 능력이다. 한 번에 여러 가지 일을 처리하려는 사람들이 매순간 생산성을 높이기 위해 TV를 보면서 책을 읽는 식으로 흔히 보여주는 행동들이다. 이렇게 한 번에 여러 가지 일을 하려고 하는 이유는 비현실적으로 낙관적인 목표를 세우기 때문이다. 이들은 이 목표들을 성취하려고 여러 가지 일을 동시에 처리한다.

| 천재 기업인들의 실체 |

우리는 천재 기업인을 연구한 결과 장남(혹은 장녀)이 유리하다는 사실을 알아냈지만 그렇다고 맏이로 태어나는 것이 성공의 필수 조건은 아니었다. 맏이들은 형제자매와의 관계에서 리더십을 발휘해야 하는 위치이기 때문에 다른 때도 리드하려는 경향을 보였다. 그러나 맏이로 태어난다고 해서 리더십 능력도 같이 타고나는 것은 아니었다. 다만 어렸을 때 형제자매와의 관계에서 리더 역할을 하면서 알게 모르게 형성된 리더십의 영향을 받는 것은 분명했다.

태어난 순서보다 훨씬 중요한 요소는 부모가 자영업자인가의 여부이다. 부모가 자영업자일 경우 협상과 독립심, 자립심에 대한 내적 감각을 키워주는 것으로 나타났다. 우리 연구 대상 가운데 오직 두 명만이 9시부터 5시까지 근무하는 전형적인 샐러리맨을 부모로 두었다.

특정 영역에서는 정식 교육이 중요했다. 그러나 어떻게 그 교육이 행해졌느냐보다는 정식 교육을 받은 적이 있느냐의 여부가 중요했다. 10명의 기업인 가운데서 대학 교육을 받은 사람은 5명에 그쳤다. 그나마도 그들의 성공에 영향을 미친 것은 이런 학력이 아니라 이들의 다른 특성들 때문이었다. 트럼프는 경영 역량을 강화하기 위해 와튼 스쿨에 다녔지만 학문적인 목적보다는 사업적인 목적에서였다. 브랜슨, 포드, 코코 샤넬은 고등학교 졸업장도 없지만 억만장자가 되었다.

기업인으로서 성공하기 위해서는 A 성적이 가득한 성적표와 대학 졸업장보다는 A형의 성격이냐가 훨씬 더 중요하다. 또 전통적인 관념을 무시할 수 있는 인습타파형이 되는 것도 중요하다. 뛰어난 기업인들 중 92%가 A형 성격의 사람들이었다. 이런 성격 유형을 나타내는 심리학적 전문용어는 경조증hypomanic이다. 극도로 흥분되고 행복한 상태가 번갈아 나타나는 상태이다. 과도한 위기감은 이 성격 유형의 특징이다. A형의 성격은 자신의 가치를 성취감과 결부시킨다. 따라서 이들은 성취하거나 대가를 지불하려 한다. 성공의 열매를 즐길 줄 알았던 코코 샤넬은 유일하게 A형 성격이 아니었다. 그

[표 4] 천재 기업가들의 유형(女2, 男8)

기업가	출생순서	자영업자부모	정식교육	인습타파성향	성격유형	Big T	경조증	카리스마	마키아벨리즘
헨리 포드	첫째	O	8학년	I+++	A++	T+++	M	C+	O
샘 월튼	첫째	O	문학사	I+++	A+	T+++	×	C+++	×
휴 헤프너	첫째	×	문학사	I+++	A+	T+++	M+	C+++	×
로스 페로	첫째	O	이학사	I+	A+++	T+++	M+++	C+++	O
도널드 트럼프	둘째	O	MBA	I+++	A+++	T+++	M+++	C+++	O
리처드 브랜슨	첫째	O	10학년	I+++	A+++	T+++	M++	C+++	O
제프 베조스	첫째	×	석사	I++	A+++	T++	M+++	C++	×
마이클 델	둘째	O	13학년	I++	A+++	T++	M+	C+	
남성 계	첫째 75%	O 75%	대졸 62.5%	인습타파 100%	A형 100%	Big T 100%	경조증 87.5%	카리스마 100%	O 62.5%
코코 샤넬	둘째	O	8학년	I+++	B	T+++	M+	C+++	O
마사 스튜어트	둘째	O	문학사	I++	A+++	T	M+++	C++	O
여성 계	첫째 0%	O 100%	대졸 50%	인습타파 100%	A형 50%	Big T 100%	경조증 100%	카리스마 100%	O 100%
계(10명)	60%	80%	60%	100%	90%	100%	90%	100%	70%

인습타파형(I+++): 실수에 개의치 않고 전통적인 관습에 순응하기를 거부한다.
A형 성격(A+++):자신의 가치를 성취와 결부시키고 시간을 아주 중요하게 여긴다.
Big T(T+++):테스토스테론 수치가 높고, 스릴을 찾아다니는 성격(풍부한 창의력, 위험감수 경향, 호전적, 정력적)
경조증(M+++):흥분한 행동─극도의 조울증 증세나 조울증 경향의 행동(4시간 수면)
카리스마(C+++):매력적이고 의욕적이며 지배적인 성격(종교집단의 교주와 같은 마력)
마키아벨리즘 : 목적 달성을 위해 수단과 방법을 안가리는 성향

러나 그녀도 역시 격렬한 경쟁을 즐기고, 까다로운 상사였던 것만은 사실이다.

위의 연구를 50명의 천부적인 기업가들에게 확대 실시했을 때, 비슷한 결과가 역시 발견되었다. 연구 결과를 막대그래프로 그려보면 [표 5]의 양상을 띤다. 이 실험은 여성 기업인 12명, 남성 기업인 38명을 대상으로 실시되었다. 일곱 가지 특성이 가로축에 표시되어 있다. 각각의 막대는 50명의 기업인들이 갖고 있는 특성의 퍼센트를 표시하고 있다. 이 특성들은 결코 평범하지 않은 성질들이어서 각각의 특성들이 정상적인 행동에서 벗어났음을 보여준다. 그래프는 조사 대상 기업인들의 80% 이상이 이러한 특이한 개성을 지니고 있음을 보여준다

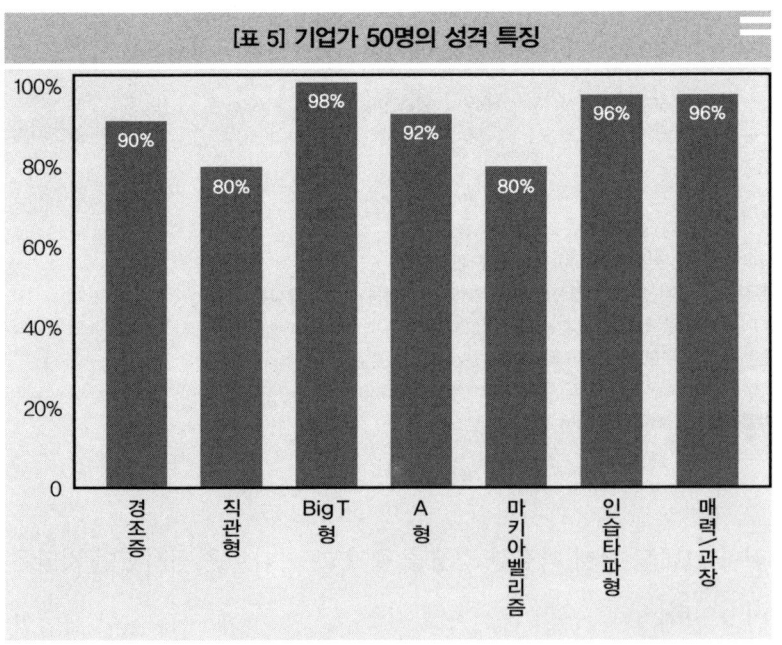

[표 5] 기업가 50명의 성격 특징

12장

천재 기업가들의 성공법칙

지난 30년간 나는 강연과 연설을 통해 포부를 품은 수천만의 기업가들을 만났다. 그들을 만나면서 나는 얼마나 많은 재능 있고 정력적인 사람들이 결단력 있는 첫발을 내딛지 않았다는 그 단순한 이유만으로 꿈을 이루지 못한 것을 수없이 보았다. 내가 이 장을 쓰려는 이유는 두 가지이다. 첫째는 독자들에게 기업가적 성향을 스스로 평가할 수 있는 기회를 제공하기 위해서다. 이를 위해 나는 측정도구와 점수를 산출하는 방법을 수록했다. 다음으로는 사업에 대한 야심이 있는 사람들이 자신의 잠재력을 발견하고, 그것을 효과적으로 활용할 수 있도록 돕기 위해서다. 그리하여 나는 '랜드럼의 천재적인 기업가들의 법칙' 이라고 대담하게 이름 붙인 사업의 성공에 필요한 열두 가지 원칙을 제시했다. 이 법칙들은 이 책에 실린 기업가들에게서 수집한 성공하는 태도와 행동들을 종합한 것이다. 즉, 기업가로서의 성공을 가능케 해준 연구자들이 흔히 '최상의 업무 처리 관행'이라고 부르는 원칙을 분석한 것이다.

만약 우리가 기업가로서의 재능과 기술을 연마하려 한다면, 가장 먼저 해야 할 일은 과거에 우리의 도전을 막았던 각종 가르침과 믿음의 굴레에서 벗어나는 일이다. 행동에 변화를 가져오기 위해서는 신념과 태도의 변화가 선행되어야 한다.

| 우리가 가진 최대의 한계는 스스로 부여한 것이다 |

누군가 다른 사람의 성공을 보며 "그녀는 승진하려고 누구와 잤다는군" 같은 소리나 "그 사람은 운이 좋았을 뿐이야"라고 헐뜯는 말을 얼마나 자주 듣는가? 이 모든 것은 자신들이 성공하지 못해 불만인 사람들이 전형적으로 하고 다니는 이야기이다. 실제로 성공한 사람들이 물려받은 유산, 특별한 재능, 친구의 도움, "바보 같은 행운"과 같은 특혜 때문에 성공했다고 믿으면 위안이 될 것이다. 이런 식으로 하면 우리는 우리 자신의 기회를 날려 버렸다는 사실을 인정하는 고통을 피할 수 있기 때문이다. 그러나 이 책에 실린 성공한 기업인들의 신상명세서와 분석만 봐도 우리는 열정과 직관력, 끈기가 위대한 성공을 가져온 주요 요인이라는 것을 알 수 있었다.

이런 사실을 알고 있다 해도 대다수의 사람들은 고질적인 열등감을 갖고 있는 데다, 자신들이 위대해질 수 없다고 믿으며 도전하기를 주저한다. 누군가 자신이 싫어하는 직장을 계속 다니며 불행해하는 사람에게 "왜 좋아하는 일을 하지 않느냐?"고 물으면, 결국 백이면 백 "~ 때문에 그렇게 할 수 없어요"라고 답한다는 사실을 발견할 것이다. 이런 사람들의 마음 깊은 곳에는 자신들의 지적 능력, 인맥, 학력, 위대한 것을 성취할 재능이 부족하다는 믿음이 자리 잡고 있다. 이런 믿음은 "나는 부양해야 할 가족이 있어서 그렇게 할 수 없어요"나 "나는 제대로 교육을 못 받았기 때문에 그렇게 할 수 없어요"와 같은 답변의 형태로 표출될 것이다. 바로 이 "~ 때문에 그렇게 할 수 없어요" 증후군은 결국 심적으로 현상 유지를 받아들이겠다는 말이다.

| 어떻게 우리 삶을 장악할 것인가? |

우리는 주변 사람들을 볼 때, 옛 말 틀린 적 없다는 오랜 격언을 자주 떠올린다. 대부분의 사람들은 남의 장단에 맞춰 삶을 살아간다. 얼마나 많은 사람들이 아침 일찍 나가서 저녁 늦게 들어오고, 주말의 짧은 휴식을 기대하는 월급봉투의 노예들인가? 매일 매일의 생존전쟁 속에서 허덕이는 그들을 보면 옛날 탄광 광부들이 즐겨 부르던 노래가 떠오른다. "나는 16톤이나 캐 올렸건만, 얻은 것이라고는 하루 더 지나갔다는 사실과 늘어난 빚뿐이네." 자신의 일, 자신의 일터, 같이 일하는 동료들을 혐오하는 이야기보다 더 비극적인 일은 없다. 이들은 결코 자신이 싫어하는 삶을 계속하지 않을 선택권이 자신에게 있다는 사실을 깨닫지 못했다. 얼마나 대단한 낭비인가?

만약 우리가 이런 상황에 처했다는 사실을 알면, 우리는 삶을 장악해야 한다. 우리의 내면을 들여다보고, 우리가 좋아하는 일을 발견해야 한다. 무엇에 전율하는가? 바로 그 일이 우리가 해야 하는 일이다. 진정한 천재적인 기업가들은 바로 그런 일을 한다. 마이클 델의 부모는 아들이 의학서를 사는 대신, 컴퓨터 부품을 사느라 돈을 다 썼을 때, 이해하지 못했다. 제프 베조스의 전 사장도 자기 사업을 하겠다고 연봉 100만 달러 직장을 그만두는 사람이 있다는 사실을 이해하지 못했다. 자신의 내면의 추진력을 잘 알아야 한다. 우리 자신을 가두는 족쇄를 벗어던지고, 결과는 신경 쓰지 말고, 일단 열정을 발견해서 그것을 추구하라.

| 운명과 성공 각인 |

우리 모두는 서로 다른 영역에서 두각을 나타낸다. 남을 돕고 보살피고 싶어 하는 사람들은 성직자가 되거나 간호사가 될 것이다. 사람들과 어울리기를 좋아하는 사람들은 판매직이나 정치를 할 것이다. 헤밍웨이는 집필을 해야만 했고, 피카소는 그려야만 했다. 마틴 루터 킹은 리드하는 소질이 있었고, 헨리 포드는 기업가가 될 소질이 있었다. 이들의 내부 프로그램은 일찌감치 짜여졌다. 피넛 버터를 더 좋아하는 사람, 검은 피부를 좋아하는 사람, 파도를 좋아하는 사람, 시를 좋아하는 사람, 마돈나나 제임스 본드를 좋아하는 사람이 서로 다른 것과 같다. 이 때문에 세상에는 경마도 있지만 자동차 경주도 있다. 개개인이 선호하는 분야는 상상도 할 수 없을 만큼 다양하다.

　이때 중요한 질문은 미리 형성된 우리의 프로그램이 얼마만큼 변할 수 있느냐 하는 것이다. 외향적인 사람이 되고 싶다고 원래 내향적이던 사람이 어느 날 갑자기 변할 수 있는가? 답은 "그렇다"는 것이다. 그러나 변화시켜야 할 일을 오래 하면 할수록, 그것을 바꾸는 데는 더 오랜 시간이 걸린다. 원래 있던 프로그램이 많으면 많을수록 변화 과정도 더 오래 걸리고 더 힘든다. 그러나 불가능한 것은 아니다. 우리는 엄청난 충격이 발생한 상황에서 행동의 변화가 온다는 것을 알고 있다. 이때 사람들은 충격을 받은 나머지 변화하게 된다. 월트 디즈니는 만화가로서 해고당한 뒤 인생의 대 전환기를 맞았다. 32살의 나이로 해고당한 마사 스튜어트도 주부이자, 어머니, 주식 중개인에서 식음료 업계의 여왕으로 변신했다.

| 성공에 행운이 필요한가? |

우리는 성공에 필요한 개인적인 특성을 모두 갖추고 있으면서도 적절한 기회가 오지 않아 실패한 것처럼 보이는 사람들을 자주 만난다. 그래서 어떤 사람들은 이 책이 오직 성공한 사람들의 이야기만 다루고 성공할 자질을 갖추고 필요한 노력도 기울였는데도 실패한 다수의 사람들을 무시한다고 말할 것이다. 분명 이렇게만 하면 100% 성공이 보장된다는 방법도 없고, 오로지 운이 나빠 실패한 사업가도 있을 수 있다. 그러나 이 책에 실린 성공한 기업가들의 심리적 특질이나 행동상의 특성은 성공의 충분조건이 아니라 필요조건이라는 사실을 명심해야 한다. 즉, "성공하는 사람들의 특징적인 행동"이 없이는 성공할 가능성이 적거나 아예 없다고 말할 수 있지만, 이런 행동들이 관찰되었다 해서 곧 성공으로 직결되지는 않는다.

여기서 중요한 사실은 성공하겠다는 포부를 품은 기업인이 성공하기 위해서는 열정과 직관력, 끈기와 집중력이 있어야 한다는 사실이다. 많은 연구 결과 높은 수준의 성취 능력을 보이는 사람들은 자신의 성취가 스스로 통제할 수 있는 범위에서 얻어졌다고 생각하는 경향이 있는 반면, 성취 능력이 낮은 사람들은 성공이 운과 같은 외부적인 요소에 의해 좌우된다고 생각하는 경향이 있다. 이런 인식의 차이는 결국 성공하는 행위를 하는 사람들에게 유리하게 작용해서, 이들의 성공 가능성을 높여준다.

| 어떻게 준비할 것인가? |

준비가 돼 있다는 것은 미리 준비한다는 말이다. 성공을 위한 준비를 한다는 말은 장기간의 자기 계발과 기술과 지식을 연마하는 행위이다. 이를 통해 우리는 기회가 왔을 때 알아보고 달려들 수 있다. 배양기라고도 불리는 이 집중적인 학습기간에 무의식적으로 지식이 진화를 하게 된다. 이런 무의식의 지식은 직관력으로 나타난다. 한번 개발된 직관력은 기업가들이 모든 사업 관련 결정을 내릴 때 육감 내지는 본능의 형태로 영향을 미친다.

11장에서 보았듯이 천재적인 기업가를 분석하면, 필요한 기술이나 사업을 완전히 익히는 데 최소한 10년이, 그리고 다시 그 분야에서 창조적으로 기여하는 데 또 다른 10년이 필요하다는 것을 알 수 있다. 영역을 불문하고 즉각적인 성공은 신화에 불과하다. 부유하고 유명한 사람들도 다년간의 각고의 노력을 통해 현재의 위치에 이른 것이다.

만약 창의적인 혁신 단계에 도달하기까지 약 20년이 걸린다면, 프로 골퍼인 타이거 우즈와 같은 사람들의 빠른 성공은 어떻게 설명해야 하는가? 타이거의 인생을 자세히 살펴보면, 그가 처음 골프 시합에 입문한 시기가 다섯 살 때이고, 열다섯에 전미 아마추어 골프대회에서 우승했음을 알 수 있다. 그리고 스물다섯에 드디어 세계 제일의 골퍼가 된다. 바로 처음 골프라는 영역에 입문한 지 약 20년 만에 달성한 성과이다. 헨리 포드는 삼십대가 돼서야 비로소 자동차를 만드는 일에 종사했고, 따라서 오십대가 되어서야 대단한 성공을 거두었다. 그러기에 하워드 가드너는 다음과 같이 자신의 관찰 결과를 피력했다.

> "어떤 한 분야에 정통하기 위해서는 약 10년이 걸린다. 그리고 그 영역을 발전시킬 만큼 충분히 창의적인 일을 하기 위해서는 다시 10년의 시간이 추가로 들어가야 한다."

천재 기업가들의 12가지 성공 법칙

많은 사업가들은 단순히 돈을 벌기 위해 사업에 뛰어든다. 그들은 초기에 특정 분야에 대한 흥미를 갖기는 했어도 아직 자신이 애착을 느끼는 분야를 발견하지는 못한 상태인 경우가 많다. 이렇게 흥미를 가졌던 분야가 바로 코코 샤넬의 경우는 바느질이었고, 샘 월튼은 잡화점을 운영하는 일이었다. 마이클 델은 컴퓨터 부품을 조립해서 파는 일이었다. 그러나 일정 기간의 배양기를 거치면서 필요한 지식을 습득하고 전문성을 강화하면서 상상력과 열정에 불을 붙이는 기회를 만난다. 초기의 단순히 돈을 벌겠다는 생각은 사업을 혁신하고 확장, 강화하겠다는 열정으로 바뀐다. 이제 돈은 성공을 가늠하는 도구일 뿐이다.

1. 실패로부터 많은 것을 배워라

많은 사람들은 실패를 개인적인 일로 여기고 마음 깊이 그 부정적인 각인을 새겨둔다. 전통주의자들이 실패를 무슨 수를 써서라도 피해야 할 것으로 본다면, 성공적인 기업가들은 실패를 일시적인 장애로 여긴다. 따라서 많은 사람에게 있어 실패는 아주 좌절스러운 것이다. 그러나 중요한 것은 우리가 실패했다는 사실이 아니라 어떻게 다룰 것이냐 하는 것이다. 헨리 포드는 실패를 자주 경험했다. 그러나 실패를 자동차 왕국을 건설하는 과정에서 꼭 필요한 학습 과정으로 보았다. 포드와 에디슨은 두 사람이 비슷한 렌즈를 통해 세상을 본다는 공통점을 발견하고는 친해졌다. 두 사람 모두 시행착오와 같은 '발견적 학습법'이라고 불리는 과정을 통해 자신들만의 제국을 건설했다. 만약 이들이 실패를 자신들의 탓으로 돌리고, 의기소침해졌다면 오늘날과 같은 영향력을 끼칠 수 없었을 것이다.

우리는 포드가 농부로서, 고용된 직원으로서, 기술자로서 그리고 회사의 사장으로서 대실패했던 것을 기억할 것이다. 그는 대성공을 거두기 전에 두 차례나 부도를 경험했다. 그리고 자신이 세운 회사에서 일을 맡은 지 넉 달만에 쫓겨나는 심한 모욕까지 겪었다. 그러나 그는 결코 포기하지 않았다. 그는 자신이 어디로 가고 있는지 알았고, 실패를 통해 배우려고 노력했다. 이런 무모함은 모두 불굴의 의지와 강한 자신감에서 나온 것이다. 에디슨 역시 비슷했다. 어느 기자가 백열전구를 가지고 수천 번이나 실패한 이유가 무엇이냐고 묻자 불굴의 에디슨은 이렇게 대답했다.

"나는 실패하지 않았다. 나는 다만 3,000개의 잘못된 이론을 없애는 데 성공한 것이다."

2. 약점을 공략하여 성공으로 만들라

천재 기업인들은 변화한다. 이들은 약점을 공략하고 장점은 무제한 계발한다. 이렇게 해서 이렇게 하지 않았을 때보다 훨씬 더 좋은 결과를 이끌어낸다.

일단 약점을 보완하고 나면 자기 자신은 물론 그 누구도 그 영역에 있어 나의 능력에 의문을 제기하는 사람은 없을 것이다. 우리가 스스로의 최대의 약점에 당당히 맞설 때, 우리는 더욱 강하게 부상할 수 있고, 어떤 문제에 처하더라도 더 잘 대항할 수 있는 심리적인 도구를 확보하는 셈이 된다. 요약하자면 "위험을 향해 나아가라!"는 말이다.

시카고 대학의 심리학자인 칙센트미하이는 〈창조자Creativity〉에서 91명의 창조적인 천재를 연구한 뒤 다음과 같은 결론에 도달했다.

"창의적인 사람들은 엄격한 성별 전형화를 거부한다. 이들은 남성도 여성도 아닌 경향이 있다. 즉 자신이 속한 성의 강점을 가진 동시에 이성의 강점도 갖고 있다."

나의 연구 결과, 위대한 지도자들에게서도 비슷한 경향이 발견되었다. 러시아 사람들은 마가렛 대처의 호전적인 방식과 불굴의 정신을 지칭하며 "철의 여인"이라고 불렀다. 그들이 보기에 대처는 여성이라 하기에는 너무나 공격적이었다. 만약 마가렛이 보다 복종적이고 덜 경쟁적이었다면 러시아 사람들은 인간적으로 그녀에게 보다 친절하게 대했을 것이다. 그러나 역사는 친절하지 않았다. 대처는 엄밀히 말해 위대한 지도자이다. 왜냐하면 그녀는 시대의 필요에 맞추는 방법을 알았기 때문이다. 그런 그녀였기에 미국의 대통령이던 레이건은 "대처는 영국 제일의 남자다"라고 말했다.

코코 샤넬 역시 남성적인 측면과 여성적인 측면을 고루 발달시킨 전형적인 사례이다. 그녀의 개인적인 친구이자 조언자였던 시인 장 콕토는 그녀를 성적 욕구가 활발한 여성으로 묘사했다. "그녀는 남자처럼 정복하고 싶어 했다." 그녀가 디자인하거나 입는 모든 것에는 양성의 특성이 둘 다 갖춰져 있었다. 이 과정에서 샤넬은 세기의 전환기에 인습적인 여성복의 스타일을 파괴했다. 이렇게 저항하는 이유에 대해 샤넬은 "나는 여성 기업가가 아니라 그냥 사업가로 사업을 한다"라고 말했다.

'S'는 칼 융이 무의식에서 여성과 남성이 결합하는 연접이 발생한다고 묘사한 장소이다. 논리가 이상을 만나고, 실제가 감정을 만나고, 전 세계적인 것이 지역적인 것과 함께 나타나는 종합적인 지점이다. 그곳은 열정과 수동성이 결합되고, 초현실이 현실과, 극소가 극대와 결합되는 곳이다. 'S' 지점은 천재적인 기업가들이 덧없어 보이던 비전을 이성적인 세계에 맞춰 조정하는 곳이다. 그리고 이성이 감성과 조화를 이루는 곳이기도 하다.

기업가들은 초현실적인 동시에 실용적인 신조를 갖고 있다. "어떻게 보여야 하는가"하는 관점을 "무엇이 실제로 가능한가"하는 실용적인 관점과 성공적으로 결합시키기 위해 우리는 '성공을 위한 합성'이라는 표현을 사용한다. 이런 관점에서 포드의 철학적인 인도주의가 '자동차의 민주화'라는 필요와 결합해 '대중들의 차'라는 결실을 맺는다. 웹에서 사업을 하는 사람들이 모두 쉽게 웹을 사용할 수 있게 만들자는 것이 베조스의 철학적인 신념이었다.

이 모든 것이 무너지기 쉽거나 간단해 보인다면, 모든 위대한 사상들이 처음 발표됐을 때는 모두 괴상하다고, 특이하거나 모호하다고 여겨졌었다는 사실을 상기하라. 여기서의 핵심 사항은 우리가 끊

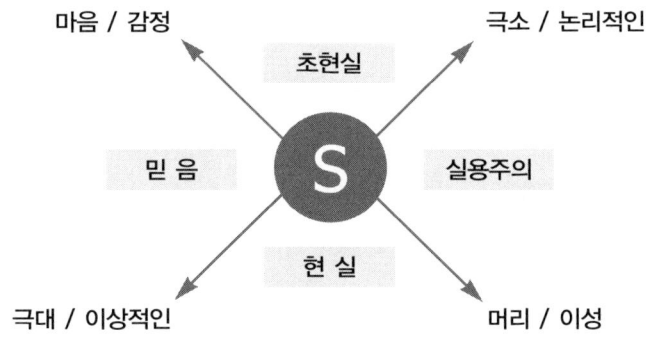

임없이 우리의 오랜 믿음과 전통적인 업무 처리 방식에 도전해야 한다는 점이다. 이렇게 하기 위한 방법은 아직 잠자고 있거나 개발되지 않은 우리 성격의 부분들을 받아들이고 그것들이 우리를 새로운 인식과 이해의 단계로 이끌어 줄 것이라고 생각하는 것이다.

3. 한계를 시험하라 : 대승을 거두려면 큰 위험이 수반된다

차입자금을 사용한다는 것은 위험을 무릅쓰는 하나의 형태이다. 차입자금을 쓰면 기하급수적으로 성장할 수 있는 동시에 훨씬 빨리 몰락할 수도 있다. 이 방면의 선두주자는 월튼, 트럼프, 브랜슨 등이다. 이들 모두 기꺼이 미래의 기회를 위해 현재의 자산을 다 걸고 성장을 위한 담보로 사용한다. 그러나 브랜슨만큼 운명을 걸고 시험해 본 사람도 많지 않다. 브랜슨은 공중에서 거의 죽을 뻔했던 모험을 많이 벌였다. 사업에서의 모험도 역시 똑같이 위험했다. 무모한 도전에 관해 질문을 받을 때마다 브랜슨은 "나는 내 자신을 극한으로 몰고 가서 높은 확률을 시험해 보고 싶었다"라고 답한다. 지불 불능 상태에 처했을 때 다른 경영자들이 경비를 절감하려고 한 반면 브랜슨은 그렇지 않았다. 그는 오히려 사업을 확장했고 빚이 점점 더 늘어나게 만들었다. 이런 무모한 행동이 모험을 좋아하지 않는 직원 여러 명을 회사에서 나가게 했으나 상상도 할 수 없는 놀라운 성장률을 가져왔다.

델 역시 비슷한 성향의 소유자다. 그는 경영진에게 "사람을 성공하도록 만들려면 먼저 그들이 실패해도 괜찮다고 느껴야 한다"고 역설했다. 트럼프 역시 "나는 세상에 무서운 일이 없다"는 말로 비슷한 견해를 피력했다. 트럼프의 겁없는 투자는 1980년대 후반, 그동안 일궈놓은 제국을 송두리째 무너뜨릴 뻔했던 무모한 차입자금 도입에서도 분명히 나타난다. 트럼프는 일반인이 신용카드 쓰듯 차입자금을 사용한다. 호전적인 방식에 대해 물을 때마다 그는 "나에게 있어 사업은 게임 이상 이하도 아니다"라고 답하곤 한다.

4. 돈이 아닌 목표를 따르라

"기업가는 남을 위해 여덟 시간 씩 일하기 싫어서 자신을 위해 열여섯 시간씩 일하는 사람이다"라는 인용문을 떠올려 보라. 이 말은 기업가들에 의해 행해지는 수많은 선택과 동기에 대해 이해할 수 있게 한다. 비록 처음에는 돈이 목적이다가도 기업가들은 결국은 금전적인 보상보다는 열정에 의해 사업을 추진하는 경우가 많다. 돈도 하나의 고려 사항은 될 수 있어도 어떤 사업의 초점이 되는 법은 거의 없다.

사업의 주요 목적으로서의 돈에 대한 공통적인 무시에도 불구하고 이 책에 실린 모든 사업가들은 상상했던 것보다 훨씬 많은 재산을 쌓았다. 이들은 경쟁자들보다 앞선 생각을 더 잘 구현했기 때문에 돈이 쏟아져 들어왔다. 이에 대해 브랜슨은 다음과 같이 말한다.

"나는 솔직하게 말할 수 있다. 나는 한 번도 돈을 벌기 위해 사업에 뛰어든 적이 없다."

에디슨은 얼마나 돈을 벌 수 있는가를 기준으로 어떤 결정을 내리는 법이 없었다. 누군가가 그에게, 그의 전구를 만들어낼 사람이 없다는 말을 듣고 그는 모든 돈을 쏟아 부어 최초의 GE 공장을 세웠다.

마이크로소프트를 세우며 빌 게이츠는 회사를 키우고 확장시키는 데 필요한 것은 무엇인가를 생각했다. 돈은 가장 중요한 고려사항이 아니었다. 천재적인 기업가들에게 있어 돈은 중요한 도구이고, 사업을 키우는 데 필수적이다. 그러나 고객이나 제품, 홍보나 시장과 같은 더 큰 문제와 비교할 때는 그 중요성이 떨어지게 된다.

자신들의 목표를 찾아내기 위한 열정은 대부분의 위대한 기업가들이 일을 추진하는 근거가 된다. 그들은 변화의 절벽 위에서 움직이며, 그곳에서의 관점을 즐긴다. 월급쟁이 경영자들은 이렇게 불확실한 세상에서 경쟁하는 것을 좋아하지 않는다. 그러나 진정한 기업가들은 마치 권투선수처럼 맹렬하게 경쟁하려 하며, 최악의 상황에 직면해서도 집념을 보여준다. 천재적인 기업가들은 인습타파적이다. 그리고 아마추어, 괴짜, 비현실적, 독단적이고, 독재하는 경향이 있다는 꼬리표가 붙는다.

5. 깨지지 않았다면 부숴버려라

샘 월튼은 우리에게 "깨지지 않았다면 부숴버려라"라는 교훈을 전해 줬다. 이는 혁신하기 위해서는 창조적인 파괴를 해야 한다는 말의 다른 버전이다. 기존 패러다임과 이미 있는 제품을 깨부수기를 망설이거나, 그렇게 할 수 없는 사람들은 결코 성공할 수 없다. 이런 사람들은 생산력에 방해만 되는 전통적인 방식을 따르도록 설계되었다.

창의적인 발상을 버린 대가는 바로 "우리가 안 하면, 다른 누군가가 할 것이다"라는 오랜 격언을 통해서도 분명히 알 수 있다. 코코 샤넬은 상중이 아닐 때도 검정 옷을 입을 수 있게 만들어 기존 통념에 도전했다. 헨리 포드 역시 전통적인 공장의 생산라인에 변화를 가져와서 라인이 움직이는 대혁신을 가져왔다. 휴 헤프너도 알몸 사진이 가득한 고급 잡지를 만들어 기존의 도덕 관념에 반기를 들었다. 마이클 델은 전통적인 유통망을 무시하고, 조립한 PC를 직접 팔아 전문가들을 놀라게 했다.

이 모두가 전하려는 메시지는 무엇인가? 전통적인 사회 통념을 깨뜨리지 않고서는 세계를 발전시킬 수 없다는 것이다. 급진적인 변화 시도는 가끔 두려움에 의해 좌절된다. 거절에 대한 두려움, 잘못될까봐 오는 두려움 그리고 돈을 잃는 데 대한 두려움, 존경을 잃을까봐 오는 두려움, 동료들보다 튀는 것에 대한 두려움이 변화를 추구하는 데 걸림돌이 된다.

6. 실질적일 것인가 환상적일 것인가에 대한 답부터 시작하라

레오나르도 다 빈치는 "가장 먼저 결말을 고려하라"고 했다. 이는 과학자와 예술가, 건축가로서의 삶을 추구하는 사람들에 대한 선구적인 조언이다. 천재 기업가들도 비슷하다. 최종 목표에서 시작해 현재까지 거꾸로 일을 추진한다. 기업가들은 이런 방법을 통해서만 목적지로 가는 길을 본다. 일단 이 과정을 거치면 기업가들은 원래의 목표를 잊어버리고 최종의 목적지로 연결되는 중간 단계에 몰입한다.

7. 믿어라. 그러면 세상은 당신이 어디로 가도 따라올 것이다

자신감은 성공으로 가는 열쇠이다. 믿지 않는다면 어떤 일도 이룰 수 없다. 많은 기업가들이 자신들의 영역에 대해서는 자신이 책임진다고 믿는 높은 수준의 내적 통제력을 가지면 아무리 힘든 일이라도 성취할 수 있다. 물론 본인의 능력을 넘어선 낙관주의는 잘못된 허세나 거만으로밖에 여겨지지 않는다. 이런 오만이 갖고 있는 위험성에 대해 옛 격언은 "자존심은 추락 바로 앞에 있다"고 경고한다. 트럼프는 오만하다는 평가를 받았다. 사람들은 트럼프를 병적으로 자기중심적인 사람이라고까지 생각했다. 그러나 이런 비난은 트럼프에게는 전혀 먹히지 않았다. 그는 자신의 꿈을 믿어야 한다고 생각했다. 그렇지 않으면 지금과 같은 성취도 없었을 것이라고 생각했기 때문이다.

로스 페로 역시 비슷하게 자기중심적 경향을 보였다. 페로가 EDS를 GM에 팔 때, 이사회에 남으라는 요청을 받았다. 그 자리는 실질적인 기능이 있다기보다는 명예직으로 제안된 것이었다. 그러나 텍사스 출신의 거물 기업인에게는 그렇지 않았다. GM은 로스 페로가 진짜로 이사회에 참석해 경영에 대해 조언할 것이라고는 꿈에도 생각지 못했다. 그러나 로스 페로는 실제로 그렇게 했고, 그게 바로 그의 특성이었다. 고도로 복잡한 자동차 산업에 대한 지식도 없으면서 페로는 이사회에 참석할 뿐 아니라 거의 모든 의제에서 회장인 로저 스미스에게 대항했다. 이런 오만한 자신감에 로스는 한 번도 아니고 1992년과 1996년에 두 번이나 미국 대선주자로 나섰다. 충성스런 로스의 지지자들은 로스가 워싱턴으로 가서 매끈한 도시사람들에게

국정 운영 방법을 가르쳐주겠다고 나섰을 때 그의 투박한 남부 방식을 좋아했다. 물론 이런 '나폴레옹 콤플렉스'와 "할 수 있다"는 태도는 기업가로서의 성공에 큰 기여를 했지만 정치적으로는 효과를 내지 못했다.

8. 극도의 완벽주의가 권력을 장악하는 방법이다

현대 무용의 어머니라 할 수 있는 이사도라 던컨은 "나는 춤에 몰입한 나머지 완전한 무아경의 상태에 들어갈 때가 많다"고 말했다. 이런 열정은 어떤 장애물이 있어도 모두 쳐부수고 생산성과 평화로 가는 길을 만든다. 왜 그런가? 바로 그 누구라도 꿈을 성취하기 위해 아주 흥분해서 몰입하고, 헌신적이 되면, 그 일이 다른 모든 일보다 우선시될 것이고, 그 결과 결국 성공할 것이기 때문이다.

열정은 모든 역경을 극복하고, 기업가들이 보다 큰 무대에서 활동할 때 더 잘 할 수 있도록 도와준다. 마사 스튜어트는 이 점에 있어서 그 누구에게도 지지 않는다. 그녀는 열정의 화신이며 깨어있을 때 하루 20시간도 일을 한다. 마사가 지나간 다음에는 과도한 열정의 잔재물이 즐비하다.

열정적인 기업가들은 순수한 열정과 정력 덕에 성공을 이루기도 하지만 역시 그 때문에 실패를 맛본다. 이런 사람들에게서 분출되는 순수한 카타르시스의 에너지는 종종 이들을 이상하거나 괴짜라는 평가를 받게 만든다.

9. 거물이 되기 위해서는 크게 생각하라

트럼프는 회고록에서 자주 "크게 되기 위해서는 크게 생각해야 한다"고 썼다. 트럼프가 맨해튼에 최대의 펜트하우스와 팜 비치에 마라라고라는 우아하고 아름다운 휴양지를 갖고 있는 것이 우연이 아니라는 말이다. 그는 애틀랜틱 시에 몇 개의 거대한 카지노를 갖고 있으면서도 성에 안 차 타지마할이라는 최대의 카지노를 인수하고야 만다. 타지마할의 규모가 크지 않았더라면 트럼프는 관심도 갖지 않았을 것이다. 그는 언론과의 인터뷰에서 자신의 성과물들에 대단한 자부심을 보이면서 말했다. "그 누가 나보다 더 뉴욕을 위한 일을 했는가?" 이런 강한 자신감은 트럼프의 성취를 뒷받침했던 원동력이었다.

세상을 바꾼 사람들은 크게 꿈꾸고, 크게 생각하고, 크게 행동하는 사람들이다. 포드는 여전히 말이 주 운송 수단이던 시절에 이미 고속도로를 꿈꾸었다. 베조스는 우주 여행을 상업화할 계획을 세우고 있다.

10. 이미지는 브랜딩의 모든 것이다

〈카리스마적 리더십Charismatic Leadership〉에서 캐나다의 교육자인 제이 콘저Jay Conger는 카리스마를 성공을 위해 필요한 요소라고 말했다. 카리스마는 천재적인 기업가가 되기 위해서도 필요하다. 콘저는 "카리스마를 가진 리더들은 항상 변화를 향한 시도를 자유로움, 목표 그리고 기업가 정신 등으로 의인화한다"라고 말한다. 이런 말들을 들으면 카리스마를 상징하는 인물로 다루었던 브랜슨이 떠오른다.

브랜슨은 재화의 세계에서 이미지가 전부라는 사실을 인정한다. 버진 브라이드를 홍보하기 위해 여장을 하고 등장하는가 하면, 버진 콜라를 알리기 위해 뉴욕의 타임 스퀘어에서 탱크를 몰고 다녔던 그는 브랜드 가치를 올리기 위해서는 우선 언론에 보도돼야 하고, 그러기 위해서는 눈길을 끌어야 한다는 사실을 증명했다.

역사상 어떤 사업가도 버진 항공을 홍보하기 위한 전략만큼 막무가내로 나갈 수 있는 사람은 없을 것이다. 브랜슨은 버진 항공의 브랜드 가치를 높이기 위해 영국항공과 경쟁할 만큼 엄청난 돈을 갖고 있지 않았다. 그러나 그는 영국항공이 할 수 없는 일을 할 수는 있었다. 바로 언론의 관심을 받으면서 세계 기록도 갱신하기 위해 열기구를 타고 대서양을 건너는 목숨을 내놓은 대담한 홍보 계획이다. 얼마나 많은 기업인들이 브랜드 인지도를 높이기 위해 자신의 목숨을 내놓겠는가? 시장조사 결과를 보면 브랜슨은 제임스 본드와 같은 정도의 영향력이 있는 이미지를 갖고 있는 것으로 나타난다. 영국의 언론들은 이런 눈길을 끄는 과감한 홍보 행동을 묘사하기 위해 "브랜슨스럽다Bransonesque"라는 형용사를 만들어냈다. 이제는 브랜슨이 기자회견을 열 때는 오지 않으려는 사람이 없을 정도이다.

효과적인 의사소통은 기업의 성공을 좌우하는 요소이다. 코코 샤넬은 이런 의사소통 능력을 잘 활용했다. 그녀는 샤넬의 집은 가장 좋은 주소를 가져야 하고 가장 우아한 매장을 가져야 한다고 주장했다. 그녀는 모든 행사에 흠잡을 데 없이 완벽한 차림으로 나타났다. 스타일이 바로 그녀의 사업이었고, 그녀는 스스로 스타일을 보여주려고 노력했다. 고아원에서 자란 그녀는 자신을 신비함의 여신으로 만들어 갔고 "아는 고객은 이미 없는 고객으로 쳐야 한다"고 썼다. 코코에게 있어 신비함을 조성하는 일은 성공을 위해 필수적이었다. 유럽의 부호들로부터 구애를 받을 때마다 그녀는 "세상에 공작부인은 많아도 코코 샤넬은 단 한 명뿐이다"라는 사실을 주지시키려고 노력했다.

11. 즉각적인 만족을 피하라

천재적인 기업가들은 위험을 숭배하며, 미래를 위해 현재를 희생하는 경향이 있다. 대조적으로 회사의 경영진들은 안정을 숭배하며 현재를 위해 미래를 희생한다. 즉각적인 만족은 혁신과는 상극이다. 이 때문에 기업가들은 정치인들과 화합할 수가 없다. 즉각적인 결과를 보여줘야 하는 사람에게 '지금'은 '내일'보다 훨씬 중요하다. 기업가들은 그렇게 한 방향으로 치우칠 수가 없다. 월스트리트의 전문가들은 전통적인 경영진들처럼 분기별 실적을 중시하지 않는다고 베조스를 비난했다. 그러나 베조스는 단기간의 주가에 연연해서 장기적인 시장점유율을 희생하는 바보 같은 짓은 하지 않았다.

제프 베조스가 "새로운 일을 시도하되 빨리 성과를 내려는 사람들이 지나가는 자리에는 시체가 즐비하다"고 말했을 때 이 핵심을 이미 파악하고 있다는 것을 알 수 있다. 그가 만약 이익을 내는데 관심이 더 많았더라면, 당초 연봉 백만 달러의 직장을 그만두고 아마존을 차리지도 않았을 것이다.

헨리 포드 역시 장기적인 목표만이 목표라고 할 수 있다고 생각했다. 그는 두 번의 다른 사업에서 해고됐으나 결국 장기적으로 억만장자가 되었다. 첫 번째 직장에서 헨리는 대중을 겨냥해 고가의 차를 만들어 빨리 큰돈을 벌고 싶어 했다. 그러나 그는 곧 계급이 아니라 대중을 겨냥해야 큰돈을 벌 수 있다는 것을 깨달았다. 그리고 모델 T를 생산하게 된 것이다. 처음에 그를 해고되게 만들었던 것이 결국 부와 명예를 가져다주었다. 그리고 다른 많은 사람들이 이와 비슷한 경험을 한다.

12. 관습과 전통적인 교리를 피하라

400년 전에 과학자이자 철학가인 프란시스 베이컨은 "권위는 쓸모없다"는 사실을 발견했다. 어째서 철학자가 권위에 대해 이렇게 부정적인 의견을 피력했을까? 통찰력이 있는 현자로서 권력의 희생양이 된 베이컨은 권력자들이 어떻게 현상 유지에 기반을 두고 뭔가 새롭고 독창적인 것을 배척하는가 관찰했다. 베이컨은 이들이 현재가 어떠한가에 너무 집착한 나머지 '어때야 하는가' 라는 이상적인 목표를 받아들이지 못한다는 사실을 알아냈다.

이런 전문가 증후군이 모든 영역에 걸쳐 팽배하다. 전문가들이 많으면 많을수록 병폐가 깊어갈 뿐이다. 재계에서도 전문가들은 자신의 가치와 시장을 보호하려는 경향이 있다. 벨연구소가 신생 기업인 일본의 소니에게 트랜지스터의 권리를 팔 때도 그들은 법적 권한 안에서 안전하게 거래했다. 그러나 그 결과는 미국의 라디오 산업의 몰락이었다.

모든 인간의 영혼은 에너지로 가득 차 있기 때문에 위대한 기업가들은 그것을 긍정적으로 이용하려 한다. 에디슨은 "여기 아무것도 비밀은 없다. 모든 사람들이 자유롭게 다 보고나면 에디슨이 나머지를 말해 줄 것이다"라며 자신의 경쟁상대에게 경고했다. 에디슨에게 비밀은 없었다. 그것이 그의 장점이다. 그리고 이 장점을 이용해 그는 적들에게 시장점유율을 빼앗길까봐 두려워하지 않았다.

성공하겠다는 포부를 가진 기업가들은 전문가의 의견이 자신들의 본능에 역행할 때는 과감하게 전문가의 견해를 버릴 준비가 돼 있어야 한다. 프로이트는 너무 많은 사람들이 그의 의견에 동의하면 그가 곤궁에 처할 것이라고 말했다. 월트 디즈니는 동기욕구를 자극하기 위해서 반대되는 의견을 사용하기를 좋아했다. 디즈니가 최초의 장편 애니메이션 영화인 '백설공주'를 만들 때 할리우드 사람들은 물론 형제인 로이까지 실패를 예상했다. 그러나 '백설공주'는 대성공작이었다.

위험을 감수하지 않고는 미래의 보상은 꿈꿀 수도 없다. 위험과 보상은 양적인 상관관계에 있다. 따라서 모든 위험이 제거되면 미래의 보상 역시 한 조각도 남김없이 사라진다. 1996년 마이클 델은 〈포춘〉과의 인터뷰에서 "델을 특별하게 하는 것은(그리고 엄청난 보상을 가져오게 만든 것은) 경쟁자들이 불가능하다고 믿는 것을 해내는 능력이다"라고 밝힌 바 있다. 젊은 델이 막 사업을 시작했을 때도 많은 사람들은 델이 전문가들이 하는 대로 하지 않기 때문에 실패할 것이라고 예상했다. 그러나 델은 이런 말에 귀 기울이기에는 너무나 어렸고 너무 순수했다. 델은 이렇게 말했다.

"때때로 사람들이 그 일이 잘 안 될 거라고 말할 때는 더 이상 묻거나 듣지 않는 편이 낫다. 나는 허가나 승낙을 요구하지 않았다. 나는 그저 앞으로 나갔고, 그들이 안 될 거라고 말했던 일을 했다."

로스 페로도 비슷하게 EDS가 실패할 것이라는 말을 자주 들었다. IBM에서 그의 상사는 그가 미쳤다고까지 말했다. 샘 월튼 역시 비슷한 경험을 갖고 있다. 월튼이 시카고에서 총판권을 쥐고 있는 버틀러 브라더스에게 소매업에 관한 계획을 말했을 때 그들은 아칸소주로 돌아가 마음대로 하라고 말했다. 부정적인 사람들은 샘이 결코 K마트나 타깃과 같은 업체와 경쟁이 안 될 것이라고 장담했다. 그러나 만약 월튼이 이들의 의견을 따랐더라면 어쩔 뻔했는가? 오늘날의 소매업체의 판도는 크게 달라졌을 것이다.

사람들은 인생에서의 인지 불협화를 일으키는 모호함, 대립, 역설을 두려워한다. 인지 불협화란 받아들인 정보를 어떻게 처리해야 할지 몰라 혼란이 생긴 상태를 말한다. 기업가들은 자신이 어디에 있는지 몰라도 길을 잃지는 않는다. 기업가들은 다른 사람들이 약해지려 할 때 오히려 힘이 나는 사람들이다. 위대한 기업가들은 새로운 상품과 과정을 창조하기 위해 전통적인 관념과 관습을 파괴한다. 그렇게 해서 그들은 조류를 거슬러 올라가며 인지 불협화에 대한 내성을 보여준다. 그들은 하지 말아야 할 일을 하고, 바로 그 이유 때문에 위대해진다.

랜드럼의 천재 기업가의 법칙

1. **실패로부터 많은 것을 배워라.**

   붕괴가 도약을, 위기가 창의력을 가져온다.

2. **약점을 공략하여 성공으로 만들라.**

   될 수 있는 한 최고가 돼라. 약점을 극복하고 현재의 내가 아닌 다른 사람이 되어라.

3. **한계를 시험하라 : 대승을 거두려면 큰 위험이 수반된다.**

   기업가들에게 두려움은 치명적인 적이다.

4. **돈이 아닌 목표를 따르라.**

   우아하게 실행하라. 그러면 돈은 트럭으로 따라온다.

5. **깨지지 않았다면 부숴버려라.**

   창조적 파괴는 창조적인 천재들의 비결이다.

6. **실질적일 것인가 환상적일 것인가에 대한 답부터 시작하라.**

   직관적인 통찰력은 마법과 같다.

7. **믿어라. 그러면 세상은 당신이 어디로 가도 따라올 것이다.**

   실재 시장이든, 가상의 시장이든 비어 있는 곳을 찾아서 채워라.

8. **극도의 완벽주의가 권력을 장악하는 방법이다.**

   한 가지 일에 몰두한 사람에게서 에너지가 나온다.

9. **거물이 되기 위해서는 크게 생각하라.**

   크게 되기 위해서는 꿈을 크게 가져라. 그리고 모든 빛깔을 다 사용해서 총천연색 꿈을 꿔라.

10. **이미지는 브랜딩의 모든 것이다.**

    카리스마와 과장은 브랜드 가치를 형성하는 촉매제이다.

11. **즉각적인 만족을 피하라.**

    미래를 위해 현재를 희생하라. 그러면 미래를 소유할 것이다.

12. **관습과 전통적인 교리를 피하라.**

    성공하지 못하는 사람은 이기적이고 보통 수준에 물들어 있다.

12가지 법칙의 적용

| 기업가의 명성이 운영지식을 능가한다 |

천재 기업인들에 관한 랜드럼의 법칙은 위대한 기업인이 되려면 어떻게 해야 할 것인가에 대한 청사진이 아니다. 성공을 향해 단계별로 가는 방법을 알려주는 설명서는 없다. 다만 스스로가 가진 자원과 열정, 직관력을 파악하기 위해 내부를 성찰하라는 말을 할 수는 있다. 이 책을 통해 위대한 기업가들은 물리적이 아닌 추상적이고, 의식적이 아닌 무의식적이고, 현실적이라기보다는 초현실적인 자기 자신만의 세계에서 움직인다는 사실을 깨달았을 것이다.

특정 지점에 이르면 이들은 관습 위로 급부상하고 마침내 소수의 몽상가들을 제외하고는 대부분의 사람들은 이해할 수 없는 미묘한 세계로 진입한다. 그들이 결정을 내릴 때는 기능보다는 자신만의 철학을 중시하고, 단기보다는 장기에 주안점을 둔다. 이처럼 장기적인 관점에서 자신만의 철학에 따라 움직인다는 점에서 이들은 특별하고, 이 특별함은 결국 위대함을 낳는다.

| 사업을 시작하기 가장 좋은 때는 언제인가? |

많은 기업가들이 다른 누군가에 의해 고용된 상태에서 기술을 습득한다. 포드는 기술자로 고용됐고, 헤프너는 광고 카피라이터로, 페로는 IBM의 세일즈맨으로, 베조스는 금융거래 회사의 부사장으로 각각 고용된 적이 있다. 이렇게 남의 밑에서 일하면서 그들은 훗날 자신의 사업을 할 때 필요한 지식과 기술을 습득하는 배양기를 시작한다. 포드나 페로와 같은 천재 기업인들은 남의 밑에서 일하면서 사업을 시작했고, 베조스 같은 사람들은 사업을 시작하기 전에 직장을 떠났다.

가장 좋은 방법은 가족이 처한 상황, 금융적인 지원, 사업 분야 등에 따라 다르다. 일단 자기 사업을 하기에 충분한 기술과 지식을 습득했다면 현재의 경제 상황이나 앞으로 닥쳐올 어두운 미래는 신경 쓰지 말고 일을 진행시켜야 한다. 사실 경제적 침체기에 많은 위대한 도약이 일어난다. 때문에 위기는 창조의 어머니라는 주장에 신빙성을 실어준다. 소이치로 혼다는 도쿄에 있는 부품 공장이 폭격을 맞은 다음에 '혼다 모터사이클'을 설립했다. 헨리 포드, 월트 디즈니는 해고당한 후에야 사업을 시작했다. 휴랫팩커드는 1938년 대공황기에 빌 휴랫과 데이비드 팩커드가 일자리를 못 찾고 창업했던 것이 오늘에 이르렀다. 위기가 닥쳤을 때 태어난 다른 위대한 기업들의 사례로는 다음 몇 가지를 더 꼽을 수 있다.

- ▸ **헨리 포드**는 1902~1904 불경기에 회사를 설립했다.
- ▸ **월드 디즈니**는 1923~1924 불경기에 할리우드의 창고에서 만화 회사를 차렸다.
- ▸ **빌 게이츠**가 하버드를 중퇴하고 마이크로소프트를 시작한 때는 바로 1975년 불경기의 골이 깊어갈 때였다.

당신의 기업가적 재능은 어느 정도인가?

아래의 40개의 서술문을 읽고 자신과 일치하는 정도에 따라 1부터 5까지의 점수를 매겨라. 서술문이 나의 경우와 조금도 일치하지 않을 때는 1을, 정확히 나의 성향과 일치할 때는 5점을 주어라. 각각의 상자 안에 중간 합계를 기록하라.

A. 커뮤니케이션 스타일(카리스마)   1~5점

1. 평소 사용하는 어휘가 풍부하고 언변이 좋다.   --------
2. 자신을 표현하는 데 능숙하다.   --------
3. 다른 사람들이 많이 따르는 편이다.   --------
4. 다른 사람들에게 미래의 꿈을 환상적으로 묘사한다.   --------
5. 다른 사람들의 부정적인 시선을 자신감으로 극복한다.   --------

총계 :

B. 세상에 대한 관점(직관)   1~5점

6. 큰 그림을 보는 편이다.   --------
7. 양보다는 질에 관심이 많다.   --------
8. 인생에서 '가능성'의 중요성을 안다.   --------
9. 기인이나 괴짜로 일컬어질 때가 많다.   --------
10. 단기적인 성과보다는 장기적인 성과에 보다 끌린다.   --------

총계 :

C. 창의성(혁신) 1~5점

11. 환상이 현실보다 중요하다고 생각한다. --------
12. 실수를 꼬치꼬치 캔다. --------
13. 알고자 아는 욕구가 강하다. 새로운 지식을 갈구하는 편이다. --------
14. 회계보다는 수학을, 관례보다는 핵심을 선호한다. --------
15. 불필요한 규칙의 준수는 못 견딘다. --------

총계 :

D. 생활방식(위험 감수 성향) 1~5점

16. 새로운 모험에 부딪치는 것을 즐긴다. --------
17. 새로운 것을 경험하기 위해 기꺼이 길을 잃을 용의가 있다. --------
18. 알려진 길보다는 도전이 좋다. --------
19. 안정적인 정착보다는 새로운 기회가 좋다. --------
20. 단지 돈을 위해서라면 움직이지 않겠다. --------

총계 :

E. 강도(추진력) 1~5점

21. 다른 사람에 대해 참을성과 관용이 부족하다. --------
22. 혼자 일하는 것이 좋다. --------
23. 반복되는 업무에 쉽게 싫증내는 편이다. --------
24. 여러 가지 일을 동시에 벌이기를 좋아한다. --------
25. 빨리 먹고, 빨리 말하고, 빨리 걷고, 빨리 생각한다. --------

총계 :

F. 자아 이미지(자신감)   1~5점

26. 나는 결코 남이 시도해 본 적이 없는 일을 해낼 수 있다고 믿는다. _____

27. 비관적이기보다는 낙관적이다.   _____

28. 일단 일이 주어지면 지시가 필요없다.   _____

29. 다른 사람들이 나를 거만하다고 생각한다.   _____

30. 민감한 문제라도 직접적으로 이야기하는 편이다.   _____

총계 :

G. 중심 사고방식(인습타파형)   1~5점

31. 완벽하기보다는 남과 다르고 싶다.   _____

32. 수업 시간에 질문이 많다.   _____

33. 복잡한 것을 간소화하고 싶은 욕구에 사로잡힌다.   _____

34. 사람들이나 사물들에서 유사점과 차이점을 찾는다.   _____

35. 창의적이고 가변적이다.   _____

총계 :

H. 자급자족 능력(독립)   1~5점

36. 별다른 도움 없이 업무 수행을 할 수 있다.   _____

37. 성취감은 나에게 아주 중요하다.   _____

38. 체계보다는 변화를 좋아한다.   _____

39. 아무리 새로운 개념이라도 빨리 파악하는 편이다.   _____

40. 누가 지시를 내리지 않아도 할 일을 하는 편이다.   _____

총계 :

| 당신의 기업가적 재능은 어느 정도인가? |

이 측정 도구는 50명의 독보적인 기업가와 50명의 각 분야 리더와 예술가, 과학자들에 대한 연구를 토대로 만들어졌다. 기업가적 경향은 다른 것들과 마찬가지로 정도의 문제이며, 이 정도에 대한 당신의 평가는 물론 주관적이다. 이런 이유들 때문에 이 평가의 결과는 당신이 기업가가 되기에 적합한 지를 결정하는 첫 단계로 여기는 것이 좋다.

당신의 기업가적 성향의 점수가 높다 해도 그것이 성공적인 기업가로서의 성공을 보장하는 것은 아니다. 반면 점수가 낮게 나왔다고 해서 기업가로서 성공하고자 하는 열정을 포기해서도 안 된다. 이 측정 도구의 강점은 기업가로서 성공하기 위해 필요한 특성을 갖는 방향으로 당신을 안내해 주는 메커니즘을 제공한다는 데 있다.

당신의 전반적인 기업가적 성향을 결정하기 위해 A부터 H까지 여덟 개의 칸 안의 숫자를 모두 더해 총계를 구하라. 그리고 그 숫자가 다음 표에서 어디에 속하는지 찾아라. 당신에게 적합한 직업 경로를 결정하는 데 도움이 될 것이다. 각각의 성격을 대표하는 여덟 개의 알파벳에서(A부터 H까지의) 18~25 사이의 점수는 당신의 성격에서 그 특정 성향이 강하게 나타난다는 것을 의미한다.

점 수	기업가적 성향	적합한 직업 경로
175~200	최고	최첨단 벤처나 제품 개발 분야
140~174	높은편	전문가나 자영업
100~139	보통	마케팅 회사나 소규모 자영업
75~99	약간	일반 기업의 사원
0~74	희박	공무원이나 관료 조직

- **카리스마**는 당신만의 사상을 팔거나, 자금을 모금할 때 그리고 함께 일하는 사람을 동기부여할 때 필수적이다.

- **직관**은 시장의 수요를 파악하고, 시장의 수요에 맞는 상품을 생산해내기 위해 중요하다.

- **강한 자아의 이미지**는 부정적이고 불신하는 사람들로부터 자신을 지켜내기 위해 필수적이다.

- **위험 감수 경향**은 새로운 미지의 영역을 탐사하기 위해 반드시 갖춰야 한다.

- **인습타파적 사고**는 창조적인 파괴의 필요조건이다.

- **열정**은 성공과 관계가 깊다. 열정을 보여라. 아니면 직업을 얻어라.

▼

감사의 글

▲

친구들과 제자들, 가족들을 포함한 수많은 사람들이 이 책을 집필할 수 있도록 도움을 주었다. 무엇보다 우리 협회의 회원인 젊은 기업가 놀런 부시넬Nolan bushnell, 조 키넌Joe kennan, 졸탄 키스Zoltan kiss, 찰스 뮌흐Chales Muench 등이 가장 큰 힘이 되었다. 실리콘 밸리와 프린스턴, 뉴저지, 나폴리, 플로리다 등에서 이런 타고난 재능을 가진 동료들과 일하면서 나는 예측을 불허하는 상황에 대한 가치 있는 통찰력을 얻을 수 있었다. 그리고 기업가적인 의식에도 눈을 뜨게 되었다. 특히 플레이보이 맨션Playboy Mansion과 시카고 플레이보이 클럽Chicago Playboy Club에서 일했던 경험을 바탕으로 휴 헤프너Hugh Hefner의 성격과 품성에 대한 유용한 식견들을 제공해 준 플레이보이 버니 패티 스토그너Playboy Bunny Patty Stogner에게도 고마움을 전한다.

편집은 긴 인고의 과정이다. 나 같은 기업가들은 그 지루한 작업, 인내심과의 싸움에 시달리곤 한다. 현명함과 통찰력으로 이 책에 섬세하고 애정 어린 보살핌을 보여 준 부지런한 편집자들 브렌단Brendan과 테레사 켈리Teresa Kelly 덕분에 이 책이 더 읽기 쉽고 짜임새 있게 출간될 수 있었다. 그들의 노력이 있었기에 이 책이 야심 찬 기업가들과 중소기업 경영자들을 위한 도구로, 그리고 대학의 기업 경영이나 중소기업 경영 수업의 교재로 활용될 수 있게 되었다.

원고를 최종 검토해 준 로즈마리 태너Rosemary Tanner에게도 특별한 감사의 말을 전하고 싶다. 초안의 두서 없고 모호했던 부분들이 그녀의 전문가적인 손길을 거쳐 말끔히 정돈될 수 있었기 때문이다. 그녀가 내용에 관하여 제시했던 문제점들은 모두 타당한 것이었으며, 마무리 작업을 더해 이 책의 완성도를 더욱 높일 수 있었다.

또한 초안을 읽고 여러 가지 조언을 통해 이 책의 질을 눈에 띄게 향상시켜 준 여러 독자들에게도 감사하는 마음을 전하고 싶다. 렌 콜린스Len Collins, 로버트 가틀레이Robert Gatley, 아론 켈리Aaron Kelly, 마이클 켈리H. Michael Kellly, 돈 섀퍼Don Schafer, 스티브 스미스Steve Smith, 로버트 윌리엄스Robert Williams 그리고 존 우드John Wood 등이다.

▼

참고도서

▲

HENRY FORD

Bennett Harry & Paur Marcus(1951) *Ford: We Never Called Him Henry*, New York: Tor.

Collier, Peter, &David Horowitz. (1987) *The Fords: And American Epic*. New York: Summitt Books.

Collins, James & Porras, Jerry. (1997) *Built to Last*. New York: Harper Business.

Gilder, George. (1984) *The Spirit of Enterprise*. New York: Simon & Schuster.

Herndon, Booton. (1970) *Ford*. New York: Avon.

Lacey, Robert. (1986) *Ford, The Men and the Machine*. New York: Ballantine Books.

Time-Collector's Edition. (July. 2001) "American Legends" - Builders & Titans.

COCO CHANEL

Berman, Phyllis. (April. 3, 1989) "The Billionaire Behind Chanel." Forbe.

Madsen, Axel. (1990) *Chanel*. New York: Henry Holt.

McColl, Patricia. (Sept. 13, 1999) "Coco Chanel Interview" *WWD*.

Sischy, Ingrid. (Jan. 25, 1971) " The Designer Coco Chanel." *Time 100: Artists & Entertainers:* Web site: www.web1.infotrac.Galegroup.com.

Thomas, Dana. (Aug. 20, 2000) "Fashions." *New York Times*.

Time. (June. 8, 1998) "Coco Chanel."

Wallach, Janet. (1998) *Chanel: Her Style & Her Life*. New York: Doubleday.

SAM WALTON

Collins, James & Porras, Jerry. (1997) *Built to Last*. New York: Harper Buisiness

Histich, Robert & michael Peters. (2002) *"Sam Walton." Entrepreneurship*. 5th
    edition. Boston: McGraw-Hill.

Jain, Subhash. (2001) *"Wal-Mart vs K-Mart." Market Planning & Strategy Casebook*.
    Cincinnatti, OH.: South-Western College Publishing.

Neuborne, Ellen. (Apr. 6, 2001) "Pioneer Changed Face of Retailing." *USA Today*.

Peter, J. Paul & James H. Donnelly. (2001) *Marketing Management: Case Studies*.
    New York: McGraw-Hill.

Shah, Amit & Tyra Phipps. (2001) "Wal-Mart Stores Inc." *Strategic Management:*
    Concepts and Cases, ed. Fred David. New Jersey: Prentice-Hall.

Time-Collector' s Edition. (July 2001) "American Legends" -Builders & Titans Section.

Trimble, Vance. (1991) *Sam Walton : The Inside Story Of America' s Richest Man*.
    New York: Dutton.

Walton, Sam. (1992) *Sam Walton: Made in America*. New York: Bantam Books.

HUGH HEFNER

A&E Biography Special (Feb 2002) "Hefner' s Lifestyle at the Mansion."

David, Fred. (2001) "Playboy Enterprises, Inc." *Strategic Management*. New Jersey:
    Prentice-Hall.

Jain, Subhash. (2001) "Playboy Enterprises." *Market Planning & Strategy CaseBook,*
    Ciccinnatti, OH: South-Western College Publishing.

Lawrimore, Kay. (2001) "Playboy Enterprises Inc." in *Strategic Management:*
    Concepts and Cases, ed Fred David. New Jersey: Prentice-Hall.

Miller, Russell. (1984) *Bunny*. New York: Signet Books.

Talese, Gay. (1980) *The Neighbor' s Wife*. New York: Dell.

ROSS PEROT

Fineman, Howrd. (June 29, 1992) "Perot' s Second Act." *Newsweek*.

Follett, Ken. (1984) *On Wings of Eales*. New York: Signet.

Hartman, Curtis. (Jan. 1989) "Cowboy Capitalist-Ross Perot." *Inc.*, vol. 11.

Perkins, Jack. (1999) "Ross Perot." *A&E Biography.*

Posner, Gerald. (1996) *Citizen Perot.* New York: Random House.

Stewart, Thomas. (June 15, 1992) "What America Tingks of Perot." *Fortune.*

MARTHA STEWART

Byron, Christopher. (2002) *Martha, Inc.: The Incredible Story of Martha Stewart Living Omnimedia.* New York: Wiley.

Didion, Joan. (Feb. 2000) "Everywoman.com." *New Yorker.*

Forbes. (March 20, 2000) "The Celebrity 100."

Hisrich, Robert & Michael Peters. (2002) "Martha Stewart." *Entrepreneurship.* 5th edition. Martha Stewart. Boston: McGraw-Hill.

McMurdy, Deidre. (Dec. 4, 2000) "A Brand Called Martha." *Maclean's.*

Oppenheimer, Jerry. (1997) *Martha Stewart-Just Desserts,* New York: Avon Books.

Smith, Harry. (Nov. 20, 2001) *A&E Martha Stewart TV Special.*

Talbot, Margaret. (May 16, 1966) "Les Tres Riches heures de Martha Stewart." *The New Republic.*

Tyrnauer, Matt. (Sept. 2001) "Inside the Martha Stewart Dream Factory-Empire by Martha." *Vanity Fair.*

DONALD TRUMP

Blair, G. A. (2000) *The Trumps.* New York: Simon &Schuster.

Blai, Gwnda. (Dec. 2001) "How I dis A Great Job-Donald Trump." *Forbes.*

Forbes. (Oct. 2000) "Wealthiest in thw World Listing"

Trump, Donald & Charles Leerhsen. (1999) *Trump: Surviving at the Top.* New York: Ramdom House.

Trump, Donald & Bonher, Kate. (1997) *Trump: The Art of the Comeback.* New York: Ramdom House.

O' Donnell, John R. (1991) *Trumped! The Inside Story of the Real Donald Trump-his Cunning Rise and his Spectacular Fall.* New York: Simon & Schuster.

Time (Jan. 16, 1989) "Flashy Symbol of the Acquisitive Age."

RICHARD BRANSON

Angelo, Bonnie. (June 24, 1996) "Many Times a Virgin." *Time*.

Branson, Richard. (1998) *Losing My Virginity*. New York: Random House.

Brown, Mick. (1988) *Richard Branson*. London: Michael Joseph.

Carnoy, David. (April 1998) "Richard Branson." *Success*.

Cooper, Cord. (Sept. 28, 1999) "The Sky's the Limit." *Investors Business Daily*.

Ferry, Jeffrey. (Nov. 1989) "Branson's Misunderstood Midas Touch." *Business*.

Lieberman, David. (April 8, 1996) "Music Strikes Chord with Virgin's Branson." *USA Today*.

Moore, Martha. (July 5, 1995) "Rash, Brash, Brason has Virgin Soaring." *USA Today*.

Shepler, J. E. (May 23, 2001) from World Wide Web site: www.com/articles/Branson

Wells, Melanie. (July 3, 2000) "Red Baron Branson." *Forbes*.

JEFF BEZOS

Brooker, Kartrina. (2000) "Beautiful Dreamer." *Fortune*, Dec 18.

Forbes (Oct. 2000) "Wealthiest in the World Listing."

Goodson, Margie (2001) "Amazon.com, Inc." in *Strategic Management: Concepts and Cases*, ed. Fred David. New Jersey: Prentice-Hall.

Hazelton, Lesley. (July 1998) "Jeff Bezos: How He Built his Billion-dollar Net Worth Before His Company Turned a Profit." *Success*.

Price, Christopher. (Feb. 2, 2000) *The Financial Times*.

Spector, Robert. (2000) *Amazon.com: Get Big Fast*. New York: Harper Business.

MICHAEL DELL

Dell, Michael. (1999) *Direct From Dell*. New York: Harper Business.

Forbes (June 10, 1991) "Dell Computers."

Forbes (Oct. 2000) "Wealthiest in the World Listing."

Hisrich, Robert & Michael Peters. (2002) "Michael Dell." *Entrepreneurship*. 5th edition. Boston: McGraw-Hill.

Jain, Subhash. (2001) "The Dell Corporation." *Market Planning & Strategy Case Book*. Cincinnatti, OH: South-Western College Publishing.

McWilliams, Gary. (Jung 8, 2001) "Lean Machine-How Dell Fine Tunes Its PC Pricing to Gain Edge in Slow market." *WDJ.*

Sales & Marketing Management (Sept. 2001) "SM&M's Best e-Buisiness Strategy" [Michael Dell Grand e-plan]

Seminario, Nicole. (2001) "Dell Computer Corporation." *Strategic Management: Concepts and Cases*, ed. Fred David. New Jersey: Prentice-Hall.

Stewart, Thomas. (Aug. 2, 1999) "Does Michael Dell Need Stock Options?" *Fortune.*

Ward, Leah Beth. (Oct. 21, 1991) "The Kid Who Turned Computers into Commodities." *Forbes.*

1쇄 발행 2006년 12월 5일
8쇄 발행 2012년 9월 20일

지은이 진 랜드럼 · **옮긴이** 조혜진
펴낸곳 도서출판 **말글빛냄** · **인쇄** 삼화인쇄(주)
펴낸이 박승규 · **마케팅** 최윤석 · **디자인** 진미나
주소 서울시 마포구 서교동 463-3 성화빌딩 5층
전화 325-5051 · **팩스** 325-5771
등록 2004년 3월 12일 제313-2004-000062호
ISBN 978-89-92114-08-7   03320
가격 16,500원

*잘못된 책은 바꾸어 드립니다.